Herbert Schubert (Hrsg.)

Sozialmanagement

Zwischen Wirtschaftlichkeit
und fachlichen Zielen

2., überarbeitete
und erweiterte Auflage

VS VERLAG FÜR SOZIALWISSENSCHAFTEN

VS Verlag für Sozialwissenschaften
Entstanden mit Beginn des Jahres 2004 aus den beiden Häusern
Leske+Budrich und Westdeutscher Verlag.
Die breite Basis für sozialwissenschaftliches Publizieren

Bibliografische Information Der Deutschen Bibliothek
Die Deutsche Bibliothek verzeichnet diese Publikation in der Deutschen Nationalbibliografie;
detaillierte bibliografische Daten sind im Internet über <http://dnb.ddb.de> abrufbar.

1. Auflage 2001
2. überarbeitete und erweiterte Auflage August 2005

Alle Rechte vorbehalten
© VS Verlag für Sozialwissenschaften/GWV Fachverlage GmbH, Wiesbaden 2005

Lektorat: Stefanie Laux

Der VS Verlag für Sozialwissenschaften ist ein Unternehmen von Springer Science+Business Media.
www.vs-verlag.de

Das Werk einschließlich aller seiner Teile ist urheberrechtlich geschützt. Jede Verwertung außerhalb der engen Grenzen des Urheberrechtsgesetzes ist ohne Zustimmung des Verlags unzulässig und strafbar. Das gilt insbesondere für Vervielfältigungen, Übersetzungen, Mikroverfilmungen und die Einspeicherung und Verarbeitung in elektronischen Systemen.

Die Wiedergabe von Gebrauchsnamen, Handelsnamen, Warenbezeichnungen usw. in diesem Werk berechtigt auch ohne besondere Kennzeichnung nicht zu der Annahme, dass solche Namen im Sinne der Warenzeichen- und Markenschutz-Gesetzgebung als frei zu betrachten wären und daher von jedermann benutzt werden dürften.

Umschlaggestaltung: KünkelLopka Medienentwicklung, Heidelberg
Druck und buchbinderische Verarbeitung: MercedesDruck, Berlin
Gedruckt auf säurefreiem und chlorfrei gebleichtem Papier
Printed in Germany

ISBN 3-531-14613-0

Inhalt

Ausgangssituation

Herbert Schubert
Sozialmanagement zwischen Wirtschaftlichkeit und fachlichen Zielen –
eine Einführung 7

Klaus Hofemann
Handlungsspielräume des Neuen Steuerungsmodells 27

Brigitte Dorst
Sozialmanagement aus der Frauen- und Geschlechterperspektive 49

Managementperspektiven

Herbert Schubert
Zur Logik des modernen Managementbegriffs 63

Conrad von Fürstenberg
Qualitätsmanagement 87

Peter Vermeulen
Privatisierung und Ausgliederung sozialer Einrichtungen 107

Michael Urselmann
Sozialmarketing 131

Herbert Schubert
Kontraktmanagement 147

Sandra Nüß
Projektmanagement 167

Herbert Schubert
Netzwerkmanagement 187

Unterstützung der Steuerung

Herbert Schubert
Controlling 211

Sandra Biewers
Sozialplanung als Schnittstelle zwischen Controlling und sozialer Arbeit 237

Klaus-Dieter Pruss
Stärkung der pädagogischen Arbeit durch Controlling 249

Holger Spieckermann
Evaluation 259

Finanzierung und Rechnungswesen

Gerd Sadowski
Finanzierung in der sozialen Arbeit 281

Sandra Biewers
Neues Kommunales Rechnungswesen 297

Hans J. Nicolini
Kostenrechnung 311

Abstracts 341

Autorinnen und Autoren 349

Tabellen- und Abbildungsverzeichnis 353

Herbert Schubert

Sozialmanagement zwischen Wirtschaftlichkeit und fachlichen Zielen – Einführung

1   Neue Wege

Als Alternative zum Fachchinesisch beginnt dieses Buch mit echten chinesischen Symbolen. Es sind die Schriftzeichen QIÙ SHÈ von Qu Yuan; sie bedeuten „Immer nachdenken, immer neue Wege suchen". Diese fernöstliche Weisheit eignet sich als Leitmotiv für den inhaltlichen Einstieg in eine Veröffentlichung zum Thema „Sozialmanagement".

Abbildung 1: Fernöstliche Weisheit „Immer nachdenken, immer neue Wege suchen"

Wir wissen aus der organisationssoziologischen Forschung, dass erfolgreiche Unternehmen immer in der Gefahr sind, ihren Elan zu verlieren. Sie leben von dem ‚Kapital' an Innovationen, das frühere Generationen akkumuliert haben. Wenn aber die ‚Innovationsvorräte' verbraucht sind, folgen Stress und Anpassungsdruck. So ähnlich verhält es sich auch in den Praxisfeldern der Sozialpädagogik und der Sozialarbeit. Unter den gewandelten Rahmenbedingungen einer globalisierten Weltwirtschaft hat das einstmalig innovative sozialstaatliche System die ‚innovativen Potenziale' verbraucht, so scheint es. In der Fachliteratur wird diese Problematik als „Modernisierungslücke" bezeichnet (Budäus 1994: 20 ff.). Die jetzt in der sozialen Arbeit verantwortlichen Generationen stehen heute vor der Aufgabe, diese Lücke zu schließen und die erforderliche Erneuerung zu gestalten. Vor diesem Hintergrund passt das chinesische Leitmotiv „Immer nachdenken, immer neue Wege suchen" gut. Denn die soziale Arbeit befindet sich in einem Umbruch, in dem neue Wege gesucht werden. Das ist allerdings nicht so einfach, weil sich die professionelle und institutionelle Praxis wie ein schwerer ‚Truck' in einer tief ausgefahrenen Spur vorwärts bewegt und Lenkversuche, aus der eingefahrenen Linie herauszukommen, im Allgemeinen fehlschlagen. Ein ‚neuer Weg' lässt sich nur mit einer ‚konzentrierten Kraftanstrengung' finden.

2 Ausgangssituation

Soziale Dienstleistungsorganisationen (mit und ohne Erwerbscharakter) werden zunehmend unter dem Oberbegriff „Sozialwirtschaft" zusammengefasst und werden betriebswirtschaftlich der „Betriebswirtschaftslehre öffentlicher Dienstleistungen" zugerechnet. Im Blickpunkt stehen öffentliche Unternehmen, öffentliche Verwaltungen als Träger öffentlicher Aufgaben und Nonprofit-Organisationen als gemeinwohlorientierte Träger öffentlicher Aufgaben.

Die meisten Unternehmen der Sozialwirtschaft gehören zur freien Wohlfahrtspflege. Der Begriff bezieht sich auf die sechs Spitzenverbände Arbeiterwohlfahrt, Deutscher Caritasverband, Deutsches Rotes Kreuz, Diakonisches Werk der EKD, Paritätischer Wohlfahrtsverband und Zentralwohlfahrtsstelle der Juden, die in der Bundesarbeitsgemeinschaft der Freien Wohlfahrtspflege (BAGFW) zusammenarbeiten. Einrichtungen der freien Wohlfahrtspflege sind in allen Bereichen sozialer Arbeit präsent. Ob es sich um Kindergärten handelt, um Krankenhäuser, Altenpflegeheime oder Dienste der offenen Hilfe, ein erheblicher Anteil von ihnen ist einem Verband der freien Wohlfahrtspflege angeschlossen. Nach den Angaben der BAGFW gilt dies für annähernd 94.000 Einrichtungen und Dienste, in denen fast 1,2 Millionen Mitarbeiter/innen hauptamtlich beschäftigt sind (Datenstand: 1.1.2000). Gemeinsam mit nebenberuflich Tätigen sowie Ehrenamtlichen und Freiwilligen tragen die Beschäftigten zur Gesamtleistung bei, die von der freien Wohlfahrtspflege für die Gesellschaft erbracht wird. Die Verbandsstatistik (BAGFW-Statistik) unterscheidet die Arbeitsbereiche Krankenhäuser, Jugendhilfe, Familienhilfe, Altenhilfe, Behinderteneinrichtungen sowie sonstige Einrichtungen und Dienste. Zudem sind Aus-, Fort- und Weiterbildungseinrichtungen für soziale und pflegerische Berufe nachgewiesen. Nach der Anzahl der Einrichtungen zu urteilen, ist die Jugendhilfe der größte Arbeitsbereich (36% aller Einrichtungen).

Nach einer Schätzung (Ottnad et al. 2000) trug die freie Wohlfahrtspflege im Jahr 1997 mit ca. 1,9 Prozent zur gesamtwirtschaftlichen Wertschöpfung bei. Damit ist die gesamtwirtschaftliche Leistung der freien Wohlfahrtspflege vergleichbar der relevanter Wirtschaftszweige des produzierenden Gewerbes wie dem Ernährungsgewerbe und der Tabakverarbeitung, der chemischen Industrie, dem Papier-, Verlags- und Druckgewerbe oder der Energie- und Wasserversorgung. Als Dienstleistungsanbieter erbringt die freie Wohlfahrtspflege die Leistung allerdings mit einem deutlich höheren Arbeitskräfteeinsatz als die zum Vergleich herangezogenen Branchen des produzierenden Gewerbes. Denn in der Freien Wohlfahrtspflege sind gut doppelt so viele sozialversicherungspflichtige Mitarbeiter/innen beschäftigt als beispielsweise in der chemischen Industrie.

Die institutionellen Merkmale und Tätigkeitsbereiche der sozialwirtschaftlichen Akteure verlangen, anders als es die Allgemeine Betriebswirtschaftliche für Unternehmen der Erwerbswirtschaft vorsieht, eine besondere Organisation und ein modifiziertes Management. Insbesondere die Finanzierung der Sozialwirtschaft weist grundlegende Unterschiede zur Erwerbswirtschaft auf. Die Erwerbswirtschaft ist vom bilateralen Verhältnis zwischen Anbieter und Nachfrager geprägt; d.h. der Kunde reagiert auf die Leistung – Sach- oder Dienstleistung – mit der direkten Gegenleistung monetärer Mittel. In der Sozialwirtschaft handelt es sich demgegenüber um ein Dreiecksverhältnis. Zwischen dem Leistungserbringer und dem Leistungsempfänger ist im Allgemeinen der Kostenträger eingeschaltet, der dem Leistungsanbieter auf der Grundlage sozialrechtlicher Rahmenbedingungen den Preis für erbrachte Sach- oder Dienstleistungen erstattet.

Die sozialwirtschaftlichen Unternehmen in freier oder privater Trägerschaft haben ökonomisch den Stellenwert von kleinen und mittleren Unternehmen (KMU). Um Aussagen über die Wirtschaftlichkeit der Leistungserstellung treffen zu können, wird die Leistungserbringung dem entstandenen Ressourcenverbrauch gegenübergestellt. Dazu verbreitet sich in der Sozialwirtschaft seit einigen Jahren die Kostenrechnung, mit deren Hilfe Aussagen darüber getroffen werden können, welchem Verantwortungsbereich (Kostenstellenrechnung) welcher Ressourceneinsatz (Kostenartenrechnung) für die „Produktion" welcher Leistungen (Kostenträgerrechnung mit dem Ziel der „Preisbildung" für nach außen abgegebene Leistungen bzw. als Grundlage für interne Leistungsverrechnungen) zuzurechnen ist. Ein weiterer Schritt besteht in der Verbindung des Haushalts- und Rechnungswesens sowie der Kostenrechnung mit einem Controlling. Denn die Kosten- und Leistungsinformationen werden zunehmend als

Grundlage für ein funktionsfähiges Führungsinformationssystem erkannt. Auch definierte Ziele haben in den Unternehmen der modernisierten Sozialwirtschaft entscheidende Bedeutung. Sie dienen der klaren Verantwortungsaufteilung über die zu erzeugenden Leistungen und Produkte (nach Menge, Preis, Kosten, Qualität und Zielgruppe) und die dafür zugebilligten Budgets. Hierüber werden zwischen den Kommunen als Kostenträger und den freien bzw. privaten Trägern Vereinbarungen getroffen (Kontraktmanagement).

Das zunehmende Eindringen solcher Steuerungsinstrumente in den Alltag der sozialwirtschaftlichen Organisationen und Einrichtungen zeigt die Veränderungsrichtung der so genannten ‚dualen Struktur' des Systems der Wohlfahrtspflege in Deutschland an, das auf der gesetzlichen Bestands- und Eigenständigkeitsgarantie der freien Träger aus der Weimarer Republik basiert. Der öffentliche Träger war – als Gesamtverantwortlicher – seit damals zu ihrer Förderung verpflichtet. Das Zusammenspiel von öffentlichem und freien Trägern wurde über viele Jahrzehnte in einem nach den Grundsätzen der Subsidiarität geregelten Komplex der kommunalen Daseinsvorsorge organisiert. Den konfessionellen und nicht-konfessionellen Spitzenverbänden der freien Wohlfahrtspflege und ihren Mitgliederorganisationen und -einrichtungen wurde eine besonders privilegierte Stellung eingeräumt.

Diese duale Struktur von Staat und Drittem Sektor steht nun seit der ‚neoliberalen Wende' der 1990er Jahre unter starkem Veränderungsdruck. Sachse hat *vier Entwicklungstrends* betont, die die Triebkräfte bilden (2002):

- Die sozialen Dienste haben sich im Laufe des 20. Jahrhunderts von Fürsorgemaßnahmen für gesellschaftliche Problemgruppen zu Dienstleistungen für breite Bevölkerungsschichten entwickelt. Der quantitative und qualitative Bedeutungszuwachs der sozialen Dienste hat dazu geführt, dass sich hier attraktive Märkte für kommerzielle Anbieter entwickeln. Private Unternehmen treten – zumindest in Teilbereichen – neben die traditionellen Anbieter, so dass sich der „Wohlfahrts-Mix" differenziert (Eintritt des „Marktes" neben „Staat" und „Dritten Sektor"). Mit der Einführung des Wettbewerbsprinzips und eines Wirtschaftlichkeitsdenkens wird die privilegierte Position der freien Wohlfahrtspflege untergraben.
- Mit der Rückführung des Staates auf seine ‚Kernaufgaben' im Rahmen der Übertragung des angelsächsischen „New Public Management" in den deutschen Städten und Gemeinden im Laufe der 1990er Jahre soll der öffentliche Träger vom versorgenden Organisator und Anbieter zum ermöglichenden Moderator und Koordinator werden. Die Binnenmodernisierung der öffentlichen Verwaltung erfolgt seitdem nach Kriterien betriebswirtschaftlicher Rationalität. Die Kommune behält zwar die Gesamtverantwortung für

und die Steuerungshoheit über eine angemessene Versorgung, vergibt aber die Organisation und Durchführung der sozialen Dienste an (private) externe Träger. Da die Kriterien der Vergabe im neuen Modell nicht mehr von den klassischen Maximen des Subsidiaritätsprinzips – gesellschaftlicher Vielfalt und weltanschaulicher Pluralität – bestimmt werden, sondern von ökonomischen Prinzipien, verliert die traditionelle Vorrangstellung der Träger der Freien Wohlfahrtspflege an Bedeutung und kommerzielle Anbieter werden aufgewertet.

- Die Europäische Union hat ein Wettbewerbsrecht mit einem „funktionalen" Unternehmensbegriff eingeführt, bei dem es weder auf die Rechtsform des Unternehmens noch auf seine Zuordnung zum öffentlichen oder privaten Recht ankommt, sondern ausschließlich darauf, ob eine wirtschaftliche Tätigkeit ausgeübt wird. Eindeutig nicht wirtschaftlicher Art sind hoheitliche Aufgaben der Kommune, die nationalen Bildungssysteme und die „karitativen" Einrichtungen. Nur wenn die Tätigkeiten der sozialen Dienste in der Kommune nicht wirtschaftlicher Art sind, fallen sie nicht unter das Binnenmarkt- und Wettbewerbsrecht der Gemeinschaft. Von dieser Seite wird die Vorrangstellung der Freien Wohlfahrtspflege in Deutschland im Laufe der nächsten Jahre unter Druck geraten.
- Auf ähnliche Weise kann das Rahmenabkommen über den internationalen Handel mit Dienstleistungen (General Agreement on Trade in Services / GATS) von der World Trade Organization (WTO) wirken, das einen international liberalisierten Dienstleistungsmarkt herstellen soll und alle Arten von Dienstleistungen impliziert. Sachse erwartet aus dem Zusammenspiel von EU und WTO eine Deregulierungsdynamik mit weit reichenden Folgen für die Organisation der sozialen Dienste (ebd.: 7).

Eine Expertenrunde der Schader-Stiftung zur Zukunft der sozialen Dienste zog daraus den Schluss, dass der Trend zu Ökonomisierung und Privatisierung in der sozialen Arbeit nicht mehr abwendbar sei (Mensch 2002). Einig war sich die Runde aber darin, dass nicht ein reiner Kostenwettbewerb das Ziel sein kann, sondern ein fachlich-qualitativer Wettbewerb anzustreben ist, für den hinreichende Kompetenzen des Sozialmanagements benötigt werden.

Die Umstrukturierungen der freien Wohlfahrtspflege im Laufe des vergangenen Jahrzehnts waren von wirtschaftlichen Kategorien geprägt. Die Organisationen wurden teilweise so stark re-zentralisiert, dass gemeinwesenorientierte Ansätze und der Stellenwert ehrenamtlicher Leistungen verloren gingen. Zu befürchten ist wegen unterschiedlicher Finanzierungsmodi und Handlungslogiken auch eine „Spaltung der Kultur und der Wertorientierungen" innerhalb der Wohlfahrtsverbände. So werden nicht kostendeckend finanzierte Aufgaben wie

Beratungen oder Kindertagesstätten gemeindenah und dezentral realisiert, aber bereits ökonomisierte Zweige wie die Altenpflege zentral organisiert, um mit einem effizienten Ressourceneinsatz operieren zu können. Die Expertenrunde prognostizierte, dass es in der weiteren Entwicklung zu einer Ausgliederung von wirtschaftlichen Tätigkeiten aus den Verbänden der freien Wohlfahrtspflege und aus der kommunalen Trägerschaft kommen wird. In der Folge kann sich der Sozialmarkt in einen karitativen und in einen konkurrierenden Sektor aufteilen, zwischen dem keine „ideelle Quersubventionierung" mehr möglich ist.

Die ‚duale Struktur' des deutschen Systems der Wohlfahrtspflege wandelt sich somit immer mehr zu einem neuen Wohlfahrtsmix. Der öffentliche Träger beschränkt sich zunehmend auf seine steuernde Gesamtverantwortung. Angesichts des verstärkten Wettbewerbs und des wachsenden Kostendrucks sind die Tage der privilegierten Stellung subsidiärer freier Träger gezählt. Im neuen Wohlfahrtsmix brauchen wir freie oder private Träger, denen es gelingt, fachliche Standards mit wirtschaftlichen Rahmenbedingungen in Einklang zu bringen – mit einem Sozialmanagement, das die wirtschaftliche und die fachliche Seite balanciert betrachtet.

3 Sozialmanagement zwischen Rationalität und Machtkampf

Der aktuelle ‚Machtkampf', der sich vielerorts zwischen dem öffentlichen Träger und den freien Trägern um die Verteilung der Ressourcen abzeichnet, macht die aktuelle Brisanz deutlich. Er verdeutlicht auch, dass es Interessengegensätze bei der Anwendung von Instrumenten des Sozialmanagements gibt und die geforderte Balance immer wieder auf´s Spiel gesetzt wird.

Auf der Ebene des strategischen Managements fokussieren die Kommunen die Logik der outputorientierten Steuerung auf den Budgetbegriff. Budgetierung ist nach der Managementlogik ein Instrument des modernen Sozialmanagements, um mehr Transparenz, Flexibilität und Effizienz in der sozialen Arbeit im Rahmen dezentraler Fach- und Ressourcenverantwortung zu realisieren. Die dezentralen Organisationseinheiten erhalten im Rahmen eines festgesetzten Budgets eine höhere Flexibilität im Haushaltsvollzug (Arnold/Maelicke 1998: 431). Unter dem Konsolidierungsdruck der Kämmerer wird die Budgetierung aber oft nur genutzt, um den Input von Finanzmitteln einseitig drastisch zu senken.

Aus der Sicht des operativen Managements ist es demgegenüber notwendig, die Definition der Produkte und Leistungen, ihre Beschreibung mit operativen Zielen und Kennzahlen outputorientiert mit den Budgetverhandlungen zu verknüpfen. Um ein Produkt zu definieren, wird eine Leistung in der sozialen Arbeit unter mehreren Perspektiven integriert betrachtet: Dabei ergibt sich das Produkt von der Zielerreichung und vom Ergebnis her. Ebenso bildet die Kundensicht einen Definitionsrahmen. Und schließlich bündeln sich Aktivitäten zum Produkt unter einer sinnvollen abgeschlossenen Kostenzurechnung des insgesamt erforderlichen Aufwandes. Denn die Bedingungen der fachlichen und wirtschaftlichen Zielerreichung eines Produkts innerhalb eines definierten Zeitraumes (projektspezifisch oder jahresbezogen) müssen zwischen dem (strategischen) Budgetgeber und dem (operativen) Budgetempfänger differenziert verhandelt und in reflektierten Zielvereinbarungen niedergeschrieben werden.

Der Versuch vieler Kommunen, die Verwaltungsmodernisierung und das Sozialmanagement dazu zu nutzen, top down die untergeordneten operativen Teilbudgets von Organisationen oder Einrichtungen aus dem übergeordneten Budget dirigistisch festzulegen, stärkt nur die Vorbehalte gegen die Neue Steuerung.

Unter fachlicher Perspektive sind die Eckwerte des Budgets auf der operativen Managementebene bottom up aus den produktorientierten Handlungserfordernissen abzuleiten und als Bedarf an die strategische Ebene zu leiten. In einem anschließenden Gegenstromverfahren wird die strategische mit der operativen Ebene verschränkt, indem das Budget von beiden Seiten begründet – mit allen Folgen für beide Seiten – ‚ausgehandelt' wird (vgl. Tippelt 1998: 127 f.).

4   Ziele der Publikation

Die vorliegende Publikation bietet eine ‚Anleitung', wie die Konzepte und Instrumente des Sozialmanagements, ohne die fachlichen Ziele aus dem Auge zu verlieren, in der sozialen Arbeit angelegt werden müssen. Das Buch enthält für Professionelle und Studierende der Sozialpädagogik sowie der Sozialarbeit Hinweise, wie die Managementlogik und das Instrumentarium des Sozialmanagements kompetent zur Sicherung der fachlichen Qualität in der sozialen Arbeit eingesetzt werden kann – gerade auch in den von gegensätzlichen Interessen geschürten Auseinandersetzungen mit dem ‚Budgetgeber' um die knapper gewordenen Ressourcen. Damit reicht die Publikation weit über das Konzept der ersten Auflage dieses Buches hinaus (vgl. Schubert 2001).

Eine einseitige ‚Ökonomisierung' lässt sich vermeiden, wenn das Sozialmanagement nicht nur betriebswirtschaftlich ausgerichtet wird. Ökonomische und organisationswissenschaftliche Kategorien repräsentieren nämlich nur die eine Seite des Sozialmanagements; die zweite Seite wird von fachlichen Kategorien geprägt. Insofern vermittelt Sozialmanagement – so auch der Titel der Publikation – zwischen Wirtschaftlichkeit und fachlichen Zielen. Gegenstand des „Sozialmanagements" im engeren Sinn ist die theoretische und methodische

Grundlegung der strategischen und operativen Führung der sozialwirtschaftlichen Geschäfte. Es geht nicht um ein ‚Gegeneinander' oder um einen Antagonismus, sondern um die Synthese der fachlichen und wirtschaftlichen Perspektive sozialer Arbeit. Die Effektivität des sozialpädagogischen Handelns soll methodisch und systematisch verbessert werden, ohne die Ansprüche der Ethik sozialer Arbeit aufzugeben.

In der folgenden Tabelle ist dargestellt, dass eine konsequente Verbindung von Fachlichkeit und Managementlogik zu ‚doppelten' Kompetenzen führen kann (vgl. Tabelle 1).

Tabelle 1: ‚Doppelkompetenzen' in der sozialen Arbeit in der Verbindung von Fachlichkeit und Management

Kompetenzen	*Sozialpädagogik / Sozialarbeit*	*Sozialmanagement*
Bildungs- und Erziehungsprozesse initiieren / begleiten	Organisation von Lernen in Institutionen (z.B. Kindertagesstätte, Schule, Freizeit, Jugendarbeit, Erwachsenenbildung, Heim)	Erhebung und Nutzung von Potenzialen in der Organisation und im Umfeld zur Unterstützung der Prozesse
Erfahrungen verdichten	Sozialpädagogische Handlungs- und Verhaltensoptionen	Handlungs- und Verhaltensalternativen im Management
Erfolg haben/messen	Fachliche Ziele und Ergebnisorientierung (Outcome)	Ziele operationalisieren für Controlling und Kostenrechnung
Ergebnisse sichern	Dokumentationsplan, Evaluation von Einzelfällen	Summative Evaluationsmethoden, EDV-Unterstützung
Finanzierung beschaffen	Mittelbeschaffung aus kommunalen Haushalten	Rechnungswesen nach Doppik, Sponsoring, Fundraising
Kapazitäten steuern	Legitimierung von Methoden, Zielen, Inhalten	Kosten-, Kapazitäts- und Terminplanung
Kommunizieren	Interaktive Kommunikationstechniken und Hilfeplanung mit Zielgruppen Informationen über Leistungen	Verhandlungstechnik und Kommunikationsmethoden mit Professionellen Öffentlichkeitsarbeit, Marketing
Kontextwissen erschließen	Biographie- & Lebensweltanalyse, Lebensalter- /Lebensphasenanalyse	Stakeholder- und Umfeldanalysen
Koordination leisten	Netzwerkarbeit mit Zielkunden	professionelles Netzwerkmanagement
Krisen bewältigen	Krisenintervention bei Zielgruppen und Einzelfallhilfe	Krisenmanagement in der Organisation
Leitungsaufgaben wahrnehmen	Fachliche Leitung und Kooperation im Team, Supervision Erziehungs- und Führungsstile	Führungstechniken im Team, Moderation Entscheidungsprozesse, Konfliktmanagement Umgang mit Controllingdaten / Kennwerten
Lernen kontinuierlich fortsetzen	Ermittlung des fachlichen Fort- und Weiterbildungsbedarfs	Personalentwicklung, Methoden der Lernenden Organisation
Methoden anwenden	Fähigkeit zur Auswahl / Anwendung von Methoden der sozialen Arbeit	Fähigkeit zur Auswahl und Anwendung von Methoden des Sozialmanagements

Kompetenzen	Sozialpädagogik / Sozialarbeit	Sozialmanagement
Organisation gestalten	Arbeitsformen	Betriebsformen
Orientierung finden/geben	Menschenbild, Ethik, Begründungszusammenhänge erkennen, Ablauforganisation	Leitbild, Aufbauorganisation, Organisationskultur
Planung betreiben	Identifizierung von Bedürfnissen, Bedarfsanalyse	Umfeld- und Marktanalyse
	Dienstleistungsplanung	Sozial-, Jugendhilfeplanung
Probleme lösen	Fähigkeit, vorangegangene fachliche Schritte in Selbstkritik zu verbessern	Organisationsentwicklung
	Fachliche Konzipierung problemlösender Projekte	Realisierung mit der Methode des Projektmanagements

Aus der Synthese der doppelten Kompetenzen von sozialer Arbeit und Sozialmanagement werden die professionellen Kräfte in die Lage versetzt, kompetent zu entscheiden,
- wann welches Instrument des Sozialmanagements in der sozialpädagogischen bzw. sozialarbeiterischen Arbeit angewandt werden kann;
- welche Handlungsspielräume dabei bestehen;
- wie die Wirkungszusammenhänge zwischen fachlicher und wirtschaftlicher Ebene in der Praxis sind und
- über welche Verfahrensprozesse die Qualität sozialer Arbeit nachhaltig gesichert werden kann.

Hier wird nicht der Diskurs aufgegriffen, wie Sozialmanagement sozialwissenschaftlich und pädagogisch anschlussfähig gemacht werden kann (vgl. Otto 2002). Otto nennt das Sozialmanagement ein „Mosaik aus Erkenntnissen der Organisations- und Verwaltungssoziologie, der Betriebs- und Finanzwirtschaft, kombiniert mit gruppendynamischen und kommunikationstheoretischen und zusätzlich mit sozialphilosophischen und politikwissenschaftlichen Versatzstücken, …in Verbindung gesetzt mit Besonderheiten der sozialen Dienste" und kritisiert, dass es dem praxisorientierten Sozialmanagement an begrifflicher und konzeptioneller Klarheit fehle. Diese Diskussion wird hier nicht verfolgt, denn die Kritik des Sozialmanagements als „praxeologisches Konstrukt" führt auf eine metakommunikative Ebene, die keine Rückwirkungen auf die Kompetenzen der Akteure in der sozialen Arbeit hat.

Insofern macht es keinen Sinn, über die Gefahr eines technologischen ‚Managerialism' zu lamentieren. Diese Publikation verfolgt vielmehr eine praktische Erkenntnis- und Strukturierungsabsicht; d.h. im Vordergrund steht die Rolle des Sozialmanagements bei der Bearbeitung von Handlungsproblemen der sozialen Arbeit. In der Verbindung von Fachlichkeit und Managementperspektive werden transdisziplinäre und transprofessionelle Perspektiven eröffnet. Dass das Sozialmanagement in dieser Orientierung keinen eigenen normativen Referenzbegriff des Sozialen oder des Pädagogischen aufweist, ist nicht von Belang. Die Konzepte des Sozialmanagement funktionieren in der beschriebenen Synthese und müssen daher nicht ‚integrativistisch' auf die pädagogische Binnenrationalität zurückgeführt werden.

In der vorliegenden Publikation werden folglich Konzepte, Methoden und Techniken des Sozialmanagements vorgestellt, die sozialtechnisch (z.B. Controlling), interaktionsdynamisch (z.B. Zielvereinbarungen) und innovatorisch (z.B. Netzwerksteuerung) ausgerichtet sind. Dabei dominiert eine ‚emanzipatorische Zielrichtung': Die Professionellen der Sozialarbeit und Sozialpädagogik sollen sich bei der Rezeption dieser Publikation nicht dem vermeintlichen Diktat eines ökonomisierten Denkens unterwerfen, sondern ‚fit' gemacht werden für die vielfältigen Steuerungsfragen einer fachlich verankerten sozialpädagogischen und sozialarbeiterischen Praxis. Zukunftsfähig wird die Synthese als professionelles Wissen allerdings erst, wenn es sich in der alltäglichen sozialen Arbeit – in Gestalt angewandter Kompetenzen – bewährt.

5 Überblick

Die vorliegende Sammlung von Aufsätzen wird getragen von der Botschaft, dass die Konzepte und Instrumente des Sozialmanagement helfen, die fachlichen Ziele in der sozialen Arbeit mit Bedingungen der Sozialwirtschaft vereinbar zu machen. Als weiterer ‚roter Faden' schimmert der Gedanke durch, dass die Instrumente des Sozialmanagements einen emanzipatorischen Charakter haben. Eine einseitig geführte Kritik an der „Ökonomisierung" der sozialen Arbeit greift deshalb zu kurz.

Ein Rückblick bis in die 1990er Jahre zeigt das: Die Verwaltungsreform des Neuen Steuerungsmodells in den kommunalen Jugend- und Sozialbehörden war überfällig und hat nicht zu einer Verschlechterung der sozialen Arbeit geführt (vgl. Schubert 2002). Durch die Verankerung von Managementprinzipien sind im Gegenteil nicht nur wichtige Diskussionen angestoßen, sondern auch Maßnahmen zur Qualitätssicherung der Leistungen und zur kontinuierlichen Überprüfung von Wirkungen sozialer Dienstleistungen realisiert worden. Die breite Auseinandersetzung führte unter dem Leitbegriff des „Sozialmanagements" schrittweise zu einer Verbesserung von Angeboten und Dienstleistungen.

Dennoch gibt es weiterhin kritische Stimmen, die eine Unverträglichkeit zwischen dem Managementdenken und professioneller Fachlichkeit beklagen. Dabei wird die Kritik auf einen Widerspruch zwischen wirtschaftlicher Effizienz und sozialethischer Handlungsgrundlage fokussiert. Dieses Missverständnis gilt es aufzuklären, denn Managementmethoden sollen das Führen sozialer Organisationen, Einrichtungen und Dienste nicht komplizierter, sondern einfacher und erfolgreicher machen sowie die Verbindung von wirtschaftlichen und sozialen Zielen absichern. Die folgenden Aufsätze leisten diese Aufklärung aus unterschiedlichen Blickwinkeln (vgl. Abbildung 2).

```
            2
         Management-
         perspektiven
       ↗      │
    1         │         4
Ausgangssituation   Finanzierung und
                    Rechnungswesen
              ↓
         Unterstützung
         der Steuerung
              3
```

Abbildung 2: Perspektiven der vorliegenden Publikation

Zur Darstellung der „*Ausgangssituation*" werden zuerst zwei Grundlagenbeiträge abgeliefert:
- Handlungsspielräume des Neuen Steuerungsmodells und
- Sozialmanagement aus der Frauen- und Geschlechterperspektive.

Danach wird der Blick auf „*Managementperspektiven*" sozialer Dienstleistungsorganisationen gerichtet. Die ausgewählten Beiträge betreffen:
- die Logik des modernen Managementbegriffs,
- Qualitätsmanagement,
- Privatisierung und Ausgliederung sozialer Einrichtungen,
- Sozial-Marketing,
- Kontraktmanagement,
- Projektmanagement und
- Netzwerkmanagement.

In der nächsten Betrachtungsperspektive geht es um die „*Unterstützung der Steuerung*" – die Beiträge thematisieren:
- das Controlling,
- Sozialplanung als Schnittstelle zwischen Controlling und sozialer Arbeit,
- die Stärkung der pädagogischen Arbeit durch Controlling und

- Evaluation.

Abschließend rücken unter der Überschrift „*Finanzierung und Rechnungswesen*" ausgewählte Aspekte des Ressourcenmanagements ins Blickfeld:
- Finanzierung in der sozialen Arbeit,
- Doppisches Rechnungswesen im neuen Gemeindehaushaltsrecht und
- Kostenrechnung.

Die Führung und die Bewirtschaftung der Personalressourcen bleiben in der Publikation unberücksichtigt. Im Fokus der Betrachtung stehen Managementperspektiven der sozialen Dienstleistungsproduktion. Sie werden umrahmt von einer Darstellung der Ausgangssituation, von einer gesonderten Berücksichtigung von Instrumenten der Steuerungsunterstützung und von den Finanzierungsbedingungen. Ein kompetentes Sozialmanagement muss auf diesen vier Ebenen kompetent handeln.

Die Ausgangssituation des Sozialmanagements beschreibt *Klaus Hofemann* in seinem Beitrag *Handlungsspielräume des Neuen Steuerungsmodells*. Darin verweist er auf die prekäre Entwicklung, dass der Bedarf an sozialen Dienstleistungen auf der einen Seite kontinuierlich steigt, das dafür bereitgestellte Finanzierungsvolumen der öffentlichen Hände seit Jahren aber eingeschränkt wird. Auf diesem Hintergrund erhält das Neue Steuerungsmodell die Funktion, die Dienstleistungen durch mehr Effektivität und Effizienz zu ökonomisieren und durch das Herstellen von mehr Kundennähe die Verantwortung für die angebotenen Dienstleistungen zu dezentralisieren. In Bezug auf die Zukunft der sozialen Arbeit wird gefragt, ob die eingesetzten Steuerungsinstrumente die Handlungsspielräume der Zielorientierung, Kundennähe, Effektivität und Qualität zu Verbesserungen für die Klienten nutzen oder zu ihren Lasten gestaltet werden. Bei der Überprüfung, ob die Implikationen marktlicher Steuerung auf den sozialen Sektor angewandt werden können, kommt Hofemann zu dem Ergebnis, dass nach wie vor fachliche Standards der sozialen Arbeit die zentralen Orientierungsgrößen bilden, um eine hochwertige soziale Arbeit sicherzustellen.

In einem weiteren Beitrag zur Darstellung der Ausgangssituation betrachtet *Brigitte Dorst* das *Sozialmanagement aus der Frauen- und Geschlechterperspektive*. Thematisiert wird das Problem des Ungleichgewichts zwischen Männern und Frauen im Führungsbereich. Die aufgezeigten Hindernisse und Schwierigkeiten für Frauen, in einflussreiche Positionen zu gelangen, wirken sich nicht nur nachteilig auf die Karrierechancen für Frauen aus, sondern sind ebenso von Nachteil für die Nutzung des Führungspotenzials in Betrieben und Organisationen. Dorst diskutiert vor diesem Hintergrund den so genannten weiblichen Führungsstil und stellt spezifische Maßnahmen zur Förderung von Frauen sowie zur Verwirklichung von mehr Geschlechterdemokratie in Organisationen vor.

Die Managementperspektiven werden von *Herbert Schubert* mit einem Beitrag zur *Logik des modernen Managementbegriffs* eröffnet. Als Grundlage des modernen Sozialmanagements wird die inkrementalistische Perspektive herausgebarbeitet, nach der im Mittelpunkt nicht die zentrale Steuerung durch obere Instanzen (im Sinn eines institutionellen Managements) steht, sondern eine funktionale Steuerungskaskade über alle Instanzen. Die Koordination von planenden, organisierenden und kontrollierenden Tätigkeiten baut auf der Fähigkeit der Beteiligten auf, sich selbst zu führen. Der Beitrag zeigt auf, dass der Managementprozess drei Ebenen umfassen muss: Auf der Ebene des normativen Managements geht es um Fragen der Zielorientierung. Auf der zweiten Ebene des strategischen Managements steht die Führungsaufgabe, die Zielsetzungen der Dienstleistungsproduktion zu konkretisieren und mit der operativen Ebene zu kontraktieren. Dabei kommt es darauf an, dass die Ziele der Organisation in der Selbstkontrolle der Mitarbeiter/innen verankert sind. Auf der dritten Ebene des operativen Managements sind die Arbeitsabläufe an den strategischen Zielbestimmungen sowie an der fachlich angestrebten Dienstleistungsqualität der Organisation auszurichten. Hier liegt auch die Produktverantwortlichkeit.

Conrad von Fürstenberg veranschaulicht das am *Qualitätsmanagement*, das die Effektivität der Dienstleistung und den Nutzen der eingesetzten Mittel ins Zentrum rückt. Die Organisationen müssen die im Ergebnis geforderte Qualität durch geeignete Vorgehensweisen organisieren, wollen sie in der Lage sein, die gestellten Anforderungen zu erfüllen. Dies heißt, die Ergebnisqualität durch Verfahrensqualität sicherzustellen. Fürstenberg arbeitet den Bedarf an standardisierten Prozessen heraus, deren Definition einigen Aufwand bedeutet, nach der Entwicklung und Erprobung jedoch schon positive Wirkung in Form von verlässlichen Verfahrensweisen zeigt. Für die innerorganisatorische Umsetzung ist sowohl die Orientierung auf die Erfahrungen und das Know-how der Mitarbeiter als auch die eindeutige Ausrichtung aller Prozesse an den Anforderungen der Kunden unbedingte Voraussetzung. Fast alle Organisationen bedienen sich dabei eines übergreifenden Qualitätsmanagement-Modells, das auf den eigenen Bedarf zugeschnitten wird. Der Beitrag gibt einen Überblick über diese Elemente des Qualitätsmanagements, zeigt ihre Wechselwirkung auf und stellt sie in Bezug zu Einstellungen, die nicht nur im Bereich sozialer Dienstleistung kritische Distanz signalisieren.

In einem weiteren Beitrag zu den Managementperspektiven geht *Peter Vermeulen* auf die *Ausgliederung sozialer Aufgaben* ein. Unter den Strategien zur Schließung der so genannten „Managementlücke" (Budäus) schreibt das

Neue Steuerungsmodell der Ausgliederung eine besondere Bedeutung zu. In der Stadt Köln wurden Ende der 90er Jahre bereits die Jugendzentren als gemeinnützige GmbH ausgegliedert; 2004 folgten die Bürgerzentren. Vor diesem Hintergrund beleuchtet der Beitrag den Prozess der Ausgliederung sozialer Aufgaben und Einrichtungen systematisch und beschreibt ein – aus der Sicht einer erfahrenen Unternehmensberatung – bewährtes Vorgehen. In den 90er Jahren wurden Fragen der Ausgliederung in den Kommunen vorrangig im Bereich der Ermessensaufgaben diskutiert. Die vermehrte Übertragung auf den Sozialbereich ab etwa 2000 setzt ein tiefes fachliches Verständnis für die Aufgaben und Inhalte voraus: Im sozialen Bereich mischen sich oft hoheitliche und freiwillige Aufgaben. Die Grenze für Ausgliederungsüberlegungen ist daher primär eine politische und zumeist weniger eine rechtliche Frage. Mit der Ausgliederung gehen Fragen der Neuausrichtung von Nonprofit-Organisationen einher. Von einer Ausgliederung versprechen sich die operativ Verantwortlichen eine höhere Flexibilität, die Einrichtungsträger fordern aus strategischer Sicht aber eine Budgetentlastung. Vermeulen beschreibt das Spannungsfeld zwischen wirtschaftlicher Zuschussreduktion und fachlicher Wirksamkeitssteigerung und stellt in dem Beitrag Erfolgsfaktoren der Ausgliederung dar.

Michael Urselmann behandelt die Managementperspektive des *Sozial-Marketing*. Die soziale Arbeit soll Marketing als eine wertneutrale Sozialtechnik begreifen, die – richtig verstanden und wertebasiert eingesetzt – ein nützliches Mittel für die eigene Arbeit darstellen kann. In dem Beitrag werden Argumente geliefert, das Marketing sozialer Dienstleistungen als Faktor der Fachlichkeit zu verstehen. Wenn soziale Organisationen unterschiedliche Interessen in ihrem Umfeld mit Hilfe von Instrumenten des Sozialmarketings ausgleichen, verbessern sie die Akzeptanz ihrer sozialen Dienstleitungen. Die soziale Arbeit kann durch Marketing lernen, dass nicht die Präferenzen des Anbieters für Markterfolge Ausschlag gebend sind, sondern die der Nachfrager von sozialen Dienstleistungen. Mit den Managementinstrumenten der Neuen Steuerung verbreitet sich die Einsicht, dass die Orientierung an den Kunden die Marktposition von Dienstleistungsanbietern sichert. Die Instrumente des Sozialmarketing schützen vor einer zu engen Auslegung des Kundenbegriffs, denn der Blick wird auf alle Gruppen ausgedehnt, die für die Leistungserstellung von Bedeutung sind. Das Spektrum der so genannten „Stakeholder" umfasst alle Interessens- und Anspruchsgruppen von sozialen Dienstleistungen. Mit der konsequenten Ausrichtung an den Präferenzen von Leistungsempfänger/innen, Kostenträgern und deren Umfeld wird das Sozialmarketing zu einem Leitkonzept des Sozialmanagements, in dem sich fachliche und wirtschaftliche Facetten der Dienstleistungsproduktion verbinden. Urselmann kommt deshalb zu dem Ergebnis, dass die soziale Arbeit gut beraten ist, ideologischen Ballast der Vergangenheit abzuwerfen und das Sozialmarketing als Instrument in den Werkzeugkasten aufzunehmen, um die Fachlichkeit auch unter ökonomischem Anpassungsdruck nachhaltig zu sichern.

In einem weiteren Beitrag widmet sich *Herbert Schubert* dem *Kontraktmanagement*. Es wird als zentrales Instrument der Ergebnissteuerung nach dem Neuen Steuerungsmodell beschrieben. Der Beitrag verdeutlicht die Anforderungen an Kontrakte, bei der Produktion von sozialen Dienstleistungen in besonderer Weise der Schnittstelle zwischen dezentraler Fach- und Ressourcenverantwortung Genüge zu leisten. Die Ausgestaltung von Kontrakten muss sowohl an der Erreichung fachlicher Ziele orientiert als auch mit Ressourcenzielen verknüpft werden. Als pragmatische Weiterentwicklung wird in dem Beitrag vorgeschlagen, das Kontraktmanagement für sozialwirtschaftliche Dienstleistungskontexte in kleineren territorialen Gebietszuschnitten nach einer Netzwerklogik zu organisieren. Territorial abgegrenzte Verantwortlichkeiten sind einerseits überschaubar und andererseits in ihren Interdependenzen bei der Festlegung der übergeordneten Gesamtziele sowie bei der Abstimmung mit untergeordneten Handlungszielen organisatorisch zu bewältigen. Diese Logik liegt auch dem Begriff der „Sozialraumorientierung" zu Grunde. Sie eröffnet durch eine differenzierte fachliche und ressourcenbezogene Zielsteuerung die Chancen für eine Kundenorientierung, für eine prozessorientierte Koordination von Dienstleistungsnetzwerken und für Lernschleifen, an denen alle Organisationen sowie Mitarbeiterinnen und Mitarbeiter partizipieren. Das Fazit lautet: In den Handlungsfeldern der sozialen Arbeit sollen die Kommunen das Kontraktmanagement zukünftig in eine nach Sozialräumen strukturierte Netzwerksteuerung einbetten.

In dem Beitrag von *Sandra Nüß* über *Projektmanagement in der sozialen Arbeit* wird die These behandelt, dass über Projektarbeit Lern- und Veränderungsprozesse initiiert werden können, die die soziale Arbeit fachlich und organisational weiter entwickeln und die Professionalisierung stärken. Die Sozialwirtschaft kann dabei auf die bereits in der Erwerbswirtschaft und im technischen Bereich erfolgreich angewandte Methode des Projektmanagements zurückgreifen. In der sozialen Arbeit bietet das Projektmanagement ein professionelles, qualitätsorientiertes Handlungsschema für grundlegende Strukturveränderungen und dient insbesondere der Kostenersparnis sowie einer Erhöhung der Effektivität. Gleichzeitig leistet eine qualifizierte Projektarbeit durch die professionelle Planung und die zielorientierte Steuerung einen Beitrag zur fachlichen Weiterentwicklung und fördert das Erzielen wirksamer Ergebnisse. Der Beitrag beschreibt die Anwendung der Projektmanagementmethode für den Bereich sozialer Dienstleitungen und stellt dar, wie das Projektmanagement als wirksames

Instrument erfolgreicher Projektarbeit und der Organisationsentwicklung genutzt werden kann.

Die Managementperspektiven werden abgerundet mit dem Beitrag über *Netzwerkmanagement* von *Herbert Schubert*. Netzwerke repräsentieren eine neue flexible Organisations- und Steuerungsform zwischen Markt und Hierarchie, um die Kooperationskultur zwischen öffentlichen, sozialwirtschaftlichen und zivilgesellschaftlichen Akteuren zu verbessern und nicht-staatliche Interessen wirkungsvoll einzubinden. Damit die Kooperation der öffentlichen Einrichtungen und freien Träger innerhalb eines Sozialraums oder eines fachlichen Handlungsfeldes organisiert und koordiniert werden kann, sind besondere Fach- und Methodenkompetenzen zu erwerben, die in dem Beitrag konzeptionell als „Netzwerkmanagement" zusammengefasst werden. Einbezogen werden Instrumente wie die Bestandsaufnahme des sozialräumlichen Akteursfeldes mit einer Stakeholderanalyse, die differenzierte Aufbauorganisation einer ‚Netzwerkarchitektur', das Prozess- / Projektmanagement zur Entwicklung des Netzwerks und zur Förderung einer nachhaltigen Netzwerkkultur. Die Grundaufgaben des Netzwerkmanagements bestehen darin, die lokalen Schlüsselpersonen zu ermitteln, ihre Interessen zu identifizieren, die bestehenden Vorvernetzungen zu analysieren und den Einfluss der Akteure zu bewerten. In dem Beitrag werden das innerorganisationale Management der Mitwirkung im Netzwerk und das zwischenorganisationale Management der Vernetzung in Beziehung gesetzt.

Es folgen die Beiträge über die Unterstützung der Steuerung. Den Auftakt macht *Herbert Schubert* mit der Abhandlung *Controlling als Assistenz im Steuerungsprozess*. Das Controlling soll ein Dilemma lösen, dem sich viele Entscheider/innen bei öffentlichen und freien Trägern gegenüber sehen. Sie verfügen einerseits nur über unvollkommene Informationen in einem dynamischen Umfeld und andererseits nur über begrenzte Kapazitäten für die Verarbeitung der Informationen. In der Abgrenzung vom allgemeinen Management (der Steuerung) leistet das Controlling eine Führung unterstützende „Sekundärkoordination", weil es – im Sinne einer ‚Assistenz' – Informationen bereitstellt, die eine verbesserte Koordination der Teilsysteme durch die Entscheidungsträger ermöglicht. In dem Beitrag wird das Controlling als ‚Instrumentenkoffer' vormittelt, mit dessen Inhalt die Rationalität in Entscheidungsprozessen der Sozialwirtschaft gesichert werden kann.

Im nächsten Beitrag beleuchtet *Sandra Biewers* gezielt die *Schnittstellen von Sozialplanung und Controlling*. Grundlagen für sozialpolitische Entscheidungen auf der einen und finanzpolitische Entscheidungen auf der anderen Seite liefern Sozialplanung und Controlling. Durch die Erhebung und Analyse zuverlässiger empirischer Daten und Informationen über Problemlagen und Maßnahmenwirkungen bereitet die Sozialplanung fachliche Entscheidungen der Politik vor. Das Controlling bewertet als vorrangig betriebswirtschaftliches Instrument die Effizienz kommunaler Leistungen und definiert in der Folge Aussagen über den Grad der Erreichung finanzpolitischer Ziele. Der Beitrag erläutert die fachspezifischen Abläufe und zeigt die Schnittstellen der Fachlichkeit von Sozialplanung und der Wirtschaftlichkeit von Controlling auf. Dazu werden die vier Phasen: fachliche und finanzielle Planung, Maßnahmenumsetzung, Soll-Ist-Vergleich und Information der Gremien abgebildet, so wie sie idealerweise innerhalb eines koordinierten Regelkreislaufs von Sozialplanung und Controlling in der Praxis umgesetzt werden sollten.

Klaus-Dieter Pruss schreibt über die *Stärkung der pädagogischen Arbeit durch Controlling*. In einer Anwendungsperspektive verdeutlicht der Beitrag, welches Potenzial in dem Konzept steckt und welche Hilfestellungen das Controlling für die Zielerreichung der Organisation gibt. Voraussetzung für die Stärkung der pädagogischen Arbeit ist ein maßgeschneidertes Controllingkonzept. In Verbindung mit fachlichen Zielen ist es wünschenswert, zu jedem Zeitpunkt mit Informationen versorgt zu sein, die das Erreichen der Ziele begünstigen. Der Beitrag arbeitet heraus, dass es nicht darum geht, ob das Controlling für die soziale Arbeit überhaupt brauchbar ist, sondern darum, wie es beschaffen sein muss, um fachlichen Anforderungen der sozialen Arbeit zu dienen.

In dem Beitrag von *Holger Spieckermann* werden zentrale Konzepte und Begriffe der *Evaluation* dargestellt und Instrumente zur Durchführung von Evaluationen wie das Projektzyklusmanagement und Logical Framework erläutert. Es wird ein Evaluationsverständnis vorgestellt, das sich auf zwei Annahmen basiert: Auch wenn ein methodisches Standardrepertoire zur Verfügung steht, gibt es erstens keine vorgefertigten Standardverfahren: Die Evaluationsmethodik muss immer in Bezug auf das jeweilige Evaluationsobjekt und dessen Kontext entwickelt werden. Zweitens ist es ein Ziel von Evaluationen, Bewertungen vorzunehmen, die auf fachliche Verbesserungen hinwirken. Dies kann nur unter Mitwirkung der Beteiligten im Rahmen eines partizipativen Evaluationsprozesses geschehen: Evaluation wird deshalb als ein gemeinsamer Prozess von Evaluatoren und allen Beteiligten präsentiert, der einen gegenseitigen Lernprozess ermöglicht.

Abschließend folgen die Beiträge zu Finanzierung und Rechnungswesen. *Gerd Sadowski* umreißt zuerst die *Finanzierung in der sozialen Arbeit*. Er unterscheidet zwischen der einzelwirtschaftlichen Perspektive verschiedener sozialer Einrichtungen und dem Gesamtfinanzierungssystem der sozialen Arbeit. Traditionell erfolgte die Finanzierung sozialer Dienste auf dem politisch administrativen Weg; d.h. im Rahmen von politisch institutionalisierten Finanzierungsmodellen. Mit der zunehmenden Ökonomisierung des Alltags erfolgt aber eine stärkere Kopplung der Finanzierung an das Wirtschaftssystem, indem die tatsächlich erbrachte Leistung marktwirtschaftlich bewertet und entlohnt wird. Für die sozialen Dienste folgt daraus, dass nur noch die nachgewiesenen Dienstleistungen finanziert werden. Deshalb werden sich die Professionssysteme bezüglich der Finanzierung sozialer Dienstleistungen in Zukunft veränderten Rahmenbedingungen stellen müssen. Neben der Entwicklung fachlicher Qualitätsinstrumente sind vor allem Kriterien zur Kosten-Nutzen-Analyse zu definieren und einzubeziehen. Sadowski fordert, dass die Berufsrollenträger für die Einnahmen mitverantwortlich werden, aus denen sie ihr Leistungsentgelt erhalten.

Mit dem *Neuen Kommunalen Rechnungswesen* wendet sich *Sandra Biewers* der Reformierung der öffentlichen Haushaltsführung und der Einführung der so genannten Doppik zu. Die nordrhein-westfälische Landesregierung hat im Jahr 2005 das Gesetz über ein Neues Kommunales Finanzmanagement (NKF) eingeführt. In anderen Bundesländern steht eine ähnliche Gesetzgebung bevor. Das Gesetz setzt betriebswirtschaftliche Grundsätze an die Stelle der bisherigen kameralen Haushaltsführung und will damit eine zielgenauere, transparentere und vor allem leistungsbewusstere Finanz- und Fachplanung öffentlicher Leistungen erreichen. Inwieweit die Einführung dieser neuen Standards in die kommunale Verwaltung seine Zwecke tatsächlich erfüllt und wo Hemm- und Förderfaktoren in diesem Prozess festzustellen sind, wird in dem Beitrag beleuchtet. Die herkömmlichen kameralen Grundsätze werden den neuen betriebswirtschaftlichen Instrumenten gegenübergestellt, und es werden Umsetzungsempfehlungen für den Einsatz der neuen Standards formuliert.

Zum Schluss skizziert *Hans J. Nicolini* die Grundlagen der *Kostenrechnung in der sozialen Arbeit.* Die Kostenrechnung erlangt für Nonprofit-Organisationen und Einrichtungen eine zunehmende Bedeutung. In dem Beitrag wird die Kostenrechnung gegen das externe Rechnungswesen abgegrenzt. Beachtung findet die Reagibilität der Kosten, um die Schwierigkeiten bei der Festlegung der fixen und variablen Kosten – aus fachlicher oder wirtschaftlicher Sicht – zu verdeutlichen. Die Darstellung der Kostenarten, die im sozialen Bereich eine zentrale Rolle spielen, bildet den Kern der Darstellung. Dabei wird ausführlich auf die kalkulatorischen Kosten eingegangen, die keine unmittelbaren Ausgaben verursachen, daher leicht übersehen werden können und doch den Erfolg in erheblichem Umfang bestimmen. Für die Ermittlung der Kosten eines Produktes stellt die Verteilung der Gemeinkosten, die nicht direkt zurechenbar sind, immer ein schwieriges Problem dar. Zugleich ist die Kostenverteilung aber ein wichtiges Gestaltungselement, eine Leistung teuer oder billig zu rechnen. Der Beitrag warnt vor einer unkritischen und undifferenzierten Übernahme von betriebswirtschaftlichen Überlegungen in den sozialen Bereich und verweist dazu auf die Schwierigkeiten bei der Leistungsmessung und auf die Priorität von Organisationszielen, die allein mit kostenrechnerischen Methoden nicht zu erreichen sind.

6 Literatur

Arnold, Ulli / Maelicke, Bernd (Hrsg.) (1998): Lehrbuch der Sozialwirtschaft. Baden-Baden: Nomos-Verlag

Budäus, Dietrich (1994): Public-Management. Konzepte und Verfahren zur Modernisierung öffentlicher Verwaltungen. 4., unveränderte Auflage, Berlin: edition sigma

Friedrich, H. (Hrsg.) (2002): Berufsorientierte Projektarbeit im Studium. Wirtschafts- und Berufspädagogische Schriften, Band 26, Bergisch Gladbach: Verlag Hobein

Mensch, Kirsten (2002), Die Zukunft der sozialen Dienste. Diskussionsbericht zur Expertenrunde der Schader-Stiftung, URL http://www.schader-stiftung.de/docs/diskussionsbericht_sozialedienste.pdf

Müller, Bernhard / Löb, Stephan / Zimmermann, Karsten (Hrsg.) (2004): Steuerung und Planung im Wandel. Wiesbaden: VS Verlag für Sozialwissenschaften

Ottnad, Adrian / Wahl, Stefanie / Miegel, Meinhard (2000): Zwischen Markt und Mildtätigkeit. Die Bedeutung der Freien Wohlfahrtspflege für Gesellschaft, Wirtschaft und Beschäftigung. München

Otto, Ulrich (2002): Soziale Arbeit und Sozialmanagement. Von der produktiven Potenz eines schwierigen Verhältnisses. In. Neue Praxis, 32. Jg., URL http://w210.ub.uni-tuebingen.de/dbt/volltexte/2002/582/pdf/tobias_sozialmanagement_kurz_130902.prn.pdf

Reis, Claus / Schulze-Böing, Matthias (Hrsg.) (1998): Planung und Produktion sozialer Dienstleistungen. Die Herausforderung ‚neuer Steuerungsmodelle'. Berlin: edition sigma

Sachße, Christoph (2002), Die Zukunft der Sozialen Dienste. Einführendes Papier einer Expertenrunde der Schader-Stiftung. URL http://www.schader-stiftung.de/docs/sachse_papier_soziale_dienste.pdf

Schubert, Herbert (Hrsg.) (2001): Sozialmanagement. Zwischen Wirtschaftlichkeit und fachlichen Zielen. 1. Auflage, Opladen: Leske + Budrich

Schubert, Herbert (2002): Managementkompetenzen in der sozialen Arbeit. In: Friedrich (2002): 213-235

Schubert, Herbert (2004): Netzwerkmanagement: Planung und Steuerung von Vernetzung zur Erzeugung raumgebundenen sozialen Kapitals. In: Müller et al. (1998): 177-200

Tippelt, Horst (1998): Controlling als Steuerungsinstrument in der Sozialverwaltung. In: Reis/Schulze-Böing (1998): 105-130

Klaus Hofemann

Handlungsspielräume des Neuen Steuerungsmodells (NSM)

1. Einleitung
2. Gesellschaftspolitischer und ökonomischer Kontext der sozialen Dienstleistungsproduktion
3. Das Neue Steuerungsmodell – Konzept zur Modernisierung der Verwaltung und Träger von Marktrationalität im sozialen Bereich
4. Marktliche Steuerungselemente und soziale Dienstleistungen
   4.1 Unterschiede sozialer Dienstleistungen von anderen Dienstleistungen
   4.2 Implementierbarkeit marktlicher Steuerungsmechanismen in die soziale Dienstleistungsproduktion
5. Neue Handlungsspielräume für die soziale Arbeit?
6. Literatur

1 Einleitung

Die Modernisierung sozialer Dienstleistungsproduktion in der öffentlichen Verwaltung und in den Wohlfahrtsverbänden ist seit den 90er Jahren in vollem Gange. Nach der Kommunalstudie von PricewaterhouseCoopers (2002) haben sich zentrale Elemente dieses Konzeptes bei Städten und Gemeinden weitgehend durchgesetzt. Allerdings sind diese Reformprozesse auch Gegenstand von Auseinandersetzungen und Kritik in der Sozialpolitik und der sozialen Arbeit (Bauer 2000; ders. 2001; Boeßenecker 1995; Möller 1997; Merchel / Schrapper 1996; Reis / Schulze-Böing 1998; Spindler 2001; Trube 2001). Auch empirische Bestandsaufnahmen verleihen der Diskussion Grundlagen für eine kritische Auseinandersetzung (vgl. z.B. Grunow / Wollmann 1998; Grunow / Grunow-Lutter 2000; PricewaterhouseCoopers 2002).

In der sozialpolitischen Diskussion sind Fragen der ökonomischen Steuerung nicht neu; geht es doch generell in der Sozialpolitik um die Korrektur von Verteilungsergebnissen des Marktes und um Eingriffe in den Marktprozess. So befasst sich die Gesundheitspolitik seit langem mit der Frage, welche Rolle vom Markt gesteuerte Versorgungselemente im Gesundheitswesen spielen können. Die Diskussion, unter welchen Prämissen Marktelemente sinnvoll sind und wo sie in Konflikt mit sozialpolitischen Zielen geraten, ist in der Gesundheitsversorgung seit Mitte der achtziger Jahre grundsätzlich diskutiert worden. Gegenwärtig werden in der Alters- und Pflegesicherung ähnliche Diskurse geführt. (vgl. z.B. BMGS 2002).

Generell gerät staatlich verantwortete soziale Sicherung seit Jahren in die Defensive. Das betrifft nicht nur die ‚großen' Sozialversicherungssysteme, wie Renten-, Kranken- und Arbeitslosenversicherung, sondern zunehmend auch soziale Dienstleistungen, die vorrangig bei den Kommunen und Wohlfahrtsverbänden angesiedelt sind. Mit dem „Neuen Steuerungsmodell" (NSM), für das die „Kommunale Gemeinschaftsstelle für Verwaltungsvereinfachung" (KGSt) in zahlreichen Gutachten zur Reformierung der Kommunalverwaltung plädiert, wird versucht, Steuerungselemente, wie sie aus privaten Unternehmen bekannt sind, auf die staatlich verantwortete Dienstleistungserbringung zu übertragen (vgl. KGSt 1993, 1994a, 1994b, 1995a und 1995b). Dieses Modell genießt deshalb den Vorteil, im „Mainstream" zu liegen. Trotz dieser Vorschusslorbeeren in Bezug auf Akzeptanz muss natürlich die Übertragbarkeit neuer Steuerungsökonomik auf *soziale* Dienstleistungen grundsätzlich analysiert werden. In diesem Beitrag soll die Übertragbarkeit marktlicher Steuerungselemente auf soziale Dienstleistungen problematisiert werden und die Frage gestellt werden, wo sich Handlungsspielräume für das sozialpädagogische / sozialarbeiterische Handlungsfeld abzeichnen. Vorab soll skizziert werden, wie sich die für soziale Dienstleistungen relevanten sozio-ökonomischen Bedingungen verändern.

2 Gesellschaftspolitischer und ökonomischer Kontext der sozialen Dienstleistungsproduktion

Die soziale Dienstleistungsproduktion ist eingebettet in längerfristig wirkende gesellschaftliche und sozialstrukturelle Trends. Gesellschaftlicher Wandel, die Veränderung der Sozialstruktur sowie die demografische Entwicklung lassen einen Bedeutungszuwachs sozialer Dienste ganz generell erwarten, bei dem es einerseits zu einer quantitativen Ausweitung von persönlichen Konflikten und Notlagen mit einem wachsendem Bedarf an persönlicher Hilfe kommt, während andererseits ein schleichender Rückgang der Leistungsressourcen der individuellen Selbst- und Familienhilfe erkennbar ist (vgl. Bäcker u.a. 2000, Band 2: 357 ff, Deutscher Bundestag 2002).

- *Demografischer Wandel*: Bei einer rückläufigen Gesamtbevölkerung wird die Zahl der älteren, insbesondere der sehr alten Menschen weiter steigen und damit auch der alterstypische Hilfebedarf. Gleichzeitig nimmt der Anteil an jüngeren Menschen als potentielle Helfer (z.B. in den Familien) weiter ab. Die wachsende Zahl Kinderloser kann überhaupt nicht auf Unterstützung durch engste Familienmitglieder rechnen.

- Die zunehmende *räumliche Trennung* von Familienangehörigen kann zur Schwächung familiärer Hilferessourcen führen, zumindest im Bereich der direkten, unmittelbaren Unterstützung.
- Die insgesamt steigende *Frauen- und Müttererwerbstätigkeit* und der Wandel im Geschlechterrollenverständnis verringern tendenziell das Potenzial an unentgeltlicher familiärer Frauenarbeit.
- Der sich schleichend vollziehende Prozess von *Individualisierung und Emanzipation* vermindert den Verpflichtungscharakter familiärer Hilfe. Die Verbindlichkeit verwandtschaftlicher Gemeinschaften verliert langsam an Bedeutung, der Verwandtschaftsstatus allein ist nicht mehr automatisch ein Grund zur Hilfeleistung. Auch lässt die Bindung an religiöse oder solidarische Werte zunehmend nach, wodurch sich auch die Unterstützungsbereitschaft gegenüber nicht-verwandten Dritten einschränken kann.
- Veränderungen in den *Lebens- und Haushaltsformen* (wie z.B. Zunahme der Ein-Personenhaushalte, Zunahme weniger verpflichtender Lebensgemeinschaften) führen dazu, dass die Netzwerke des sozialen Nahraumes ‚dünner' und damit im Bedarfsfall weniger verlässlich werden, es sei denn, sie werden durch entsprechende Alternativen kompensiert.
- Veränderungen im *Krankheitsspektrum* der Bevölkerung, u.a. Bedeutungszuwachs chronisch-degenerativer (Volks-) Krankheiten, Zunahme von psychischen Krankheitsbildern, von Suchterkrankungen und Drogenabhängigkeit, Anstieg chronischer Erkrankungen bei Kindern, führen zu einer Ausweitung des Behandlungs- und Pflegebedarfs.
- Folgen *wirtschaftlicher Umbrüche und Strukturveränderungen* erhöhen zwangsläufig den sozialen Dienstleistungsbedarf: Mehr Bevölkerungsgruppen sind von Arbeitslosigkeit und Verarmung und dadurch bedingten vielfältigen psycho-sozialen Notlagen betroffen.
- Die Bundesrepublik ist ein *Einwanderungsland*. Dauerhaft notwendig geworden sind z.B. Sozial- und Rechtsberatung sowie vielfältige Integrationshilfen.
- Veränderungen in den *Hilfeerwartungen* der Bevölkerung deuten auf mehr Selbstbestimmung und damit auch auf einen erhöhten Bedarf an professionellen Diensten hin, bei gleichzeitiger Zunahme von Qualitätsbewusstsein und Konsumentensouveränität.

Diese Trends führen zu einem steigenden *Bedarf* an Dienstleistungen. Allerdings ist fraglich, inwieweit der sich abzeichnende Bedarf zu wachsender *Nachfrage* führen wird. Denn gegenüber den 70er Jahren haben sich nicht nur die ökonomischen Rahmenbedingungen verändert. Auch wird heute, gegenüber der Expansionsphase in den 70er Jahren, die Rolle des *Staates* als Träger und Finanzier so-

zialer Leistungen zunehmend problematisch hingestellt. Zu nennen sind hier vor allem folgende Faktoren:
- *Geringe bzw. negative Wachstumsraten* der Volkswirtschaft. Diese erschweren es, zusätzliche Staatsausgaben aus dem Wachstum zu finanzieren. Die hohe Belastung der Staatshaushalte durch die Kosten der Wiedervereinigung engt auch den Spielraum für Sozialausgaben ein.
- Überlagert wird die Wachstumsschwäche durch die Hegemonie *neoliberalen Denkens* in Bezug auf die staatliche Wirtschafts- und Sozialpolitik. Das bedeutet, dass sich alle großen Parteien auf eine Reduzierung der Staatsquote, insbesondere der Sozialquote, hin orientieren. Folge ist eine wachsende Skepsis gegenüber sozialstaatlichem Handeln des Staates und eine Einschränkung des solidarischen Leistungspotenzials der Gesellschaft. Dies drückt sich aktuell im Ausstieg aus der Generationensolidarität in der Alterssicherung aus. Bereits Jahre vorher ging es um den (begrenzten) Ausstieg aus dem solidarischen Risikoausgleich in der GKV und die Konzeption der Pflegeversicherung als Teilkaskoversicherung (Hofemann / Naegele 2000). Steuerreformen, die den Staatsanteil am BIP senken sollten, reduzierten das staatliche Einnahmevolumen und führten in Verbindung mit den erheblich gestiegenen Ausgaben für soziale Leistungen, vor allem bedingt durch die steigende Arbeitslosigkeit, zu einer eklatanten Unterfinanzierung vor allem der Kommunen (vgl. Tab. 2).
- Druck ging auf die staatlichen Aktivitäten zusätzlich von den Bedingungen aus, unter denen die Schaffung einer gemeinsamen *europäischen Währung* beschlossen wurde. Die ökonomischen Zielvorgaben der in Maastricht ausgehandelten Verträge zur Einführung einer europäischen Währungsunion, auch bekannt als Konvergenzkriterien, beinhalten finanzpolitische und monetäre Zugangsvoraussetzungen. Sie tangierten Deutschland bei dem Haushaltsdefizit von max. 3 vH des BIP und der Staatsverschuldung bei 60 vH des BIP. Um Haushaltsdefizit und Staatsverschuldung zu begrenzen, sanken die Zuweisungen an die Gemeinden in den entscheidenden Jahren vor dem Beitritt zur Währungsunion von 56,5 Mrd. DM im Jahr 1996 auf 50,4 DM in 1997 (Städtetag 2000: 9).
- Diese Ökonomisierung im Sinne marktwirtschaftlicher Logik schlägt sich in hohen Anforderungen an *Effektivität und Effizienz* der eingesetzten Mittel nieder. Rationalisierungsreserven, wie sie in der Industrie ausgeschöpft wurden und werden, sind Richtgrößen. Die politischen Vorgaben gehen zunehmend davon aus, dass in Zukunft maximal der gegenwärtige Anteil an Sozialausgaben zur Verfügung stehen wird. In der Logik strikter Ökonomisierung reicht das Vorhalten von Leistungsangeboten, z.B. in der Jugendar-

beit zur Legitimierung von Personal- und Sachmitteln nicht mehr aus. Wenn alle staatlichen Leistungen auf den Prüfstand gebracht werden, dann entsteht auch für die soziale Arbeit ein Zwang zu höherer *Legitimation* der Aufgaben. Die Erreichung vorher im politischen Prozess durchgesetzter Ziele entscheidet über Förderung und Nichtförderung. Quantifizierbare Zielgrößen haben im politischen Prozess der Durchsetzung *(politics)* bessere Durchsetzungschancen als schwer fassbare qualitative Größen oder gar das Vorhalten von Leistungen für ‚nur' möglicherweise eintretende Bedarfssituationen.

- Eng verbunden mit der Hegemonie neoliberalen Denkens verläuft ein Prozess, der das Monopol *staatlicher Leistungserbringung* in Frage stellt. Das gleiche gilt für die intermediären Träger, die Wohlfahrtsverbände, eine den deutschen Sozialstaat kennzeichnende korporatistische Struktur. Die Grenzlinie zwischen staatlichen und intermediären Trägern sowie den von Kommunen zu erbringenden Aufgaben verschiebt sich zu Gunsten privatwirtschaftlicher Aufgabenerfüllung durch gewinnorientierte Dienstleistungsunternehmen. Dies drückt sich bereits jetzt in dem Contracting von Dienstleistungen öffentlicher Träger an privat-gewerbliche Anbieter aus sowie verschärft in der Ausgliederung ganzer Aufgabenfelder aus staatlicher Zuständigkeit.

- *Europa* tritt auf den Plan. Einmal als Anbieter von Dienstleistungen im benachbarten Ausland mit teilweise erheblich differierenden Preisen, tariflichen Gegebenheiten, Qualifikations- und Qualitätsstandard etc.. Zum anderen ergeben sich durch die gemeinsame Währung Vergleichs- und Konkurrenzsituationen. Das ist nicht nur durch den direkten Vergleich sozialer Dienstleistungen der Fall, sondern auch vermittelt über die Konkurrenz auf den Gütermärkten in Bezug auf die Kosten des Faktors Arbeit. Europäische Angleichungspolitik wird von der Europäischen Kommission vor allem als Wettbewerbspolitik verstanden. Das wirkt sich erheblich auf gewachsene korporatistische Angebotstrukturen (Wohlfahrtsverbände) aus.

Als Fazit kann festgehalten werden, dass es die Sozialpolitik ebenso wie die soziale Arbeit mit erheblich veränderten Rahmenbedingungen zu tun hat. Diese beziehen sich auf eine quantitativ und qualitativ verändernde Nachfragestruktur einerseits sowie verringerte Finanzierungsspielräume und ein gewandeltes ökonomisches Paradigma, das staatliche Interventionen im Sozialbereich zunehmend negativ bewertet.

Tabelle 2: Kommunale Einnahmen und Ausgaben 2003 – 2005 in Mrd. Euro

	2003 in EUR	2004 in EUR	2005 in EUR
Einahmen,	141,35	145,85	147,75
Steuern	46,76	51,10	50,90
darunter:			
Gewerbesteuereinnahmen	15,15	20,75	20,25
Umsatzsteueranteil	2,59	2,61	2,65
Einkommensteueranteil	19,82	18,55	18,30
Gebühren	16,22	16,14	15,94
Laufende Zuweisungen von Land / Bund	37,96	38,91	42,60
Investitionszuweisungen von Land / Bund	7,99	8,12	8,20
Erstattungen des Bundes für Option*			4,00
Sonstige Einnahmen	32,42	31,58	30,11
Ausgaben, ohne Option	149,82	149,95	154,75
Ausgaben, mit Option			158,75
darunter			
Personal	40,47	39,90	39,95
Sachaufwand	29,13	29,35	29,65
Soziale Leistungen, darunter	30,43	32,25	37,00
Ausgaben für Option*			4,00
Zinsen	5,10	4,80	4,80
Sachinvestitionen	21,41	20,10	19,95
Sonstige Ausgaben	23,27	19,8	19,4
Finanzierungssaldo	-8,47	-4,10	-7,00

* Ausgaben der Optionskommunen und die Erstattungen des Bundes für an Stelle der Bundesagentur für Arbeit übernommene Eingliederungsaufgaben und Arbeitslosengeld II (einschließlich Verwaltungskosten)

Quelle: Bundesvereinigung der kommunalen Spitzenverbände, Kommunalfinanzen 2003–2005, 9.2.2005, www.kommon.de

3 Das Neue Steuerungsmodell – Konzept zur Modernisierung der Verwaltung und Träger von Marktrationalität im sozialen Bereich

Zu Beginn war das von der KGSt vorgelegte Modell für eine Verwaltungsreform eine Perspektive für eine längst fällige Reform des Verwaltungshandelns. Klagen über mangelnde Effektivität des Verwaltungshandelns wurden bereits in den 70er Jahren geführt. Beim Bestreben des Staates, alles möglichst detailliert und umfassend zu regeln, blieben die Kosten (und natürlich auch die Bürgernähe) des Verwaltungshandelns auf der Strecke. Die Steuerreformen sind ein gutes Beispiel dafür, wie der Anspruch nach mehr Steuergerechtigkeit zu immer kostenaufwändigeren Lösungen führt. Häufig fallen Kostenverursacher (Gesetz- und Verordnungsgeber) und Kostenträger, also ausführende Verwaltungsebenen (häufig Länder und Gemeinden), auseinander. Bei der Sozialhilfe und dem Wohngeld ist dies ganz offensichtlich.

Unter dem Stichwort *New Public Management* setzte Anfang der 80er Jahre eine Diskussion über die Reform und den Abbau staatlicher Tätigkeit ein zu Gunsten privater Dienstleistungserbringer und intermediärer Träger. Damit wurde bereits in der Anfangsphase der Verwaltungsreform eine Fokussierung der Reformperspektive auf das Ziel der *Ökonomisierung* eingeleitet. Eine maßgebliche Rolle bei der Konzeption des NSM war die Orientierung darauf, dass die Kommunalverwaltung Leistungen für ihre Bürger produziert. Sie muss ihr Leistungsangebot und die erbrachten Leistungen (Output) genau kennen, um beides bürgernah, wirksam sowie wirtschaftlich zu gestalten und um die Leistungserbringung entsprechend steuern zu können. Das Reformmodell konzentriert sich auf folgende *Leitfragen*:

(1) Welche Ziele und Aufgaben sollen durch ein Leistungsangebot erfüllt werden?
(2) Werden die richtigen Leistungen angeboten?
(3) Ist die Zielgruppe der Leistungen richtig bestimmt?
(4) Stimmt die Qualität der Leistungen?
(5) Werden die Leistungen wirtschaftlich und zuverlässig erbracht?
(6) Wie hoch sind die Kosten der einzelnen Leistungen?

Die Bestandsaufnahme der bisherigen Praxis offenbarte Defizite der öffentlichen Verwaltung, die die KGSt als Strategie-, Management-, Attraktivitäts-, und Legitimationslücke kennzeichnete. Das NSM soll hierzu als Gegenentwurf verstanden werden. Ausgangspunkt *neuer* Steuerung ist die Formulierung von Zielen im politischen System, also z.B. im Rat einer Stadt oder im Kreistag. Auf der Grundlage dieser Ziele soll das Verwaltungsgeschehen geplant und über Zielvereinbarungen durchgeführt werden. Planung, Durchführung und Kontrolle aller Dienstleistungsaktivitäten sind auf das zu erstellende Produkt, die Dienstleistung, ausgerichtet, also outputorientiert. Die Produktbeschreibungen sind die Grundlage von Vereinbarungen, die die Steuerzentrale, z.B. Fachbereiche oder Ämter, mit den Dienstleistungsproduzenten schließen (Kontraktmanagement). Dies ermöglicht eine Steuerung und Kontrolle der Aufgabenerfüllung (Controlling). Die jeweiligen Dienstleistungseinheiten (z.B. Ämter) erhalten neben der Fach- jetzt auch die Ressourcenverantwortung. Abbildung 3 veranschaulicht die Kernelemente und die Funktionsweise der ‚Neuen Steuerung'.

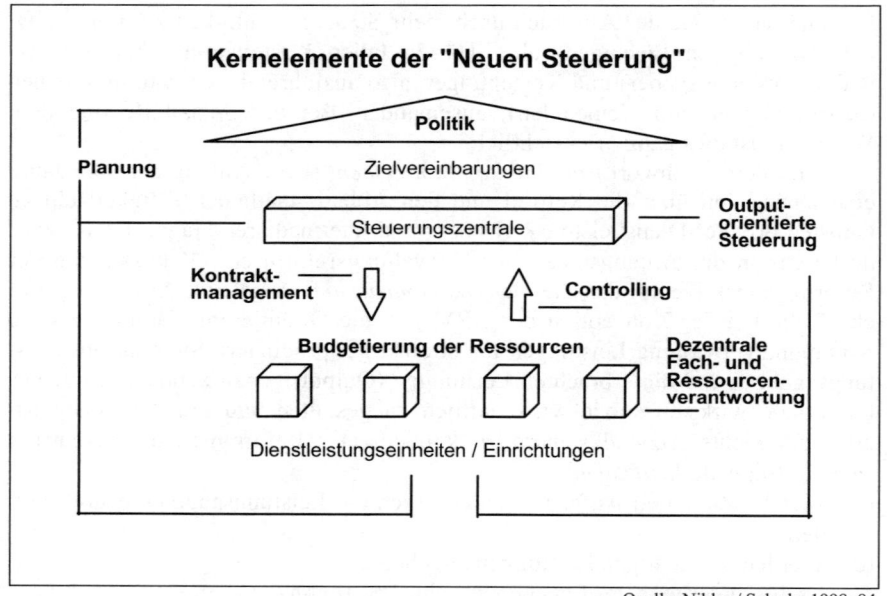

Kernelemente der "Neuen Steuerung"

- Planung
- Politik
- Zielvereinbarungen
- Steuerungszentrale
- Kontraktmanagement
- Controlling
- Budgetierung der Ressourcen
- Dienstleistungseinheiten / Einrichtungen
- Outputorientierte Steuerung
- Dezentrale Fach- und Ressourcenverantwortung

Quelle: Niklas / Szlapka 1998: 84

Abbildung 3: Kernelemente des Neuen Steuerungsmodells

Demnach sind Produkte, dezentrale Ressourcenverantwortung, Controlling und Kontrakte wichtige Schlüsselbegriffe. *Produkte* stellen die zentrale Steuergröße dar. Produkte werden zu Produktgruppen und auf den weiteren Aggregationsebenen zu Produktbereichen zusammengefasst. D.h.: Der Produktbegriff bzw. die Produkte stehen im Vordergrund der Steuerung. Das Konzept ist damit *outputorientiert*. Die Produktbeschreibungen umreißen für Bürger und Verwaltung die Ziele, das quantitative Volumen und die zu erwartenden Kosten. Dabei werden Kennziffern als Messzahlen der Erfolgskontrolle eingesetzt. Die Kompetenzen und *Ressourcenverantwortlichkeiten werden dezentral* organisiert. Die Festlegung der Kompetenzen (Ressourcen und Fachverantwortung) erfolgt in Form von Kontrakten *(Kontraktmanagement)*, in denen Zielvorgaben und der finanzielle Handlungsrahmen festgelegt werden (→ vgl. dazu den Beitrag von Herbert Schubert: Kontraktmanagement). Auf den unterschiedlichen Ebenen wird das Verwaltungshandeln einem *Controlling* unterworfen, das das Erreichen der Ziele und der finanziellen Rahmenbedingungen im Auge behält (→ vgl. dazu die drei Beiträge von Biewers, Pruss und Schubert zu Aspekten des Controlling). Als begleitendes Element zu den ökonomischen Steuerungskonzepten gilt entsprechend den Leitfragen des New Public Management (s.o.) das *Qualitätsmanagement*. Es soll prüfen, inwieweit die angestrebten bzw. gesetzlich vorgeschriebenen Ziele der Dienstleistung erreicht werden (→ vgl. dazu den Beitrag von Conrad von Fürstenberg: Qualitätsmanagement).

Die Steuerungszentrale kann im Rahmen des Kontraktmanagements die Aufgabenerfüllung von internen Dienstleistungseinheiten oder externen Einrichtungen, gemeinnützigen oder privat-erwerbswirtschaftlichen Anbietern auslagern. Der Gesetzgeber hat sehr detailliert geregelt, wie die Beziehungen der Auftragsvergabe ausgestaltet sein sollen. Besonders detailliert sind die Bestimmungen im SGB VIII (KJHG §§ 78a bis 78f). Diese „Vereinbarungen über Leistungsangebote, Entgelte und Qualitätsentwicklung" sind Musterbeispiele für die Anwendung ‚neuen Steuerungsdenkens' in der sozialen Arbeit (vgl. Tabelle 3). Ähnliche Vorschriften existieren im SGB II (Gesetz für moderne Dienstleistungen), SGB V (Gesetzliche Krankenversicherung), SGB IX (Rehabilitation und Teilhabe behinderter Menschen), SGB XI (Soziale Pflegeversicherung) und SGB XII (Sozialhilfe).

Tabelle 3: Vereinbarungen über Leistungsangebote, Entgelte und Qualitätsentwicklung im SGB VIII / KJHG

---

§ 78 b Voraussetzungen für die Übernahme des Leistungsentgelts

(1) Wird die Leistung ganz oder teilweise in einer Einrichtung erbracht, so ist der Träger der öffentlichen Jugendhilfe zur Übernahme des Entgelts gegenüber dem Leistungsberechtigten verpflichtet, wenn mit dem Träger der Einrichtung oder seinem Verband Vereinbarungen über

1. Inhalt, Umfang und Qualität der Leistungsangebote (Leistungsvereinbarung),

2. differenzierte Entgelte für die Leistungsangebote und die betriebsnotwendigen Investitionen (Entgeltvereinbarung) und

3. Grundsätze und Maßstäbe für die Bewertung der Qualität der Leistungsangebote sowie über geeignete Maßnahmen zu ihrer Gewährleistung (Qualitätsentwicklungsvereinbarung) abgeschlossen worden sind.

(2) Die Vereinbarungen sind mit den Trägern abzuschließen, die unter Berücksichtigung der Grundsätze der Leistungsfähigkeit, Wirtschaftlichkeit und Sparsamkeit zur Erbringung der Leistung geeignet sind.

(3) Ist eine der Vereinbarungen nach Absatz 1 nicht abgeschlossen, so ist der Träger der öffentlichen Jugendhilfe zur Übernahme des Leistungsentgelts nur verpflichtet, wenn dies insbesondere nach Maßgabe der Hilfeplanung (§ 36) im Einzelfall geboten ist.

§ 78c Inhalt der Leistungs- und Entgeltvereinbarungen

(1) Die Leistungsvereinbarung muss die wesentlichen Leistungsmerkmale,

insbesondere

1. Art, Ziel und Qualität des Leistungsangebots,

2. den in der Einrichtung zu betreuenden Personenkreis,

3. die erforderliche sächliche und personelle Ausstattung,

4. die Qualifikation des Personals sowie

5. die betriebsnotwendigen Anlagen der Einrichtung

festlegen. In die Vereinbarung ist aufzunehmen, unter welchen Voraussetzungen der Träger der Einrichtung sich zur Erbringung von Leistungen verpflichtet. Der Träger muss gewährleisten, dass die Leistungsangebote zur Erbringung von Leistungen nach § 78a Abs. 1 geeignet sowie ausreichend, zweckmäßig und wirtschaftlich sind.

(2) Die Entgelte müssen leistungsgerecht sein. Grundlage der Entgeltvereinbarung sind die in der Leistungs- und der Qualitätsentwicklungsvereinbarung festgelegten Leistungs- und Qualitätsmerkmale. Eine Erhöhung der Vergütung für Investitionen kann nur dann verlangt werden, wenn der zuständige Träger der öffentlichen Jugendhilfe der Investitionsmaßnahme vorher zugestimmt hat. Förderungen aus öffentlichen Mitteln sind anzurechnen.

§ 78d Vereinbarungszeitraum

(1) Die Vereinbarungen nach § 78b Abs. 1 sind für einen zukünftigen Zeitraum (Vereinbarungszeitraum) abzuschließen. Nachträgliche Ausgleiche sind nicht zulässig.

(2) Die Vereinbarungen treten zu dem darin bestimmten Zeitpunkt in Kraft. Wird ein Zeitpunkt nicht bestimmt, so werden die Vereinbarungen mit dem Tages ihres Abschlusses wirksam. Eine Vereinbarung, die vor diesen Zeitpunkt zurückwirkt, ist nicht zulässig; dies gilt nicht für Vereinbarungen vor der Schiedsstelle für die Zeit ab Eingang des Antrages bei der Schiedsstelle. Nach Ablauf des Vereinbarungszeitraums gelten die vereinbarten Vergütungen bis zum Inkrafttreten neuer Vereinbarungen weiter.

(3) Bei unvorhersehbaren wesentlichen Veränderungen der Annahmen, die der Entgeltvereinbarung zugrunde lagen, sind die Entgelte auf Verlangen einer Vertragspartei für den laufenden Vereinbarungszeitraum neu zu verhandeln. Die Absätze 1 und 2 gelten entsprechend.

(4) Vereinbarungen über die Erbringung von Leistungen nach § 78a Abs. 1, die vor dem 1. Januar 1999 abgeschlossen worden sind, gelten bis zum Inkrafttreten neuer Vereinbarungen weiter.

> **§ 78e Örtliche Zuständigkeit für den Abschluß von Vereinbarungen**
>
> (1) Soweit Landesrecht nicht etwas anderes bestimmt, ist für den Abschluß von Vereinbarungen nach § 78b Abs. 1 der örtliche Träger der Jugendhilfe zuständig, in dessen Bereich die Einrichtung gelegen ist. Die von diesem Träger abgeschlossenen Vereinbarungen sind für alle örtlichen Träger bindend.
>
> (2) Werden in der Einrichtung Leistungen erbracht, für deren Gewährung überwiegend ein anderer örtlicher Träger zuständig ist, so hat der nach Absatz 1 zuständige Träger diesen Träger zu hören.
>
> (3) Die kommunalen Spitzenverbände auf Landesebene und die Verbände der Träger der freien Jugendhilfe sowie die Vereinigungen sonstiger Leistungserbringer im jeweiligen Land können regionale oder landesweite Kommissionen bilden. Die Kommissionen können im Auftrag der Mitglieder der in Satz 1 genannten Verbände und Vereinigungen Vereinbarungen nach § 78b Abs. 1 schließen. Landesrecht kann die Beteiligung der für die Wahrnehmung der Aufgaben nach § 85 Abs. 2 Nr. 5 und 6 zuständigen Behörde vorsehen.
>
> **§ 78f Rahmenverträge**
>
> Die kommunalen Spitzenverbände auf Landesebene schließen mit den Verbänden der Träger der freien Jugendhilfe und den Vereinigungen sonstiger Leistungserbringer auf Landesebene Rahmenverträge über den Inhalt der Vereinbarungen nach § 78b Abs. 1. Die für die Wahrnehmung der Aufgaben nach § 85 Abs. 2 Nr. 5 und 6 zuständigen Behörden sind zu beteiligen.

Früher war die Kommunalverwaltung darauf fixiert, ihre Aufgaben weitgehend selbst durchzuführen. Das NSM hat demgegenüber die Steuerungsgrundlagen für die *Ausgliederung* kommunaler Aufgaben gelegt: „Gegenüber dem traditionellen Weg der Finanzierung sozialer Dienste durch Zuwendungen und Subventionen werden Leistungs- und Kostenvereinbarungen zunehmend zu einem Strukturelement der Finanzierung sozialer Dienste (Kontraktmanagement)" (Trube / Wohlfahrt 2000: 44). Die Konkurrenz um das Budget wird zu einem Kennzeichen der im Wohlfahrtsstaat als Anbieter operierenden Träger und Einrichtungen, ihre Leistungen am Markt auszurichten. Während bislang kommunale Einrichtungen (und im Sinne des Subsidiaritätsprinzips) Wohlfahrtsverbände bzw. Kirchen prädestiniert waren, soziale Dienste zu organisieren, stehen kommunale Anbieter, Wohlfahrtsverbände und privat-gewerbliche Anbieter nun nebeneinander in einem Konkurrenzverhältnis. Tabelle 4 systematisiert die praxisrelevanten Formen der Privatisierung.

Die Ausgliederung sozialer Dienstleistungen scheint allerdings aktuell unter Steuerungsaspekten an Grenzen zu stoßen (PricewaterhouseCoopers 2002: 13). Dabei gehen nach wie vor erhebliche Auswirkungen von den tarifvertraglichen Gestaltungsmöglichkeiten aus, die eine unternehmenspolitische Ausgliederung von Betriebsteilen für die tarifpolitischen Gestaltungsspielräume der Arbeitgeber mit sich bringen. Angesichts der Relativierung von Flächentarifverträgen, dürften diese Anreize zunehmend wirksam werden (➔ vgl. dazu den Beitrag von Peter Vermeulen: Ausgliederung sozialer Aufgaben).

Formen	Formale Privatisierung	Materielle Privatisierung	Funktionelle Privatisierung
Verfahren	Teile der öffentlichen Verwaltung werden ausgegliedert und in betriebswirtschaftliche Einheiten in privater Rechtsform überführt, wobei die öffentliche Hand vollständig Eigentümerin der neuen Organisation bleibt.	Eine Einrichtung / ein Dienst wird aus dem öffentlichen Eigentum an ein privates Unternehmen / gemeinnützigen Träger verkauft bzw. zu einem symbolischen Preis abgegeben.	Öffentliche Aufgaben werden an eine privatrechtliche Organisation vergeben, wobei unter Beibehaltung der öffentlichen Aufgabenverantwortung spezielle Verträge bzw. Konzessionen die Finanzierung und Leistungserbringung regeln.
Beispiele	Gründung einer kom-munalen Beschäftigungs-gesellschaft mbH mit der Alleingesellschafterin Stadt X	Verkauf der städtischen Krankenanstalten an einen Wohlfahrtsverband / einen kommerziellen Betrieb	Betrauung eines freien Trägers mit Aufgaben der sozialpädagogischen Familienhilfe im Rahmen eines Leistungsvertrages

Tabelle 4: Formen der Privatisierung

Quelle: Trube / Wohlfahrt 2000: 44

Die in der Einführungsphase auch durch die KGSt angestoßenen Diskussionen über demokratisch legitimierte Einführungsprozesse („bottom up" statt „top down") gehören der Vergangenheit an. In der Praxis hat hierarchisches Verwaltungshandeln nicht aufgehört und Verwaltungsmodernisierung ist Teil davon. Als Hauptziel hat sich die Kostensenkung herausgestellt, die den Kommunen in der anhaltenden Unterfinanzierung Handlungsspielräume ermöglicht. Als wichtigstes Steuerungselement haben sich dabei Budgetierung und dezentrale Ressourcenverwaltung erwiesen (vgl. Abbildung 4). Als Beispiel dafür, dass eine verbesserte Dienstleistungsqualität und mehr Kundenorientierung eine untergeordnete Rolle spielen, ist der geringe Stellenwert, den die Erstellung eines Leitbildes bei den befragten Kommunen hat.

4 Marktliche Steuerungselemente und soziale Dienstleistungen

Die kritische Auseinandersetzung des mit der „New Economy" in die Soziale Arbeit eingezogenen Denkens muss sich vorab mit den wesentlichen Annahmen des Modells befassen. Hierzu kann auf die in den 90er Jahren geführte Debatte um mehr Wettbewerb im Gesundheitswesen zurückgegriffen werden: Ähnlich wie in der NSM-Debatte wird von den Befürwortern einer ökonomischen Modernisierungsstrategie Wettbewerb mit den sozialen und ethischen Aufgaben des

Gesundheitsversorgungssystem als vereinbar angesehen. Die Forcierung des Wettbewerbs wird sogar als Bestandteil einer offensiven Modernisierungsstrategie z.B. in der Gesetzlichen Krankenversicherung (GKV) bewertet. Diese sollte Raum für wettbewerbliche Suchprozesse in Richtung von mehr Qualität und Wirtschaftlichkeit ermöglichen (Jakobs 1998: 64ff). Demgegenüber steht die These, dass Wettbewerb im Gesundheitswesen zu ungleichen Versorgungschancen führe und zu Lasten der sozial Schwächeren gehe: „Wenn es aber um die Vereinbarkeit von Wettbewerb und Solidaritätsprinzip geht, müsste (man) das System und seine Elemente von der Position der Schwächsten und von deren Versorgungsrisiken durchdenken" (Kühn 1998: 131).

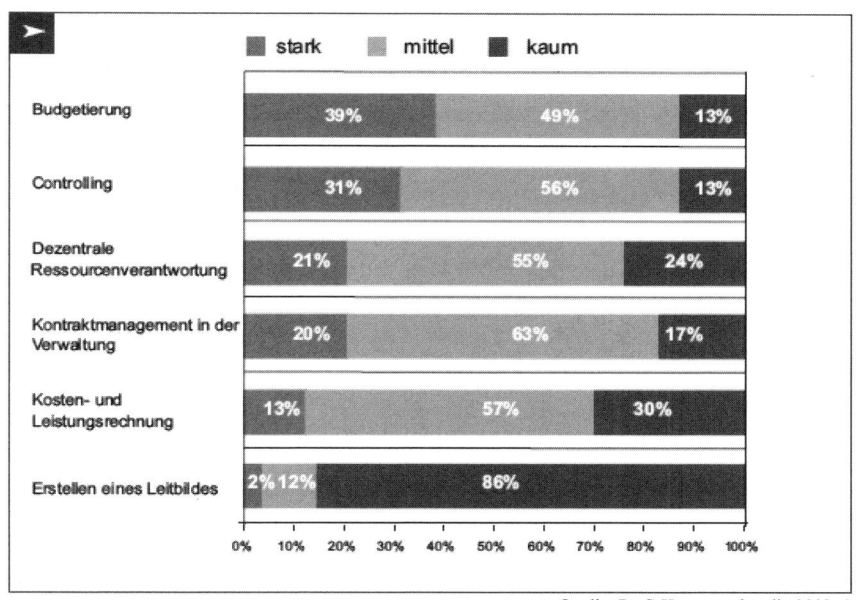

	stark	mittel	kaum
Budgetierung	39%	49%	13%
Controlling	31%	56%	13%
Dezentrale Ressourcenverantwortung	21%	55%	24%
Kontraktmanagement in der Verwaltung	20%	63%	17%
Kosten- und Leistungsrechnung	13%	57%	30%
Erstellen eines Leitbildes	2% 12%	86%	

Quelle: PwC-Kommunalstudie 2002: 12

Abbildung 4: Verminderung der Steuerungsprobleme durch Elemente des Neuen Steuerungsmodells

Die Übertragung wettbewerblicher Steuerungselemente steht daher vor grundsätzlichen Fragen sozialstaatlicher Versorgung. Zwei Schlüsselfragen ermöglichen eine sozialpolitische Bewertung:
- Welches sind die Unterschiede sozialer Dienstleistungen zu anderen Dienstleistungen?

- Zu welchen Konsequenzen führt die Implementierung marktlicher Steuerungsmechanismen in die soziale Dienstleistungsproduktion?

4.1 Zu (1): Unterschiede sozialer Dienstleistungen von anderen Dienstleistungen

Soziale Dienstleistungen unterscheiden sich durch eine Reihe von Merkmalen von anderen Dienstleistungen. Sie sind nicht speicherbar und später abrufbar. Es existiert kein Produkt im materiellen Sinne, sondern das Produkt ist der Prozess. Die Erbringung und die Qualität sozialer Dienstleistungen hängen in hohem Maße von der Interaktion zwischen Leistungsanbieter und Klienten ab. Zudem gilt das „uno actu-Prinzip", da Produktion und Konsum zusammenfallen (vgl. zur Klassifizierung von Dienstleistungen: Finis-Siegler 1997: 25 ff). Hinzu kommt, dass soziale Dienstleistungen Vertrauensgüter sind, die von häufig schutzbedürftigen Klienten in Anspruch genommen werden (Bäcker u.a., Band 2 2000: 334).

Anlässe	Zielgruppen	Handlungsformen
Versorgungs- und Betreuungsbedarf bei Kindern	Kinder und Jugend-liche	Unterrichten und Erziehen
Krankheit, Behinderung, Pflegebedürftigkeit	Ältere	Beraten und Informieren
Bildungs-, Beratungs- und Erziehungsbedarf	Kranke	Betreuen und Versorgen
Kontaktarmut, Ausgrenzung, Isolation	Behinderte	Behandeln, Pflegen, Rehabilitieren
Hilfsbedürftigkeit bei der alltäglichen Lebensführung	Pflegebedürftige	Hilfe bei häuslichen Verrichtungen
Erziehungs- und Partnerschaftsprobleme	Migranten und Flüchtlinge	Emotionale und psychosoziale Zuwendung
Sucht		
Seelische Notlagen		
Soziale Gefährdung		

Quelle: Bäcker et al. 2000, Bd. 2: 333

Tabelle 5: Ausgewählte Anlässe, Zielgruppen und Handlungstypen sozialer Hilfs- und Unterstützungsleistungen

Soziale Dienste grenzen sich von anderen erwerbsförmigen personenbezogenen Diensten ab, da ihr *Anlass* ein *soziales* Problem ist bzw. als solches angesehen wird (ebd.: 333). Personenbezogene Dienstleistungen werden vor allem zu *sozialen* Dienstleistungen, wenn der Staat, die Gesellschaft einen sozialen Zweck mit der Bereitstellung erreichen will (vgl. Tabelle 5). Dies drückt sich im öffentlichen Interesse aus, das die Gesellschaft an der Erbringung bestimmter Dienste, an der Erreichbarkeit für bestimmte Personengruppen oder am Ausgleich von Benachteiligungen und sozialen Ungleichheiten oder an der Sicherung von

Chancengleichheit hat. Der Staat bestimmt Art, Menge und Qualität der Dienstleistung. Sind von der Inanspruchnahme keine Personengruppen ausgeschlossen, spricht man von „public goods", also öffentlichen Gütern wie Bildung, öffentliche Sicherheit, sauberes Wasser, reine Luft und so fort.

Bei den sozialen Diensten richtet sich das Angebot häufig an bestimmte benachteiligte oder einkommensschwache Personengruppen, für die der Staat entsprechende Dienstleistungen zur Verfügung stellt. Diese Güter werden als *meritorische* Güter bezeichnet (vgl. Tabelle 6). Bei den meritorischen Gütern greift der Staat in die Präferenzstruktur der Klienten ein (Beispiele: sozialpädagogische Familienhilfe, Jugendarbeit) oder verändert die Rahmenbedingungen seiner Lebenslage. Manche Sozialpolitiker sprechen von der „Modellierung" der Lebenslage. Bei der Sicherung der Nutzungschancen kann deshalb nicht der Preis die Nachfrage bestimmen.

Private Güter / Dienstleistungen	*Öffentliche Güter / Dienstleistungen*	*Meritorische Güter / Dienstleistungen*
Ausschlussprinzip gilt	Ausschlussprinzip gilt nicht	Ausschlussprinzip gilt
Art, Menge und Qualität des Angebotes regelt der Markt.	Staat bestimmt Art, Menge und Qualität des Angebotes.	Keine Marktsteuerung des Angebotes, Staat bestimmt Ziele und steuert Leistungen.

1) meritorische Güter aus dem lateinischen: meritorius=verdienstlicht

Tabelle 6: Private, öffentliche und meritorische[1) Güter

Durch *politischen* Beschluß wird aus einem privaten Gut, z.B. medizinische Versorgung, die nur verfügbar ist, wenn entsprechendes Einkommen bzw. Vermögen vorhanden ist, ein meritorisches Gut (Meritorisierung), bei dem der Staat z.B. im Rahmen seiner Verfassungsnormen bestimmt, dass gleiche Versorgungschancen für alle Bürger hergestellt werden sollen. Beispiele sind die soziale Krankenversicherung mit Versicherungspflicht für abhängig Beschäftigte und solidarischem Risikoausgleich oder, um ein anderes Sicherungsmodell zu nennen, die soziale Pflegeversicherung, die Teile des Pflegekostenrisikos abdeckt, als Pflichtversicherung für alle Bürgerinnen und Bürger.

Meritorische Güter / Dienste nehmen zwischen privaten und öffentlichen Diensten eine Mittelstellung ein. Für sie gilt zwar das Ausschlussprinzip, der Staat oder die Sozialversicherung machen diese Dienste jedoch zu kollektiven Gütern / Diensten. Beispiele sind das Recht auf kostenlose Krankenbehandlung oder die Inanspruchnahme von Pflegediensten. Meritorische Dienste werden entweder in Eigenleistung des Staates oder von Organisationen ohne Erwerbscharakter (Nonprofit-Organisationen) erbracht. Der Staat greift ein, weil die Steuerungsergebnisse über den Markt zu politisch nicht gewollten Ergebnissen führen, oder in der Logik der politischen Ökonomie gesprochen: Marktversagen macht staatliche Interventionen erforderlich.

4.2 Zu (2): Implementierbarkeit marktlicher Steuerungsmechanismen in die soziale Dienstleistungsproduktion

Die Übertragung von Marktbeziehungen hängt davon ab, ob die Voraussetzungen hierfür vorliegen. Die Besonderheiten der *sozialen Dienste* liegen darin, dass für die typischen Nutzer meist *keine* Konsumentensouveränität existiert und Klienten häufig hilfebedürftige Patienten sind. Diese sind zudem Teil des Dienstleistungsprozesses, also Koproduzenten. Häufig genug werden in Teilbereichen der Sozialen Dienste hoheitliche Aufgaben durchgeführt, (Jugendgerichtshilfe, Straffälligenhilfe). In all diesen Fällen liegen *nicht-schlüssige* Tauschbeziehungen vor, da die Leistungsempfänger nicht mit den Käufern identisch sind. „In der Folge dieser Nicht-Tausch-Logik verläuft die Allokation der Ressourcen ... gemäß einer Logik, die sich vom Mechanismus Konsumenten-Präferenzen-gesteuerter (Konkurrenz-) Märkte signifikant unterscheidet" (Schulz-Nießwandt 1992: 152).

Wie ist der Versuch zu bewerten, eine „als ob-Marktsituation" zu etablieren, indem Fachbereiche mit Leistungsanbietern Vereinbarungen über Leistungen, Qualitäten und Entgelte abschließen? Zwei Risiken sind zu nennen:
- Es besteht die Gefahr, dass das Versorgungsrisiko – zumindest teilweise – auf den Klienten übergeht, z.B. wenn das Budget ausgeschöpft ist oder notwendige Leistungen nicht in den Leistungsvereinbarungen enthalten sind. Hier liegt ein wesentlicher Unterschied zum Kostenerstattungsprinzip, das allerdings in einzelnen Fällen zu Unwirtschaftlichkeit führen kann.
- Bei Qualitätsbestimmungen im Wettbewerb zählt nicht mehr die Zufriedenheit aller, sondern die der *erwünschten* Kunden.

Die Besonderheiten der Versorgungssituation in der medizinischen Versorgung gelten auch für die sozialen Dienste. In Anlehnung an Kühn (1998: 132) gilt es, folgende Gesichtspunkte zu berücksichtigen:
- Das herzustellende Produkt steht zu Beginn der Interaktion noch nicht fest, es entwickelt sich erst im Hilfeprozess.
- Die Anbieter – egal ob privat, gemeinnützig oder öffentlich – sind im Rahmen der Kontrakte nicht die Agenten der Patienten, sondern Verkäufer von im Budget vereinbarten Leistungen.
- Informationen über das abzuliefernde Produkt sind schwer zu definieren: Output ist nicht gleich Outcome.

- Klienten wollen häufig nicht Kunden sein und Leistungen vergleichen; sie wollen sich nicht marktgerecht verhalten, sondern erwarten Hilfe oder wollen versorgt werden.

Korrekturprozesse über den Markt finden erst im Nachhinein statt. Im Gegensatz zu Lernprozessen auf dem Gütermarkt, wenn ein unzuverlässiges Produkt gekauft wurde und bei dem nächsten Kauf diese Fehlentscheidung korrigiert werden kann, können eingetretene Schäden – z.B. durch mangelhaft Pflege oder falsche Beratung – nicht wieder korrigiert werden. Der Markt als Suchprozess mit ‚Trial und Error'-Optionen erfordert Opfer, die sozialstaatlich nicht verantwortet werden können.

Kontraktmanagement als Element der Neuen Steuerung bringt Fachbereiche in den Konflikt, Anreize und Zwänge der Wettbewerbsorientierung zu berücksichtigen und gleichzeitig die Interessen der Klienten im Auge zu behalten. Inwieweit Fachlichkeit und ethische Normen den marktwirtschaftlich herbeigeführten Zwängen standhalten können, ist zumindest fraglich. „Die Hoffnung auf Ethik ist daher in der Tendenz illusionär, da die meisten Menschen dazu neigen, nach einer Phase des Übergangs, ‚Fremdzwänge' kulturell, psychisch und moralisch zu verinnerlichen" (Kühn 1998: 134).

In Bezug auf die Konstruktionselemente des NSM ist vor allem die *Produktorientierung* der sozialen Dienstleistung ein Problem. Das in mehrfacher Hinsicht:

- Die Operationalisierung der Ziele als *messbare Produkte* reduziert soziale Arbeit auf *quantitative* Größen. D.h.: Nur ein Teil der erbrachten Dienstleistungen wird erfasst und bewertet. Hier sind sozialpädagogische Handlungsspielräume eindeutig verengt.
- Überhaupt ist die Formulierung von *Produkten* problematisch. Muss es doch häufig das Ziel sein, Produkte *nicht* erbringen zu müssen: Beispiel: Das Produkt „Sozialhilfe" soll möglichst *nicht* gewährt werden, weil präventive Politiken (Einkommenspolitik, Beschäftigungspolitik, Armutspolitik) die wichtigeren sozialpolitischen Strategien sind. Ein weiteres Beispiel: Nicht der effizient bewirtschaftete Strafgefangene ist das alleinige Ziel, sondern das präventive Verhindern einer (weiteren) Straftat. Hier sind andere, nicht operationalisierbare Politiken gefragt.
- Wirkungen der Leistungserbringung, die erst im *Zeitablauf* erfasst werden können, geraten aus dem Blick. Dies drückt sich darin aus, dass die Kennziffernanalyse (Controlling) *wirtschaftlich* zwar den *Output* misst, die eigentlich zu messende Größe *fachlich* aber der *Outcome* sein sollte.

5 Neue Handlungsspielräume für die soziale Arbeit?

Auf die Ökonomisierungstrategie der sozialen Dienste reagiert die soziale Arbeit unterschiedlich. Vorwiegend jüngere Vertreter reagieren mit spontaner Zustimmung. Endlich gelten auch für die soziale Arbeit vergleichbare Maßstäbe, wie dies z.b. in der Betriebswirtschaftslehre und im modernen Management der Fall ist. Effizient arbeiten, wie auch in anderen Teilen der Wettbewerbsgesellschaft, das ist bei dieser Gruppe der Anspruch. Andererseits wird auch die Kehrseite der Ökonomisierungsstrategie deutlich. Durch Qualitätsmanagement kann eben nicht aufgefangen werden, dass z.b. in der Pflegeversicherung der finanzielle und personelle Rahmen Rationalisierungsspielräume unterstellt, die es nicht gibt. Drastische und z.T. skandalöse Unterversorgung ist die Folge.

Zweifel an der Übertragbarkeit von Markt-Rationalität auf die Handlungsfelder der sozialen Arbeit konzentrieren sich jedoch gerade darauf, ob effizientes bzw. effektives Handeln hier überhaupt möglich ist. Diese Zweifel knüpfen am Kern sozialer Dienstleistungen, am „uno actu-Prinzip" und der Koproduktion des Klienten an. Daraus folgt, dass der Beitrag des Produzenten einer Dienstleistung zu ‚seinem' Produkt nicht auszumachen ist. Grunow spricht denn auch von „Effizienz Rhetorik" und macht lediglich kleine Inseln der Wirtschaftlichkeit aus (Grunow 1996: 702).

Ein weiteres Problem der Übertragbarkeit von Marktrationalität auf Unternehmen, die soziale Dienstleistungen erbringen, ist, dass diese (meist sind es klassische Nonprofit Organisationen) eine Vielzahl von Zielen anstreben und deshalb eine aus der Güterproduktion entliehene Sichtweise nicht angemessen ist. Grunow illustriert dies an einem plausiblen Beispiel: „Es geht um ein Krankenhaus, das den ersten Preis für ‚high performance' erhalten hatte. Bei der Übergabe des Preises durch die hochkarätige Jury stellte sich heraus, dass die *Behandlung* von Patienten *nicht* zu den besonders berücksichtigten Qualitätskriterien des prämierten Bewerbers gehörte: Die Begründung lautete, dass man alle erdenklichen Mittel eingespart habe und alle Vorgänge verschlankt hätte; alle Einrichtungen und das Personal seien perfekt in Schuss, da könne nicht auch noch verlangt werden, dass man Patienten aufnehme und behandele, denn diese würden mit Sicherheit alle Qualitätsmerkmale negativ beeinflussen" (Grunow 1997: 701).

Eine andere Ebene der kritischen Auseinandersetzung mit der Neuen Steuerung bezieht sich auf das Kontraktmanagement. So stellt Dahme fest, dass mittels Kontraktmanagement die etablierte Ordnungsstruktur (Governancestruktur) des sozialen Dienstleistungssektors (Subsidiaritätsprinzip, Zuwendungsfinanzierung, kartellförmige Organisationsformen der Verbände, Wertorientierung der Wohlfahrtsverbände, ethikbasiertes Arbeiten der Fachkräfte) umgebaut wird, eine Entwicklung, die zu Beginn des Prozesses nicht so leicht zu erkennen war. Kontraktmangement war in der Anfangsphase des Reformprozesses lediglich als Modernisierung der Verwaltung erkennbar (Dahme 2000: 63). Es scheint, dass die Ablösung der Max Weber'schen rationalen Maschine durch die Re-Etablierung des alten wirtschaftsliberalen Paradigmas erfolgt ist.

Die Erwartungen der Praxis, die neue Steuerungslogik und -rhetorik schnell zu adaptieren, macht eine Diskussion um die Handlungsspielräume sozialer Arbeit dringend erforderlich. Als positiv zu bewertende Optionen können gelten:

(1) Die Aufgaben im Bereich der sozialen Arbeit sind komplexer geworden. Neben den fachlichen Aufgaben und der politischen Verantwortung auf kommunaler Ebene und bei den Wohlfahrtsverbänden ist der Handlungsspielraum um Planung, Steuerung und Budgetierung erweitert worden. Allgemein werden die Konstruktionsmerkmale des NSM positiv bewertet, wobei die Frage auftaucht, ob dies nur im Modell gilt oder auch in der Realität.

(2) Ziel- bzw. Outputorientierung des Verwaltungshandelns. Damit wird die Aufgabe des Dienstleistungsunternehmens Kommune, freier Träger oder privater Leistungserbringer in den Vordergrund gestellt.

(3) Dezentrale Ressourcenverwaltung verbunden mit Budgetierung: Diese sind im Grundsatz positiv zu bewerten. Die Verantwortung von Fachbereichen und damit der vor Ort tätigen Fachkräfte der Sozialarbeit und Sozialpädagogik wird gestärkt.

Die ‚richtige' Anwendung des sozioökonomischen Rationalitätsprinzips lenkt das Augenmerk auf die *Ziele* sozialer Arbeit und erst in zweiter Linie auf den *Ziel-Mittel-Einsatz:* Das ökonomische Prinzip definiert nicht das Ziel! Ein Rückbesinnen auf Fachlichkeit und den Kodex beruflicher Normen ist dringender denn je. Dahme beschreibt sehr plastisch, welche Risiken drohen: „Die Gefahr, dass soziale Dienste ... durch den Leistungskoordinator wie ein Zulieferungsnetz in der Automobilindustrie organisiert werden, in der die Verwaltung als fokale Organisation die strategische Führung des Netzwerks übernimmt, Preise diktiert und das diskursive Element in der kooperativen Kooperation allmählich aushöhlt, steht als Menetekel an der Wand und bewegt z.Z. nicht nur die in der sozialen Arbeit Tätigen, sondern ebenfalls die im medizinischen System Beschäftigten. – In den neu entstehenden sozialen Dienstleistungsnetzwerken könnte ein bislang dominanter Ordnungsfaktor an Bedeutung verlieren, die Profession. Das ahnen alle im sozialen Dienstleistungssektor" (Dahme 2000: 67).

Soziale Veränderungen der Gesellschaft, das sich wandelnde Krankeitsspektrum und die sich abzeichnende demografische Entwicklung lassen einen steigenden und sich stark differenzierten Hilfebedarf erwarten. Diese Entwicklung ist kaum gesellschafts- oder sozialpolitisch zu beeinflussen. Steuerbar dagegen ist die Art und Weise der Dienstleistungsproduktion. Soziale Arbeit sollte ihre Handlungsoptionen sichern, indem fachliche Standards als Messlatte ihres Tuns formuliert werden. Das ökonomische Prinzip erlangt seine Bedeutung im effizienten Umgang mit den knappen Ressourcen und ist deshalb unbedingt zu beachten. Ethische Werte und fachliche Standards fungieren jedoch als die übergeordneten Bezugsgrößen.

6 Literatur

Bäcker, G. / Bispinck, R. / Hofemann, K. / Naegele, G. (2000): Sozialpolitik und soziale Lage in Deutschland, 2 Bände, 3. Auflage, Wiesbaden: Westdeutscher Verlag

Bauer, R. (2000): Vom Wiegen wird das Schwein nicht fetter. In: Sozialmagazin, Heft 10/Jg. 10: 33-41

Bauer, R. (2001): Personenbezogene soziale Dienstleistungen. Wiesbaden: Westdeutscher Verlag

Boeßenecker, K.-H. (1995): Das neue Steuerungsmodell. In: Soziale Arbeit, Heft 4/Jg. 44: 127-134

BMGS/Bundesministerium für Gesundheit und soziale Sicherung (2002): Nachhaltigkeit in der Finanzierung der sozialen Sicherungssysteme – Bericht der „Rürup" – Kommission, URL www.soziale-sicherung.de

Dahme, H.-J. (2000): Kontraktmanagement und Leistungsvereinbarungen – Rationalisierung des sozialen Dienstleistungssektors durch Vernetzung. In: Theorie und Praxis der Sozialen Arbeit, Heft 2/Jg. 51: 62-67

Deutscher Bundestag (2002): Bericht der Enquête-Kommission „Demographischer Wandel", BT-Drucksache 14/8800, Berlin: Bundestagseigenverlag

Finis-Siegler, B. (1996): Ökonomik sozialer Arbeit. Freiburg: Lambertus

Finis-Siegler, B. (2002): Ökonomisches Denken in der sozialen Arbeit. In: Sozialer Fortschritt, Heft 1/Jg.52: 20-23

Grunow, D. (1996): Effektivität und Effizienz in der Sozialpolitik. In: Zeitschrift für Sozialreform , Heft 4/Jg. 42: 690-705

Grunow, D. / Grunow-Lutter, V. (2000): Der öffentliche Gesundheitsdienst im Modernisierungsprozess. Weinheim und München: Juventa

Grunow, D. / Wollmann, H. (Hrsg.) (1998): Lokale Verwaltungsreform in Aktion: Fortschritte und Fallstricke. Basel, Boston, Berlin: Birkhäuser

Hofemann, K. / Naegele, G. (2000): Sozialpolitische Rahmenbedingungen: Die soziale Absicherung bei Pflegebedürftigkeit. In: Rennen-Allhoff (2000): 217-242

Jakobs, K. (1998): Gesundheit und Wettbewerb: Forcierung der wettbewerblichen Orientierung als Bestandteil einer offensiven Modernisierungsstrategie für die GKV. In: Sozialer Fortschritt, Heft 3/Jg. 47: 64-72

KGSt / Kommunale Gemeinschaftsstelle für Verwaltungsvereinfachung (1993): Das Neue Steuerungsmodell – Begründung, Konturen, Umsetzung. Bericht Nr. 5, Köln

KGSt / Kommunale Gemeinschaftsstelle für Verwaltungsvereinfachung (1994 a): Das neue Steuerungsmodell: Definition und Beschreibungen von Produkten. Bericht Nr. 8, Köln

KGSt / Kommunale Gemeinschaftsstelle für Verwaltungsvereinfachung (1994 b): Outputorientierte Steuerung in der Jugendhilfe. Bericht Nr. 9, Köln

KGSt / Kommunale Gemeinschaftsstelle für Verwaltungsvereinfachung (1995 a) Qualitätsmanagement. Bericht Nr. 6, Köln

KGSt / Kommunale Gemeinschaftsstelle für Verwaltungsvereinfachung (1995 b): Das Neue Steuerungsmodell – erste Zwischenbilanz. Bericht Nr. 10, Köln

Kühn, H. (1998): Wettbewerb im Gesundheitswesen und sozial ungleiche Versorgungschancen. In: Sozialer Fortschritt, Heft 6/Jg. 47: 131-136

Merchel, J. / Schrapper, C. (Hrsg.) (1996): Neue Steuerung. Münster: Votum

Möller, M. (1997): Das „Neue Steuerungmodell": Konsequenzen für die soziale Arbeit. In: Zeitschrift für Sozialreform, Heft 7/Jg. 43: 685-703

PricewaterhouseCoopers (2002): Deutsche Städte auf dem Weg zum modernen Dienstleister. Frankfurt a. M.: Eigenverlag, URL www.pwcglobal.com/de

Reis, C. / Schulze-Böing, M. (Hrsg.) (1998): Planung und Produktion sozialer Dienstleitungen. Berlin: edition sigma

Rennen-Allhoff, B. (Hrsg.) (2000): Handbuch Pflegewissenschaft. Weinheim, München: Juventa

Schulz-Nießwandt, F. (1992): Bedarfsorientierte Gesundheitspolitik. Regensburg: Transfer-Verlag

Spindler, H. (2001): Benchmarking und Sozialhilfe passen nicht zusammen. In: Zeitschrift für das Fürsorgewesen, Heft 7/Jg. 53: 145-152

Städtetag, Der (2000), Städtische Finanzen im Griff der EU, Bund und Ländern, Heft 4/Jg. 53: 9

Trube, A. (2001): Organisation der örtlichen Sozialverwaltung und Neue Steuerung – Grundlagen und Reformansätze. Frankfurt am Main: Selbstverlag Deutscher Verein

Trube, A. / Wohlfahrt, N. (2000): Privatisierung und Ausgliederung sozialer Dienste. In: Theorie und Praxis der sozialen Arbeit, Heft 2/Jg. 51: 43-48

Brigitte Dorst

Sozialmanagement aus der Frauen- und Geschlechterperspektive

1. Deutschland – ein Entwicklungsland in Bezug auf Geschlechterdemokratie
2. Anmerkungen zum Begriff Sozialmanagement
3. Frauen in Führungspositionen, weiblicher Führungsstil und genderspezifische Potenziale
4. Hindernisse für die Karriere von Frauen
5. Maßnahmen zur Unterstützung und Förderung von Frauen
6. Gendermainstreaming
7. Literatur

1 Deutschland – ein Entwicklungsland in Bezug auf Geschlechterdemokratie

Noch nie gab es so viele qualifizierte Frauen wie heute: Der Anteil der weiblichen Studierenden nimmt stetig zu und ist derzeit auf über 50 Prozent gestiegen. In den Bildungsbiographien haben Frauen von den Schulnoten bis zu Hochschulabschlüssen Männer überrundet, nicht jedoch in den Berufsbiographien in Bezug auf Status, Einkommen und berufliche Position. International ist inzwischen jede fünfte Führungskraft weiblich, Deutschland liegt mit insgesamt unter 10 Prozent laut Hoppenstedt-Studie weit darunter.

Zwar haben Frauen nach den Angaben des Mikrozensus von 2004 weiter aufgeholt, der Weg in die Chefetagen ist jedoch noch immer schwierig. Männlichen Geschlechts zu sein ist gegenwärtig immer noch die beste Karrierevoraussetzung. Während 12 Prozent der Hochschulabsolventen angaben, eine Führungsposition erlangt zu haben, traf dies nur auf 3 Prozent der Absolventinnen zu.

Nach einer qualifizierenden Weiterbildung bei abhängig Beschäftigten schafften 29 Prozent der Männer den Sprung in eine Führungsposition, bei den Frauen waren es lediglich 16 Prozent. Dennoch kann von einer Umbruchsituation gesprochen werden. Männliche Dominanzansprüche haben ihre Selbstverständlichkeit verloren, Frauen rücken stetig und zunehmend nach, suchen zielstrebig nach ihrem Anteil an gesellschaftlichen Macht- und Einflusspositionen, bringen ihre Fähigkeiten und Kompetenzen stärker ins Spiel.

Die Frauenbewegung der letzten 30 bis 40 Jahre war ein fruchtbarer Auslöser für Änderungen im Geschlechterverhältnis, gerade im Bildungsarbeits- und Erwerbsbereich. In den Studien der Frauenforschung wurde sichtbar, dass Organisationen nicht geschlechtsneutral sind, sondern vergeschlechtlicht. In ihnen findet systematisch eine Fortschreibung von Ungleichheit in Bezug auf Einkommen, geschlechtsspezifische Arbeitsbereiche und Führungspositionen statt. Geschlechterasymmetrien auf struktureller und symbolischer Ebene bestehen weiter: Doing gender[1] bedeutet hier: ungleicher Lohn, ungleiche soziale Absicherung, ungleiche Chancen zum beruflichen Aufstieg.

Nur sehr langsam bahnt sich in einer weiteren Phase von Aufklärung ein neues Gesellschaftsmodell für das Verhältnis von Männern und Frauen an: Geschlechterdemokratie. Sie bedeutet im Kern: gleiche Chancen, gleiche Entlohnung, gleicher Zugang zu Karriere und Führungspositionen sowie gleiche Verantwortung für den Erziehungs- und Familienbereich für Väter und Mütter.

Dafür sprechen nicht nur ethische Gründe, sondern auch wirtschaftliche. Neuere Statistiken des Forschungsunternehmens Catalyst belegen: Unternehmen mit einem hohen Anteil an Frauen im Management erwirtschaften eine um 35 Prozent höhere Rendite als homogene Männerriegen. Das französische Wirtschaftsmagazin L'Entreprise kam in einer groß angelegten Untersuchung an 22.000 französischen Unternehmen zu folgendem Ergebnis: In den Unternehmen, die von Frauen geführt werden, waren Rentabilität und Wachstum doppelt so hoch wie in anderen Unternehmen. Je kleiner das Unternehmen, desto prägnanter waren die Unterschiede (vgl. Daten aus der Internationalen Frauenpresseagentur IFPA, Juli 1997).

2 Anmerkungen zum Begriff Sozialmanagement

Auch Sozialmanagement ist bislang als Thema vorwiegend männlich besetzt. Obwohl soziale Arbeit seit ihrer Professionalisierung vor allem ein Frauenberuf ist – sichtbar auch am Geschlechterverhältnis zwischen männlichen und weiblichen Studierenden von Sozialarbeit und Sozialpädagogik – gibt es innerhalb dieses Bereiches eine typische geschlechtsspezifische Arbeitsteilung in Bezug auf Hierarchieebenen und Arbeitsbereiche. Die Schalthebel der Macht sind weitgehend in Männerhänden. Das Arrangement der Geschlechter heißt auch hier: Männer müssen dirigieren, Gelder verwalten, kontrollieren, Frauen dürfen beraten, betreuen, pflegen und assistieren.

---

[1] Doing gender sind Prozesse sozialer Normierungen, die Geschlechtsunterschiede hervorbringen und verstärken.

Mich stört zudem, dass im Bereich des Sozialmanagements so viel von ‚Machbarkeit' die Rede ist, dass so getan wird, als ließe sich jedes Problem in den Griff kriegen, wenn nur die richtigen Macher am Werk sind, mit den neuesten Steuerungsinstrumenten. Dies lässt den Verdacht aufkommen, dass geringe Erfolge bzw. Erfolglosigkeit in sozialen Bereichen verdeckt, verdrängt werden sollen. Es ist bekanntlich ein Merkmal von psychosozialen Problemlagen, dass es oft so wenig sichtbare und nachweisbare Erfolge gibt.

Sozialmanagement kann nur dann die soziale Praxis verbessern und sichern, wenn die Analyse und das Verständnis für psychosoziale Probleme und Notlagen ebenso weiterentwickelt werden, wie die jeweiligen Handlungsansätze, Interventionsstrategien und betriebswirtschaftlichen Steuerungsmodelle. Dazu gehört heutzutage auch die Kenntnis der Geschlechterproblematik. Die Gefahr der Verkürzung der Managementansätze auf betriebswirtschaftliche Aspekte ist durchaus vorhanden.

Im Sinne eines ganzheitlichen Ansatzes muss auch von Sozialmanagement gefordert werden, die Geschlechterproblematik als ein wichtiges Kriterium bei allen sozialen, wirtschaftlichen und politischen Problemlagen anzusehen, die scheinbare Geschlechterneutralität ihrer Konzepte aufzudecken und ideologiekritisch zu hinterfragen und zu verändern. Zu fordern ist also Aufklärung, Sensibilität für Gender-Fragen und Einsicht in die Notwendigkeit entsprechender Aktionsprogramme.

Vernachlässigung von Geschlechterperspektiven kann nach heutigem Wissen nur als Ignoranz und Innovationsresistenz verstanden werden. Zeitgemäße Sozialmanagementmodelle basieren auf Kenntnis, Know-how und Nutzung von Genderpotenzialen. Im Personalbereich Menschen weiterhin nach alten Geschlechtsrollenmodellen und Geschlechterstereotypen auszuwählen und einzusetzen, ist nicht nur unethisch, sondern auf Dauer unrentabel und zu teuer.

Welpe und Welpe (2003) argumentieren in ihrer Begründung für ein Management, das sich an geschlechterdemokratischen Werten orientiert, so:

> „Fairness und Gerechtigkeit sind soziale ‚Klebestoffe', die Bindung, Identifikation, Engagement und damit Produktivität im Unternehmen erzeugen. Das hat die Organisationspsychologie längst belegt. Menschen arbeiten um so härter, je mehr sie faires und gerechtes Personalmanagement erleben, das ihre spezifische Leistungsfähigkeit und ihren Lernwillen nutzt und belohnt. (...) Männer und Frauen messen ihr Unternehmen daran, wie fair und gerecht die Entscheidungen sind, wie die Ressourcen verteilt und wie Chancen eröffnet werden" (I. Welpe / I. Welpe 2003: 102).

Kurz: Der anstehende Paradigmenwechsel verlangt von Führungskräften, an den Genderprofilen ihrer Organisationen verändernd zu arbeiten, mit Genderkompetenz. Diese geht von der Erkenntnis aus, dass das größte Innovationspotenzial für Unternehmen im Bereich Gender zu entwickeln ist.

3 Frauen in Führungspositionen, weiblicher Führungsstil und genderspezifische Potenziale

Die Ergebnisse der Frauenforschung in den letzten 30 bis 40 Jahren haben u.a. aufgezeigt, dass Frauen und Männer sich in ihrem kommunikativen Verhalten und im Bereich Kooperation unterscheiden: Die Mehrzahl der Frauen hat andere Stärken und Schwächen als die Mehrzahl der Männer. Natürlich handelt es sich dabei kaum um angeborene Unterschiede, sondern um Muster, die sich in der geschlechtsspezifischen Sozialisation von Männern und Frauen durch unterschiedliche Formierung und Bekräftigung herausgebildet haben.

Das Verhalten von Frauen und Männern in Gruppen und Arbeitsteams wurde lange Zeit in der Fachliteratur ignoriert. Gruppen und Leiter wurden als quasi geschlechtsneutrale Größen behandelt, bzw. es galt die bekannte Gleichung Mensch = Mann.

Auch in der organisationspsychologischen Literatur wurde die Bedeutung des Faktors Geschlecht nicht thematisiert. Erst mit Beginn der 90er Jahre erscheinen kritische Veröffentlichungen, die auf die Unterschiede zwischen gemischtgeschlechtlichen Gruppen, Männergruppen und Frauengruppen hinweisen und die unterschiedlichen Gruppenkulturen analysieren. Die Unterschiede in der weiblichen und männlichen Arbeitskultur werden von Elisabeth Michel-Alder so charakterisiert: In der männlichen Kultur genießen analytisch-lineares Denken, rationales Vorgehen, Effizienzkriterien, Produktorientierung, Entweder-Oder-Muster, hierarchische Ordnungen und Kontrollmechanismen hohe Wertschätzung. In der weiblichen Gesprächs- und Arbeitskultur haben systemisches und synthesenbildendes Denken, personale Beziehungsnetze, Prozessorientierung, kompromisssuchende Sowohl-als-auch-Muster, Delegation von Verantwortung sowie Minimalisierung von Rangunterschieden einen hohen Stellenwert (vgl. Ihlefeld-Bolesch 1997). Dies zeigt sich auch in einigen Untersuchungen zum so genannten männlichen und weiblichen Führungsstil:

Das Verhalten von weiblichen Führungskräften wird als teamorientierter und kooperativer beschrieben. Sie bemühen sich mehr um eine offene, freundliche Atmosphäre, übertragen Mitarbeiterinnen und Mitarbeitern mehr Verantwortungen und binden sie in Entscheidungen mehr ein. Die meisten lehnen starre Hierarchien ab und legen Wert auf eine positive Beziehung zu der Mitarbeiterschaft. Kommunikation als Mittel zur Informationsübermittlung und zur Problemlösung ist für sie ein wichtiges Managementinstrument. Frauen setzen mehr Einfühlungsvermögen und Intuition ein, um Mitarbeiterinnen und Mitarbeiter zu motivieren (vgl. Westerholt 1995: 26). Männer legen den Schwerpunkt vielfach auf Zielorientierung, Frauen betonen mehr die Teamorientierung.

Die Augsburger Studie von Hildegard Macha von 1997 verwies auf sieben Dimensionen, in denen Frauen in Führungspositionen im Hochschulbereich sich von ihren männlichen Kollegen unterscheiden, u.a.:

- Frauen definieren Macht eher im Sinne Hannah Ahrends als Verantwortung, Männer sehen Macht eher im Sinne Max Webers als Herrschaft.
- Frauen berücksichtigen stärker lebensweltliche Bezüge ihrer Mitarbeiter/innen, sie fühlen sich ihnen mehr verpflichtet und berücksichtigen bei Personalentscheidungen stärker die Gefühle und Interessen ihrer Mitarbeiter/innen.
- Entscheidungen werden von Frauen eher im Team getroffen, sie sind stärker sozial- und teamorientiert, Männer verhalten sich stärker sachorientiert-distanziert, Entscheidungen werden eher allein getroffen.
- Frauen zeigen ein größeres Interesse an menschlichem Austausch, Männer zeigen eher Scheu vor Nähe (vgl. Macha 1997).

Ein weiteres bemerkenswertes Ergebnis dieser Studie war: Frauen haben weniger Angst vor zwischenmenschlichen Konflikten und verfügen auch über erfolgreichere Konfliktlösungsstrategien. Männer fürchten Konflikte ebenso wie Gefühle und heftige Gefühlsäußerungen und neigen dazu, ihre Angst in aufkommenden Auseinandersetzungen mit Aggression zu überdecken. Dies ist eine Strategie, die meist zur Eskalation statt wie beabsichtigt zur Deeskalation führt. Das weibliche Konfliktlösungspotenzial zeigt sich übrigens auch schon bei gemischten Schulklassen, es sind vor allem die Mädchen, die in Konflikten vermitteln.

Konkurrenz, Rivalität und Kritik sind andererseits besondere Schwierigkeitsbereiche für Frauen. Das habe ich selbst auch in meinen Untersuchungen von Frauen- und Männergruppen und in der Arbeit als Supervisorin von Frauenprojekten immer wieder gefunden. Frauen zeigen eher Konkurrenzangst und weniger Konkurrenzlust.

Inzwischen gibt es eine Reihe an neueren Studien, die keine bedeutsamen Unterschiede in der Effizienz und im Führungsverhalten von Frauen und Männern konstatieren (vgl. Wunderer et al. 2004). Allerdings wirken sich Geschlechtsrollenstereotype als Bewertungsfolie für das Verhalten von Frauen und Männern weiter aus.

„Zeigt ein Mann (...) Durchsetzung, so wird ihm Eignung attestiert; zeigt eine Frau die gleichen Verhaltensweisen, so wird sie eher als zänkisch und aggressiv beschrieben. Zeigt ein Mann die Bereitschaft, zwischen verschiedenen Positionen zu vermitteln, so wird ihm die Fähigkeit zum sozialen Ausgleich zugeschrieben, während das gleiche Verhalten bei einer Frau als Schwäche und Mangel an Führungsfähigkeit ausgelegt wird" (L. von Rosenstiel 2003: 174).

Insgesamt sind die empirischen Vergleichsstudien zum Führungsverhalten von Frauen und Männern uneinheitlich. Oft sind es Untersuchungen mit sehr kleinen Stichproben aus sehr unterschiedlichen Bereichen und Hierarchieebenen. Da Frauen in hohen Positionen zudem selten sind, stellt sich hier die Frage nach der Auslese und Verallgemeinerbarkeit der Ergebnisse. Regenhard (1994) gibt bei der Bewertung der vorliegenden Studien zu bedenken:

- „Unterschiedliche Führungsstile korrespondieren mit unterschiedlichen Hierarchieebenen; für das mittlere Management, in dem die weiblichen Managerinnen vorwiegend zu finden sind, ist ein anderer Führungsstil nötig als im Top-Management.
- Unterschiedliche Führungsstile korrespondieren mit Sektoren der Wirtschaft; Frauen sind eher im Dienstleistungs- als im Industriebereich zu finden.
- Unterschiedliche Führungsstile korrespondieren mit Unternehmensgrößen; kleinere Betriebe zeichnen sich durch einen weniger formalisierten und strikten Führungsstil aus. Weibliche Managerinnen finden sich aber zu 82Prozent in Betrieben mit weniger als 1.000 Beschäftigten.
- Weibliche Managerinnen arbeiten häufiger in Stabspositionen und seltener in Linienpositionen; Stabspositionen aber gehören nicht direkt zur Organisationshierarchie und haben nicht die typische ‚Anweisungskompetenz'" (Regenhard 1994, zit. nach Cordes 2001: 20).

Der Ansatz der Nutzung von Genderpotenzialen geht von weiterhin vorhandenen Unterschieden trotz Angleichungsprozessen zwischen Frauen und Männern in Bezug auf Kooperations- und Kommunikationsstil, Hilfsbereitschaft, Konfliktthemen, Selbstdarstellungs- und Konkurrenzmuster, Self-promoting-Strategien sowie Karrieremotivation aus.

„Genderpotenziale sind Talente, Antriebe, Werte, Einstellungen oder Verhaltensweisen, bei denen zwischen Frauen und Männern Mittelwertsunterschiede bestehen, die nicht zufällig sind" (Welpe / Welpe 2003: 110).

Werden diese Unterschiede im Personalmanagement stärker berücksichtigt, wird der so genannte *gender bias* in Entscheidungsprozessen geringer. Davon profitiert letztlich wieder das Unternehmen im Umgang mit seinem Humankapital.

4 Hindernisse für die Karriere von Frauen

Frauen haben es trotz hoher Qualifikation und Motivation noch immer schwer, in beruflich angemessene Positionen zu kommen und Leitungsaufgaben zu erhalten. Dies gilt für Hochschulen, Wirtschaftsunternehmen, Banken, Behörden und den Sozialbereich gleichermaßen.

Konventionelle, gesellschaftliche Rollenvorgaben bestimmen das Interaktions- und Kommunikationsgeschehen, sowohl in studentischen Diskussionsgruppen, als auch in anderen Arbeitsteams und Gremien. Frauen und Männer verhalten sich anders, sprechen anders, je nachdem, ob die Gesprächspartner dem eigenen oder dem anderen Geschlecht angehören. In zahlreichen Untersuchungen wurden folgende Befunde empirisch immer wieder nachgewiesen:

- Männer beanspruchen mehr Redezeit, sie kämpfen mehr ums Wort und gestalten Gesprächssituationen häufiger nach Mustern von Konkurrenz und Rivalität auf Kosten der Kooperation.
- Frauen werden sehr viel häufiger unterbrochen von Männern, wenn sie sprechen, im Durchschnitt fünfmal häufiger, sie lassen sich auch häufiger unterbrechen.
- Beiträge von Männern und Frauen werden als unterschiedlich wichtig angesehen, von Männern und Frauen.
- Vorschläge von männlichen Gruppenmitgliedern werden mehr beachtet, für bedeutsamer gehalten und eher aufgegriffen; Themen und Vorschläge von weiblichen Gruppenmitgliedern werden für weniger wichtig erachtet.
- Frauen leisten mehr kommunikative Unterstützungsarbeit, erhalten hingegen von Männern weitaus weniger Unterstützung (vgl. Dorst 1991).

Die Unterschiede im männlichen und weiblichen Kommunikationsstil wirken sich im gemischtgeschlechtlichen Kontext in der Regel zum Vorteil der Männer und zum Nachteil von Frauen aus. Im Allgemeinen produziert das Geschlecht als Statusfaktor in gemischten Gruppen ein Machtgefälle, von dem männliche Gruppenmitglieder vor allem profitieren, da die weiblichen Gruppenmitglieder ihnen unbewusst häufig mehr Aufmerksamkeit, Status und Einfluss zubilligen bzw. durch ihre Unterstützungsarbeit diese Unterschiede auch mitfestigen. (vgl. Trömel-Plötz 1984)

Karriereorientierte Frauen, die Führungspositionen erringen wollen, geraten noch immer in widersprüchliche Situationen und Erwartungen. Einerseits gilt: Machen Sie's wie ein Mann, Madame, und wenn sie es dann schaffen, im Beruf ‚ihren Mann zu stehen', wird ihre Weiblichkeit in Frage gestellt. Orientieren sie sich dagegen an weiblichen Qualitäten wie Anteilnahme, Fürsorglichkeit und dem weiblichen Kommunikationsstil, so führt das zwar nachweislich zu einem verbesserten Arbeitsklima und gesteigerter Produktivität, aber nach geltenden männlichen Maßstäben sind Mitarbeiterorientierung und kooperativer, demokratischer Führungsstil nicht zwangsläufig Kriterien für verbesserte Karrierechancen. Frauenförderung für Führungspositionen und Managementaufgaben

muss Frauen auf diese Widersprüchlichkeiten innerhalb und außerhalb der Arbeitswelt vorbereiten, damit sie sowohl mit den strukturellen, rollenbedingten als auch mit intrapsychischen Faktoren konfliktfreier umgehen und sie besser ausbalancieren können. Das frauenspezifische Spannungsfeld wird u.a. bestimmt von folgenden Faktoren:
- Hohe Leistungsanforderungen bei zugleich oft negativer Bewertung des Erfolgs von Frauen.
- Starke Leistungsorientierung bei gleichzeitiger Angst vor Erfolg.
- Anpassungserwartung an männliche Muster bei gleichzeitig geschlechtsspezifischen weiblichen Verhaltensanforderungen.

Von Frauen in bislang von Männern besetzten Positionen wird einerseits das Mitmachen nach männlichen Spielregeln erwartet, wie z.B. Härte zeigen, Imponiergehabe, Selbstdarstellung, das Unterdrücken von Gefühlen. Andererseits wird sogenanntes weibliches Verhalten erwartet, d.h. Eingehen auf persönliche Probleme von Kolleg/innen und Mitarbeiter/innen, Beachten der menschlichen Aspekte der Arbeit, Abbau und Klärung von Spannungen. Frauen sollen sich um andere kümmern und im Bedarfsfall bemuttern.

Dies kann zu hoch Stress erzeugenden Double-bind-Situationen für Frauen führen. Frauenspezifische Probleme im Bereich von Selbstwertgefühl, positiver Selbstachtung und Selbstsicherheit kommen manchmal erschwerend hinzu.

Viele Frauen orientieren sich in ihrer Lebensplanung mehrdimensional. Für sie sind ausbalancierte Situationen, die Berufsarbeit, Privatleben, Verantwortung für Kinder und Familienleben vereinbar machen, am erstrebenswertesten. Diese Mehrfachorientierung ist bei der Personalplanung und Arbeitsorganisation zukünftig stärker zu berücksichtigen, damit das Potenzial an weiblichen Führungskräften dem Gesamtunternehmen zugute kommen kann.

Die Behauptung ‚Für Führungspositionen ist eine flexible Arbeitsorganisation nicht möglich' hat mehr mit der Macht der Gewohnheit, rigiden Grenzen des Denkens und der Vorstellung sowie männlichen Arbeitseinstellungen zu tun als mit dem Machbaren.

Ängste der Männer vor der weiblichen Konkurrenz, vor der Verdrängung von angestammten Positionen und damit korrespondierende männliche Verteidigungsstrategien bestimmen noch weitgehend die Flexibilisierungsdebatte und erschweren bzw. verhindern innovative Lösungsstrategien. Die Aufforderung von Welpe und Welpe (2003) an Unternehmen lautet:

„Verabschieden Sie sich vom Altherrenmodell der Arbeitsorganisation. Es gehört ins Archiv der Geschichte der Arbeit" (Welpe/ Welper 2003: 209).

5 Maßnahmen zur Unterstützung und Förderung von Frauen

In Anbetracht der noch immer bestehenden Benachteiligungen von Frauen sind gezielte Maßnahmen zur Frauenförderung weiterhin dringend erforderlich. Neben der etablierten Arbeit von Gleichstellungsstellen zum Abbau sozialer Ungleichheit und Diskriminierung von Frauen gelten heute Mentoring[2], Netzwerkaufbau, Coaching und Empowermentstrategien als wichtige Maßnahmen.

Frauen, die sich an eine Mentorin wenden, wollen ihre persönlichen Erfahrungen und Schwierigkeiten einer älteren Fachfrau anvertrauen können, sie suchen einen geschützten Raum für vertrauliche Gespräche, in denen fachliche Fragen, aber auch sehr Persönliches thematisiert werden kann. Sie erwarten Ermutigung, Unterstützung, Anteilnahme in der beruflichen und persönlichen Lebenssituation sowie gezielte Hilfestellung in der Entwicklung von Problemlösungsstrategien. Sie erwarten vor allem Entlastung, wenn es darum geht, Situationen und persönliches Verhalten nicht unter dem Blickwinkel der eigenen Defizite und Schwächen zu betrachten, sondern als strukturell bedingte Schwierigkeiten zu analysieren. Sie erwarten, die Machtspiele von Kollegen und Vorgesetzten besser durchschauen zu lernen und die Kraft zur strategischen Selbstbehauptung zu finden.

Auch die gezielte Nachwuchsförderung über Netzwerke durch einflussreiche Frauen, die es geschafft haben, kann als eine Form des weiblichen Mentoring verstanden werden.

Nachdem Frauen verstanden hatten, dass das so genannte „Old-boysystem", das gut etablierte System der Männerförderung durch Männer, begabte und hochqualifizierte Frauen immer wieder am Weiterkommen hinderte, begannen Frauen in den USA, ausgehend von den Frauencolleges und Frauenuniversitäten berufliche Netzwerke aufzubauen. Es gibt mittlerweile auch in Deutschland mehrere hundert gut etablierte Netzwerke in fast allen Wirt-schafts-, Bildungs- und Wissenschaftsbereichen, in denen Mentoring von Frauen für Frauen angeboten und praktiziert wird. Firmenchefinnen, Professorinnen, Managerinnen stellen sich bereit, um ihre Erfahrungen an jüngere Nachwuchsfrauen weitergeben. Auch verschiedene Hochschulen entwickeln inzwischen Mentoring-Förderprogramme.

Parallel zum Mentoringkonzept hat sich seit den achtziger Jahren das Coaching-Konzept herausgebildet und hat in die Bereiche der Personalentwick-

---

[2] Das Wort Mentor entstammt dem griechischen Mythenbereich: Mentor war ein Freund von Odysseus, der ihn bat, sich um die Erziehung seines Sohnes Telemachos zu kümmern. Er tat das in so trefflicher Weise, dass heute jeder kluge und weise Ratgeber, Begleiter oder Führer Mentor genannt wird. Für Frauen ist es heute so etwas wie „Brutpflege im Job". Immer mehr Frauen, die beruflich weiterkommen wollen, suchen sich heutzutage eine Mentorin.

lung und des Managementtrainings Einzug gehalten. Coaching bewegt sich von sportlich orientierten Trainingskonzepten bis zu berufsbezogener, psychotherapeutischer Hilfe im Sinne von Krisenintervention und Kurzzeittherapie.

Coaching als eine problem- und personenorientierte Beratungsform setzt wie Supervision in konkreten Arbeits- und Aufgabenkontexten von Menschen an. Es kann als eine Mischung aus prozessbegleitender Beratung, handlungsorientierter Anleitung und persönlich-biographischer, therapeutischer Problembearbeitung verstanden werden. Coachingmodelle sind im Wirtschaftssektor gut etabliert, sie finden aber auch zunehmend Eingang in den Nonprofit-Bereich und Bildungsbereich.

Abgrenzungen des Coaching zum Supervisionsmodell vorzunehmen ist schwierig. Die beiden Begriffe und Ansätze sind teilweise deckungsgleich. Coaching ist im Wesentlichen eine neuere Form der Einzelsupervision für Menschen in Führungspositionen. Es geht um Reflexions-, Aktivierungs- und Veränderungsansätze auf unterschiedlichen Tiefenniveaus, die das Weiterlernen ermöglichen, die Persönlichkeit fördern und vor allem das berufliche Handeln stärken sollen.

Coaching, die verschiedenen Spielarten der Supervision und des Mentoring sind Empowermentstrategien, die Frauen individuell und kollektiv darin unterstützen, ihr Wissen, ihre Kompetenzen und ihr Kräftepotenzial für die in allen Bereichen der Gesellschaft anstehenden Veränderungen zu aktivieren. Ziel von Empowermentstrategien ist die Förderung der Fähigkeit von Menschen, ihr Leben selbst zu gestalten, gesellschaftlich und politisch durchsetzungsfähiger zu werden, ein kritisches Verständnis der sozialen und politischen Verhältnisse zu entwickeln. Empowerment umfasst Prozesse der Aneignung und Erweiterung von Möglichkeiten, selbstbestimmter und einflussreicher zu handeln. Es geht dabei sowohl um die Änderung von individuellem Verhalten als auch um die Änderung von gesellschaftlichen Verhältnissen.

6 Gendermainstreaming

Die EU-Richtlinien des Amsterdamer Vertrages von 1999 verpflichten alle Mitgliedsländer, Maßnahmen zum Abbau geschlechtsspezifischer Ungleichheiten durchzuführen. Die Orientierung an der Kategorie *Gender* bei der Planung, Durchführung und Evaluation von Projekten ist ein Qualitätskriterium, Gendermainstreaming zugleich eine Querschnittsaufgabe, die alle politischen, wirtschaftlichen und sozialen Bereiche betrifft.

Das Ziel des Gendermainstreaming ist Geschlechterdemokratie. Hierfür sind Konzepte und Vorgehensweisen zu entwickeln, die für die jeweiligen Bereiche passen. Für den Bereich der Hochschule sind andere Maßnahmen zu entwickeln als für Verwaltungen, sozialer Einrichtungen und Wirtschaftsunternehmen. Im Gendermainstreaming soll die Geschlechterperspektive zur Leitlinie aller Entscheidungen und allen politischen Handelns werden. Aus der defizitorientierten Frauenpolitik wird eine umfassende Geschlechterpolitik als eine „top-down"-Strategie.

Eine ernsthafte Umsetzung, die nicht bei Absichtserklärungen stehen bleibt, greift tief in die bisherigen Strukturen ein. Geeignete Strategien einer Geschlechterpolitik sind: Quotierung, Legalisierung und Normierung, Mainstreaming und die Förderung autonomer Praxis. (vgl. Stiegler 1998)

Mithilfe von Quotierung kann die Unterrepräsentanz von Frauen und die Geschlechterhierarchie in Gremien und Institutionen wirksam verändert werden.

Ebenso notwendig ist es, in Satzungen, Richtlinien, Leitbildern und anderen normativen Regelwerken Chancengleichheit und Geschlechterpolitik zu verankern. Normen und Leitlinien sind Voraussetzung für konkrete Maßnahmen.

Das Konzept des Gendermainstreaming ist auf der EU-Ebene klar ausformuliert. Die Geschlechterfrage wird als wesentliches Kriterium bei der Lösung sozialer, wirtschaftlicher und politischer Probleme erachtet. Auch die Vergabe von Finanzmitteln ist künftig an Aktionsprogramme zum Gendermainstreaming gekoppelt.

Gendermainstreaming erfordert:
- die Analyse der Geschlechterverhältnisse in allen Sachbereichen,
- genderspezifisch kompetente Problemsicht bei politischen Akteur/innen,
- Genderperspektiven als integrierten Bestandteil aller Aktivitäten,
- Interventionsmaßnahmen zur Veränderung der Geschlechterverhältnisse,
- Evaluation von Zielvorgaben und durchgeführten Maßnahmen (Gendercontrolling).

Gendermainstreaming erfordert neben dem bereichsspezifischen Fachwissen Gendersensibilität und Genderkompetenz, die auf den Erkenntnissen der Frauen- und Geschlechterforschung basiert.

Im Zuge der Frauenbewegung sind insbesondere im sozialen Bereich zahlreiche Projekte entstanden, die die spezifischen Notlagen und Bedürfnisse der Frauen aufgriffen, u.a.: Frauenhäuser, Beratungsstellen, Gesundheitsprojekte, Bildungseinrichtungen. Die autonomen Projekte leisten weiterhin durch ihre qualifizierte professionelle Arbeit unverzichtbare Beiträge zu den anstehenden gesellschaftlichen Veränderungen und benötigen daher weiterhin finanzielle Mittel und politische Unterstützung.

Die Zeit ist reif für nachhaltige Veränderungsprozesse, auch im Bereich des Sozialmanagements, in Richtung auf *Diversity* Management.

7 Literatur

Aries, E. (1976): Interaction Patterns and Themes of Male, Female, and Mixed Groups. In: Small Group Behavior 7. Jg.: 7-18

Aries, E. (1984): Zwischenmenschliches Verhalten in eingeschlechtlichen und gemischtgeschlechtlichen Gruppen. In: Trömel-Plötz (1984): 114-126

Asgodom, S. (1998): Mentoring, Machtstrategien lernen. In: Die Frau in unserer Zeit 2. 1998: 30-36

Assig, D. / Beck, A. (1996): Frauen revolutionieren die Arbeitswelt. Das Handbuch zur Chancengerechtigkeit. München: Vahlen

Becker, R. / Kortendieck B. (Hrsg.) (2004): Handbuch Frauen- und Geschlechterforschung. Theorie, Methoden, Empirie. Wiesbaden: Verlag für Sozialwissenschaften

Bentner, A. / Petersen, S. J. (Hrsg.) (1996): Neue Lernkultur in Organisationen. Personalentwicklung und Organisationsberatung mit Frauen. Frankfurt/M.: Peterson

Bischof-Köhler, D. (1993): Geschlechtstypische Besonderheiten im Konkurrenzverhalten. In: Krell et al. (1993): 251-281

Bischoff, S. (1999): Männer und Frauen in Führungspositionen der Wirtschaft in Deutschland. Neuer Blick auf alten Streit. Köln: Wirtschaftsverlag Bachem

Brückner, M. (Hrsg.) (1992): Frauen und Sozialmanagement. Freiburg: Lambertus

Büchsel, C. (2004): Mehr Mut zur Macht. In: Chancen. Das Magazin der KfW Bankengruppe, Heft 4: 19

Cockburn, C. (1993): Blockierte Frauenwege. Wie Männer Gleichheit in Institutionen und Betrieben verweigern. Hamburg: Argument-Verlag

Cordes, M. (2004): Gleichstellungspolitiken: Von der Frauenförderung zum Gender Mainstreaming. In: Becker et al. 2004: 712-720

Cordes, M. (2001): Chefinnen. Zur Akzeptanz von weiblichen Vorgesetzten bei Frauen. Opladen: Leske + Budrich

Domsch, M. / Regnet; E. (1990): Weibliche Fach- und Führungskräfte. Wege zur Chancengleichheit. Stuttgart: Schäffer

Dorst, B. (1991): Psychodynamische und gruppendynamische Besonderheiten von Frauengruppen. In: Supervision 20. Jg.: 8-21.

Dorst, B. (1994): Gruppendynamik als Einübung einer neuen Beziehungskultur im Verhältnis der Geschlechter. In: Gruppendynamik 1.1994: 39-46

Dorst, B. (1995): Supervision, Coaching und Mentoring. Hilfestellungen von Frauen für Frauen. In: Tagungsdokumentation Frauen, Arbeit, Beratung. Frauennetzwerk zur Arbeitssituation. Kiel

Dorst, B. (1998): Geschlechter- und Machtverhältnisse in Gruppen. In: Die Frau in unserer Zeit 2.1998: 16-23

Edding, C. (1992): Frauen und Männer in der Erwachsenenbildung. In: Müller (1992): 82-95

Friedel-Howe, H. (1990): Zusammenarbeit von weiblichen und männlichen Fach- und Führungskräften. In: Domsch et al. (1990): 16-34
Hagemann-White, C. / Helbrecht-Jordan, I. (1996): Vernetzung und Empowerment. In: Wege aus Ohnmacht und Gewalt. Frauengesundheit zwischen Menschenrechten und Grenzverletzung. Dokumentation der 3. Jahrestagung des AKF 1996 in Bad Pyrmont: 79-83
Helgesen, S. (1991): Frauen führen anders. Vorteile eines neuen Führungsstils. Frankfurt: Campus
Hoppenstedt-Studie (2004): Frauen im Management. URL www.wirtschaftsnachschlagewerke.de/Pressemitteilungen/HoppenstedtProzent2008-02-05.htm
Ihlefeld-Bolesch, H. (1997): Statement anlässlich der Verleihung des Frauenförderpreises 1996 der Deutschen Telekom AG. In: Internationale Frauenpresseagentur IFPA, 13
Jüngling, C.(1993): Geschlechterpolitik in Organisationen. In: Krell et al. (1993): 173-205
Krell, G. / Osterloh, M. (Hrsg.) (1993): Personalpolitik aus der Sicht von Frauen. Was kann die Personalforschung von der Frauenforschung lernen? München: Hampp
Krumpholz, D. (1998): Die Konsequenzen des Wertewandels für Organisationen und Führungskräfte. In: Gruppendynamik 29.1998: 349-358
Krumpholz, D. (1999): Frauen in Arbeitsgruppen und Organisationen. In: Gruppendynamik 4.1998: 415-426
Krumpholz, D. (2004): Einsame Spitze. Frauen in Organisationen. Wiesbaden: VS Verlag für Sozialwissenschaften
Lange, R. (1998): Geschlechterverhältnisse im Management von Organisationen. München: Hampp
Macha, H. (1998): Frauen die Verantwortung, Männern die Herrschaft. Zum Umgang mit Macht. In: Die Frau in unserer Zeit 2.1998: 4-10
Merchel, J. (2004): Leitung in der sozialen Arbeit. Weinheim: Juventa
Metz-Göckel, S. (1979): Feminismus an der Hochschule: Erfahrungen und Überlegungen zur Arbeitsform in Frauenseminaren. In: Metz-Göckel (1979): 47-80
Metz-Göckel, S. (Hrsg.) (1979): Frauenstudium. Zur alternativen Wissenschaftsaneignung von Frauen. Hamburg
Michel, U. (1996): Zur Teamdynamik von Frauenteams in unterschiedlichen Arbeitsfeldern. In: Bentner et al.. (1996): 145-170
Miner, V. / Longino, H. E. (Hrsg.) (1990): Konkurrenz. Ein Tabu unter Frauen. München: Frauenoffensive
Müller, K. R. (Hrsg.) (1992): Kurs- und Seminargestaltung. Weinheim: Beltz
Müller, U. (1998): Asymmetrische Geschlechterkultur in Organisationen und Frauenförderung als Prozess - mit Beispielen aus Betrieben und der Universität. In: Zeitschrift für Personalforschung 12. Jg., 2.1998: 123-142
Rastetter, D. (1994): Sexualität und Herrschaft in Organisationen. Opladen: Westdeutscher Verlag
Rosenstiel, L. von (2003): Grundlagen der Organisationspsychologie. Stuttgart: Schäffer-Poeschel Verlag

Süddeutsche Zeitung (2005): Frauen in den Chefetagen bleiben die Ausnahme. Ausgabe vom 21.01.2005 (dpa)

Statistisches Bundesamt (2004): Mikrozensus. Frauen in Führungspositionen. Pressemitteilung 22.03.2005, URL www.destatis.de/presse/deutsch/abisz/mikrozensus.htm

Stiegler, B. (1998): Frauen im Mainstream: Politische Strategien und Theorien zur Geschlechterfrage. Herausgegeben vom Forschungsinstitut der Friedrich-Ebert-Stiftung, Abt. Arbeit und Sozialpolitik

Trömel-Plötz, S. (1984): Gewalt durch Sprache. Frankfurt: Fischer

Wagner, A. (1981): Geschlecht als Statusfaktor im Gruppendiskussionsverhalten von Studentinnen und Studenten. In: Linguistische Berichte 71.1981: 8-24

Welpe, Ingelore / Welpe, Isabell (2003): Frauen sind besser, Männer auch. Das Gendermanagement. Wien: Signum Wirtschaftsverlag

Westerholt, B. (1995): Frauen können führen. Erfolg und Karriere durch Motivation und Kompetenz. München: dtv

Wunderer, R. / Dick, P. (1997): Frauen im Management. Neuwied: Luchterhand

Herbert Schubert

Zur Logik des modernen Managementbegriffs

1. Etymologie
2. Klassische Managementperspektive
3. Neuere Perspektiven des Managementbegriffs
4. Stellenwert von Führung und Arbeitsbeziehungen
5. Tendenzen zum Selbstmanagement
6. Situative Einbettung
7. Integriertes Management
8. Konsequenzen für das Sozialmanagement
9. Literatur

Auf der Suche nach den neuen Wegen in der sozialen Arbeit stolpern wir fortwährend über den Begriff des ‚Managements'. Für viele repräsentiert er ‚Fachchinesisch' in neuer, ökonomisch ausgerichteter Manier, weil nicht genau klar wird, was er im Bezug auf die fachliche Dimensionen profesionellen Handelns bedeutet. Es gibt eine differenzierte Vielfalt von Anwendungen, und es gibt vor allem nichts, wo er sich nicht dranhängen ließe: Sozialmanagement, Kontraktmanagement, Netzwerkmanagement, Projektmanagement, Einzelfallmanagement, Stadtteilmanagement – das Spektrum reicht bis hin zum Tagungsmanagement oder zum persönlichen Zeit- und Selbstmanagement.

Steckt dahinter nur eine linguistische Attitüde, so wie es in den 80er Jahren modern war, hinter alles das Wort „Arbeit" zu setzen: Projektarbeit, Einzelfallarbeit, Stadtteilarbeit oder etwa Beziehungsarbeit? Die inflationäre Verwendung des Managementbegriffs nährt den Verdacht, der Begriff sei entweder inhaltsleer oder verstecke – wie das Trojanische Pferd – einen Wirtschaftsbegriff, der Organisationen der sozialen Arbeit auf die Marktwirtschaft mit der systemimmanenten Verpflichtung auf eine Gewinnmaximierung einengen will. Folglich halten sich in der sozialen Arbeit viele Ressentiments gegenüber dem Managementbegriff.

1 Etymologie

Verbreitet ist auch eine Kritik im Stil des Dortmunder „Vereins Deutsche Sprache", der den „Anglizismen-Kult" bekämpft, indem für den übermäßigen

Gebrauch englischer Ausdrücke medienwirksam der Titel „Sprachpanscher des Jahres" verliehen wird. Auch unter Akteuren der sozialen Arbeit ist die rhetorische Abwehr zu hören: „Ja, sprechen wir bald nur noch Englisch?"

Dabei stammt nur die gegenwärtige Sprachpraxis des Begriffs Management aus dem Englischen; der Ursprung reicht über zwei Jahrtausende zurück. Denn der Wortstamm weist auf die lateinische Sprache und lautet dort: „manu agere". In einer frühen, ursprünglichen Übersetzung bedeutete das: „mit bloßen Händen lenken". Diese Bedeutung entwickelte sich aus der Technik des „Wagenrennens"; denn bei diesem antiken ‚Formel 1-Sport' in der Arena des römischen Zirkus benötigte das Lenken der Zwei- und Viergespanne um die Wendepunkte viel Geschick und Können. Eine spätere Übersetzung erweiterte die Konnotation auf: *„von Menschenhand durch Kunst führen"*. Dieses Verständnis bezieht sich umfassender auf den professionellen Kontext der Arbeitswelt. Das Verb „agere" repräsentiert dabei die Konnotation des In-Gang-Bringens und des In-Bewegung-Setzens. Diese Bedeutung setzte sich im Italienischen fort, wo „maneggiare" für „bewerkstelligen, handhaben" steht.

So betrachtet, entstammt der Managementbegriff einer langen Tradition, durch eine persönliche Kunstfertigkeit Arbeitsabläufe in Bewegung zu setzen, zu lenken und zu steuern. In der neuzeitlichen englischen Adaption bezieht sich der Begriff auf funktionale Führungsaufgaben und auf institutionelle Führungspositionen mit Personalverantwortung und Weisungsbefugnissen gegenüber untergebenen Mitarbeiterinnen und Mitarbeitern. Dieses – mittlerweile ‚alte' - hierarchische Verständnis von Management hat sich auch in Deutschland nach dem Zweiten Weltkrieg eingebürgert, so dass umgangssprachlich vor allem zentrale Leitungsrollen als Manager bezeichnet werden (Knorr/Offer 1999: 299). Allerdings ist in der Gegenwart ein Wandel zu verzeichnen, der von dem Bild zentraler hierarchischer Steuerung wegführt. Der Managementbegriff ‚emanzipiert' sich und das wird im Folgenden erläutert.

2 Klassische Managementperspektive

In Rahmen der Industrialisierung erreichte die Arbeitsteilung und deren Koordination ein neues Komplexitätsniveau. Management wurde nicht mehr als Kunst verstanden, Arbeitsabläufe von Menschenhand zu lenken, sondern der Charakter einer wissenschaftlichen Methode zugeschrieben. Um 1890 entwickelte Frederick Winslow Taylor die Theorie der *„wissenschaftlichen Betriebsführung"* für die Realisierung einer effizienten Handarbeit (Taylor 1913). Die deutsche „Rationalisierungsbewegung" folgte dem nordamerikanischen Vorbild in den 20er Jahren des 20. Jahrhunderts.

Die zentralen Grundsätze seiner wissenschaftlichen Betriebsführung waren: (1) die Trennung in Kopf- und Handarbeit, in der Dienstleistungsarbeit in operative und administrative Tätigkeiten; (2) die Zerstückelung einzelner Arbeitsvorgänge in möglichst kleine Einheiten; (3) die Standardisierung des „One-bestway" als idealer Weg der Ausführung einer Tätigkeit unter Effizienzgesichtspunkten; (4) die permanente Kontrolle und die Dominanz eines materiellen Leistungsanreizsystems, weil der Mensch von Natur aus faul sei; und (5) die Betonung der hierarchischen Ordnung als Voraussetzung der Arbeitsteilung und Spezialisierung.

Das „Scientific Management" nach Taylor war eine Konstruktionsanleitung für Organisationen in Form von *Prinzipien* (Kieser/Kubicek 1992: 38 ff.). Es werden das Verrichtungsprinzip, das Objektprinzip, das Prinzip der Entscheidungszentralisation und das Prinzip der Linienorganisation unterschieden:

- Das *Prinzip der Verrichtung* beinhaltet die Zusammenfassung von gleichartigen Tätigkeiten, wenn die in den Organisationszielen fixierte Gesamtaufgabe so umfangreich ist, dass sie nicht von einer Person ausgeführt werden kann. Dies führt im Ergebnis zu spezialisierten Stellen, die nur bestimmte Arbeiten verrichten. Durch die Spezialisierung soll die Wirtschaftlichkeit der Aufgabenerfüllung erreicht werden.
- Beim *Objektprinzip* werden alle verschiedenartigen Tätigkeiten zusammengefasst, die für bestimmte Objekte wie Kunden, Produkte oder Regionen bedeutsam sind. Es werden diejenigen Stellen organisatorisch zusammengefasst, die mit denselben Objekten, Produkten oder Dienstleistungen beschäftigt sind. Die Folge ist häufig eine divisionale Organisationsstruktur, bei der die Abteilungen, Gruppen oder Teams nach Objekten gegliedert sind. Die Subeinheiten umfassen in diesem Fall die wichtigsten Funktionen und fungieren quasi selbständig als ‚Unternehmen im Unternehmen'.
- Nach dem *Prinzip der Entscheidungszentralisation* werden die Entscheidungsbefugnisse an der Spitze der Unternehmung konzentriert. Auf der unteren Kooperationsebene bilden sich einzelne Stellen mit spezifischen Anforderungen heraus. In größeren Organisationen entwickeln sich übergeordnete Kooperationsstrukturen, bei denen sich die Spezialisierung auf größere organisatorische Einheiten bezieht wie zum Beispiel Gruppen, Abteilungen, Hauptabteilungen und so weiter. Diesen Abteilungen werden Leitungsstellen als koordinierende „Instanzen" zugeordnet. Durch die stufenförmige Abteilungsbildung entsteht ein hierarchischer Aufbau des Stellengefüges, an dessen Spitze die zentrale Managementinstanz angesiedelt ist. In solchen Organisationsstrukturen herrscht oft das Prinzip der „Fremdver-

antwortung" vor, weil der Vorgesetzte auch für die Handlungen seiner Untergebenen verantwortlich ist.
- In der Gegenperspektive entwickelt sich in der jüngeren Vergangenheit ein *Prinzip der Entscheidungsdezentralisation*, bei dem die Delegation von Entscheidungsbefugnissen auf untere Ebenen der Organisationshierarchie im Mittelpunkt steht. Die Bildung von Abteilungen und die Zuweisung von Verantwortung an untere Instanzen verlagert Entscheidungs- und Weisungsbefugnisse, um die oberste Instanz von einer unübersichtlichen Entscheidungs- und Leitungsdichte zu entlasten. Hier gilt das *Prinzip der Eigenverantwortung*, weil jeder Akteur für seine eigenen Handlungen Verantwortung trägt. Der Vorgesetzte ist für die Ergebnisse der gesamten organisatorischen Einheit verantwortlich, wenn sie von seinen grundsätzlichen Entscheidungen und Vorgaben beeinflusst werden. Auch bei der Entscheidungsdezentralisation sind die Führungskräfte nicht von der Führungsverantwortung entbunden.
- Das *Prinzip der Linienorganisation* dient der Gestaltung der hierarchischen Ordnung. In der Einlinienorganisation erhält jedes Organisationsmitglied nur von einem einzigen anderen Organisationsmitglied Weisungen; in der Mehrlinienorganisation können die Organisationsmitglieder Weisungen von mehreren anderen bekommen. Es geht dabei um die äußere Form des Stellengefüges, das als „Konfiguration" bezeichnet wird. Sie beinhaltet das Leitungssystem, weil den mit Entscheidungs- und Weisungskompetenzen ausgestatteten Instanzen besondere Beachtung geschenkt wird.

Obwohl diese Prinzipien für gegenwärtige Managemententscheidungen immer noch eine Rolle spielen, gilt die technokratische Grundanlage des Ansatzes von Taylor als nicht mehr zeitgemäß. Denn heute herrscht die Auffassung vor, dass es keine „exakte" Managementwissenschaft geben kann. Am Ende des 20. Jahrhunderts und zu Beginn des 21. Jahrhunderts wird die Lenkung von Arbeitsabläufen wieder als ‚Kunst' verstanden, die sich nicht in digitale Quanten zerlegen lässt. Analysieren, systematisches Organisieren und Führen ist bei der Arbeit in einen komplexen situativen Kontext eingebettet, der individuell zu interpretieren ist. Ein rein formales Regelverhalten nach dem Muster von Taylor, das diesen Zusammenhang nicht berücksichtigt, macht wenig Sinn (Drucker 1998: 19).

3 Neuere Perspektiven des Managementbegriffs

In der aktuellen Lehre des Managements können zwei grundlegende Ansätze unterschieden werden (Schreyögg 1993: 24): der „institutionelle" und der „funktionale" Ansatz. Management als *Institution* fokussiert die Perspektive auf alle

Positionen einer Organisation, die mit Anweisungsbefugnissen betraut sind. Der Blick konzentriert sich auf die Stellen, die sich die Führungsaufgaben teilen, also auf Instanzen, die Entscheidungs- und Leitungskompetenzen wahrnehmen. Die Beschränkung auf die institutionelle Ordnung – d.h. auf das skalare Gefüge von Über- und Unterordnung in der Hierarchie blendet den rationalen Akteur (die Personen als Rollenträger) weitgehend aus und übersieht damit, dass Innovationen durch Abweichungen und Veränderungen auf der Akteursebene und nicht auf der institutionellen Ebene verursacht werden (Müller-Jentsch 2002: 204ff.). Im *Funktionsansatz* wird Management demgegenüber als Komplex von Aufgaben und Prozessen verstanden, die für die Steuerung der Organisation notwendig sind. In der Betonung einer funktionalen Ordnung von Arbeitsteilung und Kooperation steckt die Vorstellung, dass die organisationalen Strukturen aus den sozialen Interaktionen der Akteure resultieren (vgl. z.B. Hauschildt 2002). Bei der Steuerung des Leistungsprozesses einer Organisation geht es daher um die Koordination von planenden, organisierenden oder kontrollierenden Tätigkeiten, um die Ziele der Organisation zu erreichen.

Die *Basisaufgaben* des funktionalen Management sind: (a) Planung, (b) Organisation, (c) Personaleinsatz, (d) Führung und (e) Steuerung (Schreyögg 1993: 28 f.). Die *Planungsfunktion* dient der Klärung, was erreicht werden soll und wie es am besten erreicht werden kann. Es geht um die sachbezogene Festsetzung von Zielen, Rahmenrichtlinien, Programmen und Verfahrensweisen zur Programmrealisierung. Die *Organisationsfunktion* dient der institutionellen Schaffung überschaubarer Aufgabeneinheiten wie Stellen und Abteilungen, denen entsprechende Kompetenzen und Weisungsbefugnisse zugewiesen werden. In diesem Kontext ist das Management auch für den Aufbau eines wirkungsvollen Kommunikations- und Informationssystems verantwortlich, in dem heute beispielsweise moderne Kreativitätstechniken und Lernmethoden eine bedeutende Rolle spielen. Die *Führungsfunktion* betont den Personenbezug und nimmt eine zentrale Stellung in der Managementpraxis ein. Motivation, Kommunikation und Führungsstil sind die Einflussgrößen von Maßnahmen, durch die Arbeitshandlungen veranlasst und gesteuert werden können. Die *Steuerungsfunktion* setzt die fortlaufende sachbezogene Überwachung voraus. Mit einem Berichtssystem des Controlling, das nach einem Soll-Ist-Vergleich funktioniert, wird das Handlungsrisiko minimiert, weil unter solchen Bedingungen rechtzeitig Korrekturmaßnahmen eingeleitet und grundsätzliche Planrevisionen veranlasst werden können (→ vgl. dazu auch die Beiträge von Biewers, Pruss und Schubert zum Thema Controlling).

Die Bedeutung des Zusammenspiels dieser Basisfunktionen verdeutlicht eine Exploration der Wiener Unternehmensberatung Czipin und Partner (zitiert nach Hannoversche Allgemeine Zeitung, 02.09.2000): Jede dritte Stunde gehe am Arbeitsplatz verloren, weil das Management die Arbeitsprozesse nicht hinreichend absichere. Im jährlichen Durchschnitt gehen rund 31 Arbeitstage je Arbeitsplatz durch mangelhafte Planung verloren. Eine unzureichende Wahrnehmung der Führungs- und Kontrollfunktion koste durchschnittlich 15 Arbeitstage im Jahr und unzureichende Kommunikation und Information vergeude ein Potenzial von 14 Arbeitstagen.

Der Managementprozess ist von deutlichen *Interdependenzen* zwischen den einzelnen Funktionen geprägt. Aber die Spielräume des Managements sind im Allgemeinen auch eingeengt, denn das Tätigkeitsfeld wird durch drei Komponenten begrenzt (Schreyögg 1993: 30): Handlungszwänge, Restriktionen und Eigengestaltung. Zu den *Handlungszwängen* gehören die Pflichten beim Management, die von der Berichterstattung über die Budgeterstellung bis hin zur Unterzeichnung des Postverkehrs reichen. *Restriktionen* sind Begrenzungen, die den Handlungsspielraum von innen und von außen einschränken, Beispiele sind Budgetlimits, Satzungen oder auch die zur Pflichterfüllung verfügbare Technologie. Der *Aktivitätsraum*, der beim Management frei gestaltet werden kann, bezieht sich folglich nur auf wenige Felder wie etwa das Führungsverhalten, den Arbeitsstil oder Methoden der Konfliktlösung. Nach der o.g. Studie der Wiener Unternehmensberatung Czipin und Partner gehen im jährlichen Durchschnitt rund 7 Arbeitstage je Arbeitsplatz durch fehlende Motivationsarbeit unter der Mitarbeiterschaft verloren.

Die Managementfunktionen setzen deshalb bei den Akteuren persönliche Fähigkeiten voraus. In diesem Zusammenhang wird von „Skills" als Schlüsselkompetenzen gesprochen, die für den Managementerfolg von zentraler Bedeutung sind. Diese *Kernkompetenzen* betreffen technische, soziale und konzeptionelle Fähigkeiten (ebd.: 31). Die technische Kompetenz beinhaltet die Sachkenntnis, theoretisches Wissen und Methoden auf konkrete Einzelfälle hin anzuwenden. Bei der sozialen Kompetenz geht es um die Fähigkeit, mit anderen Menschen effektiv zusammenzuarbeiten, indem das Handeln von Kolleginnen und Kollegen, von Unterstellten der Mitarbeiterschaft, von Vorgesetzten sowie von Akteuren der Bezugsgruppen aus der Umwelt verstanden wird und indem Empathie geleistet werden kann. Der konzeptionellen Kompetenz liegt die Fähigkeit zu Grunde, Probleme und Chancen sowie die Bewegungskräfte aus verschiedenen Perspektiven wahrzunehmen, im Zusammenhang zu erkennen und in verschiedenen Kategorien weiterzudenken.

4 Stellenwert von Führung und Arbeitsbeziehungen

Dass sozialen personenbezogenen Kompetenzen im Management immer mehr Beachtung geschenkt wird, ist ganz wesentlich auf nordamerikanische Forschungsergebnisse zurückzuführen, die die Bedeutung der „Human Relations" bei der Arbeit erkannt haben. Gegenstände des Human Relations-Ansatzes sind die Zufriedenheit und die Motivation der Organisationsmitglieder (Kieser/Kubicek 1992: 40 ff.). Das Interesse verlagert sich dabei von den Eigenschaften der Organisationsstruktur zum Verhalten und zu den interindividuellen Beziehungen. Für die Managementlehre wurde daraus der Schluss gezogen, statt bürokratisch-hierarchischer Regelungsarten andere Formen wie die Koordination durch Abstimmung und die Partizipation nachgeordneter Stellen an Entscheidungen in den Vordergrund zu rücken.

Dieser Perspektivenwechsel lässt sich auf eine kontinuierliche Verlagerung der Machtgewichte zurückführen, die der Soziologe Norbert Elias für den modernen Entwicklungsprozess konstatiert und als „funktionale Demokratisierung" bezeichnet hat. Den längerfristigen Wandel von der uneingeschränkten Macht Privilegierter zu einem Interdependenzverhältnis beschreibt er als „Transformation aller gesellschaftlichen Beziehungen in der Richtung auf in höherem Maße reziproke und multipolare Abhängigkeiten und Kontrollen" (Elias 1970: 72). Für das Management in der sozialen Arbeit heißt das: Wenn die gegenseitigen funktionalen Abhängigkeiten zunehmen, verringern sich die Machtdifferenziale im Arbeitsprozess einerseits zwischen Kunden sowie Professionellen und andererseits zwischen Vorgesetzten und Mitarbeiterschaft. Das hat unmittelbare Konsequenzen für Führungskonzepte und für die Gestaltung von Arbeitsbeziehungen, denn sie müssen ausgleichender sein und können nicht nach mechanistischen Prinzipien ablaufen.

Zum betrieblichen Management werden deshalb heute auch die Aufgaben der Menschenführung und der Einbezug der informellen zwischenmenschlichen Beziehungen gerechnet. Führung als Managementfunktion dient der „methodisch verfeinerten Komplexitätsbewältigung" (Lotmar/Tondeur 1993: 26). Neben der Gliederung von Aufgaben, der Organisation von Arbeitsabläufen, der Ermittlung und Integration von Zielen gehört dazu vor allem die Förderung von Teams als Kooperationsnetze. Denn die Art und Weise, wie Menschen in einer Organisation zusammenarbeiten, sich gegenseitig fachlich ergänzen und sich durch Interaktion und Kommunikation aneinander binden, ist für das Erreichen der Organisationsziele von großer Bedeutung.

Führungskompetenz lässt sich von daher als gelungene Balance von Sachbezügen und personalen Bezügen bewerten. Unter betrieblicher Sicht ist die Leistungsgemeinschaft der sozialen Organisation im Hinblick auf das Organisations- und Marktziel zu koordinieren. Erfolgreich werden Führungsleistungen, wenn auch die Aspekte der Personengemeinschaft als Grundlage der Leistungsgemeinschaft berücksichtigt werden. Um dieses zu gewährleisten, gehört zu den Führungsaufgaben auch, eine Organisationskultur zu schaffen, in der die personalen Bezüge gestaltet werden können.

An diesem Stellenwert von Führung und Arbeitsbeziehungen setzt insbesondere auch das Managementverständnis im Nonprofit-Bereich an. Das hierarchische Modell der patriarchalischen Führung mit der eindimensionalen Oben-Unten-Perspektive wurde einerseits vom Teamkonzept durchbrochen, um an die Stelle von Autorität Kollegialität mit hoher Professionalität zu setzen, und andererseits vom Konzept kooperativer Netzstrukturen in Frage gestellt, in dem gemeinsame Zielabsprachen (management by objectives) zu einer abgestimmten Lenkung führen (Jäger 1999: 49 ff.). Statt einer Zerstückelung von Arbeitsabläufen und ihrer zentralistischen Steuerung steht nun die Verantwortung jedes einzelnen arbeitenden Menschen in seinen kooperativen Vernetzungen im Blickpunkt (Drucker 1998: 333 ff.).

Allerdings haben die Organisationen der sozialen Arbeit ein Handicap: In vielen meist ehrenamtlichen Vorständen und Kontrollgremien dominieren fachfremde Persönlichkeiten, die nicht über die notwendigen Leitungskompetenzen verfügen. Zugleich wurden die Organisationsstrukturen über eine lange Zeit nicht modernisiert, so dass sie oft nicht offen und flexibel genug für eine neue Gestaltung der Arbeitsbeziehungen sind (Arnold/Maelicke 1998: 540). Um Effektivität und Effizienz in der sozialen Arbeit zu erzielen, muss das Sozialmanagement einen förderlichen Rahmen für mitarbeiter- und partizipationsorientierte Führungskonzepte und Kooperationsstrukturen gewähren.

5 Tendenzen zum Selbstmanagement

Nur im klassischen tayloristischen Verständnis, die die zentralistisch-hierarchische Organisation als Idealtyp des Managements auffasste, werden die Steuerungsfunktionen allein den oberen Leitungspositionen (Top-Management) zugewiesen. In den komplexen arbeitsteiligen Prozessen von modernen Organisationen fallen Managementaufgaben auf allen Ebenen an. Die Dienstleistungsbereiche der sozialen Arbeit sind beispielsweise dezentral gegliedert, so dass auch die Akteure der unteren, d.h. operativen Ebene, Entscheidungen zu treffen und Anforderungen zu erfüllen haben, die in starkem Maße Managementfunktionen beinhalten.

In einem neueren Verständnis von Management findet deshalb eine Abkehr von traditionellen Vorstellungen des Organisierens und eine Hinwendung zum

Leitbild der „Subjektivierung von Arbeit" statt, wie sie in Ansätzen radikaler Dezentralisierung und hoher professioneller Autonomie Gestalt gewinnt (Moldaschl 2002: 247). Die Logik des Managements bewegt sich somit in die Richtung einer „Befreiungssemantik", weil die Subjekte im organisationalen Kontext aus herrschaftlichen und ideologischen Bindungen tendenziell ‚freigesetzt' werden.

In der traditionellen patriarchalischen Organisation wurde Management auf die hierarchische Führung und Leitung beschränkt: In dieser Perspektive steht auf der einen Seite der ‚Nur-Chef', der ‚selbstherrlich' Anordnungen an Untergebene erteilt. Auf der anderen Seite stehen die ‚Nur-Arbeitenden', die tun, was angeordnet wird, ohne irgendwelche eigene Verantwortung oder Teilhabe an Entscheidungen zu haben, die ihre Arbeit betreffen. In der modernen Perspektive löst sich dieses alte Klischee auf. Management ist eingebettet in den Prozess einer zunehmenden *Selbststeuerung* jedes Beteiligten. Die Mitarbeiterinnen und Mitarbeiter folgen dem Prinzip des individuellen ‚Sich-Selbst-Führens' nach gemeinsamen Zielen. Sie tragen Mitverantwortung und haben Teil an Entscheidungen, die ihre Arbeit betreffen. Die Einschränkung von Management auf Handlungen und Entschlüsse, die rein ressourcenorientiert sind, gehört damit der Vergangenheit an. Management wird heute verstanden als „tatkräftiges Handeln, um die gewünschten Ergebnisse zu erzielen" und um „auf ein Ziel hin zu handeln" (Drucker 1998: 21 ff.). An diesem Managementprozess sind die Akteure der Organisation umfassend beteiligt.

Die Arbeit des erfolgreichen Managements betrifft jede/n in der Organisation (ebd.: 409 ff.): (a) Aufstellung der Ziele, (b) Organisation, Klassifizierung der ausführbaren Tätigkeiten, (c) Informierung und Anreize, Bildung von Teams, (d) Bewertungen, Maßstäbe für Beurteilung, (e) Entwicklung des Personals, Weckung / Förderung von Potenzialen. Alle diese Aufgaben bleiben nicht wenigen Führungskräften überlassen, sondern erfolgen zunehmend im ‚manageriellen' Einbezug der gesamten Belegschaft.

Peter Drucker betonte schon in den 50er Jahren, dass sich in keinem Unternehmen die Leitung als Aufgabe eines einzigen Menschen organisieren lasse; sie müsse die Aufgabe mehrerer sein, die als Team zusammenwirken (1998: 209). Das Konzept der „Ein-Mann-Leitung" befand sich damals in einer Krise (ebd.: 213):

> „Der eine Mann an der Spitze ist nicht mehr im Stande, die Entscheidungen zu treffen, die von ihm erwartet werden. Er billigt Entscheidungen von höchster Tragweite für den Bestand des Unternehmens auf Grund hochstilisierter ‚Empfehlungen', die den Zweck haben, ein ‚Ja' vom obersten Chef zu erhalten mit einem Minimum an Diskussion..."

Deshalb wandelte sich das alte Leitungsmodell um zu „Team-" und „Kollegiumsstrukturen". Waren es am Anfang Team-Vorstände, so weitet sich heute ein Management aus, in dem kaskadenartig tendenziell jedem Organisationsmitglied bestimmte Gebiete zur Verantwortung und zur letzten Entscheidung zugewiesen werden.

Das ist auch für die Praxis der sozialen Arbeit kennzeichnend: Dort haben viele der *operativen* Tätigkeiten ‚manageriellen' Charakter, weil führende und lenkende Merkmale der Eigenverantwortung eine Rolle spielen – auch wenn es weiterhin übergeordnete formale Führungspositionen in den sozialen Organisationen gibt, die für das Ganze Führungsverantwortung tragen. Unter diesem Blickwinkel ist beispielsweise an die „Privatisierung" öffentlicher sozialer Einrichtungen zu denken: Beispielsweise arbeiten die 19 ehemals städtischen Kinder- und Jugendzentren der Stadt Köln seit 1998 unter dem neuen gemeinsamen Dach des freien Trägers JUGZ GmbH (Jugendzentren Köln GmbH). Frei von Hierarchien der kommunalen Jugendverwaltung wurde die Steuerung einerseits zum stadtweiten Träger der Jugendeinrichtungen und andererseits zu den Teams in den Einrichtungen verlagert, die die Dienstleistungen lokal gestalten und erbringen (→ vgl. dazu auch den Beitrag von Peter Vermeulen zum Thema Ausgliederung).

Forschungsergebnisse unterstreichen, dass die Tendenz zu ganzheitlichen Managementkonzepten, die den Beschäftigten mehr Selbständigkeit zuweisen, inzwischen in allen Wirtschaftsbereichen stark ausgeprägt ist. Die ‚Kommandowirtschaft' wird immer mehr in Zweifel gezogen. So scheitern 70 bis 80 Prozent der Managementansätze, weil die Mitarbeiterschaft zu wenig einbezogen wird und zu wenig Selbstverantwortung sowie Vertrauen bekommt (Decker 1998: 589).

Der Schlüssel zum erfolgreichen Management der Zukunft liegt im dezentralen und individuellen Sich-Selbst-Führen der Mitarbeiterinnen und Mitarbeiter. Das strategische Personalmanagement hat die Aufgabe, die Voraussetzungen dafür zu schaffen. Dabei muss von der tayloristischen Betrachtung des Personals vollständig Abschied genommen werden und stattdessen eine *integrative Strategie* verfolgt werden (vgl. Tabelle 7), die die fachliche und ökonomische Selbststeuerung und Verantwortungsbereitschaft der Mitarbeiterschaft in den Mittelpunkt stellt und das Personal als „Humanvermögen" begreift. Die Bildung von Humanvermögen umfasst vor allem die Vermittlung von Befähigungen zur Bewältigung der vielfältigen Aufgaben im Alltagsleben; neben sozialen Daseinskompetenzen (Vitalvermögen) gehört die Fachkompetenz (Arbeitsvermögen) dazu (BMFSFJ 1995: 28).

Tabelle 7: Tayloristische und integrative Personalstrategie

	Tayloristisch	*Integrativ*
Philosophie	Menschenbild: Unselbständigkeit, Vermeidung von Anstrengung und Verantwortungsübernahme Konsequenz: Kontrollorientierung	Menschenbild: Selbständigkeit, Verantwortungsübernahme Konsequenz: Entwicklungs- und Koordinationsorientierung
Instrumente		
Beschäftigungspolitik	Hire and fire je nach Bedarf, keine Pflege des Personals	Langfristige Beschäftigungsverhältnisse
Rekrutierung	Ohne große Sorgfalt	Eignungsorientierte Auswahl
Einführung	---	Einführungsprogramm, Mentoren
Arbeitsorganisation	Segmentation von einfachen /differenzierten Tätigkeiten, Einzelarbeit	Integrierte Tätigkeiten, Bevorzugung von Gruppenarbeit
Mitarbeiterführung	Disziplinierend, hierarchiebetont	Förderung Selbstorganisation, kooperativ
Qualifizierung	Konzentration auf Minimalqualifikation	entwicklungsorientierter Aufbau Qualifikationspotenzial
Entgeltgestaltung	Motivation durch Leistungsvergütung	Vergütung als Äquivalent, weniger als Anreiz für Leistung

Quelle: Arnold, Maelicke 1998: 525

Im Feld der sozialen Arbeit sind die Rahmenbedingungen für Entwicklungsstrategien zur Förderung von Strukturen der Selbststeuerung (Governance) besonders günstig, weil die intrinsische Motivation in sozialen Diensten traditionell hoch ist. Kommunikativen Instrumenten der Organisations- und Personalentwicklung, die eine Entwicklung der Mitarbeiterschaft in diese Richtung fördern, kommt deshalb in den Managementkonzepten von sozialen Organisationen ein hoher Stellenwert zu.

6 Situative Einbettung

Unterschiede zwischen den Strukturen einer Organisation lassen sich auf Unterschiede in den *Situationen* zurückführen, in denen sich die jeweiligen Organisationen befinden (Kieser/Kubicek 1992: 45 ff.). Große Organisationen stehen einer anderen Situation gegenüber als kleine, so dass sie eine andere Organisationsstruktur benötigen. Ebenso bedeutsam sind externe Einflüsse. Der Markt, die eingesetzten Technologien und die Verfügbarkeit von Innovationen gestalten den Managementprozess mit. Unter einer Organisation wird im Allgemeinen „das planmäßig koordinierte und zielorientierte Zusammenwirken von Menschen zur Erstellung eines gemeinsamen materiellen oder immateriellen Produkts" verstanden (Müller-Jentsch 2003: 12). Beim Prozess des Organisierens werden fortlaufende unabhängige Handlungen zu vernünftigen Folgen zusammengefügt, damit vernünftige Ergebnisse erzielt werden können.

Die interne Situation einer Organisation lässt sich mit dem Modell von Henry Mintzberg darstellen, der Organisationen nach sechs relevanten Subsystemen (ebd.: 24f.) differenziert (vgl. Abbildung 5):

- Von zentraler Bedeutung ist der *operative Kern* der Organisation. In diesem Subsystem wird die Basisarbeit geleistet, indem der Input in Output transformiert wird.
- Die Aufgaben der *strategischen Spitze* betreffen die grundlegenden Entscheidungen der Organisation. Neben der Gestaltung der Außenbeziehungen gehören dazu vor allem die Festlegung der mittel- und längerfristigen Orientierungsziele und programmatische Grundentscheidungen zur (Dienstleistungs-) Produktion.
- Das *mittlere Linienmanagement* hat primär eine Verbindungsaufgabe; denn es soll zwischen den Entscheidungen der strategischen Spitze und der Umsetzungspraxis des operativen Kerns vermitteln. Der Orientierungsrahmen muss dabei so operationalisiert und konkretisierend transferiert werden, dass die Aktivitäten des operativen Kerns mit den grundlegenden Entscheidungen vollständig harmonieren..
- Das Zusammenspiel zwischen Spitze, Linienmanagement und operativem Kern wird begleitet von Einheiten der *Technostruktur*. Dazu werden Stäbe und Arbeitsbereiche gezählt, die dazu dienen, die Effektivität des Transformationsprozesses in den Subsystemen durch zu erhöhen. In den Dienstleistungseinrichtungen und Trägern der sozialen Arbeit gehören dazu beispielsweise Qualitätsbeauftragte und Qualitätszirkel, Weiterbildungseinheiten, Controlling oder auch Sozialplanung.
- Andere Bereiche haben nur indirekt mit dem Transformationsprozess zu tun. Es handelt sich um so genannte *unterstützende Einheiten* wie etwa ein Kantinenbetrieb oder eine Stabsstelle für Öffentlichkeitsarbeit.
- Schließlich kommt in Organisationen noch der *Ideologie* eine große Bedeutung zu. Zu ihr gehören alle Traditionen, zeitgeschichtlich gewachsenen Gebräuche, Konventionen und Überzeugungen, die im Allgemeinen auch als *Organisationskultur* bezeichnet werden. Diese Kultur reicht bis in Verhaltensroutinen der Organisationsmitglieder hinein und wirkt darauf, wie sich die Organisation beispielsweise gegenüber Kunden, Mitarbeiterinnen und Mitarbeiter, öffentlichen Stellen, lokale oder regionale Akteure und Öffentlichkeit verhält.

Die äußere Situation einer Organisation wird vor allem davon geprägt, dass sie in einer spezifischen Weise von der *Umwelt* abhängig ist. Denn in der Regel wird der Input aus der Umwelt bezogen (z.B. Mittelzuwendungen vom Kostenträger, Kunden aus dem geografischen Umfeld) und Output und Outcome auch wieder in die Umwelt zurückgegeben werden (z.b. Leistungsumfang für den Kostenträger und Leistungsqualität für Kunden). Außerdem haben vorherrschende Werte, Normen und Rollen aus der institutionellen Umwelt einen starken Einfluss auf die Organisationskultur (ebd.: 23).

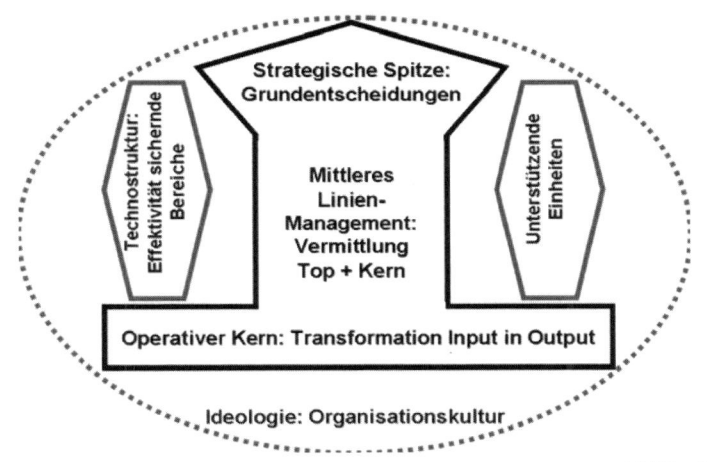

nach Müller-Jentsch 2003: 25

Abbildung 5: Subsysteme einer Organisation

In internationalen Untersuchungen wurde festgestellt, dass Organisationskulturen national unterschiedlich ausgeprägt sind und auf das Management in diesen Ländern tief greifend zurückwirken. Zur Charakterisierung der kulturellen Unterschiede wurden folgende Wertdimensionen identifiziert (vgl. Ossadnik/Wilmsmann 2004: 854 f.):

- Machtdistanz als Maß, in welcher Weise mit sozialer Ungleichheit umgegangen wird;
- Individualismus und Kollektivismus als Beziehungsformen zwischen Individuum und Gruppe;
- Unsicherheitsvermeidung als Ausdruck, wie mit Unsicherheit umgegangen wird;
- Maskulinität vs. Feminität als geschlechtsspezifisches Rollenverständnis und
- langfristige vs. kurzfristige Ausrichtung als Ausdruck der Orientierung.

Je nach Ausprägung dieser fünf Dimensionen gestalten sich die Vorstellungen vom Management ganz unterschiedlich (ebd.: 856):

> „So werden Machtdistanz und Individualismus als diejenigen Dimensionen angesehen, die eine hohe Relevanz für den Führungsstil und folglich für die Eigenschaften des Führungsstils (wie den Grad der Partizipation) haben. Unsicherheitsvermeidung kann im Hinblick auf die Ausgestaltung der Koordinationsinstrumente als Gradmesser für deren Standardisierung angesehen werden."

Die Praxis des Managements wird beispielsweise grundlegend davon beeinflusst, ob die Machtdistanz von einer Ergebenheit in hierarchische Top Down-Vorgaben oder von gleichberechtigten Abstimmungsprozessen geprägt wird. Auch das Bevorzugen ‚sicherer' Mechanismen hat z.B. eine andere Managementkonzeption zur Folge als der Verzicht auf Unsicherheit kompensierende Prozeduren. Die Berücksichtigung der nationalen Kulturausprägungen ist somit eine wichtige Voraussetzung, um Friktionen im Steuerungs- und Koordinatiopnsprozess zu vermeiden.

Die Engländer Burns und Stalker (1961) haben in empirischen Untersuchungen herausgearbeitet, dass es in Folge von unterschiedenen Rahmenbedingungen zu zwei *alternativen Strukturtypen* kommt: Die „mechanistische" Organisationsstruktur entspricht einem bürokratisch-rationalistischen Management mit einer hierarchischen Kompetenzgliederung, mit vielen Hierarchieebenen, mit fester Regelgebundenheit und mit einem heterogenen Qualifikationsprofil der Mitarbeiterschaft (z.B. kommunale Ämter oder Fachbereiche). Die Organisation und das Führungssystem werden vollständig auf eine Implementationslösung zugeschnitten. Der „organische" Typ weist nur wenige Hierarchieebenen auf, basiert auf wenigen formalen Regelungen, einem homogenen Qualifikationsprofil und einem hohen Maß an ‚managerieller' Eigenverantwortung der Mitarbeiterschaft, wie das beispielsweise bei kleinen Nonprofit-Unternehmen in freier Trägerschaft der Fall ist (vgl. Tabelle 8).

Der systematische Vergleich zwischen den beiden Organisations- und Managementtypen verdeutlicht, dass organische Strukturen über eine große Flexibilität verfügen, sich an den technischen und ökonomischen Wandel anzupassen und zukunftsbezogene Innovationsbedarfe zu bewältigen. Starre, mechanistische Organisationsstrukturen sind dazu weniger in der Lage und verhindern eher notwendige Veränderungen. Für die Organisationen der sozialen Arbeit folgt daraus, Sozialmanagement nach dem organischen Leitbild einzubetten, damit nicht nur die fachliche Anpassungsfähigkeit der Organisation an den Wandel sozialer Bedarfsstrukturen sichergestellt werden kann, sondern auch die Integration von wirtschaftlichen Handlungszielen dezentral auf der Ebene der einzelnen Mitarbeiterinnen und Mitarbeiter gewährleistet ist.

Tabelle 8: Organisationsstrukturen

Merkmale	Mechanische Struktur	Organische Struktur
Zahl Hierarchieebenen	Viele (hohe Hierarchie)	Wenige (flache H.)
Spezialisierungsgrad	Hoch	gering
Standardisierungsgrad	Hoch	gering
Formalisierungsgrad	hoch	gering
Zentralisationsgrad	Hoch	gering
Linienautorität	klar/vertikal	unklar/lateral
Koordination	Durch Hierarchiespitze	durch alle Mitarbeiter
Interaktion zwischen Abteilungen	Selten	häufig
Informelle Beziehungen	geringe Bedeutung	hohe Bedeutung
Führungsstil	Autokratisch	demokratisch
Motivationsinstrumente	primär extrinsisch	primär intrinsisch
Wissen	An der Spitze	auf allen Ebenen
Erfolgsindikatoren	Quantitativ	qualitativ
Kommunikation	streng vertikal	netzwerkartig

Quelle: Hottelet 1998, S. 631

Ein wichtiger Aspekt ist dabei die angemessene Berücksichtigung von Erwartungen aus dem Umfeld der Organisation an das Management. Die unterschiedlichen Anspruchsgruppen innerhalb der Organisation und um die Organisation herum – die so genannten „Stakeholder" – haben Erwartungshaltungen, die vom Management mit der Identität der Organisation kompatibel gemacht werden müssen (Theis-Born 1997: 24 ff.). Zu dem Stakeholder-Management gehört zuerst die Aufgabe der Identifikation von Stakeholdern. Intern sind das die Projektteams, die Auftraggeber, die Fachabteilungen, die Personalvertretung, die Geschäftsleitung und der Eigentümer; extern zählen dazu Behörden als Kostenträger, Akteure der Kommunal- und Landespolitik, Interessenverbände, Koperationspartner und die unmittelbaren Kunden. Über ein kontinuierliches Sammeln von Informationen über die Stakeholder und über die Identifikation der Stakeholderziele lassen sich Strategien und Verhalten von Stakeholdern prognostizieren (Finken 1999: 137 ff.). Das Stakeholder-Management kann in der sozialen Arbeit nur erfolgreich gelingen, wenn die fachlichen mit den wirtschaftlichen Zielen verbunden werden. Denn die Erwartungshaltungen des Spektrums von den Kostenträgern bis hin zu den Klienten als Kunden lassen sich nur zusammenführen, wenn sowohl fachliche Anforderungen als auch Wirtschaftlichkeitsüberlegungen zur Kongruenz gebracht werden (→ vgl. dazu auch die Darstellung der Stakeholderanalyse im Beitrag von Herbert zum Thema Netzwerkmanagement).

7 Integriertes Management

In den vergangenen Jahren zeichnete sich für die Felder der sozialen Arbeit ab, dass die tradierten Strukturen, Verfahren und Instrumente nicht mehr hinreichend leistungsfähig sind. Budäus sprach in diesem Zusammenhang von einer „Management-Lücke" (1994: 22). Denn die Strukturen sind nach wie vor an die öffentlichen Verwaltungen angelehnt, die vom bürokratischen Zentralismus geprägt sind. Deshalb blieben die Steuerung und Beeinflussung der Wirtschaftlichkeit bei der Aufgabenerfüllung lange im Hintergrund.

Mit der Diskussion des „(New) Public Management" wurde eingefordert, die Führungsfunktionen der Planung, der Organisation und Leitung, der Personalentwicklung und der Kontrolle stärker in das Management der sozialen Arbeit einzubeziehen (ebd.: 48). Die Planung soll sich mit der Vorbereitung und Strukturierung zukünftiger Situationen – im Sinn der zu erreichenden Ziele – durch verbindliche Entscheidungen befassen. In operativer Hinsicht geht es um die Strukturierung und Konkretisierung von Restriktionen, Sachzielen und Handlungsalternativen. Strategisch sollen Umwelt- und Organisationsanalysen die Ausarbeitung langfristiger Ziele unterstützen. Die Umsetzung der Planung erfolgt in Organisationsprozessen. Die Akteure müssen dabei als Aufgabenträger und als Verantwortungsträger in ein angemessenes Struktur- und Führungsgefüge integriert werden. Die Führungsfunktion der Personalentwicklung unterstützt diese Prozesse über die Personalauswahl, Personalrekrutierung, den Personaleinsatz, die Personalbeurteilung, das Entlohnungssystem und die Strategien kontinuierlicher Qualifizierung.

Dieses komplexe Managementverständnis lässt sich nur in einem systemischen Denkansatz realisieren, der die Integration verschiedener Führungsfunktionen thematisiert. In der aktuellen Beschäftigung mit dem Managementbegriff herrschen deshalb systemische Modelle und Perspektiven vor (Liebig 1997). Für eine Organisation, die sich als Bestandteil einer spezifischen Umwelt verhalten und zugleich zielgerichtet agieren muss, wird in der Literatur die systemische Integration von *drei Handlungsebenen des Managements* betont (vgl. Abbildung 6): das normative, das strategische und das operative Management (Ulrich / Fluri 1992: 19 ff.). Das *normative Management* dient dem Umgang mit unternehmenspolitischen Wert- und Interessenskonflikten. So muss eine Organisation der sozialen Arbeit die normativen Grundsätze und Zwecke ihrer Unternehmung bestimmen. Hierzu ist die Stakeholderanalyse ein wichtiger Baustein, um ein Verständigungs- und Glaubwürdigkeitspotenzial nach außen und nach innen aufzubauen, das den Basiskonsens sichert. Das *strategische Management* dient der Erarbeitung und fortlaufenden Überprüfung der Unternehmensstrategie, mit der die Organisation die gewünschte Position auf dem Sozialmarkt findet und längerfristig sichert. Das Steuerungsproblem besteht darin, trotz Ungewissheit und Komplexität der Umweltbedingungen die fachlich richtigen sowie wirtschaftlich vertretbaren (Handlungs-) Ziele zu formulieren und mit den operativ verantwortlichen Akteuren zu vereinbaren. Das *operative Management* schließlich entspricht der unmittelbaren Steuerung des „unternehmerischen Wertschöpfungsprozesses" (ebd.: 19). Es muss die Produkte zur Zielerreichung entwickeln und eine Balance finden zwischen dem Umgang mit knappen Ressourcen – wie Finanzen, Informationen, personale Leistungen, Technologien – und einer effektiven sowie effizienten Ausnutzung der Produktivitätspotenziale in der Organisation. In der Abfolge der normativen, strategischen und operativen Handlungsebene ergibt sich der integrierte Managementprozess. Ergänzend wurde als vierte Ebene das *instrumentelle Management* des Handlungsträgersystems eingeführt (Finken 1999: 35). Dabei geht es darum, wie die Arbeit organisiert werden muss und wie der Austausch mit dem Umfeld gepflegt werden kann.

In diesem systemischen Verständnis liegt die Betonung des Managementbegriffs wieder bei ‚Kunst' der Führung – allerdings erweitert um eine kooperative Netzwerkperspektive. Denn an jede einzelne Mitarbeiterin und an jeden einzelnen Mitarbeiter werden erhöhte Anforderungen gestellt, nicht nur an hierarchische, formale Leitungspositionen. Es handelt sich – bildlich gesprochen – um einen großen ‚Drahtseilakt', bei dem die einzelnen Arbeitskräfte nicht nur (fachlich) balancieren, sondern zusätzlich auch (wirtschaftlich) jonglieren müssen. Wer auf dem Seil steht, kann sich nicht auf andere verlassen, sondern trägt selbst Verantwortung für die eigene Standfestigkeit, muss aber schauen, in welche Bewegung die anderen das Seil bringen, um nicht das Gleichgewicht zu verlieren.

Die systemische Integration der normativen, der strategischen und der operativen Managementebene ist in den vergangenen Jahren auch zu einem zentralen Thema für die Führung und das Leiten sozialer Dienstleistungseinrichtungen geworden. In dem Maße, wie das Modell des New Public Management für das kommunale Management in Deutschland operationalisiert wurde, wurden auch Konsequenzen für soziale Dienste und Einrichtungen gezogen. Heinz (2000) hat den Dreiklang von normativem, strategischem und operativem Management differenziert erläutert (vgl. Abbildung 6):

Abbildung 6: Neues Managementmodell

nach Heinz 2000: 180f.

- Mit dem *normativen Management* verfolgen die Kommune sowie die sozialwirtschaftliche Organisation das Ziel, ihr Selbstverständnis und die Orientierungen grundlegend zu klären. Dazu müssen die inhaltlichen Schwerpunkte in Leitzielen konkretisiert und die generellen Zielrichtungen programmatisch festgelegt werden. Für die Realisierung dieses Orientierungsrahmens sind die oberen Instanzen des so genannten ‚Top-Managements' (auf der kommunalen Ebene der Stadt- oder Gemeinderat) konstitutionell verantwortlich, aber der gesamten Organisation sind Beteiligungschancen zu eröffnen, damit ein breiter Konsens mit der normativen Ebene erreicht werden kann.
- Im Zentrum des *strategischen Managements* steht die Zielentwicklung für die Zielfelder Ressourcen (Input), Produkte (Output), Wirkungen bzw. Ergebnisse (Outcome) und Strukturen bzw. Prozesse. Federführend sind dabei die mittleren Instanzen der Organisation oder die Kommunalverwaltung, aber auch dabei ist unter Beteiligungsprozessen mit der Mitarbeiterschaft zu klären, was die Organisation konkret erreichen will, was dafür getan werden muss, wie es getan werden muss und was jeder einzelne dafür einsetzen kann. Um diese strategischen Fragen hinreichend beantworten zu können,

wird in der sozialen Organisation ein Controlling gebraucht, in dem alle notwendigen Informationen entscheidungsbezogen aufbereitet werden können.
- Das *operative Management* repräsentiert die Umsetzungsebene der unmittelbaren sozialen Arbeit; es setzt im Wesentlichen Kontrakte und Zielvereinbarungen mit der strategischen Managementebene um. Das strategische Management strahlt auf diese Ebene nicht nur richtungsgebend aus, sondern leistet die erforderliche Führungsarbeit durch Motivation, Unterstützung, Koordination und Erfolgskontrolle, damit die Verantwortung für das Produktmanagement (Kosten, Distribution und Kommunikation) und für das funktionale Management (Personal, Organisationsablauf, Finanzen) zur Erreichung der Ziele von den operativen Akteuren erfolgreich übernommen werden kann. Insofern ist die Schnittstelle zwischen strategischem und operativem Management von herausragender Bedeutung. Die Akteure der sozialen Praxis tragen so zusagen den gesamten Managementprozess, indem sie die Gestaltung der Angebote, ihrer Konditionen und Distribution und die Kommunikation eigenverantwortlich regeln. In dezentraler Ressourcenverantwortung leisten sie die Optimierung und Qualitätssicherung des Produktmanagements.

Vor diesem Hintergrund wird deutlich, dass *Steuerung* im modernen Sinn nicht naiv als zielgerichtete Beeinflussung eines Steuerungsobjekts durch *ein* Steuerungssubjekt verstanden werden darf. Denn die eingesetzten Instrumente werden von den Steuerungsobjekten interpretiert und eigensinnig abgewandelt. Unter systemischer Perspektive ist Steuerung mehr ein Prozess der formellen und informellen Aushandlung zwischen füreinander teilautonomen Subsystemen und umfasst insofern alle Akteure der Organisation (Reis / Schulze-Böing 1998: 20).

8   Konsequenzen für das Sozialmanagement

Es wurde gezeigt, dass es beim Management der sozialen Arbeit nicht um singuläre Steuerungsaufgaben einer abgehobenen ‚Chef'-Position geht, sondern um die Steigerung der Handlungskompetenz und das koordinierte Zusammenwirken aller Beteiligten. Die zentralen Grundsätze dieses sozialen Managements sind vor diesem Hintergrund: (1) die Stärkung des individuellen Verantwortungsbewusstseins und Urteilsvermögens und (2) die Selbststeuerung der Arbeitskräfte nach den Zielsetzungen der Organisation.

Zu dieser Stärkung der Verantwortung aller Beteiligten gehören Rahmenbedingungen, die eine Ganzheitlichkeit des Handlungszusammenhangs der sozialen Arbeit sicherstellen. Besonders hervorzuheben sind: (3) die Einheit von

Entscheidung und Verantwortung durch die Zusammenfassung von Fach- und Ressourcenverantwortung, (4) die Zurechenbarkeit von Leistungen und Kosten, (5) die Orientierung an den Kunden und am Umfeld der eigenen Organisation und (6) der Aufbau dezentraler Organisationsstrukturen, also flacher Hierarchien. Wir befinden uns damit in der Gegenbewegung zur missglückten Zerstückelung der Arbeit nach Frederick Winslow Taylor. Der Zusammenhang der Arbeitsvorgänge soll nun für die Einzelne bzw. für den Einzelnen erkennbar und verantwortbar sein.

Anspruch und Wirklichkeit klaffen allerdings noch weit auseinander und das ist auch der gegenwärtige *Zwiespalt* des Management in der sozialen Arbeit: Denn in vielen Diensten und Einrichtungen der sozialen Arbeit wurde von tayloristischen Prinzipien noch nicht vollständig Abschied genommen, gleichzeitig wird aber von der Mitarbeiterschaft gefordert, den neuen Management-Grundsätzen schon zu entsprechen. Starre Hierarchien und standardisierte, enggeführte Arbeitsabläufe stammen noch aus der tayloristischen Zeit; die Innovationsansprüche – beispielsweise die Einführung des Neuen Steuerungsmodells mit Produktorientierung, Controlling, Budgetierung, dezentraler Ressourcenverantwortung und Kontraktmanagement – repräsentieren bereits das neue Managementdenken. Diese Ungereimtheiten können nur durch eine konsequente Sozialmanagementorientierung beseitigt werden, die diesen Widerspruch schrittweise auflöst. So ist zum Beispiel gerade beim Qualitätsmanagement genau darauf zu achten, dass es nicht durch eine tayloristische Logik kontraproduktiv wirkt und ein Management dezentraler Verantwortlichkeit und Situationsangemessenheit behindert.

Das Sozialmanagement muss somit vom Geist der systemischen Managementansätze inspiriert werden, indem es nicht nur auf das Management von Einrichtungen der sozialen Arbeit ausgerichtet wird, sondern auch einem Modus des Leitens und Gestaltens folgt, der dem Kontext sozialer Arbeit besonders gerecht wird. Müller-Schöll und Priebke definierten deshalb, dass das Sozialmanagement eine eigene Theorie und Praxis eines sozial verantwortlichen, an der Ethik sozialer Arbeit orientierten Managements entwickeln müsse (1989: 139). Dadurch können vom Sozialmanagement zukünftig auch positive Impulse für die Weiterentwicklung des systemischen Managementkonzeptes ausgehen. Dann wird der Verdacht einer einseitigen Orientierung an betriebswirtschaftlichen Konzepten ausgeräumt; vielmehr kann sich zukünftig vielleicht auch die Betriebswirtschaft an gelungenen Managementmodellen eines auf konsequenter dezentralisierter Eigenverantwortung aufgebauten Sozialmanagements orientieren.

Zum Managementverständnis 83

Zielsetzungen Strategien | **Kunden + Team + Umfeld** | **Dienstleistungsqualität, fachliche Standards** | **Ressourcen**

... im Cockpit der sozialen Arbeit ...

Abbildung 7: Instrumente des Sozialmanagements zur integrierten Koordination fachlicher und wirtschaftlicher Belange der sozialen Arbeit

Zusammenfassend soll das Verständnis von Management, das hier skizziert worden ist, mit der Situation im ‚Cockpit eines Flugzeugs' verglichen werden. Der Vergleich passt zum lateinischen Wortstamm des „manu agere": die Kunst des Lenkens mit den eigenen Händen.

Beim Management in sozialen Organisationen müssen viele Instrumente im Blick sein, um die soziale Arbeit gemäß den Informationen zu koordinieren (Schmidt 1997: 393 ff.). Der Blick auf die ‚Tankanzeige', also auf die finanzielle Seite der Ressourcen gehört genauso dazu wie die Überwachung des ‚Tachos', auf dem die soziale Dienstleistungsqualität und die Einhaltung fachlicher Standards abgelesen werden kann. Auf dem ‚Radar' muss die Entwicklung der Zufriedenheit von Kunden und in der Mitarbeiterschaft beobachtet werden; mit dem ‚Radar' müssen auch die Tendenzen im Umfeld recherchiert werden – etwa das Verhalten der Wettbewerber oder der Kostenträger. Es sind noch weitere Perspektiven auszubalancieren: So darf der ‚Kompass' nicht aus den Augen verloren werden, um das Erreichen von Zielsetzungen oder die Wirksamkeit gewählter Strategien beurteilen zu können. Und weil man im Cockpit nicht allein ist bzw. in einem ‚Geschwader' operiert, besteht ein weiteres Grundmerkmal des Management darin, innerhalb der sozialen Organisation über die Beobachtungen, Wirkungen und Aufgaben, die für die Existenz und Zielerreichung zentral sind, kontinuierlich untereinander zu kommunizieren. In diese Richtung werden sich die Managementkonzepte der Zukunft weiterentwickeln, wie beispielsweise die „Balanced Scorecard" – ein Instrumentarium für das Management – verdeutlicht (Kaplan, Norton: 1997). Bei der Balanced Scorecard werden die verschiedenen Managementdimensionen integriert und in der Form von Kennzahlen – analog zum Bild der Cockpitelemente – operationalisiert.

Oftmals ist zu hören, dass die Einrichtungen der sozialen Arbeit angeblich nur noch dann eine Überlebenschance hätten, wenn sie ihre fachlichen Standards senken würden, um im Vergleich zu anderen Anbietern kostengünstiger zu sein. Der Kostendruck führe zu einer schleichenden Qualitätsminderung, heißt es. Dieses Bild, dass eine Managementorientierung in der sozialen Arbeit die fachlichen Standards unweigerlich absenke, deckt sich in keiner Weise mit der Realität und mit der hier entfalteten Perspektive. Die Betonung eines sozialen Managements repräsentiert im Gegenteil die *Fortsetzung der Professionalisierung in der sozialen Arbeit*. In diesem Prozess werden die Führungs- und Steuerungsaufgaben von sozialen Dienstleistungsorganisationen rationalisiert. Ein immer größerer Teil dieser Aufgaben bleibt dabei nicht auf formale Leitungspositionen beschränkt, sondern bezieht die Verantwortung der einzelnen Mitarbeiterinnen und Mitarbeiter über deren Selbststeuerung mit ein. Die einzelne und der einzelne muss in der Arbeit mehrere Perspektiven berücksichtigen und koordinieren können; dadurch steigen die Verantwortung und die Anforderungen an sie. Dieser Ansatz ist als inkrementalistisches, d.h. „verhaltensorientiertes Management" bezeichnet worden (Heinz 2000: 75ff.), weil nur die strategische Setzung der Globalziele zur Vorsteuerung von den oberen Instanzen erfolgt, die unmittelbare Steuerung und Konkretisierung aber von den Akteuren in den Subsystemen verantwortet wird.

9 Literatur

Arnold, Ulli; Maelicke, Bernd (Hrsg.) (1998): Lehrbuch der Sozialwirtschaft. Baden-Baden: Nomos

Badelt, Christoph (Hrsg.) (1999): Handbuch der Nonprofit Organisation. Strukturen und Management. 2., überarbeitete Auflage; Stuttgart

BMFSFJ / Bundesministerium für Familie, Senioren, Frauen und Jugend (Hrsg.) (1995): Fünfter Familienbericht: Familien und Familienpolitik im geeinten Deutschland - Zukunft des Humanvermögens. Bonn: Eigenverlag

Boskamp, Peter / Knapp, Rudolf (Hrsg.): Führung und Leitung in sozialen Organisationen. Handlungsorientierte Ansätze für neue Managementkompetenz. Neuwied: Kriftel

Budäus, Dietrich (1994): Public-Management. Konzepte und Verfahren zur Modernisierung öffentlicher Verwaltungen. 4., unveränderte Auflage, Berlin: edition sigma

Budäus, Dietrich; Conrad, Peter; Schreyögg, Georg (Hrsg.) (1998): New Public Management. Berlin, New York: Springer

Decker, Franz (1997): Das große Handbuch Management für soziale Institutionen. Landsberg/Lech

Drucker, Peter F. (1998): Die Praxis des Managements. Ein Leitfaden für die Führungsaufgaben in der modernen Wirtschaft. 6. Auflage; Düsseldorf, München

Elias, Norbert (1970): Was ist Soziologie? München

Finken, Thorben (1999): Projektmanagement bei der Verwaltungsreform. Gestaltungsaspekte zur Einführung der Kosten- und Leistungsrechnung. Wiesbaden

Fuchs, M. (Hrsg.) (1993): Zur Theorie des Kulturmanagements. Ein Blick über Grenzen. Remscheid: Akademie

Hauschildt, Jürgen (2002): Prozesse, Strukturen und Schlüsselpersonen des Innovationsmanagements. In: Schreyögg / Conrad (2002): 1-33

Heinz, Rainer (2000): Kommunales Management. Stuttgart: Schäffer-Poeschel

Hottelet, Harald (1998): Aufbau- und Ablauforganisation. In: Maelicke (1998): 601-636

Jäger, Alfred (1998): Hard- und Softmanagement im sozialen Unternehmen. In: Boskamp/Knapp (1998): 35-74

Kaplan, Robert S. / Norton, David P. (1997): Balanced Scorecard. Strategien erfolgreich umsetzen. Stuttgart: Schäffer-Poeschel

Kaplan, Robert S. / Norton, David P. (2004): Strategy Maps. Der Weg von immateriellen Werten zum materiellen Erfolg. Stuttgart: Schäffer-Poeschel

Kieser, Alfred / Kubicek, Herbert (1978): Organisationstheorien I. Wissenschaftstheoretische Anforderungen und kritische Analyse klassischer Ansätze. Stuttgart, Berlin, Köln, Mainz

Kieser, Alfred / Kubicek, Herbert (1992): Organisation. 3., völlig neu bearbeitete Auflage, Berlin, New York

Knorr, Friedhelm / Offer, Hans (1999): Betriebswirtschaftslehre. Grundlagen für die soziale Arbeit. Neuwied: Kriftel

Liebig, Oliver (1997): Unternehmensführung aus der Perspektive der neueren Systemtheorie. Beobachtungen der Führungspraxis und ihre Implikationen für eine Theorie der Führung. München: Herrsching

Lotmar, Paula / Tondeur, Edmond (1993): Führen in sozialen Organisationen. 3. Auflage, Stuttgart, Wien

Maelicke, Bernd (Hrsg.) (1998): Handbuch Sozialmanagement 2000. Baden-Baden: Nomos

Moldaschl, Manfred (2002): Das Subjekt als Objekt der Begierde. Die Perspektive der ‚Subjektivierung von Arbeit'. In: Schreyögg / Conrad (2002): 245-280

Müller-Jentsch, Walther (2002): Organisationales Handeln zwischen institutioneller Normierung und strategischem Kalkül. In: Schreyögg / Conrad (2002): 203-209

Müller-Jentsch, Walther (2003): Organisationssoziologie. Frankfurt, New York: Campus

Müller-Schöll, A. / Priepke, M. (1989): Sozialmanagement. Zur Förderung systematischen Entscheidens, Planens, Organisierens, Führens und Kontrollierens in Gruppen. 2. Auflage, Frankfurt/Main

Ossadnik, Wolfgang / Wilmsmann, Dirk (2004): Zur Relevanz der Kulturanthropologie für die Konstruktion von Controllingsystemen. In: Scherm/Pietsch (2004): 847-870

Reis, Claus / Schulze-Böing, Matthias (Hrsg.) (1998): Planung und Produktion sozialer Dienstleistungen. Die Herausforderung ‚neuer Steuerungsmodelle'. Berlin: edition sigma

Scherm, Ewald / Pietsch, Gotthard (Hrsg.) (2004): Controlling – Theorien und Konzeptionen. München: Verlag Vahlen

Schmidt, Götz (1997): Methode und Techniken der Organisation. 11. Auflage; Gießen

Schreyögg, Georg (1993): Normensysteme der Managementpraxis. In: Fuchs (1993): 21-34

Schreyögg, Georg / Conrad, Peter (Hrsg.) (2002): Theorien des Managements. Wiesbaden: Gabler

Schubert, Hans-Joachim (1998): Planung und Steuerung von Veränderungen in Organisationen. Frankfurt am Main

Schubert, Herbert (2000): Von der Agenda 21 zur sozialen Stadt – Integrierte Perspektiven für die soziale Arbeit beim Stadtteilmanagement. In: Neue Praxis, 30. Jg., Heft 3: 286-296

Taylor, Frederick Winslow (1913): Die Grundsätze wissenschaftlicher Betriebsführung. München, Berlin

Theis-Born, Kerstin (1997): Management Sozialer Dienste. München: Herrsching

Ulrich, P. / Fluri, E. (1992): Management. Bern, Stuttgart, 6. Auflage

Wendt, Wolf Rainer (1993): Grundfragen des Managements in Sozialeinrichtungen in seinen Beziehungen zum Kulturmanagement. In: Fuchs (1993): 39-54

Conrad von Fürstenberg

Qualitätsmanagement

1 Soziale Dienstleistung und messbare Effektivität – kann das funktionieren?
2 Der Klient als Kunde
3 Und wo bleibt der Mitarbeiter?
4 Was ist ein Prozess – Input, Output ... und dazwischen?
5 Prozessbeschreibung
6 Prozesssteuerung mit Indikatoren und Kennzahlen
7 Projektaufbau und Projektablauf
8 Total Quality Management
    8.1 Das Excellence-Modell der European Foundation for Quality Management (EFQM)
    8.2 DIN EN ISO 9001:2000
    8.3 Das „Münchner Modell"
9 „Wir haben keine Zeit, den Zaun zu reparieren, wir müssen die Hühner einfangen"
10 Literatur

1 Soziale Dienstleistung und messbare Effektivität – kann das funktionieren?

Rund 100 Milliarden Euro enthielt der Etat der Bundesregierung im Jahr 2004 für den Bereich sozialer Leistungen – der größte Haushaltsposten und damit Steuergeld, das unter der besonderen Beobachtung der Öffentlichkeit steht. Dies zurecht und unabhängig von der Zielgruppe bzw. vom ‚guten Zweck'.

Sowohl das politische System in sich als auch nicht-parlamentarische Kontrollinstanzen außerhalb erwarten von den politisch Verantwortlichen klare Zielsetzungen und Handlungsvorgaben an die durchführenden Institutionen. Seit langem antwortet die Politik auf diese Anforderungen, indem sie – sei es auf kommunaler, Landes- oder Bundesebene – Kriterien definiert, die eine wirksame Kontrolle der Umsetzungseffektivität ermöglichen, deren regelmäßige Darlegung erwartet wird.

Dies gilt nicht nur für die unmittelbar öffentlichen Aktivitäten, die mindestens durch die Parlamente kontrolliert werden, sondern auch für öffentlichrechtliche Institutionen und hier vor allem für die Sozialversicherungssysteme und ihre Träger. Diese verwalten sich zwar offiziell selbst, doch spätestens seit die Sozialversicherungsbeiträge von Arbeitgebern und Arbeitnehmern nicht mehr ausreichen, sie folglich aus Steuermitteln regelmäßig erhebliche Beiträge zur Durchführung ihrer notwendigen Aufgaben erhalten, verbindet der Gesetzgeber mit der Finanzierung ausdrückliche Anforderungen an die Effektivität der zugewiesenen Dienstleistungen.

Schauen wir auf die aktuelle Gesetzgebung zur Umsetzung moderner Dienstleistungen am Arbeitsmarkt – gemeinhin als „Hartz"-Gesetzgebung bezeichnet – so finden wir hier die typische Form des Weiterreichens von Anforderungen an die Institutionen, die letztendlich die Dienstleistung zu erbringen haben: Träger von Sozialarbeit, Erziehung und Weiterbildung.

Spätestens hier erreicht die Anforderung nach Effektivität der Leistungserbringung einerseits, nach Befriedigung der spezifischen Bedürfnisse der jeweiligen Zielgruppe andererseits das Blickfeld unseres konkreten sozialpädagogischen Umfelds und Auftrags. Institutionen der sozialen Dienstleistung – seien sie öffentlich oder privatwirtschaftlich verfasst – antworten seit ca. einem Jahrzehnt darauf, indem sie ihre Geschäftsprozesse für sich und andere transparent machen. Sie versuchen, die Qualität ihrer Leistung zu managen, indem sie die wesentlichen Abläufe an den internen und externen Anforderungen ausrichten, Ziele formulieren und deren Erreichen messen. Orientieren sie sich dabei an vorgegebenen Kriterien eines schon erarbeiteten Systems, so spricht man von der Anwendung eines Qualitätsmanagementsystems.

Lässt sich aber Qualität pädagogischer, sozialpädagogischer Arbeit tatsächlich messen? Geht es hier nicht um Verhalten und Bewusstsein von Menschen, das sich von Produktionsanforderungen beispielsweise in der Zulieferindustrie von Automobilfirmen grundsätzlich unterscheidet?

Tatsache ist, dass Zielvorgaben unserer Arbeit vorhanden sind: Seit „Hartz" beispielsweise die der Vermittlung in den ersten Arbeitsmarkt. Diesem wird unter Zuhilfenahme des Instruments ‚Fall-, bzw. ‚Casemanagement' oberste Priorität eingeräumt. Aber auch in anderen Bereichen sind die Zielvorgaben hinreichend konkret, um ihre erfolgreiche Umsetzung messen zu können: in der Wohnungslosenhilfe, in der Familienberatung und so fort. Tatsache ist auch, dass gemessen wird. Es wird nicht nur gemessen, ob ich nach meinem Empfinden ‚gute Arbeit' gemacht habe, sondern auch, ob die Arbeit effektiv war; d.h. ob unter Einsatz der vorhandenen Mittel die Ziele erreicht wurden – auch wenn dies für mich nicht unbedingt befriedigend in der Arbeit mit dem einzelnen Menschen bzw. der Familie war. (Man denke hier z.B. an die Frage der ‚Fall'-Zahlen.) Der Zwiespalt, in den (sozial-)pädagogisch – also mit Menschen – Arbeitende in aller Regel geraten, ist dabei der, unterschiedliche Anforderungen erfüllen zu müssen – mindestens nämlich die der konkreten Zielgruppe wie auch die der Institution bzw. des Auftraggebers. Dies werden wir weiter unten wieder aufgreifen.

Wir können also feststellen, dass Anforderungen an unsere Arbeit – vermittelt über die Institution, in der wir tätig sind – existieren: sowohl vom Auftraggeber als auch vom Menschen, den wir unterstützen. Die Erfüllung dieser Anforderungen ist zu managen und nachweisbar zu machen. Fehler, die zur Nichterfüllung führen, müssen festgestellt und beseitigt werden. Das so erzielte Verfahren und sein Ergebnis beruhen auf der Umsetzung eines wirksamen Qualitätsmangements.

2   Der Klient als Kunde

In den letzten Jahren hat sich der Begriff „Kunde" im Bereich der sozialen Dienstleistung weitgehend etabliert. Oft erscheint uns die Verwendung aufgesetzt und dem wirklichen Verhältnis der Handelnden untereinander nicht angemessen. Beispielsweise bestand der frühere Bundespräsident Johannes Rau darauf, dass der kranke Mensch beim Arzt zuerst Patient und nicht Kunde sei.[3]
Dort, wo der Mensch dem sozialarbeiterisch oder sozialpädagogisch Tätigen lediglich als Antragsteller in einem Verwaltungsakt gegenübertritt, ist es in der Tat schwierig, in ihm den Kunden zu sehen, der für eine Dienstleistung eine Gegenleistung erbringt. Hier ist er der Bürger, der seine ‚Gegenleistung' als Steuerzahler einerseits schon erbracht hat, andererseits von einem Anforderungssystem – der Gesetzgebung mit der entsprechenden Rechtsprechung nämlich – ermächtigt ist.

Warum sprechen wir also im Rahmen des Qualitätsmanagements von Kundenorientierung? Was in der Produktion ebenso wie im Handel selbstverständlich ist, scheint bei der Erbringung sozialer Dienstleistungen erst allmählich ins Bewusstsein der Handelnden zu rücken: Ausgangs- und Zielpunkt unserer Bemühungen ist der rat- und hilfesuchende Mensch. Er definiert sich als die Person oder Institution, die unser Handeln auslöst, indem sie Anforderungen an uns stellt, uns im Bereich unserer Aufgabe konkrete Vorgaben macht. Sprechen wir hier von *dem* Kunden, so handelt es sich gerade dort, wo öffentliche Finanzierung zu Grunde liegen, oft um mindestens zwei Kunden: einmal die Institution, die öffentliche Anforderungen im Rahmen von Gesetzen und Erlassen formuliert (Parlament, Rat der Kommune, Arbeitsagentur, Landschaftsverband etc.) zum anderen der ‚Leistungsempfänger', der mit diesem Begriff bisher als das passive Element, das ‚Opfer' bestimmt wurde. Tatsächlich können wir jedoch unsere

---

[3] Johannes Rau, Rede beim 107. Deutschen Ärztetag in Bremen 2004

Leistung nur optimal erbringen, wenn der ‚Leistungsempfänger' mit seinen im Rahmen der übergeordneten Anforderungen eingebrachten Vorgaben und Rückmeldungen als Kontrollinstanz von uns wahrgenommen wird. So wird er zum Kunden.

In vielen Fällen wird die soziale Dienstleistung aber noch mit weiteren Kunden – Institutionen und Personen also, die Anforderungen an die zu erbringende Leistung stellen – konfrontiert sein: Hier sind vor allem die internen Vorgaben gemeint, die das „wie" unserer Tätigkeit betreffen. Gerade viele der Institutionen, die sich mit sozialer Dienstleistung befassen (Beratung, Betreuung, Weiterbildung etc.) tun dies aus einem übergeordneten, oft weltanschaulichen Grund. Dies führt dazu, dass der vor Ort sozialpädagogisch Tätige einen Rahmen einzuhalten hat, der ihm intern vorgegeben ist. Ob es sich dabei um das Leitbild einer Kommune, religiöse Grundsätze eines Kirchlichen Trägers oder den gesellschaftlichen Standort von Institutionen handelt, auch hier werden Anforderungen an meine Arbeit formuliert, die ich zu bedienen habe; auch hier handelt es sich um einen Kunden meiner Dienstleistung.[4]

Kundenorientierung heißt also,

- dass der Kunde als solcher wahrgenommen wird; d.h. dass die Anforderungen an meine Leistung und deren Träger bekannt sind.
- dass eine soziale Dienstleistung sich in jeder Phase ihrer Konzipierung, Vorbereitung und Umsetzung an den Anforderungen des oder der Kunden orientiert.
- dass die Kundenanforderungen in interne Vorgaben zu Leistungserbringung umgesetzt sind.
- dass der Kunde als vorrangige Kontroll- und Korrekturinstanz wahrgenommen wird (s.u. „Evaluation").

So betrachtet wird klar, dass der Kundenbegriff keine aufgesetzte Modeerscheinung bzw. linguistische Tünche auf dem tristen Alltag des ‚Leistungsempfängers' ist, sondern eine den gesamten Prozess der Dienstleistung durchziehende Orientierung der fachlichen Tätigkeit darstellt.

---

[4] Interessant sind die Versuche, über die Ausgabe von Bildungsgutscheinen (SGB III) oder über ein „persönliches Budget" (SGB XII) die unmittelbar Beteiligten als ‚autonome' Kunden auftreten zu lassen. Gelingt dies auf Dauer, lässt sich ein solches Vorgehen für viele Bereiche sozialer Dienstleistung denken.

3 Und wo bleibt der Mitarbeiter ?

Ziel eines jeden Qualitätsmangements – ob in Produktion, Handel oder Dienstleistung – ist es, ein Ergebnis zu erreichen, dass in möglichst hohem Umfang den Anforderungen des/der Kunden entspricht. Lässt sich dies denken, ohne dass die Menschen, die diese Leistung im Kern hervorzubringen haben, umfassend beteiligt sind ? Natürlich nicht !

Wenn oben gesagt ist, dass sich die Leistungserbringung *in jeder Phase* an den Kundenanforderungen orientiert, dann ist dies nicht (alleine) durch Dienstanweisungen und Kontrolle zu lösen. Der Mitarbeiter ist unmittelbar Beteiligter der Leistungserbringung und als solcher die zentrale interne Instanz. Auf Grund der Erkenntnis dieser zentralen Bedeutung sprechen wir im Bereich des Qualitätsmanagements von „Mitarbeiterorientierung".

Eine Beratungsleistung ist z.B. nicht denkbar, wenn der Mitarbeiter nicht – im institutionell vorgegebenen Rahmen – ‚Herr' seiner Abläufe ist. Er muss sich sicher sein, dass alle diese Leistung umgebenden Abläufe so eingerichtet sind, dass er seinen Auftrag erfüllen kann. Gleichzeitig müssen die Ressourcen (materielle und prozessuale) unter seiner Mitwirkung zielgerichtet bereitgestellt sein.

Ebenso muss sichergestellt sein, das der Mitarbeiter Erfahrungen aus dem Prozess der Leistungserbringung und die Bewertungen der Funktionsfähigkeit seines Leistungszusammenhangs regelmäßig weiterleiten kann und daraus gemeinsam mit ihm Konsequenzen gezogen werden. Hier stellt er die wichtigste (weil kompetenteste) Instanz der internen Evaluation dar.

Dabei ist es gleichgültig, ob die Leistung gegenüber dem Kunden als Team oder im Alleingang erbracht wird. Von Bedeutung ist lediglich, dass die Organisation den Ort der tatsächlichen Leistungserbringung als den zentralen Bereich definiert, dem die anderen Bereiche zuzuarbeiten haben. D.h. nicht, dass andere Prozesse in anderen Abteilungen der Organisation sich als weniger wichtig zu verstehen hätten. Im Gegenteil – sie stehen im Rahmen ihrer Prozesse und Abläufe ebenso im Zentrum und sind für das Gelingen der Leistungserbringung verantwortlich. Ihr Kunde ist allerdings nicht der oben beschriebene externe Kunde, sondern ein interner.

Mitarbeiterorientierung heißt also,
- dass der Mitarbeiter bei der Konzipierung, Vorbereitung und Umsetzung der Kundenanforderungen umfassend unterstützt wird.
- dass der Mitarbeiter im Rahmen der Vorgaben der Organisation ‚Herr' des Verfahrens ist (s.u. „Prozesseigner").

- dass ein Verfahren installiert ist, nach dem die Erfahrungen des Mitarbeiters in der Umsetzung der Kundenanforderungen regelmäßig erhoben, ausgewertet und die Konsequenzen eingearbeitet werden.

Wir werden weiter unten sehen, dass jedes relevante Qualitätsmanagementsystem mitarbeiterorientiert vorgeht.

4 Was ist ein Prozess – Input, Output ... und dazwischen?

Der Begriff „Prozess" findet sich überall dort, wo von Vorgängen die Rede ist, die sich nicht mit einem einmaligen Umsetzen erledigen, sondern mehrerer Entscheidungs- und Umsetzungsschritte bedürfen, bis sie das gewünschte Ergebnis oder Ziel erreichen. Damit ist ein Prozess jedoch noch nicht ausreichend definiert; auf jeden Fall dann nicht, wenn der Prozessbegriff als konstitutiver Bestandteil des Qualitätsmanagements gemeint ist. Nach unseren bisherigen Feststellungen müssen wir davon ausgehen, dass Prozesse in Organisationen stattfinden, dass Mitarbeiter beteiligt sind und dass Kunden mit ihren Anforderungen einen wesentlichen Bestandteil darstellen (vgl. Abbildung 8).

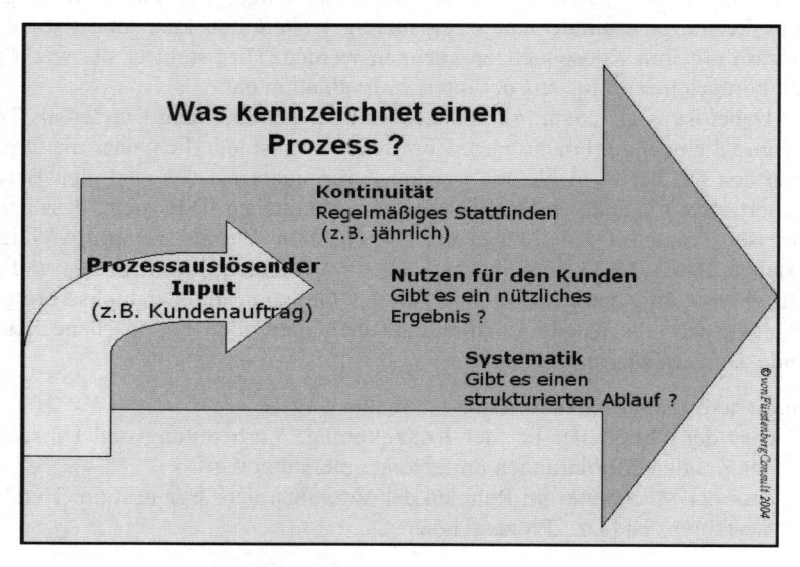

Abbildung 8: Kennzeichen eines Prozesses

Prozesse im Rahmen organisationalen Handelns kommen nur zu Stande, wenn sie durch die Organisation ausgelöst werden. Dies kann der Kunde sein, der die Beratungsstelle aufsucht; es kann sich aber auch um den Mitarbeiter handeln, der auf Grund der internen Aufgabenverteilung von uns die Erledigung vorbereitender Aufgaben erwartet – also als interner Kunde auftritt.

Prozesse haben folglich einen konkreten Input, einen Auslöser. Sie haben ferner einen Kunden mit seinen Anforderungen an den Prozess. An diesen Kundenanforderungen orientiert sich das gewünschte Ergebnis.

Je nachdem, ob es sich um einen externen oder internen Kunden handelt, unterscheiden wir nach Primär- oder Sekundärprozessen. Unsere Tätigkeit, die sich unmittelbar an unsere Klientel wendet – Beratung, Fallmanagement, direkte Hilfeleistung etc. – vollzieht sich folglich in Primärprozessen. Geht es dabei um den Bereich der wesentlichen Aufgabe einer Organisation, handelt es sich um Kernprozesse. Sekundäre Prozesse spielen sich dagegen in den Organisationsbereichen ab, die den Primärprozessen zuarbeiten. Dies sind zum einen die meisten Verwaltungsabläufe wie das Bereitstellen eines Reinigungsdienstes oder die Abrechnung von Ausgaben. Zum anderen sind aber auch alle Führungsaufgaben als Sekundärprozesse definiert. Sie spielen sich ‚im Hintergrund' ab und befähigen die Mitarbeiter vor Ort erst, ihre Arbeit im Primärprozess – mit dem Kunden also – optimal zu bewerkstelligen. Ein Beispiel ist hier der gesamte Bereich der Personalentwicklung, ohne den eine Organisation in der sozialen Dienstleistung heute auf Dauer nicht überlebensfähig ist.

Aber auch damit ist der Prozess noch nicht genügend gegen andere Vorgehensweisen – beispielweise ein Projekt – abgegrenzt. Während ein Projekt ein einmaliges Ereignis, wenn auch in vielen Teilschritten, darstellt, ist der Prozess durch seine Kontinuität gekennzeichnet. Er ist auf Dauer angelegt, wiederholt sich regelmäßig, weil nur dadurch das Gesamtziel der Organisation erreicht werden kann. So hat der Aufbau einer Einrichtung zunächst oft den Charakter eines Projekts: Ein Jugendzentrum z.B. wird baulich wie organisatorisch neu errichtet; sein Aufbau ist zeitlich begrenzt vorgesehen. Ist es eingerichtet, ist das Projekt abgeschlossen. Die Durchführung des Angebots und die Organisation der Verwaltung aber erfolgt immer wieder in mehr oder weniger geregelten Abläufen – Prozessen eben.

Ein Prozess
- benötigt einen Auslöser = Input (meist aus der Organisation: z.B. Vorgabe, Teamentscheid).
- hat ein gewünschtes Ergebnis.
- hat einen oder mehrere Kunden.
- orientiert sich an den Kundenanforderungen.

- vollzieht sich in einer Abfolge von Schritten und Teilschritten.

Prozesse unterscheiden wir:
a) nach ihrer Stellung zum Kunden in
- Primärprozesse und
- Sekundärprozesse;

b) nach ihrer Nähe zum wesentlichen Auftrag der Organisation in
- Kernprozesse und
- Stützprozesse.

Die Erkenntnis der Beteiligten, die eigene Tätigkeit in Prozessen zu verrichten, ist eine wichtige Voraussetzung, um die Interessen aller am Prozess Beteiligten rational einschätzen und als Anforderungen abarbeiten zu können. Gerade in einem Bereich wie dem der sozialen Dienstleistungen mit seinen vielfältigen emotionalen Anfechtungen ist dies von nicht zu überschätzendem Wert.

Geht es allerdings um den Punkt der dauerhaften Qualitätssicherung der Dienstleistung gegenüber dem oder den Kunden kann es nicht bei der bloßen Erkenntnis der Prozesshaftigkeit bleiben. Die Organisation muss sich darüber hinaus fragen lassen, wie sie sicherstellt, dass
- die Prozesse dauerhaft in der gewünschten Weise umgesetzt werden.
- die tatsächlichen Ergebnisse festgehalten werden.
- die festgestellten Ergebnisse bewertet und diese Bewertungen in ihre Prozesse eingearbeitet werden.

5 Prozessbeschreibung

Sollen real ablaufende Prozesse dauerhaft in gleicher Weise umgesetzt d.h. standardisiert werden, müssen sie beschrieben sein. Eine Prozessbeschreibung verläuft also entlang den oben beschriebenen Kernpunkten:
- Welches Ergebnis soll der Prozess haben?
- Wer sind die Prozesskunden?
- Welche Anforderungen haben die Prozesskunden an diesen Prozess?
- Welche Vorgaben entstehen aus diesen Anforderungen an die spezifische Dienstleistung?
- Welcher Schritte bedarf es im Einzelnen und in der richtigen Abfolge, um den Prozess tatsächlich umzusetzen?

Existiert in der Organisation ein Qualitätsmanagementsystem, wird es auch notwendig sein, den Prozess den entsprechenden Kriterien der Norm (z.B. EFQM oder ISO 9001:2000) zuzuordnen.

Da inzwischen wie oben beschrieben alle gängigen QM-Systeme mitarbeiterorientiert sind, zeigt sich hier u.a., ob diese Mitarbeiterorientierung von der Organisation tatsächlich wertgeschätzt wird. Die Beschreibung der Prozesse wird dann von „Prozessteams" erarbeitet, die mindestens die folgenden Funktionen in sich vereinen sollten:
- Betroffene, d.h. in der Umsetzung des Prozesses Tätige.
- Prozesskunden, soweit es sich um interne Kunden handelt. Bisweilen versuchen Organisationen auch, Vertreter externer Kunden wenigstens zu einzelnen Punkten zu beteiligen.
- Den Prozessverantwortlichen (auch „Prozesseigner" genannt), der für die weitere Aktualisierung, Anpassung bzw. möglicherweise notwendige Neuerarbeitung zuständig ist.
- Einen QM-erfahrenen Moderator, falls dies als notwendig erachtet wird.

In der Regel ist für die Neuerarbeitung einer Prozessbeschreibung von einem Zeitaufwand von ca. 20 Stunden auszugehen. Dies ist erfahrungsgemäß nicht zuviel, da im Verlauf der Erarbeitung oft Abläufe und Inhalte zum ersten Mal unter den Mitarbeitern thematisiert und vereinheitlicht werden.

Das Ergebnis ist eine schriftlich niedergelegte Beschreibung, die vom zuständigen Vorgesetzten oder dem Steuerungsteam (s.u.) freigegeben, d.h. für verbindlich erklärt wird. Damit ist festgelegt, dass in dieser Organisation, sei es eine öffentliche Institution oder ein privater Träger, der benannte Prozess in dieser beschriebenen Weise gehandhabt wird. Insbesondere für Träger, die in Konkurrenz zu anderen arbeiten, ein nicht zu überschätzender Marketingvorteil.

6 Prozesssteuerung mit Indikatoren und Kennzahlen

Die bisher beschriebenen Bestandteile der Arbeit mit und in Prozessen dienen zwar der Vergewisserung der Abläufe der eigenen Arbeit; der soziale Dienstleister hat jedoch sein Ziel - die Abläufe der Organisation unter dem Gesichtspunkt von Optimierung zu steuern - noch nicht erreicht. Unter Effizienzgesichtspunkten wird er sich fragen (lassen) müssen: Was tust du, um Fehler zu erkennen, Vergleiche anstellen zu können und Verbesserungen herbeizuführen?

Wir erreichen damit jenen Punkt im Rahmen des Qualitätsmanagements, den wir zu Beginn allgemein gestreift haben: die Frage der Messung und damit der Operationalisierung bzw. Quantifizierung pädagogischer, betreuender oder beratender Leistung. Dabei ist zunächst zu entscheiden, welcher der o.g. Prozessschritte wichtig genug für den Erfolg unserer Arbeit ist, um eine Messung vorzunehmen, einen Messpunkt zu setzen. Z.B. wird die Beantwortung der Frage, ob ein Beratungsangebot von der Zielgruppe wahrgenommen wird, für eine entsprechende Einrichtung einen hohen Aussagewert haben. Eine Messung der durchschnittlichen Beratungsdauer wird dagegen eher weniger bedeutsam sein.

Es empfiehlt sich also, Messpunkte zu priorisieren, Indikatoren festzulegen, die der Organisation anzeigen, ob sich der Prozess auf dem richtigen Wege befindet. Um diese Anzeige auch tatsächlich einordnen und bewerten zu können, werden Kennzahlen oder auch Eingreifwerte bestimmt, die der Organisation sagen, wo sie sich mit ihrer Prozessleistung gerade befindet, und ob die ‚Schmerzgrenze' erreicht oder überschritten ist.

Prozesse werden gesteuert durch:
- Bewertung der Bedeutung von Prozessschritten: *„Welche Schritte sind mir besonders wichtig für das Erreichen der geforderten Leistung?"*
- Zuordnen von Indikatoren: *„Was zeigt mir den Erfolg für diesen bestimmten Schritt an?"*
- Zuordnen von Messpunkten: *„Wo genau messe ich den Erfolg meines Vorgehens?"*
- Definieren von Kennzahlen und Eingreifwerten: *„Zu welchen Werten kann ich die gemessenen in einen vernünftigen Vergleich setzen. Bei welchem Wert werde ich den Kundenanforderungen überhaupt nicht mehr gerecht?"*

7 Projektaufbau und Projektablauf

Installiert eine Organisation – egal in welchem gesellschaftlichen Bereich – zum ersten Mal ein Qualitätsmanagement, so hat dies zunächst den Charakter eines einmaligen Projekts. Die Einführung wird also neben den vorhandenen Führungs- und Leitungsstrukturen organisiert und durchgeführt. Dies ist nicht anders möglich, da es gerade die vorhandenen Strukturen der Orgnisation selbst sind, die überarbeitet und verändert werden sollen. Erst danach – und dies ist unbedingte Aufgabe und Ergebnis des Projekts – werden die neu erarbeiteten Abläufe in die der Organisation überführt, implementiert.

Der Projektaufbau benötigt grundsätzlich mindestens zwei Gremien:
- das Steuerungsteam und
- das Projektteam, mit der besonderen Funktion des Projektleiters

Hinzu kommen als QM-spezifische Funktionen die besondere Rolle
- der Führung und
- der Prozessteams, mit der besonderen Funktion des Prozessverantwortlichen.

Das QM-Projekt hat bei seiner Einführung einen typischen Ablauf, der sich grundsätzlich von der Umsetzung anderer Projekte unterscheidet. Er beginnt mit einer umfassenden *Analysephase*, die – zumindest beim Vorgehen nach TQM-Modellen – dazu führen muss, dass Informationen übe alle relevanten Bereiche der Organisation transparent sind. Ein Projekt, das die Implementierung des Qualitätsmanagements in die Abläufe und Strukturen der Organisation zum Ziel hat, folgt also folgendem Aufbau (vgl. Abbildung 9):

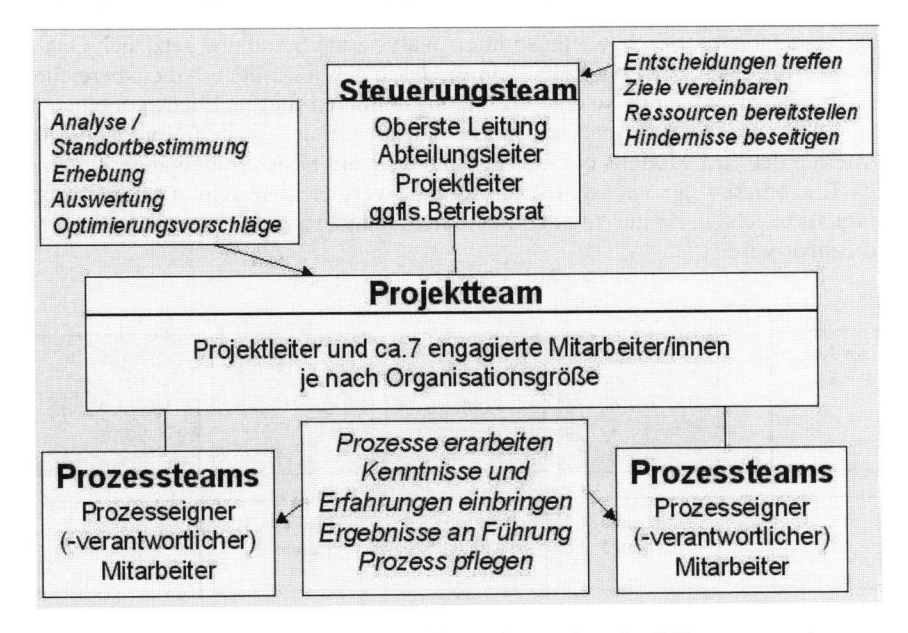

```
┌─────────────────────┐      ┌──────────────────┐      ┌──────────────────────────┐
│ Analyse /           │      │ Steuerungsteam   │◄─────│ Entscheidungen treffen   │
│ Standortbestimmung  │      │ Oberste Leitung  │      │ Ziele vereinbaren        │
│ Erhebung            │      │ Abteilungsleiter │      │ Ressourcen bereitstellen │
│ Auswertung          │      │ Projektleiter    │      │ Hindernisse beseitigen   │
│ Optimierungsvorschläge     │ ggfls.Betriebsrat│      └──────────────────────────┘
└─────────────────────┘      └──────────────────┘
              │                       │
              └──────────┬────────────┘
                         ▼
              ┌──────────────────────────────────────────┐
              │             Projektteam                  │
              │ Projektleiter und ca.7 engagierte        │
              │ Mitarbeiter/innen je nach Organisationsgröße │
              └──────────────────────────────────────────┘

┌──────────────────┐    ┌────────────────────────┐    ┌──────────────────┐
│ Prozessteams     │    │ Prozesse erarbeiten    │    │ Prozessteams     │
│ Prozesseigner    │◄───│ Kenntnisse und         │───►│ Prozesseigner    │
│ (-verantwortlicher)│  │ Erfahrungen einbringen │    │ (-verantwortlicher)│
│ Mitarbeiter      │    │ Ergebnisse an Führung  │    │ Mitarbeiter      │
│                  │    │ Prozess pflegen        │    │                  │
└──────────────────┘    └────────────────────────┘    └──────────────────┘
```

Abbildung 9: Aufbau eines Projektes zur Implementierung eines Qualitätsmanagements

Steuerungsteam und Projektteam haben dafür zu sorgen, dass Klarheit über die derzeitige und mittelfristige Position am Markt besteht. Hierzu bedarf es der Festlegung von Indikatoren, die für die gewählten Analyseinstrumente als Vorgabe dienen.

Sowohl nach EFQM als auch nach der ISO 9001:2000 wird die Mitarbeiterzufriedenheit mit den Prozessen der Organisation und ihren Ergebnissen für die eigene Arbeit aussagefähig sein (vgl. Abbildung 10).

Erst recht gilt dies für die Abfrage der Kundenzufriedenheit. Wie wir oben gesehen haben, ist der Kunde die zentrale Instanz für alle Prozesse und daher an ehesten geeignet, diese zu bewerten. Dabei handelt es sich im Bereich sozialer Dienstleistungen fast immer um den institutionellen und den individuellen Kunden. Da diese unterschiedliche Anforderungen an die Leistungserbringung haben, müssen deren Bewertung auch differenziert betrachtet und analysiert werden.

Nicht zuletzt muss die Organisation – bei größeren Einrichtungen der Führungs- und Leitungskreis – sich selbst bewerten. Dies ist aufwändig, führt aber erst zur Umsetzung der genannten Analyseergebnisse in praktische Veränderung. Die Organisation bewertet so ihren analysierten Stand und setzt sich Qualitätsziele für einen größeren Zeitabschnitt, die in den jeweiligen Arbeitsbereichen konkretisiert werden und so einen Handlungsleitfaden für alle Ebenen ergeben.

Alle eingesetzten Analyseinstrumente müssen sich an den Vorgaben oder Kriterien des QM-Modells orientieren, sollen sie am Ende untereinander und mit den Ergebnissen der nächsten Analyserunde vergleichbar sein. Dies ist unbedingt zu beachten, da nur so eine messbare Veränderung der erreichten Qualität erkennbar wird.

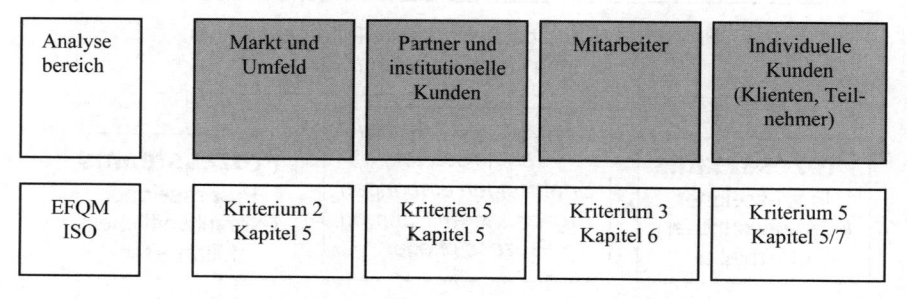

Analyse bereich	Markt und Umfeld	Partner und institutionelle Kunden	Mitarbeiter	Individuelle Kunden (Klienten, Teilnehmer)
EFQM ISO	Kriterium 2 Kapitel 5	Kriterien 5 Kapitel 5	Kriterium 3 Kapitel 6	Kriterium 5 Kapitel 5/7

Abbildung 10: Vorgaben und Kriterien des QM-Modells für Analysebereiche

Die einzusetzenden Instrumente sind unterschiedlich; vielfach werden aber Interview, Fragebogen und Messungen im Abgleich mit Kennzahlen zum Einsatz kommen.

Erst auf Basis einer solchen Datenerhebung wird es möglich sein umfassend in die *Umsetzungsphase* einzusteigen. Insbesondere an diesem Punkt bedarf es einer starken Führung, die in der Lage ist, eine umfassende Bewertung vorzunehmen und auf dieser Grundlage ihre strategischen Entscheidungen zu treffen, auch wenn sich daraus erhebliche Veränderungen in den Abläufen und Zuständigkeiten ergeben sollten. Von der Umsetzung und der Integration von Verfahrensweisen in die regulären Abläufe hängt es ab, ob man von einem eingeführten und wirksamen QM-System sprechen kann.

8 Total Quality Management

Die Vorstellung, dass die Produktion eines Produkts am einfachsten, umkompliziertesten und preiswertesten verläuft, wenn der Arbeitsprozess in kleinste Schritte untergliedert ist, hat sich auch im Dienstleistungsbereich weit über den Taylorismus der 20er und 30er Jahre hinaus gehalten. Wir wissen seit langem, dass diese Art der Zerstückelung der Arbeit die unmenschlichste ist; nicht nur der eintönigen, abstumpfenden Tätigkeit wegen, vielmehr auch, weil sie die humanen Fähigkeiten aller Mitarbeiter nicht nutzt. Dies hat sich bis heute grundlegend gewandelt. „Enrichment" steht für die Erweiterung des Arbeitsbereichs des einzelnen Mitarbeiters, der oftmals einen Prozess von Anfang bis Ende umsetzt und – und dies gilt es gerade bei prozessgesteuerten Organisationen zu bemerken – auch verantwortet. Im Feld sozialer Dienstleistungen finden wir diese umfassende Verantwortlichkeit mehr und mehr sowohl in öffentlichen Institutionen (s. hier z.B. die Veränderung der Tätigkeiten bei den Sozialämtern) als auch bei privaten Trägern. Es sei dahingestellt, ob dabei in erster Linie Kosten- oder Qualitätsgesichtspunkte eine Rolle spielten.

Genauso wie der Einzelne umfassender als früher seine Dienstleistung managt, muss dies auch die Organisation bewerkstelligen. Zunächst begnügte man sich mit der reinen Ergebniskontrolle. Dies führte dazu, dass zum einen ein hoher Anteil Ausschuss produziert wurde, zum anderen hatte man so keine Chance, in die Prozesse noch korrigierend eingreifen zu können. Die Folge waren Bemühungen, begleitend zu messen und zu steuern. Da dies von außen – also als Kontrolle und Eingreifen durch die Führung und von ihr Beauftragte – geschah und vielfach immer noch so praktiziert wird, werden zwar nun Fehlentwicklungen im Vorhinein kenntlich und korrigierbarErfolge sind aber nicht kontinuierlich zu erwarten, da sie nicht systemimmanent erzielt werden.

Hier setzen Systeme nach dem Total Quality Management (TQM) an, indem sie dafür sorgen, dass die gesamte Organisation ständig ihre Ergebnisse misst, bewertet und korrigiert. Zu diesem Zweck schafft sie sich Instrumente, die kontinuierlich angewandt werden und so den Qualitätsprozess in Gang halten.

Als Vorreiter dieses Qualitätsverständnisses können wir den Amerikaner Edward G. Deming betrachten, dessen Entwicklung des Qualitätskreislaufs in Japan schon in den 50er Jahren des vorigen Jahrhunderts mit der Ausschreibung des „Deming-Aplication-Price" gewürdigt wurde.

Nach Deming besteht qualitätsgerichtetes Handeln aus vier Schritten:
- **P**lan = Prozesse planen
- **D**o = Prozesse umsetzen
- **C**heck = Verfahren und Ergebnisse überprüfen und bewerten
- **A**ct = gewonnene Erkenntnisse in korrigierte Prozesse umsetzen

Wir sprechen hier vom **PDCA-Zyklus** (vgl. Abbildung 11).

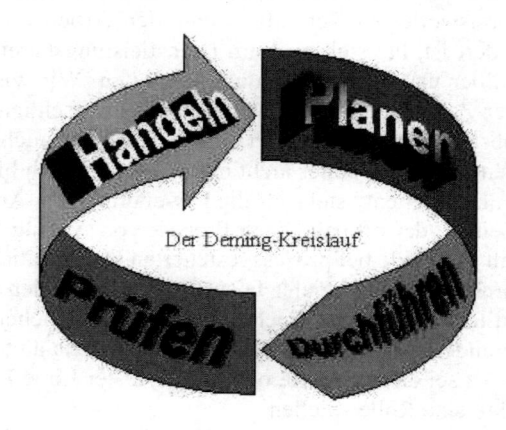

Abbildung 11: Der Deming-Kreislauf

An der Umsetzung und dem Grad der Ausformung dieser vier Schritte müssen sich moderne Qualitätsmanagementsysteme messen lassen.

Im folgenden werden wir drei QM-Systeme, die auch im pädagogischen und sozialen Bereich eingesetzt werden, genauer betrachten.

8.1 Das Excellence-Modell der European Foundation for Quality Management (EFQM)

Wie jedes QM-System formuliert auch das EFQM-Modell Kriterien bzw. Anforderungen, die sich auf definierte Qualitätsbereiche der Organisation erstrecken (vgl. Abbildung 12). Das Modell umfasst neun Kriterien. Hierbei handelt es sich um Qualitätsbereiche, die sich in fünf „Befähiger-" und vier „Ergebnis"-Kriterien teilen:

- Wie *befähigt* die Organisation die handelnden Subjekte, ihre Aufgaben zu erfüllen?

- Welche *Ergebnisse* erreicht sie dabei?

Die Einzelnen Kriterien sind gewichtet. Diese Gewichtung wird erreicht, indem für die optimale Erreichung aller Kriterien eine Gesamtpunktzahl (1000) vergeben wird. Durch die Gewichtung wird die Bedeutung des jeweiligen Kriteriums für den Gesamtprozess festgelegt. Dabei wird deutlich, dass sowohl die Befähiger- als auch die Ergebnis-Kriterien gleich gewichtet sind. Innerhalb des ersten Bereichs sind die Kriterien „Prozesse" (150 Punkte) wie auch „Führung" (100 Punkte) stärker hervorgehoben. Im zweiten Bereich zeigt die Betonung des Kriteriums „Kundenbezogene Ergebnisse"(200 Punkte), dass hier das Schwergewicht und der Ausgangspunkt des gesamten Modells liegt. Zudem findet natürlich das Kriterium „Schlüsselergebnisse" (150 Punkte) besondere Berücksichtigung.

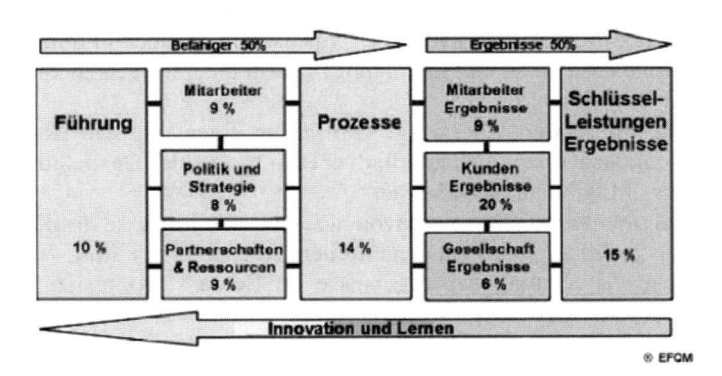

Abbildung 12: EFQM-Modell

Alle Kriterien werden weiter ausgeführt und damit für die Organisation operationalisierbar. Z.B. Kriterium1 „Führung":

> „Wie die Führungskräfte die Mission und Vision erarbeiten und deren und deren Erreichen fördern, die für den langfristigen Erfolg erforderlichen Werte erarbeiten und diese durch entsprechende Verhaltensweisen einführen und durch persönliche Mitwirkung sicherstellen, dass das Managementsystem der Organisation entwickelt und eingeführt wird."

Jedes so formulierte Kriterium wird in drei bis vier Teilkriterien untergliedert, welche die konkreteren Anforderungen definieren. Wieder zum Kriterium 1:

> „Führungskräfte sorgen durch ihr persönliches Mitwirken für die Entwicklung, Überwachung und kontinuierliche Verbesserung des Managementsystems der Organisation. Dies kann folgendes umfassen: die Organisationsstruktur so ausrichten, dass sie die Realisierung ihrer Politik und Strategie unterstützt; sicherstellen, dass ein System für das Management der Prozesse erarbeitet und eingeführt wird; sicherstellen, dass ein Prozess für das Erarbeiten, Umsetzen und Aktualisieren von Politik und Strategie erarbeitet und eingeführt wird; sicherstellen, dass ein oder mehrere Prozesse erarbeitet und eingeführt werden, die Verbesserungen bei den Vorgehensweisen stimulieren, identifizieren, planen und einführen (z.B. durch kreative, innovative und lernorientierte Aktivitäten)."

In dieser Weise werden die Anforderungen für alle 9 Kriterien formuliert. Sie werden bewusst weit gefasst, damit die Organisation genügend Freiraum hat, um ihre spezifischen Prozesse und Bedingungen darin unterbringen zu können.
Das EFQM-Modell ist:

- mitarbeiterorientiert. Dies zeigt sich an der eigenständigen Hervorhebung des Qualitätsbereichs „Mitarbeiter" ebenso wie an der Gewichtung des Kriteriums „Mitarbeiterzufriedenheit".
- Kundenorientiert. Geht man davon aus, dass alle Prozesse des Kriteriums 5 auf die Erfüllung von Kundenanforderungen gerichtet sind, zeigt die zusätzliche Gewichtung der Ergebnisse im Bereich „Kundenzufriedenheit" den absoluten Vorrang dieses Kriteriums.
- ein Excellence-Modell. Dies bedeutet, dass im Vordergrund der Gedanke der ständigen Überprüfung, Bewertung und Verbesserung der Ergebnisse steht. Tatsächlich hat sowohl im deutschen (Ludwig-Erhard-Preis) als auch im europäischen Rahmen (European Quality Award) noch keine Organisation die volle Punktzahl erreicht. Es bleibt also für alle Raum zur weiteren Qualitätsentwicklung.
- nicht zertifikatorientiert. Ziel des Modells ist die ständige Weiterentwicklung der Leistungserbringung sowie der Instrumente hierzu – einschließlich derer des QM-Systems selbst. Dies kann bei Bedarf extern überprüft werden. Entwickelte Organisationen sind jedoch durchaus in der Lage, diese Überprüfung selbst durchzuführen.Inzwischen wurden neben der Preisver-

leihung (s.o.) zwar zwei Zertifizierungsstufen eingeführt; trotzdem steht die Zertifizierung nicht im Mittelpunkt der Umsetzung des Modells.

8.2 DIN EN ISO 9001:2000

Hinter diesem etwas sperrigen und technisch klingenden Titel verbirgt sich ein Normensystem, das heute in Europa das am meisten verwendete ist. Ähnlich wie EFQM aus den Anforderungen der Industrie entstanden – hier v.a. der angelsächsischen – wurde es zunächst im Dienstleistungsbereich für schwer umsetzbar gehalten, zumal die Sprache der Norm für nicht betriebswirtschaftlich geschulte Geister kaum verständlich war.

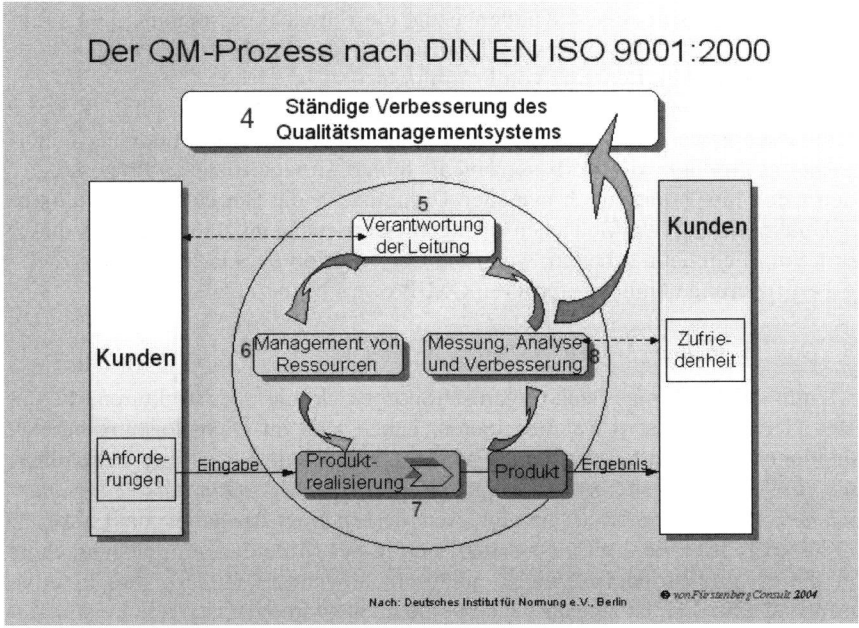

Abbildung 13: QM-Prozess nach DIN EN ISO 9001:2000

Dies hat sich spätestens seit der Überarbeitung der Norm deutlich geändert. Es wurden sowohl die Anforderungen nach Einbeziehung der Mitarbeiter als auch die nach einem wirksamen Qualitätskreislauf erfüllt. Somit kann man bei der „neuen" ISO-Norm nun ebenfalls von einem TQM-Modell sprechen (vgl. Abbildung 13).

Die wesentlichen Kriterien der Norm ISO 9001:2000 betreffen:
- das *Qualitätsmanagementsystem* (Norm-Kapitel 4). Es muss allgemeinen Anforderungen genügen, Dokumentationsanforderungen erfüllen, die Lenkung von Dokumenten und Qualitätsaufzeichnungen vorsehen.
- die *Leitung* (Norm-Kapitel 5). Sie gewährleistet verantwortlich die Selbstverpflichtung zur Verantwortlichkeit, Kundenorientierung, Qualitätspolitik, Planung, Festlegung von Verantwortung, Befugnissen und Kommunikation sowie Managementbewertung.
- das *Management der Ressourcen* (Norm-Kapitel 6). Es beinhaltet die Bereitstellung der notwendigen Ressourcen, der angemessenen Infrastruktur sowie einer entsprechenden Arbeitsumgebung.
- die *Produktrealisierung* (Norm-Kapitel 7). Sie erfordert die Planung des Realisierungsprozesses, Kundenbezug, die Entwicklungsplanung, ein strukturiertes Beschaffungswesen, Realisierung der Produkt- bzw. Dienstleistungserstellung, Lenkung von Prüfmitteln.
- *Messung, Analyse und Verbesserungsmaßnahmen* (Norm-Kapitel 8). Diese müssen gewährleisten: die Überwachung der Prozesse, die Lenkung fehlerhafter Produkte, die Verbesserung als fehlerhaft identifizierter Prozesse.

Auch wenn hier immer noch mancher Terminus für die Betreuung, Beratung oder Unterrichtung von Menschen unangemessen erscheint, lässt sich mit dieser Norm vor allem dann arbeiten, wenn die Organisation ein klar definiertes Ziel – die Zertifizierung nämlich – für ihren QM-Prozess bevorzugt.

8.3 Das „Münchner Modell"

Im Laufe der Nachfrage nach Organisationsentwicklung und Strukturen, die ein festes Gerüst in diesem Rahmen bieten, haben sich im Dienstleistungsbereich Adaptionen der oben beschriebenen Modelle entwickelt. Es sei hier beispielhaft auf eine solche Weiterentwicklung, das „*Partizipative Qualitätsmanagement nach dem Münchner Modell*" hingewiesen, dessen einer Ausgangspunkt die („alte") DIN EN ISO 9004 war. Dass man sich in der Mitte des vorigen Jahrzehnts von dieser „Industrienorm" nicht enttäuscht abwandte, sondern ihre kreative Umformung anging, ist zunächst schon eine nicht zu unterschätzende Leistung.

Der Qualitätsentwicklungs- bzw. –verbesserungsprozess gliedert sich demnach in 5 Phasen, wobei sowohl die Verbesserung der Prozesse als auch die der Ergebnisse erfasst wird (vgl. Abbildung 14).

Nach einer Erprobungsphase, die u.a. in neun Jugendhilfeeinrichtungen und den betroffenen Fachabteilungen der Stadt München zwischen 1996 und 1998 stattfand, wandte man sich in der Folgezeit mehr dem EFQM-Modell zu (Schenk u.a. 2002).

Phase 1:	Phase 2:
Einführung und Vorbereitung des QM-Systems	Qualitätspolitik und Leitbild entwickeln Ist-Analyse Zielfindung

Phase 3:	Phase 4:
Konkrete Ziele definieren	Schlüsselprozesse und Schnittstellen - definieren - gewichten - verbessern
Phase 5: Ergebnissicherung	

Abbildung 14: Die fünf Phasen des Münchner Modells

Das Bemerkenswerte dieses Ansatzes liegt in seinem offenen Verfahren:
- Es stellt den Anwendungsbereich von vornherein in einen kritischen Kontext zur (heute mehr denn je) aktuellen Entwicklung: Sparen auf Kosten der Qualität.
- Es thematisiert die Ängste der Beteiligten: Effektivitäts- und Qualitätssteigerung als Rationalisierungspotential.
- Es stellt allen Beteiligten undogmatisch ein Instrumentarium bereit, das nach Zweckmäßigkeit genutzt und weiterentwickelt werden kann, ohne dabei grundlegende Vorgaben (z.B. Partizipation, Verantwortlichkeit der Führung, Prozessorientierung) in Frage zu stellen.

9 „Wir haben keine Zeit, den Zaun zu reparieren, wir müssen die Hühner einfangen"

Die Einführung eines umfassenden Qualitätsmanagements bedarf sicher eines erhöhten Engagements aller Beteiligten der Organisation. Dabei weist die Implementierung des Qualitätsmanagements nach EFQM einen guten Weg, weil sie die gesamte Organisation erfasst.

Verfolgt man ein Vorgehen nach der DIN EN ISO 9001:2000, fordert das hierzu notwendige Auditierungs- (also Überprüfungs-)Verfahren besonderes Augenmerk, was leicht dazu führen kann, dass die Zertifizierung, der „Stempel", allzu sehr in den Vordergrund rückt. Dieser mögliche Nachteil wird jedoch durch die eindeutige Prozessorientierung sowie die Verpflichtung der Organisation, ihre Prozesse ständig zu überprüfen („Management-Review") mehr als ausgeglichen.

Beide Verfahren setzen ebenso wie von ihnen abgeleitete Vorgehensweisen allerdings voraus, dass die Führung der Organisation den unbedingten Willen hat, diesen Weg zu gehen und dies durch alle Schwierigkeiten gegenüber den Mitarbeitern auch demonstriert. Gleichzeitig ist Transparenz und ständige Kommunikation aller Schritte im QM-Prozess die unbedingte Voraussetzung, Mitarbeiter zu motivieren, den notwendigen Beitrag über den gerade im Bereich sozialer Dienstleistungen ohnehin schon anstrengenden Alltag hinaus zu leisten.

Belohnung für diese Leistung wird die Klärung und Vereinfachung des Arbeitsalltags, die höhere Zufriedenheit der Kunden und die ungleich größere Identifizierung mit der eigenen Arbeit sowie die Sicherheit aller Beteiligten sein, für die meisten offenen Fragen geeignete Strukturen vorzufinden, in denen jederzeit systematisch Lösungen angegangen werden können.

10 Literatur

Binner, H. F. u.a. (2002): Prozessorientierte TQM-Umsetzung. 2. Aufl., München: Hanser Verlag

Birner, U./ Fexer, H. u.a. (2000): Qualitätsmanagement. Anleitung für soziale Einrichtungen. Starnberg: Schulz Verlag

Boysen, T./ Strecker, M. (2002): Der Wert der sozialen Arbeit. Qualitätsmanagement in Non-Profit-Organisationen. München: Utz Verlag

Bruhn, M. u.a. (2003): Qualitätsmanagement für Dienstleistungen. Grundlagen, Konzepte, Methoden. 4. Aufl., Berlin: Springer Verlag

Fürstenberg, C. von (2004): Qualitätsmanagement in der Weiterbildung: DIN EN ISO 9001:2000, LQW, Gütesiegel-Modelle und TQM mit einem EFQM-Praxisbeispiel. Darmstadt: hiba-Verlag

Gissel-Palkovich, I. (2002): Total Quality Management in der Jugendhilfe? Von der Qualitätssicherung zur umfassenden Qualitätsentwicklung in der Sozialen Arbeit. Münster-Hamburg-Wien-London: LIT-Verlag

Malorny, C. (1999): TQM umsetzen, Stuttgart: Schäffer-Poeschel-Verlag

Meinhold, M. / Matul, C. (2003): Qualitätsmanagement aus der Sicht von Sozialarbeit und Ökonomie. Baden-Baden: Nomos-Verlagsgesellschaft

Merchel, J. (2004): Qualitätsmanagement in der sozialen Arbeit. Weinheim: Juventa

Pfitzinger, E. (2002): Der Weg von DIN EN ISO 9000ff zu Total Quality Management (TQM). 2. Aufl., Berlin: Beuth Verlag

Schenk, K. u.a (2002): Qualitätsoffensive. München: BBJH Bayern

Vomberg, E. (Hrsg.) (2002): Qualitätsmanagement als Zukunftsstrategie für die Soziale Arbeit. Theoretische Konzepte und praktizierte Beispiele aus sozialen Einrichtungen. Mönchengladbach: Hochschule Niederrhein

Peter Vermeulen

Ausgliederung sozialer Aufgaben

1. Vorbemerkungen
2. Welche Aufgaben eignen sich für eine Ausgliederung?
3. Wie lassen sich ausgliederungsrelevante Organisationseinheiten identifizieren?
    3.1 Aufgabenreform / Leistungs-/Programmplanung
    3.2 Expertenbeurteilung als „Minimalanforderung"
4. Kriterien für die Beurteilung von Ausgliederungsvorhaben
    4.1 Originärer/ursprünglicher Rechtsträger
    4.2 Mitglied/Bürger
    4.3 Betroffene Organisationseinheit
    4.4 Warum brauchen soziale Aufgaben Ausgliederung oder New Public Management und was ist der beste Weg zur Verwaltungsreform?
    4.5 Was ist besser: interne Verwaltungsoptimierung oder Ausgliederung?
5. Gestaltung von Ausgliederungsprozessen in 7 Schritten
    5.1 Vorbereitungsphase (Schritt 1)
    5.2 Strategiefestlegung (Schritt 2)
    5.3 Evaluierung (Schritt 3)
    5.4 Partnerwahl (Schritt 4 – nur bei PPP-Projekten)
    5.5 Betriebsaufnahme (Schritt 5)
    5.6 Die Vorbereitung der Betriebsaufnahme - die letzten Wochen vor dem Ausgliederungsstichtag (Schritt 6)
    5.7 Veränderung (Schritt 7)
6. Projektmanagement von Ausgliederungsprojekten
    6.1 Projektorganisation
    6.2 Projektplanung und Projektmanagement
    6.3 Projektdokumentation
7. Fazit und Ausblick
8. Literatur

1 Vorbemerkungen

Vorbereitung und Umsetzung von Ausgliederungsvorhaben aus der öffentlichen Hand sind hochkomplexe Aufgabenstellungen. Der Autor ist Vorstand einer Unternehmensberatung, die sich auf Beratung und Begleitung insbesonderer öffentlicher Einrichtungen und gemeinnütziger Organisationen spezialisiert hat. Er unterstützt Ausgliederungsprojekte mit umfangreichem Fach-Know-how und professionellem Projektmanagement – von der ersten Initiative bis zur Aufnahme des Echtbetriebs.

Über Erfolg oder Misserfolg von Ausgliederungen wird weitgehend bereits in der Planungs- und Vorbereitungsphase entschieden. Daher sind Aktivitäten in dieser Phase mit besonderer Sorgfalt durchzuführen. Erforderlich ist nicht nur spezielles Wissen zu einzelnen rechtlichen oder steuerlichen Frage-stellungen, sondern eine umfassende Kompetenz bei allen ausgliederungsrelevanten Fragestellungen. Neben einer guten Konzeption und Planung hat sich die Begleitung der Umsetzung bis zur Aufnahme der operativen Geschäftstätigkeit des ausgegliederten Rechtsträgers als hilfreich erwiesen.

Der nachfolgende Beitrag beleuchtet verschiedene Aspekte eines Ausgliederungsprojektes sozialer Aufgaben und Einrichtungen und beschreibt ein bewährtes Vorgehen mit den Schritten:
- Ermittlung von Auslagerungspotenzialen;
- Evaluierung der optimalen Organisations- und Rechtsform durch Bereitstellung von erprobten Tools und Methoden zur Klärung strategischer Schlüsselfragen;
- Erstellung von Ausgliederungs- und Unternehmenskonzepten;
- Ausarbeitung von Detailkonzepten (z.B. Geschäftsmodell, Planrechnungen, rechtliche Detailklärungen);
- Projektplanung und Projektmanagement (inkl. Dokumentation) des gesamten Ausgliederungsvorhabens sowie für die Umsetzung der Ausgliederung;
- Change-Management nach der Ausgliederung.

2 Welche Aufgaben eignen sich für eine Ausgliederung?

Die öffentliche Verwaltung nimmt unterschiedliche Aufgaben wahr (vgl. Abbildung 15). Der Klassifizierung bzw. Kategorisierung dieser Aufgaben kommt im Rahmen von Ausgliederungsüberlegungen besondere Bedeutung zu.

Erwerbswirtschaftliche Aufgaben sind der öffentlichen Hand weitgehend untersagt, sie werden nur nebenbei als Nebenzweck zum hoheitlichen oder gemeinwirtschaftlichen Zweck wahrgenommen. Daher verwundert es nicht, dass erwerbswirtschaftliche Bereiche und kostenrechnende Einheiten, die Aufgaben erfüllen, die per Umlage und nicht durch Steuern finanziert werden, als erste ausgegliedert werden und wurden (Öffentlicher Personen-Nahverkehr, Müllentsorgung, Gas, Strom, Wasser/Abwasser, bankähnliche Finanz- und Geldgeschäfte).

Der soziale Bereich ist davon geprägt, dass die Aufgaben teilweise vermischt sind oder ineinanderfließen. Die Jugendpflege und -hilfe sind überwiegend hoheitliche, die Unterhaltung eines Jugendzentrums beispielsweise eine gemeinwirtschaftliche und der Betrieb eines Cafés im Jugendzentrum vielleicht eine erwerbswirtschaftliche Aufgabe. Die Grenze für Ausgliederungsüberlegungen ist primär eine politische und weniger eine rechtliche Frage; prinzipiell (rechtlich) ist auch die Ausgliederung hoheitlicher Aufgaben möglich.

Quelle: ICG Infora Consulting Group (www.ICG.eu.com)

Abbildung 15: Aufgaben der öffentlichen Verwaltung

Die Verflechtung der Aufgabenstellungen in vielen Organisationseinheiten der öffentlichen Verwaltung führt zu einer hohen Komplexität des Zielsystems, die im Falle einer Ausgliederung entschärft werden sollte. Andererseits ergibt sich die Notwendigkeit einer Entflechtung aus den unterschiedlichen Regelungen und Gestaltungserfordernissen der Aufgabentypen.

Mögliche Ansatzpunkte für eine Entflechtung sind:
- die Aufspaltung nach
  - Bestands-(Infrastruktur)funktion und
  - Betriebsfunktion;
- die Abgeltung gemeinwirtschaftlicher Leistungen (Verrechnungspreissysteme)
  z.B. Förderausgleich, Pauschalabgeltung für politischen Grundauftrag etc..

Für eine Strukturierung bieten sich (prozessorientierte) Geschäftsmodelldarstellungen an (vgl. Abbildung 16). Dabei wird zwischen Kern- und Unterstützungsleistungen unterschieden. Welche Arbeit ist unmittelbar für die soziale Zielgruppe wertschöpfend und welche Arbeit ist erforderlich, um mit den Zielgruppen überhaupt arbeiten zu können? In dieser Betrachtung hat jede Organisationseinheit im Wesentlichen folgende Prozesse:

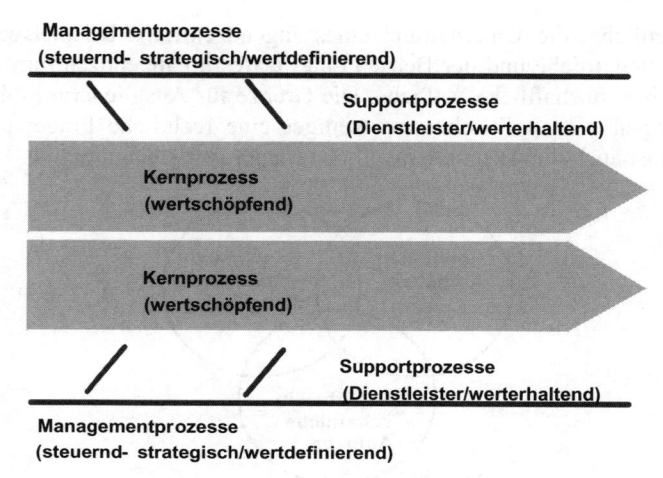

Managementprozesse
(steuernd- strategisch/wertdefinierend)

Supportprozesse
(Dienstleister/werterhaltend)

Kernprozess
(wertschöpfend)

Kernprozess
(wertschöpfend)

Supportprozesse
(Dienstleister/werterhaltend)

Managementprozesse
(steuernd- strategisch/wertdefinierend)

Quelle: ICG Infora Consulting Group (www.ICG.eu.com)

Abbildung 16: Prozessorientierte Geschäftsmodelldarstellung

Im Bereich der Service- oder Dienstleistungsaufgaben, die nicht als Kernaufgaben klassifiziert werden, sind starke Outsourcing-Anstrengungen beobachtbar (Reinigung, Wach- und Schließdienste, Gebäudeunterhaltung, Druck- und Werbedienstleistungen).

Die Entscheidung, welche Aufgaben im konkreten Fall als Kernaufgabe einzustufen sind, bedarf einer eingehenden strategisch-politischen Betrachtung. Klassische Dienstleistungs-/Servicebereiche in der öffentlichen Verwaltung sind:
- Gebäudemanagement/Facility Management,
- Immobilienverwaltung,
- Fuhrpark,
- Handwerkarbeiten,
- Hilfsleistungen,
- Küche/Kantine,
- IT-Bereiche /Telefonie / Kommunikation,
- Schulung/Weiterbildung,
- Bewachung/Sicherheit/Pförtnerdienste,
- Erholungsheime,
- Rechnungswesen/Buchhaltung,
- Personaladministration und –verrechnung,
- (Operative) Beschaffung,
- Druckerei/Vervielfältigungen/Mikroverfilmung,

- Marketing,
- Posteingang/-ausgang.

Bei der Betrachtung der Kernprozesse bietet sich vor allem die im kommunalen Bereich übliche Unterscheidung an nach:
- Pflichtaufgaben und
- Ermessensaufgaben.

Fragen der Ausgliederung werden vorrangig im Bereich der Ermessensaufgaben diskutiert.

3 Wie lassen sich ausgliederungsrelevante Organisationseinheiten identifizieren?

In diesem Kapitel werden zwei Methoden, mit denen Ausgliederungspotenziale bzw. ausgliederungsrelevante Organisationseinheiten identifiziert werden können, erörtert.

3.1 Aufgabenreform / Leistungs-/Programmplanung

Aufgabenreform bedeutet zugleich auch Leistungsprogrammentwicklung. Das Sortiment an Leistungen einer Non-Profit-Organisation wird analysiert und neu gestaltet.

Die Gestaltung des Leistungsprogrammes stellt den zentralen Ansatzpunkt für die Effektivität einer Non-Profit-Organisation dar. Eine Neugestaltung ist oftmals die einzige Chance für Non-Profit-Organisationen, auch in Zukunft politisch wichtige Leistungen erbringen zu können (Zu de Optionen bei Entwicklungen des Leistungsprogramms siehe Abbildung 17).

3.2 Expertenbeurteilung als „Minimalanforderung"

Durch interne und eventuell auch externe Experten erfolgt eine Erstbeurteilung auf Basis von
- Daten und Kenntnis der betroffenen Organisationseinheiten und deren Aufgaben;
- Vergleichswerten aus ähnlichen in- und ausländischen Organisationen (Benchmarking).

Die Vorteile sind:
- schnellere Beurteilung mit geringerem Aufwand
- Nutzung (interner und externer) Erfahrungen sowie Experten-Know-how

Als Nachteile können genannt werden:

- durch subjektive Einschätzungen mitgeprägt/geringere Nachvollziehbarkeit und Transparenz;
- nur die Veränderungsoption Ausgliederung wird im Detail geprüft (andere Optionen könnten vernachlässigt werden);
- geringere Akzeptanz durch „schmale" Meinungsbildung.

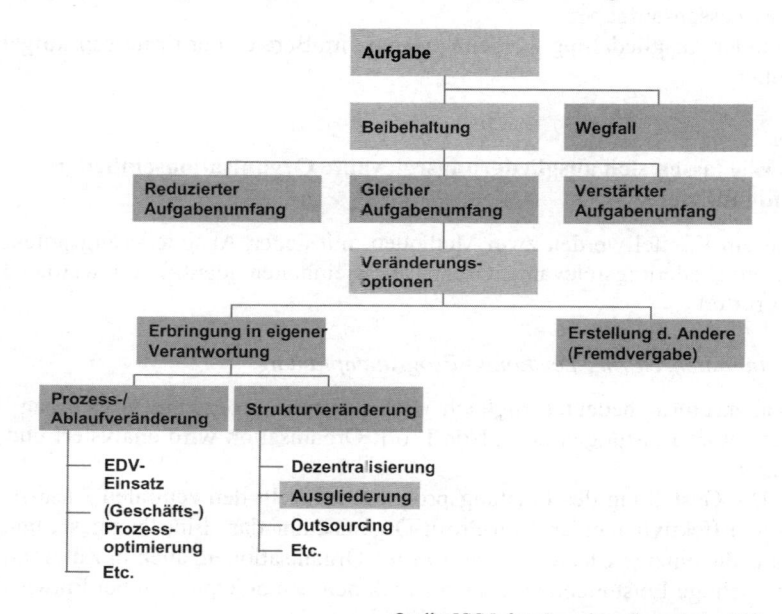

Quelle: ICG Infora Consulting Group (www.ICG.eu.com)

Abbildung 17: Neugestaltung des Leistungsprogramms

4 Kriterien für die Beurteilung von Ausgliederungsvorhaben

Im Zuge der Ausgliederungsevaluierung ist es notwendig, sich mit unterschiedlichen Interessenslagen auseinander zu setzen (siehe Abbildung 18).

Ausgliederung sozialer Aufgaben 113

```
                    Originärer/
                    ursprünglicher
                    Rechtsträger

                         ▲
                        Aus-
     Mitglied/        gliederung       Betroffene
     Bürger                             Organisationseinheit
```

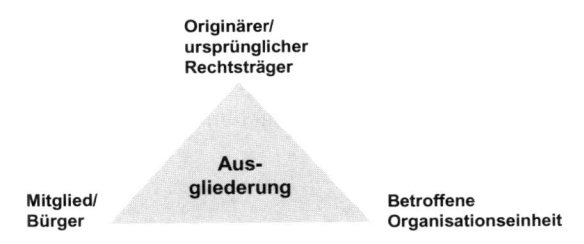

Quelle: ICG Infora Consulting Group (www.ICG.eu.com)

Abbildung 18: Unterschiedliche Interessenslagen im Ausgliederungsprozess

4.1 Originärer/ursprünglicher Rechtsträger

Wichtige Entscheidungskriterien für den ursprünglichen Rechtsträger, zumeist die Kommune, sind:
- mögliche Budgetentlastung (unter Berücksichtigung des Steueraufkommens);
- mögliche Auswirkungen auf den Stellenplan;
- Schaffung von Kosten-/Ergebnistransparenz;
- Art der Leistung (Kernleistung/strategische bzw. steuernde Leistung/Hilfsleistung) – Konzentration auf Kernleistungen;
- politischer/sozialer Eingriffsbedarf;
- Versorgungssicherheit/Vermeidung von Abhängigkeiten;
- Anforderungen an die Qualität der Leistungserbringung.

4.2 Mitglied/Bürger

(Abhängig von Funktion als Mitglied, z. B. als Steuerzahler, Bediensteter des öffentlichen Dienstes, Leistungsempfänger, Betroffener, Beteiligter, Mitbewerber, Lieferant o.ä.).
Zumeist wird anhand der nachfolgenden Kriterien bewertet:
- Minimierung der individuellen, monetären Belastung:
  - Abgaben (Steuern, Beiträge, Gebühren) bzw. Mitgliedsbeiträge und
  - Preis der (relevanten) Leistungen;
- Qualität der Leistungserbringung;
- Versorgungssicherheit;
- arbeitsmarktpolitische/konjunkturelle Auswirkungen.

Im sozialen Bereich ist der Anteil der Betroffenen typischerweise kleiner als der Kreis derjeniger, die diese Leistungen finanzieren. Das macht soziale Aufgaben oft sensibel, denn es kommt stark auf die Nachvollziehbarkeit der Leistungen an („Warum haben Häftlinge Fernseher in den Zellen?", „Wieso bekommen Sozialhilfeempfänger keine Altkleider?", „Sind künstliche Hüften bei über 80-Jährigen noch sinnvoll?" – Hier kommt es auf Mitgefühl und Herz an, was jede Debatte emotionalisiert.)

4.3 Betroffene Organisationseinheit

Im Wesentlichen können Veränderungen auf zwei Ebenen erwartet werden:
- Budgetentlastung:
  - Ergebnisverbesserung,
    - Erlössteigerung,
    - Kostensenkung/Kostendeckelung;
  - Steuerrecht;
  - Finanzierungsmöglichkeiten.
- Wirksamkeit erhöhen (Effektivität):
  - Motivationssteigerung durch gestiegene Verantwortungsdelegation,
  - flexiblere Gestaltung von Leistungen und Prozessen,
  - kürzere Wege durch Loslösung von Querschnittsämtern,
  - stärkere Kundenorientierung bei direkterer Zuständigkeit,
  - leichterer Einbezug Dritter (Volunteers: Freiwillige, Ehrenamtliche; Spender, Förderer).

4.4 Warum brauchen soziale Aufgaben Ausgliederung oder New Public Management und was ist der beste Weg zur Verwaltungsreform?

Die öffentliche Verwaltung ist kein Kontinuum, das ständig gleiche Aufgaben perpetuiert. Einem weiter anwachsenden Aufgabenumfang und dem gestiegenen Anspruchsniveau der Bürger stehen Erfordernisse und Forderungen nach Steuersenkungen und Nulldefiziten gegenüber. Lineare Kostensenkungen nach der Rasenmähermethode (minus 10 Prozent), Einstellungsstopps oder Verkauf von Vermögen haben nur kurzfristig Entspannung gebracht.

Doch welcher Reformansatz bringt nachhaltig die besten Ergebnisse: Reformen innerhalb der Verwaltung nach den Prinzipien des New Public Management oder die Auslagerung von Verwaltungsbereichen in wirtschaftsnähere Rahmenbedingungen (Ausgliederung)?

Ausgliederung – Begriff

Beleuchtet man den Begriff ‚Ausgliederung', so kann zwischen einer engeren und weiteren Sichtweise bzw. Definition unterschieden werden. Die vielfältigen

Rechts- und Organisationsformvarianten im breiten Spektrum der Auslagerungsmöglichkeiten zeigt nachstehende Abbildung 19:

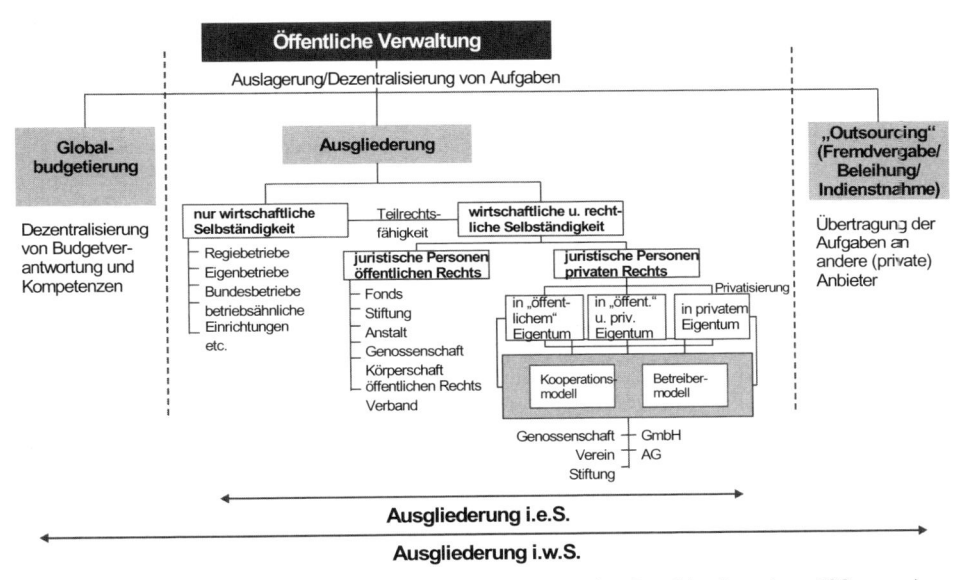

Quelle: ICG Infora Consulting Group (www.ICG.eu.ccm)

Abbildung 19: Ausgliederung im engeren und weiteren Sinn

Ausgliederung im weiteren Sinn umfasst alle Gestaltungsvarianten, die der öffentlichen Hand bei der Auslagerung von Aufgaben zur Verfügung stehen. Dabei reicht das Spektrum von einer Umsetzung von dezentralen Strukturen innerhalb der Verwaltung bis hin zu einer völligen Fremdvergabe von Aufgaben an Private („Outsourcing").

Ausgliederung im engeren Sinn ist mit der Errichtung einer wirtschaftlich und/oder rechtlich selbständigen Organisationseinheit verbunden, an der auch Private beteiligt werden können (Public Private Partnership-Modelle).

4.5 Was ist besser: interne Verwaltungsoptimierung oder Ausgliederung?

Anhand von sieben Eckpunkten werden im Folgenden Ausgliederung i. e. S. und New Public Management (NPM) einander gegenübergestellt (vgl. Tabelle 9), um strukturiert zu beleuchten, welcher Ansatz zur Umsetzung einer umfassenden Verwaltungsreform wirkungsvoller geeignet ist.

	New Public Management	Ausgliederung
Kunden-orientierung	- Geforderte Neu-Orientierung (Bürger, Mitglied, Versicherter o. ä. werden als Kunden gesehen) - Der Kunde erhält Leistungsgarantien und wird ermutigt einen Leistungsanspruch zu stellen.	- Immanentes Kernelement (notwendig für Überlebensfähigkeit) - Kunde kauft nur bei Bedarf Leistungen mit adäquatem Preis-/Leistungs-Verhältnis. - Marktgerechte und wirtschaftliche Leistungserbringung ist unabdingbar.
Produkte	- Aufgaben/Leistungen werden als Produkte gesehen - Basis für Kosten-/ Leistungsrechnung, Globalbudgets und Wirkungsvorgaben - Steuerung erfolgt über Kontrakte (Verknüpfung von Leistungsvereinbarungen und Globalbudgets) - Nichtsubstituierbare Produkte im hoheitlichen Bereich	- Ausdruck des Leistungsangebotes - Steuerung erfolgt über Ziele (Management by Objectives) - Großteils substituierbare Produkte (erwerbs- oder gemeinwirtschaftliche Produkte)
Dezentra-lisierung	- Vergrößerung des Verantwortungsbereiches durch die Erbringung bestimmter Leistungen - Festlegung von Standards und Vorgabe von Globalbudgets	- Dezentrale Ergebnisverantwortung innerhalb eines Rahmens, der durch Rechtsgrundlagen (Gesetz, Gesellschaftsvertrag, Geschäftsordnung) und Vorgabe von Zielen sowie Grundstrategien für das Management definiert ist
Controlling	- Schaffung von Kostentransparenz - Aufbau eines modernen Rechnungswesens (KLR) - Leistungs- und Wirkungscontrolling - Heterogenes Zielsystem (Wirkungsziele und wirtschaftliche Zielsetzungen)	- Schaffung von Ergebnistransparenz - Verpflichtung zur Doppik aufgrund gesetzlicher Rahmenbedingungen - Controlling als Steuerungs- und Unternehmensführungsphilosophie - Gewinn-/Wertmaximierung als Zieldimension, Wirkungsziele als strategische Rahmenbedingung
Wettbewerb	- (Künstliche) Schaffung eines marktähnlichen Umfeldes innerhalb der Verwaltung, z.B. durch Ausschreibungen, interne Markt-/Preisverrechnungen, Benchmarking, Teilnahme an Qualitätswettbewerben - Marktmechanismus fehlt	- Agieren am Markt bzw. Schaffung eines marktähnlichen Umfeldes bei „Inhouse-Providing" oder ähnlichen Konstruktionen

	New Public Management	Ausgliederung
Führungskräfte- und Personalentwicklung	▪ Betonung von Prozess- und Sozialkompetenz neben (juristischer/technischer) Fachkompetenz zur Verankerung der Dienstleistungsorientierung ▪ Nachholbedarf bei Führungskräftequalifizierung, insbesondere bei betriebswirtschaftlichen Themen	▪ Dienstleistungsorientierung notwendig zur Sicherung der Wettbewerbsfähigkeit ▪ Permanente Personalentwicklung als zentraler Erfolgsfaktor ▪ Rasche Umsetzung von Qualifizierungsprogrammen um am Markt zu bestehen
eGovernment	▪ Verwaltungsinterner und -externer Einsatz moderner IT (z. B. elektronische Aktensysteme) ▪ eGovernment als Teilbereich des eCommerce ▪ Höhere Sensibilität bei Datenschutz und Datensicherheit	▪ Betriebsinterner und -externer Einsatz moderner IT-Systeme ▪ Standards für administrative Anwendungen höher entwickelt ▪ Internet-Anwendungen sind in der Regel eBusiness/eCommerce-Anwendungen

Quelle: ICG Infora Consulting Group (www.ICG.eu.com)

Tabelle 9: Vergleich New Public Management und Ausgliederung nach sieben Eckpunkten

Wenige Unterschiede ergeben sich hinsichtlich der Ausgangssituation und erforderlichen Rahmenbedingungen der beiden Ansätze. Auf den ersten Blick scheinen die Unterschiede häufig nur graduell oder in unterschiedlichen Rahmenbedingungen zu liegen. Bei näherer Betrachtung zeigen sich erhebliche Differenzen.

In jedem Fall ist eine *Aufgabenreform als Basis unerlässlich*. Politische Zielvorgaben und Willenserklärungen zum New Public Management und/oder zu Ausgliederungen dürfen keine Lippenbekenntnisse sein und brauchen langfristige Stabilität über Legislaturperioden hinweg (common sense).

Grundsätzlich verfolgen beide Ansätze die *Zielsetzung einer effizienten und effektiven Leistungserstellung* verbunden mit dem Ziel, einen tiefgreifenden und langfristig orientierten Veränderungsprozess zu durchlaufen. Dabei ist jedoch zu unterscheiden:
▪ NPM umfasst als gesamtheitlicher Reformansatz den Veränderungsprozess an sich.
▪ Ausgliederung heißt dagegen, die betroffene Organisationseinheit in ein privatwirtschaftliches oder zumindest marktähnliches Umfeld zu verschieben; Ausgliederung allein ist daher noch kein umfassender Veränderungsprozess, sondern soll durch geänderte (rechtliche) Rahmenbedingungen den Veränderungsprozess herbeiführen.

Unterschiedlicher Veränderungsfokus:

Die Veränderung der Organisationskultur bildet beim NPM das langfristige Oberziel (Es beabsichtigt eine „Veränderung im Denken und Handeln"). NPM ist daher geeignet, Effektivität und Effizienz zu verändern.

Ausgliederung dagegen heißt bloß Veränderung der strukturellen Rahmenbedingungen. Der eigentliche Veränderungsprozess beginnt erst nach der Ausgliederung. Ausgliederung erfordert daher Begleitmaßnahmen, um Veränderungen im Denken und Handeln zu verstärken.

Dem gemäß ist das New Public Management ein langfristig angelegter Reformprozess (mindestens sechs bis acht Jahre) – Ausgliederung bringt schon kurz-/mittelfristig Ergebnisse, eine vollständige Umsetzung braucht aber auch hier mehrere Jahre.

Einsatz von Instrumenten:

NPM bedeutet die Übertragung (angepasster) privatwirtschaftlicher Instrumente und Methoden in die öffentliche Verwaltung (z. B. Zielvereinbarungen, Controlling).

Ausgliederte Organisationseinheiten werden in eine privatwirtschaftliche Umgebung „eingebettet" und mit den entsprechenden privatwirtschaftlichen Managementinstrumenten ausgestattet.

Unterschiedliche Interessenslagen:

Ein primäres Spannungsfeld besteht bei NPM zwischen Politik und Verwaltung. Hier muss ein permanenter Interessensausgleich stattfinden. Klare und langfristig stabile Zielvorgaben sind für eine erfolgreiche Umsetzung unerlässlich.

Auch bei Ausgliederungen sind unterschiedliche Interessenslagen auszugleichen und gesamtheitlich zu optimieren, insbesondere zwischen Vertretern des originären Rechtsträgers, Mitarbeiter/innen der betroffenen Organisationseinheit und Bürger/innen (in verschiedenen Rollen z. B. als Leistungsbezieher, Steuerzahler oder Lieferant). Der Ausgleich wird durch eine entsprechende Definition der Rahmenbedingungen (Gesellschaftsvertrag, Unternehmenskonzept etc.) hergestellt.

Resümee – Was ist nun der beste Weg zur Verwaltungsreform?

In letzter Konsequenz wird die Wahl des Reformansatzes außer von der Art der zu erfüllenden Aufgaben wohl auch vom Vertrauen in die (innere) Reform der Verwaltung und den gewünschten Zeithorizont abhängen. Je größer der hoheitliche Aufgabenanteil und die Zeit für einen langfristigen Reformprozess, desto eher werden mit NPM vergleichbare oder sogar bessere Reformergebnisse erzielbar sein als mit Ausgliederungsvorhaben.

5 Gestaltung von Ausgliederungsprozessen in 7 Schritten

Zunächst geht es um das Schaffen von Datengrundlagen und Voraussetzungen.

5.1 Vorbereitungsphase (Schritt 1)

Aktivitäten:
- Projektplanung und Einrichten der Projektorganisation,
- Analyse und Kategorisierung der Aufgaben:
  o Hoheitliche, gemeinwirtschaftliche, erwerbswirtschaftliche Aufgaben,
  o Kernaufgaben, Hilfs-/Unterstützungsaufgaben, Führungsaufgaben,
  o Pflichtaufgaben, Ermessensaufgaben,
- Erfassung der Ist-Situation der betroffenen Organisationseinheit:
  o Analyse der (spezifischen) Rechtsgrundlagen und Rahmenbedingungen (z.B. Gesetze, Dienstrecht/Kollektivverträge),
  o Analyse der Personal- und Organisationsstruktur (Dienstposten-/-stellenplan, Organigramm),
  o Analyse der Kosten-/Ertragskraft (wirtschaftliche Leistungsfähigkeit, Kostendeckungsgrade); Basis: Kostenrechnung,
  o Darstellung der Geschäftsprozesse aus Kundensicht,
- Durchführung einer Zielgruppen- und Umfeldanalyse:
  o Trends und Perspektiven am „Markt",
  o Mitbewerber/Konkurrenz,
  o Kunden/Zielgruppen,
  o Trends und Entwicklungen bei sonstige Anspruchsgruppen (z.B. Partner, Lieferanten, Arbeitsmarkt) und im sonstigen Umfeld,
- Vergleich mit ähnlichen Organisationen im In- und Ausland (Benchmarking).

Ergebnisse:
- Projektablaufplan inkl. Projektstrukturplan,
- umfassendes Bild bzw. gemeinsames Verständnis über Stärken und Schwächen der Organisationseinheit sowie Chancen und Risiken einer Ausgliederung,
- Prozesslandkarte,
- Grundlagen zur Ableitung der strategischen Ausrichtung sind vorhanden.

5.2 Strategiefestlegung (Schritt 2)

Die Strategiefestlegung ist als Basis für weitere Überlegungen erforderlich (vgl. Abbildung 20).

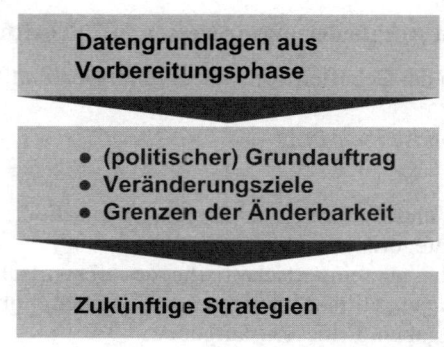

```
Datengrundlagen aus
Vorbereitungsphase

• (politischer) Grundauftrag
• Veränderungsziele
• Grenzen der Änderbarkeit

Zukünftige Strategien
```

Quelle: ICG Infora Consulting Group (www.ICG.eu.com)

Abbildung 20: Strategiefestlegung

Aktivitäten:
- Offenlegung und Konkretisierung der Motive der Ausgliederung,
- Überprüfung und ggf. Anpassung des politischen Grundauftrags inkl. Ableitung der (Teil-) Zielsetzungen.

Ergebnisse:
- Strategische Ausrichtung des ausgegliederten Rechtsträgers und Zielsetzungen der Ausgliederung sind definiert (z.B. kultur- oder bildungspolitischer Grundauftrag).
- Grenzen der Veränderung sind festgelegt.

5.3 Evaluierung (Schritt 3)

Im Rahmen des Evaluierungsschrittes erfolgt eine Auswahl und Bewertung sinnvoller und möglicher Organisations- und Rechtsformvarianten. Dazu wird ein Ausgliederungskonzept mit der Aufbereitung der strategischen Schlüsselfragen erstellt (vgl. Abbildung 21).

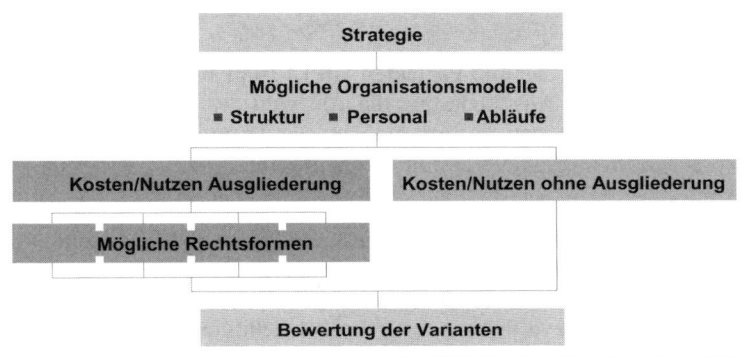

Ausgliederung sozialer Aufgaben 121

```
                    ┌─────────────────────────┐
                    │        Strategie        │
                    └─────────────────────────┘
                    ┌─────────────────────────┐
                    │ Mögliche Organisationsmodelle │
                    │ ■ Struktur ■ Personal ■ Abläufe │
                    └─────────────────────────┘
    ┌───────────────────────────┐  ┌───────────────────────────┐
    │ Kosten/Nutzen Ausgliederung │  │ Kosten/Nutzen ohne Ausgliederung │
    └───────────────────────────┘  └───────────────────────────┘
    ┌───────────────────────────┐
    │   Mögliche Rechtsformen   │
    └───────────────────────────┘
                    ┌─────────────────────────┐
                    │  Bewertung der Varianten │
                    └─────────────────────────┘
```

Quelle: ICG Infora Consulting Group (www.ICG.eu.com)

Abbildung 21: Auswahl und Bewertung von Organisations- und Rechtsformvarianten (Anmerkung: Die Wahl der konkreten Rechtsform ist eine nachgelagerte Fragestellung.)

Aktivitäten:
- Auswahl und Beschreibung möglicher Organisations- und Rechtsformvarianten,
- Festlegung eines Kriterienkataloges zur Bewertung der Varianten inkl. Gewichtung der Kriterien,
- Bewertung der ausgewählten Lösungsvarianten:
    o verbale Bewertung,
    o quantitative Bewertung (Nutzwertanalyse),
- Auswahl der optimalen Organisations- und Rechtsform,
- Erstellung eines Ausgliederungskonzeptes:
    o Organisationskonzept,
    o Personalkonzept,
- (Grobe) Planrechnung.

Ergebnisse:
- Sinnvolle Lösungsvarianten sind ausgewählt.
- k.o.-Kriterien und Bewertungskriterien sowie Gewichtung der Kriterien sind vereinbart.
- Rangfolge der bewerteten Rechts- und Organisationsformvarianten,
- Entscheidung für die zukünftige Organisations- und Rechtsform durch Entscheidungsträger,
- Ausgliederungskonzept mit allen relevanten Schlüsselfragen als Entscheidungsgrundlage.

5.4 Partnerwahl (Schritt 4 – nur bei PPP-Projekten)

Bei Public Private Partnership-Projekten (PPP) folgt nach der grundsätzlichen Entscheidung für eine Ausgliederung die Auswahl des geeigneten Partners anhand eines zu definierenden Anforderungsprofils. Dazu ist – wenn erforderlich – ein entsprechendes Vergabeverfahren durchzuführen.

Aktivitäten:
- Wahl des PPP-Modells / Beteiligungsverhältnisse mit Festlegung von Einflussnahme auf den Partner,
- Prüfung der Erfordernis eines Vergabeverfahrens,
- Wahl des Vergabeverfahrens unter Berücksichtigung vergabe- und wettbewerbsrechtlicher Rahmendingungen,
- Erstellung der Ausschreibungsunterlage (Erstellung eines detaillierten Leistungsverzeichnisses) und Festlegung des Bewertungsmodells,
- Einladung zur Anbotslegung,
- Bewertung der Angebote und Auswahl eines Bestbieters.

Ergebnisse:
- PPP-Grundmodell ist ausgewählt,
- richtiges Vergabeverfahren gewählt,
- vollständige Ausschreibung,
- Wahl des optimalen Partners.

5.5 Betriebsaufnahme (Schritt 5)

Die Umsetzungsphase beginnt mit der Entscheidung der Entscheidungsträger, das Ausgliederungsvorhaben umzusetzen, und endet mit dem Ausgliederungsstichtag bzw. mit der Aufnahme der operativen Geschäftstätigkeit (Echtbetrieb des ausgegliederten Rechtsträgers). Mit dem Ausgliederungsstichtag erfolgt auch die rechtliche Verankerung des ausgegliederten Rechtsträgers.

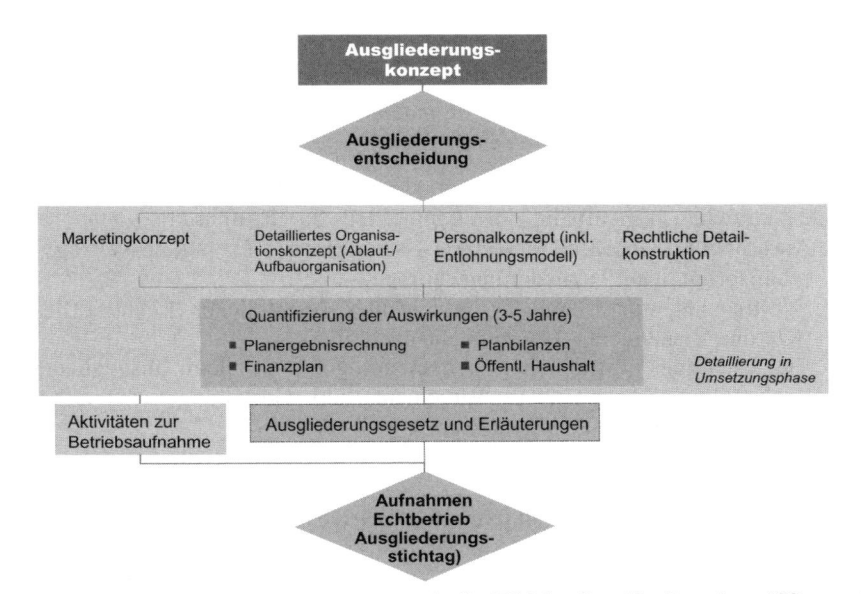

Ausgliederung sozialer Aufgaben 123

Quelle: ICG Infora Consulting Group (www.ICG.eu.com)

Abbildung 22: Betriebsaufnahme des ausgegliederten Rechtsträgers

Aktivitäten:
- Detaillierung und Umsetzung des Organisationskonzeptes (Ablauf- und Aufbauorganisation) sowie des Personalkonzeptes (Stellenbeschreibungen, Entlohnungsmodell),
- Erstellung eines Marketingkonzeptes,
- rechtliche Detailkonstruktion,
- Detaillierung der mittelfristigen Planrechnung und Erstellung eines Finanzplans (Quantifizierung der Auswirkungen auf 3- 5 Jahre),
- Erstellung Ausgliederungsgesetz bzw. Gesetzes- / Verordnungsnovellierungen,
- Durchführung von Aktivitäten zur Betriebsaufnahme (siehe unten).

Ergebnisse:
- ergänztes und verfeinertes Ausgliederungskonzept,
- gesellschaftsrechtliche Detailkonstruktion,
- quantitative Auswirkungen der Ausgliederung sind planbar;
- steuerrechtliches Detailkonzept inkl. Gründungserfordernisse,
- Beschluss Ausgliederungsgesetz und andere Regelwerke,

- Unternehmen ist bereit den „Echtbetrieb" aufzunehmen.

5.6 Die Vorbereitung der Betriebsaufnahme - die letzten Wochen vor dem Ausgliederungsstichtag (Schritt 6)

In den letzten Wochen vor dem Ausgliederungsstichtag sind insbesondere folgende Aktivitäten zur Aufnahme des Echtbetriebs durchzuführen:
- Ausarbeitung Gesellschaftsvertrag(-Satzung) bzw. Errichtungsvertrag, Geschäftsordnungen, Finanzierungsverträge,
- „Vertragsinventur": Transfer bestehender vertraglicher Rechte/Pflichten (Klärung Einzelrechts-/Gesamtrechtsnachfolge),
- Ausgestaltung vertraglicher Vereinbarungen mit dem ausgegliederten Rechtsträger (Service Level Agreements inkl. Gestaltung Leistungsverrechnungssystem, Bestandsverträge etc.),
- Mitarbeiterübernahme / Personalleasing bzw. Neubesetzung von Funktionen (z.B. Rechnungswesen),
- Kollektivverträge (bzw. -änderungen), Betriebsvereinbarungen,
- Management-Rekrutierung (Auswahl und Bestellung Geschäftsführung):
  o Bestellung Geschäftsführung/Vorstand,
  o Bestellung der Gremien/Organe (z.B. Aufsichtsrat, Ausschuss),
  o Einberufung konstituierender Sitzungen,
- Schulung und Personalentwicklung,
- Ausarbeitung Dienstverträge (z.B. Geschäftsführer-/ Vorstandsverträge),
- Evaluierung gewerberechtlicher Voraussetzungen,
- steuerrechtliche Optimierung,
- Übertragung von Vermögensgegenständen und Vertragsverhältnissen,
- Eröffnungsbilanz/Gründungsprüfung/Abschlussprüfung,
- Konkrete Anmeldungen/Eintragungen (Firmenbuch, Finanzamt, Sozialversicherung, Wirtschaftskammer),
- Anpassung der Administration:
  o Rechnungswesen,
  o Einkauf,
  o Fakturierung/Mahnwesen,
  o Lohn- und Gehaltsverrechnung,
  o etc.,
- Abschluss von Versicherungen,
- Ummeldungen (Telefon, Kfz, etc.),
- Logo/Geschäftspapiere/Prospekte (CI/CD)/Beschilderungen,
- Internet-Auftritt (Reservierung von Domains und Aufbau der Sites),
- Information der Geschäftspartner, Kunden, Lieferanten, etc.,

- Bankverbindungen (Zeichnungsberechtigungen, Verhandlungen der Konditionen, Kontoeröffnung),
- Abrechnung Dauerleistungsbeziehungen (Daueraufträge, Abbuchungsaufträge).

5.7 Veränderung (Schritt 7)

Mit der Aufnahme der operativen Geschäftstätigkeit beginnt auch die Phase der eigentlichen Veränderung der Organisation sowie deren Mitarbeiter/innen, daher ist jetzt Change-Management angesagt.

Aktivitäten:
- Aufnahme der operativen Geschäftstätigkeit,
- Beginn des Change-Management-Prozesses:
  o Einrichtung Planungs- und Controllingsystem,
  o Personal- und Führungskräfteentwicklung (insbesondere 2. und 3. Führungsebene),
  o Optimierung der Geschäftsprozesse (GPO),
  o Einführung neuer Lohn- und Gehaltssysteme,
  o Leitbild, Ziele, Strategien (weiter-)entwickeln,
  o Anpassung Personalstruktur,
  o Verstärkung der Marktbearbeitung,
- Laufende Kontrolle der Zielerreichung.

Ergebnisse
- „Echtbetrieb" des ausgegliederten Rechtsträgers,
- Unternehmenskonzept als Basis für Unternehmens- und Organisationsentwicklung,
- qualifizierte Führungskräfte,
- interne und externe Neuausrichtung ist umgesetzt.

6 Projektmanagement von Ausgliederungsprojekten

Die Implementierung eines professionellen Projektmanagements (einschließlich einer (externen) Prozess- und Projektbegleitung) ist unerlässlich und stellt einen äußerst wichtigen Erfolgsfaktor für komplexe Ausgliederungsvorhaben dar.

6.1 Projektorganisation

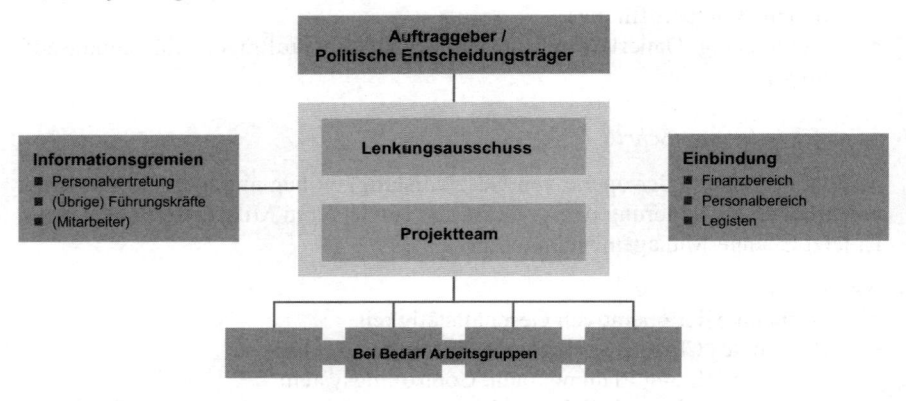

Quelle: ICG Infora Consulting Group (www.ICG.eu.com)

Abbildung 23: Projektorganisation von Ausgliederungsvorhaben

Grundstruktur der Projektorganisation:
- Je näher zur Realisierung, desto wichtiger wird eine Verbreiterung der Projektorganisation.
- Die Einbeziehung der politischen Entscheidungsträger ist bis zur rechtlichen Verankerung (Gesetzwerdung) intensiv.

Rollenbeschreibungen:

Auftraggeber:
- Formelle Erteilung des Projektauftrages und Freigabe der Ressourcen,
- Empfänger der Endergebnisse bzw. Endpräsentation
- ... wird vom Lenkungsausschuss über den Projektfortschritt informiert.

Lenkungsausschuss:
Der Lenkungsausschuss setzt sich aus Führungskräften der beteiligten Organisationseinheiten sowie Vertretern der politischen Büros zusammen (evtl. Personalvertretung). Der Lenkungsausschuss ist in der Anfangsphase evtl. mit dem Projektteam zusammengefasst, später übernimmt er eine Art Aufsichtsratsfunktion.
Der Lenkungsausschuss:
- wird vom internen Projektleiter über den Projektfortschritt informiert.
- trifft projektrelevante Grundsatzentscheidungen.
- formuliert Ziele und Anforderungen für Projektphasen und Teilprojekte.

- überwacht den Arbeitsfortschritt.
- Führt die inhaltliche Prüfung durch und gibt Ergebnisse frei.

Projektleitung und Projektteam:
Das Projektteam setzt sich aus Vertretern der beteiligten Organisationseinheiten sowie anderer betroffener Organisationseinheiten zusammen (Fachexperten).

Die Projektleitung soll ein guter Kenner der Organisation sein und über hohe Akzeptanz sowie Durchsetzungskraft verfügen. Der Zeitbedarf beträgt mindestens 50% der Gesamtarbeitszeit – dies hängt auch von den internen Unterstützungsstrukturen ab (z.B. Projektsekretariat, Assistenz). Bei größeren Projekten beträgt der Ressourcenbedarf zumindest 70 % der Gesamtarbeitszeit. Kennzeichen der Projektleitung sind:
- Verantwortlichkeit für den Projektablauf,
- Definition von Arbeitsaufträgen,
- Koordination sämtlicher Teilprojekte und Aktivitäten,
- Durchführung wesentlicher inhaltlicher Abklärungen und vereinbarter Aktivitäten,
- Entscheidungsvorbereitung,
- Ansprechpartner für den Lenkungsausschuss.

Arbeitsgruppen:
- Durchführung der analytischen und konzeptionellen Arbeit.
- Die Beauftragung erfolgt per Arbeitsauftrag durch die Projektleitung.

Tipps zur Zusammensetzung und Arbeitsweise:

- Auftraggeber/Politische Entscheidungsträger: Besprechungen ca. alle 4-12 Wochen (und bei Bedarf);
- Lenkungsausschuss:
    o Vertreter des politischen Büros,
    o Führungskräfte der "Oberbehörde" (Abteilung, Sektion, ...),
    o evtl. Personalvertretung,
    o (in Anfangsphase evtl. mit Kernteam zusammengefasst, später eine Art Aufsichtsratsfunktion),
    o ca. alle 4 - 12 Wochen Sitzung;
- Projektteam:
    o ca. 4-6 Personen
    o Projektteam wird durch Projektleitung geleitet
    o Verantwortliche Führungskräfte (oberste Ebene)
    o Fachexperten aus Rechnungswesen/Personalbereich
    o Jour-fixe-Organisation zu empfehlen

o   ca. alle 2 Wochen Sitzung

6.2 Projektplanung und Projektmanagement

Zentrale Bestandteile eines Projektmanagements für Ausgliederungsprojekte sind jedenfalls:
- Einrichtung einer adäquaten Projektorganisation in Abstimmung mit dem Auftraggeber einschließlich einer Beschreibung von Aufgaben, Kompetenzen und Verantwortung aller Projektbeteiligten;
- Projektplanung:
  o Projektablaufplanung und Erstellung eines übersichtlichen Projektstrukturplans mit einzelnen definierten Arbeitspakete auf einen Blick,
  o Projektplanung: Einsatz von MS Project oder MS Excel (Projektkalender);
- Projektcontrolling:
  o Einrichtung und laufende Aktualisierung des Projektcontrollings auf Basis der Strukturen der Projektplanung,
  o Erstellung von periodischen Projektfortschrittsberichten (Gesamtstatus des Projekts, Status der Projektziele, des Projektleistungsfortschritts, der Projekttermine, der Projektkosten bzw. Projektnutzen),
  o Erstellen von Abweichungsberichten; da sich im Projektablauf Änderungen ergeben (können) und sich meist der Informationsstand im Projekt verbessert, ist es sinnvoll, periodisch ein Projektcontrolling durchzuführen. Dabei sind Abweichungen der Ist-Daten von Soll-Daten festzustellen und steuernde korrektive Maßnahmen einzuleiten.
  o Ständige Ausrichtung des Projektes an den Zielen sowie Projektsteuerung und -überwachung mit Schwerpunkt Finanzen, Ressourcencontrolling (Personal-, Material- und Mitteleinsatzplanung und -kontrolle),
  o Projektcontrolling: Auf Basis von MS Excel. Aktivitäten- und Terminlisten: auf Basis MS Word,
  o Für das Projektcontrolling kann ergänzend eine Meilenstein-Trend-Analyse sowie ein Projektstrukturplan mit Farbkennzeichnung zum Status der einzelnen Arbeitspakete verwendet werden.
- Projektleitung und -steuerung: Zum Projektmanagement gehört auch die Unterstützung des internen Projektleiters (Coaching, externe Berater) sowie die effiziente Steuerung aller Projektbeteiligten (einschließlich der involvierten Beratungskräfte).
- Vor- und Nachbereitung sowie Moderation und Dokumentation von regelmäßigen Sitzungen der Projektgruppen: Eine Dokumentation der Ergebnisse von Sitzungen erfolgt auf Basis von Ergebnisprotokollen. Dazu doku-

mentieren Flipchart-Protokolle (Fotoprotokoll) den Sitzungsverlauf. Protokolle werden im Idealfall ‚live on beamer' erstellt, so dass unmittelbar nach Sitzungsende das Protokoll einschließlich aktualisierten Termin- und Aktivitätenlisten vorliegt.
- Qualitätssicherung von Ergebnissen: Ein professionelles Projektmanagement leistet auch einen Beitrag zur Sicherung der inhaltlichen Qualität.

6.3 Projektdokumentation

- Erstellung eines Projekthandbuchs als verbindliche Arbeitsgrundlage für alle Projektbeteiligten (inkl. Festlegung und Vereinbarung von Projekt-Spielregeln sowie Festlegung von Projektinformation und -kommunikation, insbesondere Berichtspflichten und Kommunikationswege);
- Überarbeitung im Rahmen des Kick-off-Meeting / Auftakt-Workshop durch alle Projektteammitglieder;
- Zu empfehlen ist die Einrichtung einer (einfach gestalteten) Projekt-Homepage, in der alle Ergebnisse, Protokolle, Adressen, Termine etc. abgelegt werden (z.B. als Outlook-Exchange-Lösung oder Intranetlösung, um einen transparenten und nachvollziehbaren Projektverlauf sicher zu stellen.
- Wartung der Homepage durch einen zentralen Ansprechpartner;
- Alle Projektmitglieder haben Zugriff auf die Homepage und deren Dokumente (Zugriffsberechtigung werden mit dem Auftraggeber vereinbart).

7 Fazit und Ausblick

Der hier idealtypisch beschriebene Ausgliederungsfahrplan kann ein Leitfaden für Ausgliederungsprojekte von bspw. Jugendeinrichtungen, Altenheimen, Krankenhäusern sein. Er kann auch eine Orientierung für eine Verlagerung von Aufgaben sein. Die Beschreibung liefert Hinweise, an welchen Stellen eine Ausgliederung konkrete Vorteile und Nutzen bietet.

Andererseits bleiben Details verborgen, die eine Ausgliederung oft so schwer machen und deren Antworten nur angerissen werden sollen:
- Wenn bei der öffentlichen Hand die Finanzierung verbleibt, wie erfolgt dann die Steuerung einer ausgegliederten sozialen Einrichtung? ANTWORT: durch die Finanzzuweisung und die darin erteilten Auflagen, sowie durch Mitbestimmung bei Einstellung und Entlassung von Leitungspersonal.
- Wie wird das Budget für eine ausgegliederte Soziale Aufgabe oder Einrichtung bemessen? ANTWORT: typischerweise durch Fortschreibung der

- Vorjahreswerte, seltener auf Grund konkreter Kostenermittlung, z.B. durch externe oder interne Gutachter.
- Wie erfolgt eine Entflechtung der Leistungen, die von anderen, insbesondere den Querschnittsämtern erbracht werden? ANTWORT: Es bedarf eines genauen Preis-/Mengengerüstes über diese Leistungen. Die interne Leistungsverrechnung kann bei Ausgliederungen als Bezahlung einer Dienstleistung gewertet und als Betrieb gewerblicher Art mit entsprechenden steuerlichen Folgen eingestuft werden.
- Was passiert mit den Beschäftigungsverhältnissen bei einer Ausgliederung? ANTWORT: Bei Personalüberleitung gehen die Arbeitsverhältnisse auf den neuen Träger über (§ 613 a BGB). Die Personalüberleitung setzt die Zustimmung des Personarates voraus. Bei Personalgestellung kann der frühere Arbeitgeber Personal an den neuen Träger ausleihen. Die Personalgestellung birgt steuerrechtliche Tücken.

8 Literatur

Biehal, Franz (Hrsg.) (1993): Lean Service. Dienstleistungsmanagement der Zukunft für Unternehmen und Non-Profit-Organisationen. Wien

Braune-Krickau (Hrsg.) (1993): Veränderungsstrategien im Non-Profit-Bereich. Zürich

Breuer, Jürgen (1991): Umwandlung kommunaler Eigenbetriebe und nichtwirtschaftlicher Unternehmen i.S.d. Gemeindeordnung NRW in Gesellschaften. Inaugural - Dissertation zur Erlangung des Grades eines Doktors der Rechte durch die Rechts- und Staatswissenschaftliche Fakultät der Reinischen Friedrich-Wilhelms-Universität Bonn, Neuss

Deutscher Industrie- und Handelstag (Hrsg.) (1998): Kleine AG – Wegweiser für die Praxis. Das neue Recht, Gründung und Umwandlung, Rechtsformwahl, AG, AG & Co. KG KGaA, GmbH & Co. KGaA, Bonn

Friedrich-Ebert-Stiftung (Hrsg.) (1998): Kultur in neuer Rechtsform. Problemlösung oder Abwicklung? 2. überarbeitete und ergänzte Auflage, Bad Godesberg

Seibert / Köster / Kiem (1996): Die Kleine AG. Gesellschaftsrechtliche, umwandlungsrechtliche, steuerrechtliche Aspekte. RBS-Verlag

Michael Urselmann

Sozial-Marketing

Das Verhältnis zwischen (Sozial-) Marketing und sozialer Arbeit war zunächst ein sehr schwieriges – und ist es zum Teil noch heute. Die Ursachen liegen schon im Begrifflichen. Was genau unter dem schillernden Anglizismus zu verstehen ist, war lange Zeit ziemlich unklar. Noch heute wird Marketing gerne auf Werbung reduziert, die wiederum im Verdacht der Manipulationsabsicht steht. So wird Marketing – obwohl von zentraler Bedeutung für das Management – im sozialen Bereich mit gemischten Gefühlen betrachtet. Dieser Beitrag möchte die Ursachen einer immer noch anzutreffenden Marketing-Skepsis in der sozialen Arbeit beleuchten und für eine unvoreingenommene Auseinandersetzung mit dem, für das (Sozial-) Management so wichtigen Leitkonzept werben.

1 Ein kurzer Rückblick in die Historie des Marketing

Paul W. Meyer, einer der ersten Marketing-Professoren an einer deutschen Universität, fragte Anfang der 1970er Jahre Marktfrauen auf dem Augsburger Stadtmarkt, was sie denn unter Marketing verstünden. Als Antwort erhielt er symptomatisch: „So etwas haben wir nicht nötig – wir verkaufen Qualität!" Diese Antwort deutet eine frühe Fehlinterpretation an: Marketing wurde auf Werbung reduziert. Werbung wiederum stand seit den 1950er Jahren unter öffentlichem Beschuss. Sie war in den Verdacht der Manipulation geraten. Das Buch „The Hidden Persuaders" des Amerikaners Vance Packard (1957) war unter dem deutschen Titel „Die geheimen Verführer" erschienen und hatte für einige Aufregung gesorgt. Der populärwissenschaftliche Sensationsautor vertrat die These von der nahezu totalen Manipulierbarkeit von Konsumenten durch so genannte „unterschwellige" Werbung. Bewiesen haben wollte er diese These mit folgendem Experiment: In einem amerikanischen Vorstadtkino ließ er mehrfach eine dreitausendstel Sekunde dauernde Einblendung von Speiseeis in einen Kinofilm vornehmen. Der Verkauf von Speiseeis in den Kinopausen sei durch diese Maßnahme signifikant gesteigert worden, obwohl die Zuschauer das unterschwellige Projektionsverfahren gar nicht bewusst wahrgenommen haben konnten. Die Verunsicherung der Bevölkerung durch dieses Experiment war enorm. Die Presse befürchtete angesichts eines möglichen Einsatzes dieser Technik für politische und ideologische Zwecke bereits den Beginn der Orwell'schen Ära. Schließlich befasste sich sogar der Kongress der Vereinigten Staaten mit dieser Problematik. Der Bundesstaat New York verabschiedete 1968 ein Gesetz, das unterschwellige Werbung jeder Art verbot. Auch wenn zahlreiche seriöse, wissenschaftliche Experimente die These von Vance Packard widerlegten (vgl. Urselmann 1993), blieb die Bevölkerung äußerst skeptisch: Marketing wurde mit Werbung gleichgesetzt und die wiederum mit Manipulation. So wurde Marketing spätestens durch die 68er Generation pauschal als „Speerspitze des Kapitalismus" abgelehnt (vgl. Raffée / Wiedmann / Abel 1983: 675-768). Diese Meinung setzte sich in vielen Köpfen fest und führte zu Irritationen, als das Marketing in den 1990ern verstärkt Einzug in die soziale Arbeit halten sollte. Dabei wird vollkommen übersehen, dass Marketing eben nicht mit Werbung gleichgesetzt werden kann. Es ist deshalb wichtig, im nächsten Kapitel den Marketing-Begriff zunächst einmal näher zu beleuchten.

2 Zum Begriff des (Sozial-) Marketing

2.1 Der kommerzielle Marketing-Begriff

Weil die Ursprünge des Marketing im kommerziellen Bereich liegen, ist es sinnvoll, vom Begriff des Profit-Marketing auszugehen. Hierfür gibt es eine große Vielzahl von Definitionsvorschlägen. In Anlehnung an Bruhn (2004) soll Marketing hier wie folgt definiert werden:

> Unter Marketing versteht man die systematische Analyse, Planung, Durchführung und Kontrolle aller auf aktuelle und potenzielle Märkte ausgerichteten Unternehmensaktivitäten, welche darauf abzielen, durch eine konsequente Ausrichtung der Waren oder Dienstleistungen an den Bedürfnissen der Kunden die eigenen Unternehmensziele zu erreichen.

Zur Marketing-Logik gehört also einerseits die Marktanpassung an die Bedürfnisse der Kunden, andererseits aber auch die aktive Marktgestaltung, also Beeinflussung der (potenziellen) Kunden im Sinne der Unternehmensziele. Diese Beeinflussung kann bis zur Schaffung bzw. Weckung von Bedürfnissen gehen (Purtschert 2001: 7). An dieser Stelle kommen wir nochmals auf den Manipulationsvorwurf an das Marketing zurück: Unbestritten ist, dass Marketing menschliches Verhalten beeinflussen möchte. Aber ist jede Form von Beeinflussung automatisch mit Manipulation gleichzusetzen? Kerber (1970) definiert Manipulation wertneutral und verwendet die Begriffe „Beeinflussung" und „Manipulation" synonym: „Menschen ‚manipulieren' einander dauernd, indem sie Einfluss aufeinander auszuüben suchen, die anderen zu einem bestimmten Verhalten zu veranlassen trachten. Jede Mitteilung eines beliebigen Sachverhaltes von menschlicher Bedeutung, jede Erziehung, jede Aufklärung über Zusammenhänge ist ‚Manipulation' in diesem zunächst wertneutralen Sinn der Beeinflussung."

Tatsächlich aber herrscht trotz aller Vielfalt an Definitionsversuchen weitgehend Einigkeit darüber, dass unter Manipulation eine
- zwanghafte Verhaltenssteuerung zu verstehen ist,
- der sich der Mensch nicht willentlich entziehen kann,
- die ihm in der Regel unerkannt bleibt und
- die sein Verhalten wesentlich bestimmt (vgl. Mehling 1983: 8).

Kroeber-Riel und Meyer-Hentschel (1982) erachten neben dieser sachlichen Dimension der Definition noch eine wertende Dimension als konstitutiv. Sie möchten unter Manipulation eine Beeinflussungsform verstanden wissen, die meist nicht durchschaut wird und zwanghaft wirkt (sie sprechen von ‚Steuerung'), die zusätzlich aber noch gegen (gesellschaftlich anerkannte) Werte und Zielsetzungen verstößt. Eltern werden sich beispielsweise darüber aufregen, dass ihre Kinder im Kindergarten ‚manipuliert' werden, wenn sie dort zu Verhaltensweisen und Überzeugungen erzogen werden, die nicht dem persönlichen Werte- und Zielsystem der Eltern entsprechen. Die eigene Beeinflussung der Kinder werden die Eltern aber immer als ‚Erziehung' ansehen.

2.2 Ausweitung des Marketing-Begriffs

Ausgehend vom Ursprung des traditionellen Konsumgüter-Marketing wurde beginnend in den 1960er Jahre eine kontinuierliche Weiterentwicklung des Begriffs auf drei Ebenen diskutiert (siehe Abb. 24):

Auf der ersten Ebene wird unter der Überschrift *„Deepening the Concept of Marketing"* die Erweiterung des Zielsystems im traditionellen Marketing gefordert. Unternehmerische Zielsetzungen sollen durch ökologische, soziale und ethische ergänzt werden. Das *„Human Concept of Marketing"* fordert als wohl weitreichenster Vertiefungsansatz eine Ausweitung der Marketing-Sicht über den engen Kreis der Konsumenten und Konkurrenten hinaus auf Lieferanten, Handel und die gesamte Gesellschaft.

Auf der zweiten Ebene wird unter der Überschrift *„Broadening the Concept of Marketing"* eine Übertragung des Marketing-Wissens auf Austauschbeziehungen anderer Funktionsbereiche (wie z.B. dem Beschaffungs- und Personal-Marketing) wie auch anderer Organisationstypen (wie z.B. nichtkommerzieller Organisationen im öffentlichen und privaten (insbesondere sozialen) Bereich) gefordert. Am weitesten geht Kotler (1972) mit seinem *„Generic*

Concept", das Marketing auf alle Transaktionen materieller oder immaterieller Natur ausdehnt.

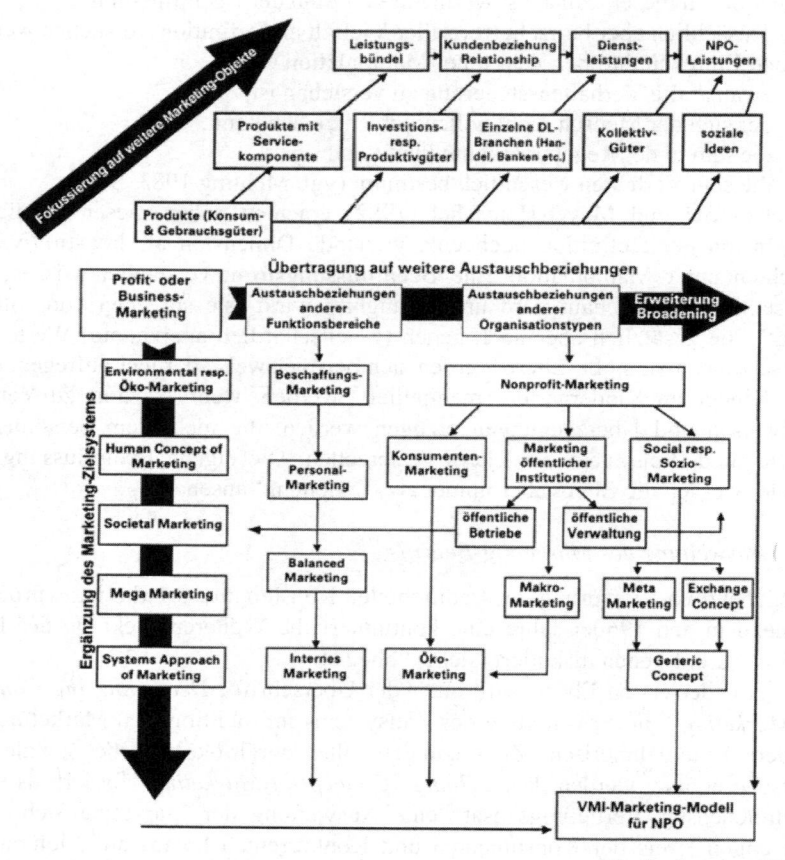

Abbildung 24: Weiterentwicklung des Marketing auf drei Ebenen

Quelle : Purtschert 2001: 24

Auf der dritten Ebene ist eine Erweiterung auf neue *Marketing-Objekte* zu beobachten. Ursprünglich für Konsumgüter entwickelt, werden Marketing-Überlegungen nach und nach auch auf Investitionsgüter, Dienstleistungen (in Handel, Banken und weiteren Branchen) und soziale Ideen ausgedehnt.

2.3 Zum Begriff des Sozial-Marketing

Im Zuge der beschriebenen Ausweitung wird der Marketing-Begriff auch auf den sozialen Bereich ausgedehnt. Allerdings entwickeln sich sehr unterschiedliche Definitionen von Sozial-Marketing bzw. Social Marketing. Kotler und Zaltman (1973) definieren den Begriff als Entwurf, Implementierung und Kontrolle von Marketing-Programmen, die auf die Akzeptanz sozialer Ideen Einfluss nehmen. Es wird also eine *problemorientierte Perspektive* eingenommen, die Sozial-Marketing an der Lösung sozialer Probleme festmacht. Diese können nach Kotler und Zaltman sehr umfassend vom Gesundheitswesen über Familienplanung und Flüchtlingshilfe bis Umweltverschmutzung reichen und prinzipiell auch von kommerziellen Institutionen durchgeführt werden.

Bruhn und Tilmes (1994) hingegen wählen eine *institutionelle Perspektive*, die Sozial-Marketing auf nichtkommerzielle Organisationen beschränkt. Sie definieren Social Marketing als Planung, Organisation, Durchführung und Kontrolle von Marketingstrategien und -aktivitäten nichtkommerzieller Organisationen, die direkt oder indirekt auf die Lösung sozialer Aufgaben gerichtet sind. Dabei werden soziale Aufgaben jedoch wie bei Kotler und Zaltman noch in einem sehr weiten Sinne verstanden. Neben sozialen Aufgaben im engeren Sinne können dies auch kulturelle, politische, sportliche und Umweltfragen sein.

In Abgrenzung zu den ausgeführten Begriffsverständnissen, wird hier eine Definition von Sozial-Marketing vertreten, die den Objektbereich auf soziale Aufgaben im engeren Sinne der Sozialarbeit beschränkt. Aufgrund unterschiedlicher Rahmenbedingungen wurde für andere, nichtkommerzielle Bereiche wie Kultur, Umwelt und Sport in der Praxis längst ein eigenständiges Marketing in Form von Kultur-Marketing, Umwelt-Marketing und Sport-Marketing entwickelt. Sozial-Marketing wird demnach wie folgt definiert:

> Unter Sozial-Marketing versteht man die systematische Analyse, Planung, Durchführung und Kontrolle aller Aktivitäten einer nicht-kommerziellen Organisation, welche darauf abzielen, durch eine konsequente Ausrichtung aller Austauschprozesse an den Bedürfnissen der wichtigsten Stakeholder die Ziele einer sozialen Organisation zu erreichen.

Die vorgeschlagene Definition erweitert den Kundenbegriff kommerzieller Organisationen auf die wichtigsten Stakeholder (Bezugsgruppen) einer Nonprofit-Organisation. Schließlich müssen soziale Organisationen nicht nur die Bedürfnisse ihrer Klienten, Patienten und Nutzer (oder welche sonstigen Bezeichnungen für einen „Kunden" gewählt werden) berücksichtigen. Aufgrund der Sachzieldominanz sozialer Nonprofit-Organisationen sind auch die Bedürfnisse so wichtiger Bezugsgruppen wie Mitarbeiterschaft, Ehrenamtliche und Geldgeber (Kostenträger und Spender) im Sozial-Marketing zu berücksichtigen. Zusammenfassend kann hervorgehoben werden, dass der hier vorgeschlagene Marketing-Ansatz ein umfassender ist, der sich nicht nur auf die Absatzseite beschränkt, sondern auch Bezugsgruppen auf der Beschaffungsseite und im Innenbereich einer sozialen Organisation einbezieht.

3 Bedeutung des (Sozial-) Marketing für die soziale Arbeit

Sozial-Marketing fordert also die Ausrichtung der sozialen Dienstleistungen, die z.B. in Form von Pflege-, Beratungs- oder Betreuungsleistungen erbracht werden, an den Bedürfnissen der Klienten. Dies war, und ist zum Teil noch heute, leider nicht selbstverständlich. Lange Zeit war der Nonprofit-Sektor –auch „Dritter Sektor" (neben Markt und Staat) genannt – dem Staat näher als dem Markt. Wer eine soziale Dienstleistung benötigte, war darauf angewiesen, zu nehmen, was angeboten wurde, und in der Qualität, wie sie angeboten wurde. Da war zweitrangig, ob diese Qualität den Präferenzen eines Nachfragers entsprach oder nicht. Beispiele lassen sich bei der Sozialen Arbeit im Altenpflegebereich anführen.

Dass bei der Klientenorientierung in der Sozialen Arbeit seit den 1990er Jahren ein Umdenken einsetzt, hat zunächst mehr mit den Zwängen der veränderten Rahmenbedingungen als mit der Einsicht der Verantwortlichen zu tun. Zu groß war der Druck auf die etablierten Anbieter Sozialer Arbeit geworden. Mit der deutschen Wiedervereinigung mussten zum Teil drastische Reduzierungen bei staatlichen oder kirchlichen Förderungen verkraftet werden. Gleichzeitig ließ der europäische Integrationsprozess neue Konkurrenz zu, die sich zunächst v.a. im grenznahen Bereich bemerkbar machte. Dazu kamen viele private Anbieter Sozialer Arbeit, die es gezielt auf besonders lukrative Nischen abgesehen hatten und dort z.T. ein ganz neues Niveau an Klientenorientierung einführten. Spätestens jetzt wurden in vielen Feldern Überkapazitäten deutlich, die wiederum einen scharfen Wettbewerb unter den verschiedenen Anbietern von Sozialer Arbeit mit sich brachten. Ökonomisch gesprochen bedeutete dies den Wandel vom Verkäufer- zum Käufermarkt bzw. überhaupt erst die Einsicht, sich in einem marktlichen Umfeld unter Wettbewerbsbedingungen zu bewegen. Vor allem in den neuen Bundesländern wurde durch das Zulassen privater Anbieter das Subsidiaritätsprinzip de facto ausgehöhlt, das bis dato der freien Wohlfahrtspflege die Versorgung mit Sozialer Arbeit vor Ort vorrangig überließ. Dazu kommt Kritik aus Brüssel, wo man im deutschen Gemeinnützigkeitsrecht eine steuerrechtliche Wettbewerbsverzerrung wittert zwischen privaten Anbietern und gemeinnützigen Anbietern v.a. aus der freien Wohlfahrtspflege und dem öffentlich-rechtlichen System. So öffnet sich mancher Entscheider in der Sozialen Arbeit dem Thema Marketing nicht nur aus Einsicht, sondern auch aus purer Notwendigkeit, um vor dem Hintergrund veränderter Rahmenbedingungen im Wettbewerb bestehen zu können. Es muss jedoch eingeräumt werden, dass die Einbeziehung von Kunden- und Wettbewerbsorientierung auch im kommerziellen Marketing ein Lernprozess über Jahrzehnte war.

4 Marktforschung

Sozial-Marketing wurde als systematischer Prozess aus Analyse, Planung, Durchführung und Kontrolle bestimmter Aktivitäten definiert. Bevor im Rahmen des Sozial-Marketing auf die Präferenzen der wichtigsten Stakeholder eingegangen werden kann, müssen diese also zunächst analysiert bzw. erforscht werden. Dies geschieht im Rahmen der *Marktforschung*, die systematisch relevante Daten über Klienten, Wettbewerber, Spender und andere Bezugsgruppen erhebt, aufbereitet und interpretiert.

Für die soziale Arbeit muss Marktforschung beispielsweise Antworten auf folgende Fragen finden:
- Wie wirkt sich die demografische Entwicklung der Bevölkerung in den nächsten Jahren z.B. auf die Klientenstruktur in der Kinder-, Jugend-, Migranten- und Seniorenarbeit aus?
- Welche Erwartungen haben die verschiedenen Zielgruppen (Kinder, Jugendliche, Behinderte, Migranten, Senioren) an die soziale Arbeit?
- Wie entwickelt sich der Wettbewerb in den verschiedenen Bereichen der sozialen Arbeit?
- Welche Finanzierungsquellen in welcher Höhe kommen für eine bestimmte Form von sozialer Arbeit in Frage?

Unterschieden wird zwischen so genannter *Primärforschung* (field research) und *Sekundärforschung* (desk research). Während die Primärforschung originäre Daten erhebt, greift die Sekundärforschung auf Informationen aus bereits vorhandenem Datenmaterial zurück. Aufgrund des geringeren zeitlichen und finanziellen Aufwandes wird immer versucht, zunächst möglichst viele Sekundärquellen bei Ämtern, Verbänden und in Fachpublikationen zu erschließen. Wenn Sekundärquellen nicht oder nicht ausreichend zur Verfügung stehen, müssen die benötigten Daten empirisch im Rahmen der Primärforschung ermittelt werden.

Müssen benötigte Daten durch Primärforschung erhoben werden, bieten sich als *Erhebungsverfahren* die Beobachtung, die Befragung und das Experiment an. In der Praxis der sozialen Arbeit dürfte die mündliche und mehr noch die schriftliche Befragung am weitesten verbreitet sein. So befragen beispielsweise Senioreneinrichtungen regelmäßig ihre Bewohner, deren Angehörige und die eigenen Mitarbeiter über ihre jeweilige Zufriedenheit. Auch die Bezugsgruppe der Spender sollte befragt werden, wenn die Finanzierung einer sozialen Einrichtung auf private Unterstützung angewiesen ist. Erstaunlicherweise werden die Bedürfnisse der Kostenträger als wichtige Bezugsgruppe in der Praxis i.d.R. nicht systematisch erforscht.

Um den vorgegebenen Umfang dieses Beitrages nicht zu sprengen, muss auf eine ausführlichere Darstellung des wichtigen Feldes der Marktforschung verzichtet werden. Nähere Informationen finden sich beispielsweise bei Berekoven / Eckert / Ellenrieder (2004).

5 Strategisches Sozial-Marketing

Aufbauend auf der im Rahmen der Marktforschung durchgeführten Analyse, wird im Sozial-Marketing ein systematischer Planungsprozess durchgeführt. Im „Freiburger Management-Modell für Nonprofit-Organisationen" schlagen Schwarz u.a. (2002) für das Marketing-Management einen *dreistufigen Planungsprozess* vor (siehe Abb. 25). Auf der ersten Stufe wird aus den *normativ-strategischen Grundlagen* von Satzung und Leitbild der sozialen Nonprofit-Organisation ein Marketing-Konzept abgeleitet. Darunter ist ein Führungsdokument von langfristiger Gültigkeit zu verstehen, das sich auf die wesentlichen Grundentscheidungen bezüglich der Austauschprozesse mit den wichtigsten Stakeholdern beschränkt. Auf einer zweiten Stufe wird das Marketing-Konzept durch eine *operativ-mittelfristige Planung* (von zwei bis fünf Jahren) auf konkrete Marketing-Programme und Projekte (z.B. Auf- und Ausbau einzelner Leistungsbereiche) heruntergebrochen. Diese wiederum werden auf der dritten Stufe im Rahmen der *dispositiv-kurzfristigen Planung* zu einjährigen Aktivitätsplänen inklusive Budget und Zeitplänen konkretisiert.

Sozial-Marketing

Analyse-/Prognoseinformationen

| NPO | Wertvorstellung | Umfeld |

Lagebeurteilung

Planung

Normativ-strategische Grundlagen

Branchen-/Berufs-/NPO-Leitbilder
Statuten/Satzungen

Konzepte

| System-Management | Marketing-Management | Ressourcen-Management |

Operativ-mittelfristige Pläne

Entwicklung/Schwerpunkte,
Programme/Projekte

| System-Management | Marketing-Management | Ressourcen-Management |

Dispositiv-kurzfristige Pläne

Aktivitäts-/Tätigkeits-/Umsetzungspläne,
Budgets, Ablauf-/Zeitpläne

| System-Management | Marketing-Management | Ressourcen-Management |

Realisation

**Fortschritts- und Ergebniskontrolle
Berichterstattung/Reporting**

Entwicklung, Einsatz von

Qualitätsmanagement:

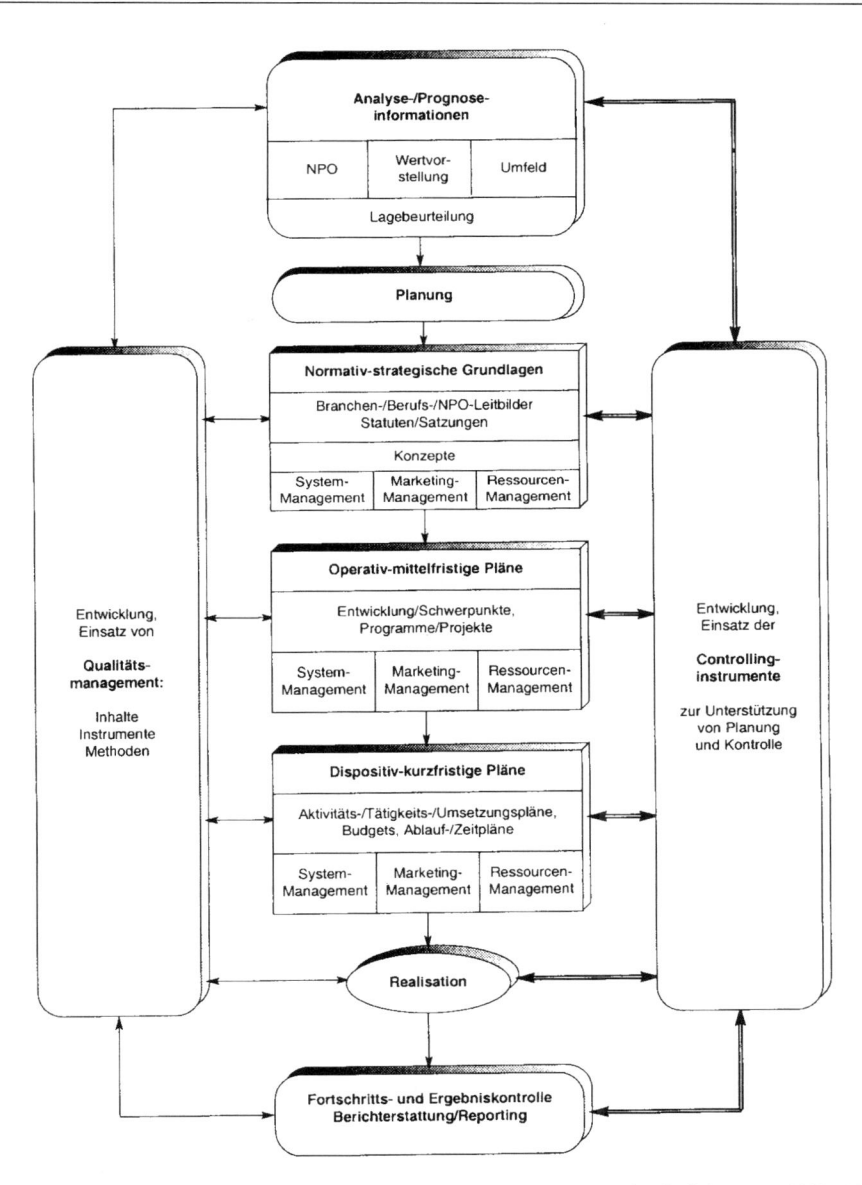

Inhalte
Instrumente
Methoden

Entwicklung, Einsatz der

Controllinginstrumente

zur Unterstützung
von Planung
und Kontrolle

Quelle: Schwarz u.a. 2002: 117

Abbildung 25: Einbettung des Marketing-Management in einen dreistufigen Planungsprozess

Bezogen auf die Dienstleistungen einer sozialen Organisation (z.B. Betreuungs-, Beratungs- oder Pflegeleistung) ist im Marketing-Konzept zunächst der *relevante Markt* bzw. das relevante Marktsegment zu definieren:
- Welche soziale Arbeit wollen wir für welche Klientengruppe(n) anbieten?
- Womit befassen wir uns nicht?

Es sind Entscheidungen zur *Positionierung* zu fällen:
- Wer sind unsere wichtigsten Wettbewerber und wie positionieren wir uns in Abgrenzung zu ihnen?
- Welches, möglichst unverwechselbare Alleinstellungsmerkmal (USP = Unique Selling Proposition) hebt unsere Arbeit vom Wettbewerb ab? Bsp.: Wir bieten als einzige Schwangerschaftskonfliktberatung anonym im Internet an.

Die Positionierung steht in engem Zusammenhang mit der gewählten *Wettbewerbsstrategie*. Porter (1999) unterscheidet drei Typen strategischer Ansätze:
- Umfassende Kostenführerschaft,
- Differenzierung,
- Konzentration auf Schwerpunkte (Nischen).

Bei der *umfassenden Kostenführerschaft* können aufgrund eines hohen Marktanteils durch Größenvorteile geringere Kosten erzielt und an die Kunden in Form niedrigerer Preise weitergegeben werden.

> Beispiel: Eine große Senioreneinrichtung kann aufgrund ihrer Größe bessere Konditionen bei der Beschaffung von Einrichtungsgegenständen, im Catering, bei Gebäudereinigung sowie in der Wäscherei erzielen und in Form günstigerer Preise an preissensible Klienten weitergeben.

Die *Differenzierung* setzt auf branchenweite Einzigartigkeit durch besondere Qualität, Kundenbetreuung oder Technologie des Produkts bzw. der Dienstleistung. Die Einzigartigkeit rechtfertig einen höheren Preis. Angesprochen werden Zielgruppen, denen beispielsweise die Qualität wichtiger ist als der Preis.

> Beispiel: Eine kleine, exklusive Seniorenresidenz rechtfertigt mit besonderer Qualität des Standorts, des Gebäudes, des Personals und der Freizeitaktivitäten einen höheren Preis für die soziale Arbeit.

Bei der *Konzentration auf Schwerpunkte* beschränkt sich der Anbieter auf ein bestimmtes Segment bzw. Marktnische (weshalb oft auch von „Nischenstrategie" gesprochen wird). Marktnischen entstehen durch eine Konzentration auf eine bestimmte Abnehmergruppe, eine spezialisierte Dienstleistung, einen bestimmten geografischen Markt oder alles zusammen. In der Nische erzielt der Anbieter niedrigere Kosten oder eine bestimmte Differenzierung oder beides zusammen.

Beispiel: Eine kleine Seniorenresidenz hat sich auf Diabetis- oder Demenz-erkrankte Senioren einer bestimmten Region spezialisiert.

6 Operatives Sozial-Marketing

Die strategischen Vorgaben des Marketing-Konzeptes sind anschließend im Rahmen des operativen Sozial-Marketing in konkrete Programme und Projekte zur Zielerreichung zu übersetzen. Diese wiederum werden auf der dritten Stufe im Rahmen der *dispositiv-kurzfristigen Planung* zu einjährigen Aktivitätsplänen inklusive Budget und Zeitplänen konkretisiert.

Während das strategische Sozial-Marketing von der Leitung der sozialen Organisation (Geschäftsführung, Vorstand) geplant wird, ist das operative Sozial-Marketing Aufgabe der zuständigen Abteilungsleiter bzw. Einrichtungsleiter (bei kleineren Einrichtungen).

Für jedes „Produkt" einer sozialen Organisation plant das operative Sozial-Marketing marktsegmentbezogen den Einsatz der verschiedenen Marketing-Instrumente. Das Produkt einer sozialen Organisation ist in der Regel eine (soziale) Dienstleistung, beispielsweise in Form einer Beratungs-, Betreuungs- oder Pflegeleistung. Die Marketing-Instrumente werden klassischerweise den folgenden vier Teilbereichen (vier „P") zugeordnet und im Rahmen des so genannten *Marketing-Mix* aufeinander abgestimmt (siehe Abb. 26):

- Produktpolitik („Product"),
- Preispolitik („Price"),
- Kommunikationspolitik („Promotion"),
- Distributionspolitik („Place").

Auf Basis der gewählten Wettbewerbsstrategie werden in der *Produktpolitik* sozialer Organisationen Entscheidungen zu folgenden Fragen getroffen:

- Soll eine neue soziale Dienstleistung entwickelt (Produktinnovation), eine bestehende verändert (Produktvariation) oder gar nicht mehr angeboten werden (Produktelimination)?
- Welchen Grundnutzen schafft die soziale Dienstleistung bezogen auf die Bedürfnisse der Klienten?
- Durch welches Alleinstellungsmerkmal (USP = Unique Selling Proposition) unterscheidet sich die soziale Dienstleistung von der des Wettbewerbs?
- Welchen Zusatznutzen kann die soziale Dienstleistung ggf. anbieten?
- In welcher Qualität soll die soziale Dienstleistung angeboten werden?

- Welche Markenpolitik soll für die soziale Dienstleistung betrieben werden (Einzelmarke, Markenfamilie, Dachmarke)?
- Wie soll die soziale Dienstleistung positioniert werden?
- Auf welche Ersatzindikatoren ist zu achten, wenn ein Klient die Qualität der Dienstleistung selbst nicht fachlich beurteilen kann?

Wurde die soziale Dienstleistung im Rahmen der Produktpolitik genau spezifiziert, so sind in der *Preispolitik* – wiederum basierend auf der gewählten Wettbewerbsstrategie - folgende Entscheidungen zu treffen:

- Welche Finanzierungsmöglichkeiten stehen der sozialen Organisation zur Verfügung?
- Kann für die soziale Dienstleistung ein Marktpreis erzielt werden oder soll sie sich über Gebühren, (staatliche oder kirchliche) Zuschüsse oder Spenden finanzieren?
- Wenn ein Marktpreis angesetzt werden kann, wie soll dieser kalkuliert werden (kostenorientierte, konkurrenzorientierte oder nachfrageorientierte Kalkulation)?
- Welche Rabatte, Skonti, Boni können gewährt werden?

In der *Kommunikationspolitik* werden Entscheidungen zu folgenden Fragen getroffen:

- Wie soll die Organisation ihre soziale Dienstleistung kommunizieren?
- Kann Produktwerbung eingesetzt werden? Wenn ja, mit Hilfe welcher Werbeträger (Print, Funk, Fernsehen), welcher Werbemittel (Anzeigen, Spots, Plakate) und welchem Werbebudget?
- Können (potentielle) Zielgruppen mit Hilfe der Direktwerbung (Mailings, Anrufe, e-Mails, Haustürwerbung, Standwerbung, Veranstaltungen/Events) persönlich angesprochen werden?
- Welche Unterstützung kann durch die Öffentlichkeitsarbeit (PR) geleistet werden?

In der *Vertriebspolitik* muss die soziale Organisation Entscheidungen zu folgenden Fragen treffen:

- Allgemein: Wird die benötigte soziale Dienstleistung in der richtigen Form zum richtigen Zeitpunkt am richtigen Ort angeboten?
- Soll die Organisation ihre soziale Dienstleistung stationär oder ambulant anbieten (z.B. in der Seniorenhilfe, Obachlosenhilfe)?
- Soll die Organisation ihre soziale Dienstleistung real oder virtuell (über das Internet) anbieten (z.B. in der Jugendhilfe)?

- Welche zeitliche Erreichbarkeit kann angeboten werden? Wie weit kann auf die zeitlichen Bedürfnisse der Klienten eingegangen werden (z.B. bei Kindertagesstätten oder in der Drogenhilfe)?
- Welche örtliche Erreichbarkeit kann angeboten werden? Kann die soziale Dienstleistung bei großen Entfernungen auch telefonisch oder per Internet angeboten werden (z.B. bei Beratungsleistungen)?
- Soll die soziale Dienstleistung zentral oder dezentral angeboten werden?
- Hat die Organisation überhaupt einen geeigneten Standort?
- Wie kann das unmittelbare Dienstleistungsumfeld so gestaltet werden, dass sich Klienten und Mitarbeiter dort wohl fühlen?

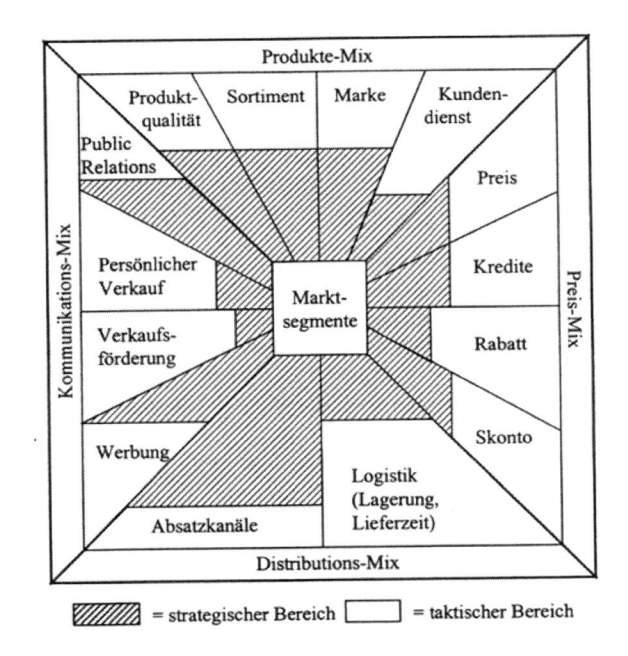

Quelle: Meffert 1980: 82

Abbildung 26: Die vier Teilbereiche des Marketing-Mix

7 Fazit

Im beiderseitigen, wie im Interesse der Klienten, tun die soziale Arbeit wie auch das Marketing gut daran, ideologischen Ballast der Vergangenheit abzuwerfen und sich vorurteilsfrei und undogmatisch für einander zu öffnen. Einerseits sollte soziale Arbeit Marketing als eine zunächst wertneutrale Sozialtechnik begreifen lernen, die – richtig verstanden und wertebasiert eingesetzt – ein nützliches Vehikel für die eigene Arbeit darstellen kann. Dem Marketing muss es andererseits gelingen, durch einfühlsame Adaption seines Instrumentariums auf die speziellen Erfordernisse in der sozialen Arbeit, dieser erkennbare, überzeugende Vorteile zu liefern. Nur so kann Marketing Akzeptanz und Vertrauen erlangen. Der Lernprozess war und ist also ein beidseitiger.

8 Literatur

Berekoven, Ludwig / Eckert, Werner / Ellenrieder, Peter (2004): Marktforschung – Methodische Grundlagen und praktische Anwendungen. Wiesbaden: Gabler Verlag

Bruhn, Manfred (2004): Marketing – Grundlagen für Studium und Praxis. 7. Auflage, Wiesbaden: Gabler Verlag

Bruhn, Manfred / Tilmes, Jörg (1994): Social Marketing – Einsatz des Marketing für nicht-kommerzielle Organisationen. 2. Auflage, Stuttgart u.a.: Kohlhammer Verlag

Irle, Martin (Hrsg.) (1983): Handbuch der Psychologie. Göttingen:

Kerber, W. (1970): Manipulierung des Menschen durch Werbung? In: Stimmen der Zeit 95: 34

Kotler, Philip (1972): A Generic Concept of Marketing. In: Journal of Marketing, 36. Jg., Nr. 2, 46 ff.

Kotler, Philip / Zaltman, G. (1973): Social Marketing: An Approach to Planned Social Change. In: Lazer / Kelley (1973): 52 ff.

Kroeber-Riel, W. / Meyer-Hentschel, G. (1982): Werbung – Steuerung des Konsumentenverhaltens. Würzburg/Wien

Lazer, W. / Kelley, E.J. (Hrsg.) (1973): Social Marketing. Homewood (Illinois)

Meffert, Heribert (2001): Marketing-Management. Analyse – Strategie – Implementierung. Wiesbaden: Gabler Verlag

Mehling, F.W. (1983): Manipulation des Konsumenten durch suggestive Werbung? In: Markenartikel, Heft 1: 8

Packard, Vance (1957): The Hidden Persuaders. New York

Porter, Michael E. (1999): Wettbewerbsstrategie – Methoden zur Analyse von Branchen und Konkurrenten. 10. Auflage, Frankfurt/Main: Campus Verlag

Purtschert, Robert (2001): Marketing für Verbände und weitere Nonprofit-Organisationen. Bern u.a.: Verlag Paul Haupt

Raffée, Hans / Wiedmann, Klaus-Peter / Abel, Bodo (1983): Sozio-Marketing. In: Irle (1983): 675-768

Schwarz, Peter / Purtschert, Robert / Giroud, Charles / Schauer, Reinbert (2002): Das Freiburger Management-Modell für Nonprofit-Organisationen. 4. Auflage, Bern u.a.: Verlag Paul Haupt

Urselmann, Michael (1993): Die Existenzberechtigung der Werbung – Eine interdisziplinäre Betrachtung zur Werbekritik, Schriftenreihe Schwerpunkt Marketing, Bd. 40, Universität Augsburg

Herbert Schubert

Kontraktmanagement

1. Zum Stand des Kontraktmanagements
   1.1 Grundverständnis
   1.2 Anwendungserfahrungen
2. Kritik am Modell des bestehenden Kontraktmanagements
3. Perspektiven einer pragmatischen Weiterentwicklung des Kontraktmanagements
   3.1 Netzwerkorganisation
   3.2 Sozialraumorientierung
   3.3 Nutzen der Perspektive
4. Ausblick
5. Literatur

Im ‚Neuen Steuerungsmodell' stellt die ‚dezentrale Fach- und Ressourcenverantwortung' ein Schlüsselkonzept dar (vgl. KGSt 1998) und das Kontraktmanagement ist ein zentrales Instrument dieser Form der Ergebnissteuerung über Vereinbarungen und Verträge (Jann 1998). Das traditionelle bürokratische Handlungs- und Entscheidungssystem der Normen vollziehenden Administration nach dem Befehl- und Gehorsamsprinzip tritt hinter ein neues Leitbild zurück, das Verwaltungshandeln als Aushandlungsprozess deklariert (Knorr 2001: 233). Mit der Übertragung von Handlungsspielräumen für Personal- und Sachmittel bei monetärer Ergebnisverantwortung auf der einen Seite und für die fachliche Erreichung von Zielen – insbesondere von der strategischen auf die operative Ebene – sollen personal Motivations- und handlungssystemisch Leistungspotenziale freigesetzt werden.

An der Schnittstelle zur fachlichen Dimension der sozialen Dienstleistungen zeigen sich Defizite, wenn die Steuerung mit Kontrakten auf eine klassische betriebswirtschaftliche Perspektive – mit dem Fokus auf dem Output („Leistungs"-Vereinbarung) – reduziert wird. Besonderes Augenmerk muss auf eine Organisationsentwicklung gelegt werden, in der die Ausgestaltung von Kontrakten an der Erreichung fachlicher Ziele – also am Outcome – orientiert wird.

1 Zum Stand des Kontraktmanagements

1.1 Grundverständnis

Im Allgemeinen kann das Kontraktmanagement als Steuerungs- und Planungsinstrument verstanden werden, bei dem Ziele vereinbart werden, d.h. Absprachen über zu erbringende Leistungen und Ergebnisse, die dafür zur Verfügung gestellten Ressourcen und die Art der Berichterstattung bzw. Ergebnisdokumentation getroffen werden. Ein Kontrakt lässt sich definieren als:
- schriftliche Absprache
- zwischen zwei Partnern
- über zu erreichende Ergebnisse (Ziele)
- in einem definierten Zeitraum
- mit einem festgelegten Budget und
- unter kontinuierlicher Berichterstattung über die tatsächlich erzielten Ergebnisse.

Das Instrument des Kontraktmanagements ist dem Führungsmodell „Management by Objectives" (MbO, Führung durch Ziele) nachempfunden. Der Managementzyklus des ‚Kontraktierens' wird dabei als kybernetischer Regelkreis gestaltet: Aus definierten Problemen werden Ziele zu ihrer Beseitigung abgeleitet, und es wird ein Handlungsplan zur Erreichung dieser Ziele aufgestellt. Nach der Ausführung der Maßnahmen bzw. im weiteren Prozess wird der Erreichungsgrad kontrolliert, um aus der Entdeckung von Abweichungen Folgerungen zu ziehen und den Handlungsplan für den nächsten Zyklus zu verbessern. Insofern handelt es sich um eine Steuerung durch Ziele *und* Zielerreichungskontrollen (vgl. Abbildung 27). Vom traditionellen Steuerungsmodell der Normvorgaben unterscheidet sich dieses Vorgehen durch systemische Rückkopplungsbeziehungen und dadurch ausgelöste organisationale Lernprozesse.

Gerade in der sozialen Arbeit hat lange Zeit zu wenig Zielklarheit geherrscht, so dass es Unzufriedenheit – von den Klienten über die Mitarbeiter/innen bis hin zu den Leitungskräften – auf allen Ebenen gab (Arnold/Maelicke 1998: 497). Mit der Formulierung operationalisierter Ziele (→ vgl. dazu den Beitrag von Holger Spieckermann: Evaluation) wird dieses Defizit nicht nur überwunden; es wird auch ein Anschluss an die Handlungsdimensionen der Struktur-, Prozess- und Ergebnisqualität sichergestellt (→ vgl. dazu den Beitrag von Conrad von Fürstenberg: Qualitätsmanagement).

In Verbindung mit dem Wunsch nach Klarheit, was genau geleistet oder erreicht werden soll, wurden rechtliche Rahmenbedingungen für Kontrakte in verschiedenen sozialen Gesetzen geschaffen. Exemplarisch zu nennen sind besonders die Ergänzungen der §§ 93, 93 a – d BSHG und der §§ 78 a – f SGB VIII sowie die Reform der sozialen Wohnraumförderung (vgl. §§ 14 – 15 WoFG). Durch diese Gesetzesnovellen wurde eine Vereinbarung über (i) Leistungsinhalte, (ii) Entgelte für die Leistungen und (iii) die Entwicklung von leistungsbezogenen Qualitätsstandards zur Voraussetzung einer Kostenübernahme durch den örtlichen Kostenträger (vgl. dazu auch Knorr 2001).

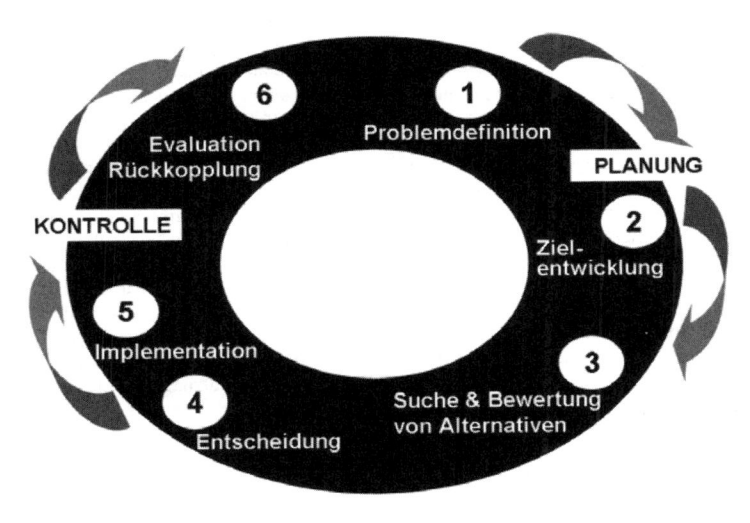

nach Tondorf et al. 2002: 15; Damkowski / Precht 1995: 19

Abbildung 27: Systemischer Managementzyklus für eine Steuerung über Ziele

Im Neuen Steuerungsmodell geht das Kontraktmanagement weit über das MbO-Modell hinaus. Denn über Kontrakte soll eine unternehmensähnliche, dezentrale Führungs- und Organisationsstruktur konstruiert werden (vgl. z.B. URL www.kommunaler-wettbewerb.de/kontrakt/). Sie sollen sich einerseits über alle Managementebenen sowie Ressorts erstrecken und eine klare Verantwortungsabgrenzung zwischen Politik und Verwaltung ermöglichen; andererseits repräsentieren sie das Umsetzungsinstrument für das Prinzip der Dezentralisierung, das von der Leistungs- und Ergebnisabsprache statt vom intervenierenden Einzeleingriff bestimmt wird. Das Instrument des Kontraktes fördert die dezentrale Verantwortung in allen kommunalen Fachbereichen, indem primär über Ergebnisse statt über Ressourcen gesteuert wird. Während der kommunale Haushalt die fachbereichsbezogenen strategischen Ziele komprimiert darstellt, sollen Kontrakte ergänzend die zu Grunde liegenden Strategien und deren operative Umsetzung handlungsbezogen skizzieren (Heinz 2000: 149).

„Als Parteien wirken im Kontraktmanagement in erster Linie die Politik (Rat und Fachausschüsse) mit, die quasi als Aufsichtsrat des ‚Konzerns Stadt' mit der Verwaltungsführung (Bürgermeister, Beigeordnete) als einer Art Vorstand die strategischen Vereinbarungen über die grundsätzlichen Leistungs- und Finanzziele in der Kommune trifft. Dabei ist die Politik der Auftraggeber; sie bestimmt das Was. Die Verwaltungsführung ist in diesem Stadium der Auftragnehmer. Sie bestimmt im weiteren Geschehen dann das Wie der Leistung, indem sie selbst wiederum mit der Ausführungsebene in der Kommunalverwaltung /Fachämter / Fachbereiche) die konkreten Vereinbarungen über die operative Umsetzung der Leitlinien zu treffen hat. Weitere Parteien im Kontraktmanagement können aber auch Dritte sein, d.h. externe Organisationen, die beispielsweise als Träger der freien Wohlfahrtspflege ... Vereinbarungen über Leistungen, Vergütung und Qualität Sozialer Dienste eingehen. Den Bürgern kommt in dem Konzept eine Art Doppelrolle bzw. – unter bestimmten Umständen – auch eine Dreifachrolle zu: Sie sind zum einen als ‚Kunden' quasi Endverbraucher der von der Verwaltung oder von ihr beauftragten externen Stellen (z.B. von freien oder gewerblichen Durchführungsträgern) erbrachten Leistungen. Zum anderen haben sie als Wähler ganz grundsätzlich auch die Rolle eines Auftraggebers, indem sie über Stimmabgabe und andere kommunale Partizipationsoptionen (Bürgerbegehren etc.) ein Mandat erteilen, das der Politik und der Verwaltung Wege weist. Zum Dritten können die Bürger aber auch die Rolle desjenigen übernehmen, der für dich selbst die Leistungen erbringt, wie dies z.B. in Selbsthilfeorganisationen und Initiativen der Fall ist, wobei jedoch durchaus als Basis auch ein Leistungskontrakt dienen kann, der dann die finanzielle Unterstützung des Engagements über die Kommune regelt" (Trube 2001: 174 f.).

Durch die Festlegungen in Kontrakten wird die Verantwortung zu den Dienstleistungseinrichtungen vor Ort verlagert, ohne dass der Kostenträger seine Einflussmöglichkeiten verliert. Gesteuert wird nicht über situative Einzelanweisungen oder Einzeleingriffe, sondern auf der Basis von Absprachen über (a) die Befolgung von handlungsspezifisch operationalisierten Zielen, (b) den Einsatz von Finanzen, die sich auf einen Prozesszeitraum beziehen, und (c) eine Berichterstattung, mit der der Grad der Zielerreichung im Rahmen eines Ist-Soll-Vergleiches anhand ausgewählter Indikatoren vom Auftragnehmer an den Auftraggeber zurückgekoppelt wird. Trube bezeichnet dieses neue Steuerungsprinzip als neuen Führungsstil, bei dem das Motto „Vereinbaren statt Anordnen" gilt (ebd.: 177).

Kontrakte und Zielvereinbarungen werden als Element der kommunalen Gesamtsteuerung aufgefasst; d.h. sie sollen nach der modernen Managementlogik in den Städten und Gemeinden vom normativen über das strategische bis zum operativen Management flächendeckend über mehrere Ebenen (vertikal) und alle Ressorts (horizontal) realisiert werden. Die Steuerung über Zielvereinbarungen reicht dabei (i) vom produktorientierten Haushalt als „Hauptkontrakt" zwischen Politik und Verwaltung über (ii) den „Fachkontrakt" zwischen einem Fachbereich bzw. Fachamt als Kostenträger und der operativen Einheit der

Dienstleistungsproduktion in Gestalt eines sozialwirtschaftlichen Trägers bis zu den (iii) mit den Mitarbeiterinnen und Mitarbeitern in Zielvereinbarungsgesprächen vereinbarten Mitarbeiter- oder Team-/Gruppenkontrakten (vgl. Abbildung 28).

Verwaltungsintern haben Kontrakte keine Rechtsverbindlichkeit, denn nach den Gemeindeordnungen der Länder ist der Rat für *alle* Angelegenheiten der Gemeindeverwaltung zuständig. Das Modell der arbeitsteiligen Managementebenen, nach dem sich der Gemeinderat von der Warte des normativen Managements nicht in die Belange des strategischen Managements einmischen darf, ist mit dem demokratischen Grundelement der kommunalen Selbstverwaltung nicht kompatibel. Es wird deshalb befürchtet, dass das Kontraktmanagement zu einer Aushöhlung des Verwaltungsrechts führen wird, das eine Ausgestaltung des Verwaltungshandelns in der Form von – quasi privatrechtlichen – Verträgen zwischen zwei autonomen Akteuren nicht vorsieht (Knorr 2001: 234). Die Antwort auf die Frage nach Sanktionen bei verwaltungsinternen ‚Vertragsbrüchen' bleibt daher offen. Bei externen Kontrakten zwischen der strategisch positionierten Verwaltungsführung und frei gemeinnützigen bzw. gewerblichen operativ verantwortlichen Dienstleistungsproduzenten handelt es sich demgegenüber um rechtsverbindliche Verträge.

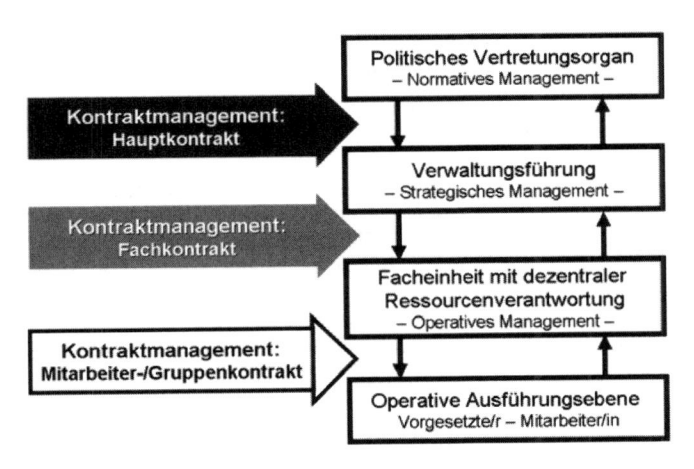

nach Tondorf et al. 2002: 18

Abbildung 28: Mehrebenensystem des Kontraktmanagements

Das Controlling hat die Aufgabe zu überwachen, ob die zwischen verschiedenen Organisationseinheiten getroffenen verbindlichen Absprachen (vgl. Abbildung 29) eingehalten worden sind (→ vgl. dazu den Beitrag von Herbert Schubert: Controlling). Die im Vorfeld vereinbarten Ziele, Produkte und Finanzmitteleinsatz werden ergebnisbezogen überprüft. Im Blickpunkt stehen Produkte/Leistungen nach Quantität und Qualität (Leistungsziele) und ein dafür vereinbartes Budget (Finanzziele), aber – häufig vergessen – auch fachliche Ergebnisse (Wirkungsziele). Als entscheidendes Kriterium von Kontrakten des Typs „Leistungsvertrag" wird in einschlägigen Veröffentlichungen auf die „öffentliche Ausschreibung" von Leistungen und auf den „Zuschlag für den günstigsten Anbieter" verwiesen (Knorr 2001: 224). Aus fachlicher Sicht der sozialen Arbeit reicht es nicht aus, die Verantwortung dezentraler Einheiten über zentral gesteuerte Kontrakte nur in der Leistungsdimension zu stärken. Dadurch werden zwar die zu erbringenden Leistungen transparent, aber es dominiert der Effizienzblick und führt zu einer Vernachlässigung der fachlichen Effektivitätsperspektive.

Kontraktinhalte
- Auftraggeber (z.B. Fachbereich der Kommune / strategische Managementebene)
- Auftragnehmer (z.B. sozialwirtschaftlicher Dienstleister / operative Ebene)
- Produktbeschreibung und Darstellung der Qualitätsstandards
- Definition des fachlichen Ergebnisses (Wirkungsziele)
- Umfang der Dienstleistung (Leistungsziele)
- Vereinbartes Budget (Finanzziele)
- Vertragsdauer
- Informations- und Berichtspflichten des Auftragnehmers (z.B. Standardberichte, Sofortberichte, Meilensteine, anzeigepflichtige Tatbestände, Leistungsvergleiche mit Dritten, Evaluation, Indikatoren und Methodenstandards)
- Öffnungsklausel (z.B. beiderseitige Kündigungsrechte, Nach- / Neuverhandlungen, gravierende Soll-Ist-Abweichungen)
- Anreize, Sanktionen (z.B. Gratifikationen für Zielerreichung)
- Konfliktregelungen (Erläuterung möglicher Konfliktsituationen, Aufzeigen von Lösungswegen)

Abbildung 29: Strukturmerkmale eines Musterkontrakts

1.2 Anwendungserfahrungen

Im Jahr 2002 wurde eine von der Hans-Böckler-Stiftung geförderte Studie zur „Steuerung durch Zielvereinbarungen" vorgelegt (Tondorf et al. 2002). Darin wurde eine Reihe innovativer Möglichkeiten des Kontraktmanagements konstatiert: (1) Ausrichtung auf die Zukunft über eine Festlegung von Zielen und Überprüfung der Zielerreichung; (2) Orientierung an Output und Outcome anstatt am Input; (3) kooperativer Charakter der Vereinbarung unter den Beteiligten und (4) relativ hohe Verbindlichkeit in Folge des Vertragsstatus. Aber es wurden auch Faktoren festgestellt, die den Implementierungs- und Anwendungsprozess hemmen können (ebd.: 101 ff.).

Als kritisch werden die „wirtschafts- und haushaltspolitischen Rahmenbedingungen" bewertet. Denn in der Praxis dominieren die Verschlechterungen der kommunalwirtschaftlichen Rahmenbedingungen als Auslöser von Reformmaßnahmen. Wenn die Lösungen in dieser Situation mit den sozialwirtschaftlichen Trägern nicht kooperativ und partizipativ entwickelt werden, um eine gerechte Lastenverteilung zu sichern, findet der Modernisierungsprozess kaum eine positive Resonanz auf der operativen Ebene. Es ist nicht vertrauensbildend, wenn Zielvereinbarungen von den jeweiligen Kommunen erst relativ spät eingeführt werden. Ein Rückblick auf das vergangene Jahrzehnt zeigt: Gestartet wurden die Reformen in der Regel mit Maßnahmen (1) zur Veränderung der Aufbau- und Ablauforganisation, (2) zur Budgetierung und (3) zum Aufbau einer Kosten- und Leistungsrechnung, um primär Effekte der Haushaltskonsolidierung zu erzielen. Die Akzeptanz später zusätzlich eingeführter Zielvereinbarungen in der Form von Kontrakten leidet zwangsläufig, wenn diese Maßnahmen der Konsolidierung unkoordiniert und unsystematisch erfolgen. Denn sie nähren den Verdacht, die bestehende Machtasymmetrie zwischen strategischer und operativer Ebene solle verstärkt werden – insbesondere wenn Leistungs- und Finanzziele im Vordergrund stehen, fachliche Wirkungsziele aber vernachlässigt werden.

Das Wirtschaftsberatungsunternehmen PricewaterhouseCoopers (PwC) hat in der PwC-Kommunalstudie 2002 unter dem Titel „Deutsche Städte auf dem Weg zum modernen Dienstleister" Ergebnisse veröffentlicht, die Anhaltspunkte dazu geben. Es wurde untersucht, ob sich die deutschen Städte auf dem Weg zu effizienten und kundenorientierten Dienstleistungen befinden. Adressaten der Erhebung waren Städte mit mehr als 50.000 Einwohnern, von denen sich 97 an der Kommunalstudie beteiligten (Rücklaufquote von knapp 50% der angeschriebenen 197 Kommunen). Von den fünfzehn größten deutschen Städten haben sich zehn an der Studie beteiligt. Ein zentraler Untersuchungsbaustein richtete das Interesse auf die Elemente der Neuen Steuerung. Im Blickpunkt stand die Einführung betriebswirtschaftlicher Steuerungs- und Controllinginstrumente in den öffentlichen Verwaltungen. Hierzu zählen neben dem Kontraktmanagement die Budgetierung, die dezentrale Ressourcenverantwortung, die Kosten- und Leistungsrechnung und das Controlling. Gut 10 Jahre nach Einführung der Neuen Steuerung wurde in der Studie festgestellt, dass es immer noch Vorbehalte gegen einzelne dieser Instrumente gibt.

Die Ergebnisse der PwC-Untersuchung unterstreichen, dass mehr als die Hälfte der Städte die Budgetierung, die dezentrale Ressourcenverantwortung, die Kosten-Leistungs-Rechnung und das Controlling bereits eingeführt haben. Das Kontraktmanagement wurde bis dahin allerdings erst bei einem Drittel der Städte implementiert. Und nur ein Fünftel der Befragten gibt an, dass das Kontraktmanagement zu einer Verminderung der Steuerungsprobleme beigetragen habe. Die Budgetierung ist demgegenüber das am weitesten verbreitete Element und steht für eine Flexibilisierung des traditionellen Haushaltswesens. Bei der an zweiter Stelle genannten dezentralen Ressourcenverantwortung ist die inhaltliche Umsetzung nicht einheitlich definiert. Leitbild- und Zielentwicklung sowie das Kontraktmanagement rangieren am unteren Ende der Skala.

Offensichtlich wird das Kontraktmanagement in den kommunalen Verwaltungen nicht als geeignetes Instrument bewertet, um die komplexen Prozesse in der gesamten Gebietskörperschaft, aber auch in den einzelnen Fachbereichen angemessen zu ‚steuern'. Es liegt die Vermutung nahe, dass häufig die schlechten kommunalwirtschaftlichen Rahmenbedingungen für den Einsatz bzw. Nichteinsatz von neuen Steuerungselementen verantwortlich sind. So fanden die Elemente Budgetierung, Kosten- und Leistungsrechnung sowie Controlling in den befragten Städten eine schnelle Verbreitung, weil sie für Zwecke der Haushaltskonsolidierung nach einer Top Down-Logik besonders geeignet sind. „In Zeiten immer knapper werdender Kassen wird die Bedeutung dieser Elemente nach unserer Einschätzung weiter zunehmen", schreiben die Gutachter (PwC-Kommunalstudie 2002: 11). Das Kontraktmanagement, das nach dem Gegenstromprinzip auch die Bottom Up-Logik impliziert und die fachliche Wirkungsdimension mit einbezieht, findet demgegenüber weniger Resonanz (vgl. Abbildung 30). Kühn führt das auch darauf zurück, dass die Dezentralisierungslogik die Fachämter bzw. Fachbereiche stärken würde, die traditionellen Querschnittsämter wie z.B. Kämmerei und Hauptamt sich dieser potenziellen ‚Entmachtung' aber widersetzen (1999: 88 f.).

Die von der Hans-Böckler-Stiftung geförderte Studie „Steuerung durch Zielvereinbarungen" (Tondorf et al. 2002) zeigt darüber hinaus, dass sich das Kontraktmanagement in den Städten und Gemeinden meistens nicht in der Form flächendeckender und alle Steuerungsebenen – vom normativen über das strategische bis zum operativen Management – einschließender Zielvereinbarungssysteme, sondern in der Regel nur in der Form von ‚Insellösungen' realisieren lässt. Offensichtlich stehen in der kommunalen Realität lediglich Kapazitäten und Kompetenzen zur Verfügung, um „fragmentierte Steuerungssysteme" zu schaffen, die auf einzelne Funktionsbereiche oder Territorien konzentriert sind. Folglich muss vom idealtypischen Modell des Kontraktmanagements Abschied genommen werden, ein umfassendes kommunales Steuerungssystem zu implementieren, das alle Aufgabenbereiche und alle lokalen Akteure – quasi totalistisch – umfasst.

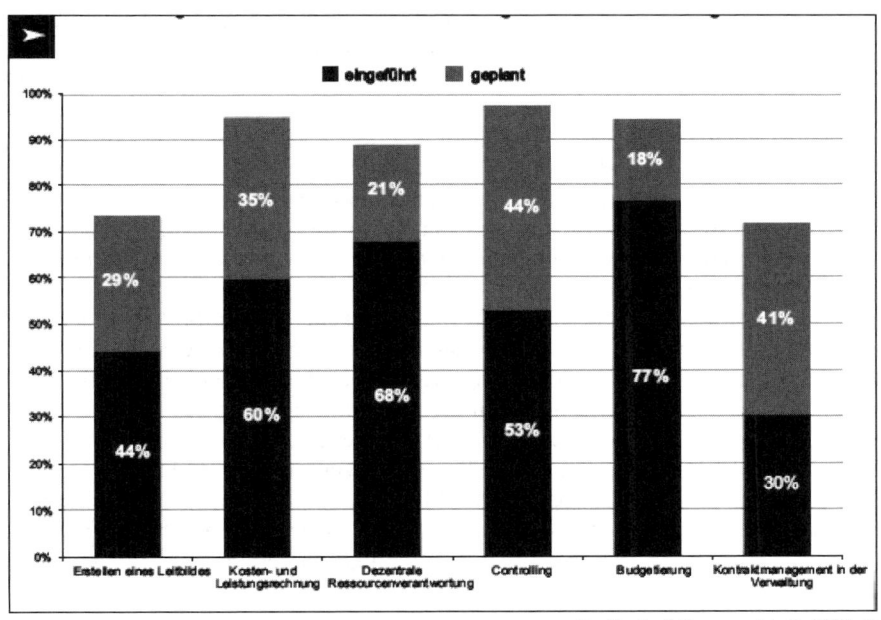

Quelle: PwC-Kommunalstudie 2002: 1⁻

Abbildung 30: Realisierungsgrad von Elementen des neuen Steuerungsmodells in 97 deutschen Städten im Jahr 2002

Von grundsätzlicher Bedeutung ist auch der Zusammenhang zwischen Ressourceneinsatz und Kontrakt, der in vielen Kommunen nicht befolgt wird. Wenn die Ressourcen auf herkömmlichem Input-Weg über den Haushalt den sozialwirtschaftlichen Trägern zugewiesen werden und Zielvereinbarungen unabhängig davon wie eine ‚Zusatzaufgabe' formuliert werden, wird der Erfolg fraglich. Ein anderer Aspekt betrifft das „Verfahren der Zielfindung". Förderlich sind differenzierte und strukturierte Verfahren, die nach den Prinzipien partizipativer Zielfindung angelegt sind. Grundsätzlich ist es erforderlich, dass der Kostenträger die Ziele nicht einfach vorgibt, sondern diskursiv unter Beteiligung der sozialwirtschaftlichen Akteure der operativen Ebene aushandelt und die abgestimmte Formulierung fachlicher Wirkungsziele explizit einbezieht.

Als weiterer bedeutsamer Faktor erweist sich das Reformmanagement von Führungskräften auf der strategischen Ebene in der Umsetzungs- und Anwendungsphase. Kritisch ist dabei, dass sich in Folge des Dezentralisierungs- und Delegationsprozesses (im Rahmen der dezentralen Fach- und Ressourcenverantwortung) zentrifugale Kräfte entwickeln, die schnell in Widerspruch zu einer strategischen Gesamtsteuerung durch Kontrakte geraten können. Durch die Ausweitung der Handlungs- und Entscheidungsspielräume besteht die Gefahr eines dispersen, inkohärenten Handelns verschiedener Verwaltungsakteure mit der Folge einer Intransparenz des kontraktierten Zielsystems (Jann 1998). Als Voraussetzung für ein gelingendes Kontraktmanagement wird die Existenz eines Promotorennetzwerks angesehen, das in der Verwaltung mit einer ausreichenden Durchsetzungsmacht ausgestattet ist, von Schlüsselakteuren in den Fachbereichen unterstützt wird und über hinreichende Ressourcen für die Steuerung der Kontrakte verfügt.

In vielen Kommunen wird die Kontraktkaskade bis auf die Ebene der einzelnen Mitarbeiterinnen und Mitarbeiter herunter gebrochen. Um die Ziele an die intrinsische Motivation der Mitarbeiter / innen anzubinden, finden die Zielvereinbarungen vielerorts Eingang in die vertrauliche Ebene des Mitarbeitergesprächs. Dort bleiben sie aber auf Grund der Vertraulichkeit verdeckt und entziehen sich der transparenten Kontrolle, ob die vereinbarten Ziele erreicht worden sind. Einzelvereinbarungen auf der Mitarbeiterebene eignen sich somit nicht für die Steuerung von Arbeitsinhalten, da sie zu sehr auf die Personalentwicklung ausgerichtet sind. Vor diesem Hintergrund fördern nach Tondorf et al. „Gruppenvereinbarungen" für Arbeitsgruppen, Teams, Abteilungen oder Sozialräume die Motivation und die Akzeptanz mehr als Individualziele.

Bei der Anwendung von Kontrakten ist die Ausarbeitung eines differenzierten Zielsystems von grundlegender Bedeutung. Dazu gehört die exakte Bestimmung, welche Output-Ziele (Produkte, Ergebnismengen, Qualitäten) und welche Outcome-Ziele (Wirkungen) in welchem Zeitraum und unter Einsatz von welchen definierten Ressourcen erreicht werden sollen. Die Operationalisierung von Wirkungszielen ist allerdings dann skeptisch zu beurteilen, wenn wegen externer Wirkfaktoren nur eine begrenzte Beeinflussbarkeit besteht. Zum Beispiel ist die Zielerreichung eines Fallmanagers nicht nur von Kompetenzen, Methoden und Ressourcen abhängig, sondern vor allem auch von konjunkturellen Einflüssen der globalisierten Wirtschaft. Sinnvoll gesteuert werden kann daher nur über ein abgestimmtes System von Output-Zielen, Outcome-Zielen, Potenzialzielen,

Prozesszielen und Inputgrößen, die sich über das fachliche Handeln weitreichend beeinflussen lassen.

Schließlich ist noch der Faktor der „Zielkontrolle" zu nennen. Der Erfolg von Zielvereinbarungen wird nämlich oft dadurch eingeschränkt, dass nur eine unzureichende Kontrolle der Ziele vorgenommen wird. Deshalb ist es zwingend notwendig, über ein geeignetes Controllingverfahren Material für Kontrolldiskurse sowie die Nachbereitung bereit zu stellen. Nur wenn Zielerreichungen eine wahrnehmbare Anerkennung erhalten und Zielabweichungen differenziert reflektiert werden, sind kontinuierliche Lernprozesse für die weitere Arbeit zu erwarten.

2 Kritik am Modell des bestehenden Kontraktmanagements

Die vorliegenden Untersuchungen verdeutlichen, dass das angestrebte Mehrebenenkonzept des Kontraktmanagements nur in seltenen Ausnahmefällen konsequent verwirklicht werden kann. Häufiger ist ein Scheitern zu konstatieren, weil die Anforderung, Zielvereinbarungen als Element der kommunalen Gesamtsteuerung zu konzipieren, im Allgemeinen zu hoch ist. Diesen flächendeckenden Anspruch können die Städte und Gemeinden nicht einlösen, weil erstens die beteiligten Akteure der Verwaltung nicht durchgängig über die dafür benötigten Kompetenzen verfügen, weil zweitens die Organisationsstrukturen des Controllings nicht über alle Fachbereiche hinweg auf diese Steuerungsaufgabe zugeschnitten sind und weil drittens das Netzwerk von der normativen Steuerungsebene der Kommunalpolitik über die strategische Ebene des kommunalen Verwaltungsmanagements bis hin zur operativen Verantwortlichkeit der sozialwirtschaftlichen Akteure in den Produktstätten nicht in der erforderlichen Weise entwickelt ist.

Darüber hinaus liegt der Verdacht nahe, dass diese Hemmnisse nicht allein instrumentell begründet werden können. Möglicherweise ist das Kontraktmanagement in der bisherigen Anlage kein angemessenes Modell, um die ‚komplexe Wirklichkeit' kommunaler Handlungssektoren steuern zu können. Dabei sind vor allem drei Aspekte kritisch zu beachten:
- Die einseitige Aushandlungsorientierung von der normativen über die strategische zur operativen Handlungsebene eignet sich, um innerbetrieblich steuerungsrelevante Abstimmungen zu gestalten. In vielen Handlungsfeldern – wie zum Beispiel der Jugendhilfe – trifft die Kommunalverwaltung aber auf eine heterogene sozialwirtschaftliche Trägerlandschaft, die rechtlich anerkannte Sonderpositionen – beispielsweise als Freie Träger nach dem SGB VIII – besitzen. Hinreichend differenzierte Instrumente zur Aus-

gestaltung dieser Aushandlungsprozesse nach der Systematik des Gegenstromprinzips fehlen.
- Die geringe Kompatibilität zwischen dem Instrument des Kontrakts und der Praxis vor Ort lässt sich als ‚Unbestimmtheitsrelation' beschreiben: In sozialwirtschaftlichen Handlungsfeldern, die nicht als Routine ablaufen, sondern die mit fachlichen Konzepten wirkungsvoll auf gesellschaftliche Entwicklungen – wie zum Beispiel bei den Erziehungshilfen – reagieren müssen, können nicht im Vorhinein alle Ziele dezidert definiert und das Handeln in Jahresfrist als ‚Ablaufprogramm' eingestellt werden. Während Zielvereinbarungen nach dem SMART-Prinzip – d.h. mit spezifischer, messbarer, attraktiver/akzeptabler, realistischer und terminfixierter Zielkonkretisierung (→ vgl. dazu den Beitrag von Holger Spieckermann: Evaluation) – enge Festsetzungen fordern, verlangen sozialwirtschaftliche Akteure der Praxis mehr Flexibilität, um auf unvorgesehene Entwicklungen adäquat reagieren zu können. Kontrakte wirken kontraproduktiv, wenn sie behindern, die Dienstleistung kundenorientiert zu erbringen und angemessen auf neue Probleme auf dem Sozialmarkt zu reagieren. Vor diesem Hintergrund muss das Kontraktmanagement die Anforderung erfüllen, dass Zielorientierung und Handlungsoffenheit für die Sozialwirtschaft in der Waage gehalten werden können. Dabei ist außerdem der fehlende Einbezug von Bürgerinnen und Bürgern oder spezifischer der Klienten als ‚eigentliche' Kunden in die Aushandlungsprozesse kritisch anzumerken.
- Das Instrument des Kontraktmanagements wird von der Kommunalverwaltung meistens implantiert, ohne die systemischen Rück- sowie Gesamtwirkungen zu reflektieren und zu thematisieren. Wenn die Abstimmungskette über die Grenzen des kommunalen Kostenträgers hinweg zu den sozialwirtschaftlichen Trägern nach dem traditionellen Modus der Hierarchie organisiert wird, zerfällt das Handlungsfeld in eine Menge unverbundener bilateraler Leistungsverträge. Angemessener erscheint eine heterarchische Organisationsentwicklung (Netzwerkentwicklung), die zu einem übergreifenden Kontext führt (→ vgl. dazu den Beitrag von Herbert Schubert: Netzwerkmanagement). Dem kann am ehesten eine territoriale Organisation des Kontraktmanagements gerecht werden. Die Weiterentwicklung muss daher die organisatorischen Rahmenbedingungen einbeziehen, damit die sozialwirtschaftlichen Unternehmen innerhalb ihres geografischen Wirkungsraums im Sinne der „Lernenden Organisation" (vgl. Senge 1996) durch das Kontraktmanagement miteinander verbunden und koordiniert werden, wie es in den Zulieferernetzwerken der Automobilindustrie schon seit längerem der Fall ist.

Ausgehend von dieser Kritik lassen sich Perspektiven für einen Standard des Kontraktmanagements zeichnen, der den fachlichen Anforderungen in der sozialen Arbeit in besonderer Weise entspricht. Die Prämissen sind zusammengefasst: (1) Die Aushandlungsprozesse eines erweiterten Kontraktmanagements brauchen eine Netzwerkorganisation und ein Abstimmungsverfahren zwischen Kostenträger und externen sozialwirtschaftlichen Vertragspartnern nach dem Gegenstromprinzip. (2) Die dafür notwendige Organisationsentwicklung soll dazu beitragen, dass die sozialwirtschaftlichen Akteure durch territorial organisierte Kontrakte miteinander verbunden und koordiniert werden. (3) Und in der inhaltlichen Gestaltung von Kontrakten ist eine Balance zwischen Zielorientierung und Handlungsoffenheit unter besonderer Berücksichtigung fachlicher Wirkungsziele und Kunden- bzw. Klientennähe anzustreben.

3 Perspektiven einer pragmatischen Weiterentwicklung des Kontraktmanagements

Das Kontraktmanagement lässt sich pragmatisch weiterentwickeln, indem es in den sozialwirtschaftlichen Dienstleistungskontexten – wie zum Beispiel in der Kinder- und Jugendhilfe – nicht gesamtstädtisch, sondern in kleineren territorialen Gebietszuschnitten nach einer Netzwerklogik organisiert wird. Die territorial abgegrenzten Verantwortlichkeiten sind einerseits überschaubar (Transparenz) und andererseits in ihren Interdependenzen bei der Festlegung übergeordneter Gesamtziele sowie bei der Abstimmung mit untergeordneten Akteurszielen (Handlungsziele) organisatorisch zu bewältigen. Diese Diskussion wird in einigen Feldern der Sozialwirtschaft unter dem Fachbegriff der „Sozialraumorientierung" geführt.

3.1 Netzwerkorganisation

Wenn sozialwirtschaftliche Systeme netzwerkorganisatorisch restrukturiert und kooperativ gesteuert werden sollen, handelt es sich um ‚künstliche' Netzwerke (→ vgl. dazu den Beitrag von Herbert Schubert: Netzwerkmanagement und Stakeholderanalyse). Im Unterschied zu den natürlichen Beziehungssystemen des privaten Lebens bündeln sie professionelle Ressourcen zur Bildung von Koalitionen und zur Koordination von Aktivitäten. Einerseits geht es um marktbasierte Kooperationen, wie sie in Produktionsnetzen von Automobilunternehmen und ihren Zulieferern zur Anwendung kommen. Andererseits handelt es sich um Vernetzungen von öffentlichen und freien Trägern sowie privaten Akteuren im Nonprofit-Sektor (vgl. dazu z.B. AWO Bundesverband 2004: 18 f.).

Diese Netzwerke gewinnen die Bedeutung einer Infrastruktur, wenn sie stabil, also als Kollektivgut permanent verfügbar sind und Vorteile gegenüber rein marktförmigen oder hierarchischen Austauschstrukturen bieten. Im Nonprofit-Sektor besteht bei den Konzepten der Netzwerksteuerung allerdings noch ein Entwicklungsbedarf (vgl. z.B. Baitsch / Müller 2001, Schubert 2004), weil sie mit der Dimension des Kontraktmanagements bisher nicht wirkungsvoll verbunden worden ist.

3.2 Sozialraumorientierung

Der Begriff des Sozialraums stammt aus den klassischen Ansätzen der Chicago Schule und ist eine Übersetzung des Terminus ‚social area' (vgl. Riege / Schubert 2005). Im Blick stand ursprünglich die Verteilung sozialer Gruppen im städtischen Raum, um Armuts- bzw. Ausgrenzungsprozesse (Segregation) sowie deren Auswirkungen innerhalb gegebener Stadträume abbilden zu können. In dieser Tradition wird ein Sozialraum empirisch aus einer räumlich eingegrenzten Sozialstruktur konstruiert. Die aktuelle Orientierung am sozialen Raum in der professionellen Praxis von sozialer Stadterneuerung, Sozialplanung und Organisationsentwicklung der Jugendhilfe bleibt hinter diesem Verständnis zurück, denn das Areal wird überwiegend als administrative Raumeinheit konstruiert und nicht aus Sozialstrukturen, aktionsräumlichen Verhaltensweisen und Nutzungsroutinen spezifisch abgeleitet. Dafür steht der Begriff der „Sozialraumorientierung", der an verschiedene Traditionen wie Gemeinwesenarbeit, soziale Stadtteilarbeit und Neuorganisation Sozialer Dienste anknüpft.

Das Konzept der Sozialraumorientierung geht nicht von den Individuen und ihren Lebenswelten aus, sondern von der infrastrukturellen Ausstattung als räumlich-administratives Bezugssystem. Jordan et al. (2001: 17) differenzieren drei unterschiedliche Ebenen: (i) die Struktur eines Sozialraumes unter administrativen Gesichtspunkten – abgebildet durch eine Sozialberichterstattung; (ii) das Handlungssystem eines Sozialraums, repräsentiert von den Infrastruktureinrichtungen, Organisationen und Praxiselemente ihrer Akteure; (iii) die Lebenswelten der Bewohnerschaft im Allgemeinen und spezifischer Zielgruppen im Besonderen.

Im Fokus der sozialraumorientierten Perspektive sind die soziale Dienstleistungsinfrastruktur und ihre Produkte. Um die Infrastruktur im Sozialraum vernetzt steuern zu können, bedarf es einer spezifischen Aufbauorganisation von Agenturen und Gremien. Das Kooperationsverfahren orientiert sich am Kreislauf der Sozialplanung (Jordan et al. 2001: 49; vgl. auch Biewers / Schubert 2003): Nach Durchführung einer Bestandsaufnahme der Infrastruktur und Produkte wird die Lebenssituation von Bevölkerungs- / Zielgruppen wie etwa Kindern,

Jugendlichen und Familien im Sozialraum bewertet. Auf dieser Grundlage wird der fachpolitische und kommunalpolitische Handlungsbedarf – unter Berücksichtigung von fachlichen Vorstellungen der einzelnen Träger – formuliert. Es folgt die Beteiligung von Betroffenen, um Ideen und Potenziale für Projekte bzw. Maßnahmen zu generieren, die positive Lebensbedingungen im Sozialraum fördern und zum Abbau von Problemen und Defiziten beitragen.

In dem Kooperationsprozess werden Sozialraumbudgets mit dezentraler Ressourcenverantwortung ausgehandelt. Vorausgesetzt werden eine Transparenz über Aufgaben, Ziele und Kosten der Leistungen (Information), um eine bedarfs- bzw. nachfragebezogene Steuerung der Leistungen zu ermöglichen. Die Sozialraumanalyse bildet eine wichtige Grundlage dafür, weil die finanziellen Mittel (Personal- und Sachmittel) an soziale Indikatoren gebunden sind (Schubert / Spieckermann 2004: 68).

Die freien Träger werden über das Kontraktmanagement in die Verantwortung des Sozialraumbudgets einbezogen. Dabei sind sie nicht allein als Leistungserbringer tätig, sondern werden Teil eines Systems der kooperativen Budgetsteuerung im Sozialraum. Jordan et al. (2001) warnen, dass sich bei der kooperativen Steuerung im Sozialraum eine tendenzielle Entdifferenzierung der Funktionen öffentlicher und freier Träger herausbilden kann. Die traditionelle Rollenteilung, nach der der öffentliche Träger die finanzielle Verantwortung für die Gewährleistung der Hilfen hat, während der freie Träger weitgehend auf seine Rolle als Leistungserbringer beschränkt ist, soll aber nicht aufgehoben werden. Gerade im Hinblick auf Kontrakte im Sozialraum muss die Differenzierung zwischen Auftraggeber und Auftragnehmer gewahrt bleiben. Wenn beispielsweise bei der Hilfeplanung die bisherige Differenzierung zwischen dem Allgemeinen Sozialen Dienst (ASD) des Jugendamtes und einer Leistungen erbringenden Einrichtung verwischt wird, kann dies auch für die Position des Hilfeadressaten nachteilige Folgen haben, da die Fachkräfte des Jugendamtes sich im Aushandlungsprozess bezüglich Hilfebedarf und Evaluation der Hilfe nicht mehr eigenständig von den freien Trägern abheben (ebd.: 58 f.).

Unter Berücksichtigung dieser Kritik wurde als Standard der Sozialraumorientierung eine Organisationsentwicklung vorgeschlagen, bei der die Verantwortlichkeiten zwischen freien Trägern und dem öffentlichen Träger trennscharf aufgeteilt werden (Schubert / Spieckermann 2004): Auf der strategischen Ebene soll der öffentliche Träger über eine Koordinationsstelle in der Stadtverwaltung die Arbeit der freien Träger im Sozialraum unterstützen. Der öffentliche Träger begleitet die Umsetzung der strategisch ausgehandelten Ziele auf der operativen Ebene des Sozialraums über ein differenziertes Kontraktmanagement.

Es gibt Beispiele, in denen die Zusammenarbeit so funktioniert. Die freien Träger der Jugendhilfe bilden im Sozialraum einen Trägerverbund und treffen untereinander eine Vereinbarung, um die Rechtsbeziehung und die Aufgabenwahrnehmung intern zu regeln. Im Bundesmodellprojekt INTEGRA zum Beispiel (vgl. URL www.integra-igfh.de/)haben sich freie Träger der Jugendhilfe zu einer Trägerkooperation zusammengeschlossen, die die Trägerautonomie sichert und Vereinbarungen für das Zusammenwirken als Netzwerk auf der Basis des Kontraktes absichert. Sie bleiben in ihrer Form selbständig und schließen horizontal Kontrakte zur Umsetzung des Sozialraumbudgets ab, das über einen vertikalen Kontrakt mit dem öffentlichen Träger vereinbart wird. Als ein Ergebnis wird die Debatte über Standards und Qualitätskriterien nicht mehr allein auf der Ebene der einzelnen Organisation geführt, sondern die Qualität und die Produktstruktur werden auf der Ebene des Netzwerkes der beteiligten Organisationen bzw. auf der Ebene des von ihnen gemeinsam erzeugten infrastrukturellen Rahmen verhandelt.

Zur Durchführung von bedarfsgerechten und integrierten Hilfen ist eine Neubestimmung des Verhältnisses zwischen freien und öffentlichen Trägern notwendig. Gemeinsam getragene Leitziele bilden die Grundlage, auf der ein transparentes Kontraktmanagement den Rahmen für die Erbringung und Weiterentwicklung der Produkte sichert. Voraussetzungen sind eine formale Absicherung (z.B. auf der Ebene kommunalpolitischer Ausschüsse) und eine Unterstützung durch zivilgesellschaftliche Foren vor Ort, die den ‚Kundenbezug' herstellen (vgl. Bundesmodellprojekt INTEGRA 1999).

3.3 Nutzen der Perspektive

Für die Implementierung eines fachlich hinreichenden Kontraktmanagements sind einfachere Voraussetzungen zu schaffen. Der strategische Handlungsplan muss nicht für das komplexe Gefüge der gesamten Kommune aufgestellt werden, sondern sollte jeweilig auf definierte Raumeinheiten der Gebietskörperschaft konzentriert werden. Auf diese Weise können Prioritäten gesetzt werden, indem die Zielformulierungen, das Kontraktmanagement und die damit verbundene Budgetzuteilung auf Stadtgebiete bzw. Siedlungsbereiche ausgerichtet wird, für die der öffentliche Träger einen spezifischen (oder erhöhten) Handlungsbedarf konstatiert hat. Die Erfolgsfaktoren sind: (i) eine geeignete Aufbauorganisation zwischen öffentlichem Kostenträger und den sozialwirtschaftlichen Dienstleistungsakteuren; (ii) ein Monitoringsystem zur Dokumentation des Ist-Zustandes und der weiteren Entwicklung; (iii) eine dezentrale Ressourcenverantwortung in der Form von sozialräumlich definierten Budgets und (iv) ein qualifiziertes Führungspersonal sowohl auf der strategischen als auch auf der operativen Ebene.

Weitere Vorteile eines territorial organisierten und fokussierten Kontraktmanagements betreffen die Planung und die Steuerung des Prozesses. Denn im sozialräumlichen Kontext werden nicht nur die Interessen der kommunalen Verwaltung artikuliert; durch Partizipation können auch die sozialwirtschaftlichen Interessen und die Interessen anderer Stakeholder – vor allem der Klienten und ihrer Angehörigen und Bezugspersonen als ‚Kunden' der sozialen Arbeit – frühzeitig einbezogen werden. Sowohl für die Leitungskräfte der kommunalen Verwaltung als auch für die Leitungskräfte der sozialwirtschaftlichen Unternehmen lässt sich der Prozess wegen der räumlich und strukturell eingegrenzten, übersichtlichen Ziele und Verhandlungsgegenstände effizienter und effektiver koordinieren sowie moderieren. Die Kontrakte dienen in diesem weiter entwickelten Verständnis nicht nur der Vereinbarung und Verfolgung von Zielen, sondern erhalten eine Koordinationsfunktion, weil sie territorial ein abgestimmtes System (Netzwerk) repräsentieren.

Hinsichtlich der Auswahl von Zielen verspricht der territoriale Bezugsrahmen eine höhere Prägnanz. Unter den beteiligten Akteuren lässt sich – koordiniert vom Kostenträger bzw. der Kommune als fokalem Akteur – vergleichsweise einfach aushandeln, welche Ziele konkretisiert werden oder welche Zielorientierungen als Margen relativ offen gehalten sollen. Beim Herunterbrechen der Ziele des Kostenträgers und der Entwicklungsziele städtischer Gebiete auf die fachlichen Handlungsziele der beteiligten Produktstätten sozialwirtschaftlicher Träger bleiben die qualitativen und quantitativen Dimensionen der relevanten Zielkategorien ‚berechenbar', so dass beispielsweise die Finanzziele, die Qualitätsziele, die Wirkungsziele bis hin zu Mitarbeiter-/Teamzielen einerseits anwendungsbezogen konkretisierbar, andererseits unter Berücksichtigung der gegenseitigen Abhängigkeiten in ihrem Zusammenhang erfassbar sind und drittens als Alternative in der Anlage flexibel bzw. offen formuliert werden können. Denn der Zielfindungsprozess lässt sich transparent gestalten, weil die aus der Ist-Situation abgeleiteten strategischen Ziele für ein begrenztes Gebiet sowohl partizipativ als auch dezentral gut zu operationalisieren sind. Außerdem überschauen die Beteiligten bei der Zielauswahl, welche Ergebnisziele beeinflussbar sind, um einen manifesten Beitrag zur Erreichung der strategischen Wirkungsziele zu leisten, wie realistisch die Zielhöhe unter Einbezug der Perspektiven von Adressaten, sozialwirtschaftlichen Trägern und Kostenträger bestimmt werden kann und auf welchen Erfahrungswerten aufgebaut werden kann.

Auf diese Weise kann die ‚Koopkurrenz' – also die Konkurrenz der sozialwirtschaftlichen Dienstleistungseinrichtungen im sozialräumlichen Kooperationsnetzwerk – konstruktiv genutzt werden. Knorr hat dafür ein „Multistep-Verfahren" vorgeschlagen (2001: 230 f.): Im ersten Schritt beschreibt der öffentliche Träger die sozialen Probleme im Sozialraum, leitet die notwendigen Zielorientierungen ab und fordert die sozialwirtschaftlichen Träger zu Zielkonkretisierungen und Produktentwicklungen als Lösungsvorschläge auf. Im zweiten Schritt reichen die freien Träger Produktvorschläge (mit Wirkungszielen) ein. Anstatt dabei einen vereinzelnden Wettbewerb durchzuführen, erscheint es uns sinnvoller, wenn anbietende Träger im Netzwerkverbund integrierte Lösungsmodelle für den Sozialraum erarbeiten. Im dritten Schritt prüft der öffentliche Träger die entwickelten Modelle und Produkte, um auf dieser Grundlage eine Ausschreibung vorzunehmen. Im abschließenden vierten Schritt werden mit einem ausgewählten Trägernetzwerk die Ziele, das Budget und weitere Aspekte in einem sozialraumorientierten Kontrakt vereinbart. Es macht aber wenig Sinn, dabei nur nach dem „besten Preis-Leistungsverhältnis" zu entscheiden, wie Knorr angeregt hat; denn die fachliche Wirkungsdimension muss in gleicher Weise entscheidungsrelevant sein.

Insgesamt kann eine dezentrale Verlagerung des Managements von Zielen und Ergebnissen in Sozialräume als fachlich handlungsrelevante Territorien der Gebietskörperschaft die bisherigen Umsetzungsprobleme des Kontraktmanagements kompensieren. Mit einer sozialräumlichen Organisation des Kontraktmanagements in Netzwerkform wird den sozialwirtschaftlichen Unternehmen ein effizienteres und zugleich auch effektiveres Erbringen der Dienstleistungen in den alltäglichen Lebensbereichen der Kunden ermöglicht.

4 Ausblick

Die Differenz zwischen dem idealtypischen Modell des Kontraktmanagements im Rahmen des Neuen Steuerungsmodells und einer davon abweichenden Anwendungspraxis liegt auf der Hand. Die Chancen für eine Kundenorientierung durch eine differenzierte Zielsteuerung, für eine prozessorientierte Koordination von Dienstleistungsnetzwerken und für Lernschleifen, an denen alle Organisationen sowie Mitarbeiterinnen und Mitarbeiter partizipieren, um die Leistungsqualität und die Wirkungsreichweite in der Sozialwirtschaft zu erhöhen, bleiben bisher weitgehend ungenutzt. In den Handlungsfeldern der sozialen Arbeit müssen die Kommunen das Kontraktmanagement weitgehend in eine nach Sozialräumen strukturierte Netzwerksteuerung einbetten. Die konzeptionellen Grundlagen dafür sind hier umrissen worden; sie können in differenzierte Verfahrensmodelle und Instrumente eines territorial ausgerichteten Kontraktmanagements übertragen und im Praxisalltag erprobt werden.

5 Literatur

Arnold, Ulli / Maelicke, Bernd (Hrsg.) (1998): Lehrbuch der Sozialwirtschaft. Baden-Baden: Nomos-Verlag
AWO Bundesverband e.V. (Hrsg.) (2004): Qualitätsentwicklung für lokale Netzwerkarbeit. Bonn: Eigenverlag
Baitsch, Christoph / Müller, Bernhard (Hrsg.) (2001): Moderation in regionalen Netzwerken. München, Mering: Hampp Verlag
Biewers, Sandra / Schubert, Herbert (2003): Best Practices der Jugendhilfeplanung. Darstellung innovativer Planungsansätze in der Jugendhilfe. CD ROM, Köln: Verlag Sozial Raum Management
Blanke, B. / von Bandemer, St. / Nullmeier, F. / Wewer, G. (Hrsg.) (1998): Handbuch zur Verwaltungsreform. Opladen: Leske + Budrich
Bundesmodellprojekt INTEGRA (1999): Gemeinsames und überregionales Leitbild der Regionen. URL http://www.integra-igfh.de/Material/Leitbild.PDF (Februar 2005)
Damkowski, Wulf / Precht, Klaus (1995): Public Management. Neuere Steuerungskonzepte für den öffentlichen Sektor. Stuttgart, Berlin, Köln
Heinz, Rainer (2000): Kommunales Management. Überlegungen zu einem KGSt-Ansatz. Stuttgart: Schäffer-Poeschel
Jann, Werner (1998): Verwaltungswissenschaft und Managementlehre – Neue Steuerungsmodelle, Hierarchieabbau und Dezentralisierung. In: Blanke et al. (1998): 165-173
Jordan, Erwin / Hansbauer, Peter / Merchel, Joachim / Schone, Reinhold (2001) Sozialraumorientierte Planung. Begründungen, Konzepte, Beispiele. Expertise des Instituts für soziale Arbeit e.V. im Auftrag der Regiestelle E&C der Stiftung SPI, Münster
KGSt / Kommunale Gemeinschaftsstelle zur Verwaltungsvereinfachung (1998): Kontraktmanagement. Steuerung über Zielvereinbarungen. Bericht 4/1998, Köln: Eigenverlag der KGSt
Knorr, Friedhelm (2001): Organisation der Sozialwirtschaft. Grundlagen und Anwendungen. Frankfurt/Main: Eigenverlag des Deutschen Vereins für öffentliche und private Fürsorge
Kühn, Dieter (1999): Reform der öffentlichen Verwaltung. Das Neue Steuerungsmodell in der kommunalen Sozialverwaltung. Köln, Wien, Aarau, Bern: Fortis-Verlag
Müller, Bernhard / Löb, Stephan / Zimmermann, Karsten (Hrsg.) (2004): Steuerung und Planung im Wandel. Wiesbaden: VS Verlag für Sozialwissenschaften
Riege, Marlo / Schubert, Herbert (Hrsg.) (2005): Sozialraumanalyse - Grundlagen, Methoden, Praxis. 2. neu bearbeitete Auflage, Wiesbaden: Verlag für Sozialwissenschaften
Schubert, Herbert (2004): Netzwerkmanagement: Planung und Steuerung von Vernetzung zur Erzeugung raumgebundenen sozialen Kapitals. In: Müller et al. (1998): 177-200
Schubert, Herbert / Spieckermann, Holger (2004): Standards des Quartiermanagements: Handlungsgrundlagen für die Steuerung einer integrierten Stadtteilentwicklung. Köln: Verlag Sozial Raum Management

Senge, Peter M. (1996): Die Fünfte Disziplin. Stuttgart: Klett-Cotta

Tondorf, Karin / Bahnmüller, Reinhard / Klages, Helmut (2002): Steuerung durch Zielvereinbarungen. Anwendungspraxis, Probleme, Gestaltungsüberlegungen. Modernisierung des öffentlichen Sektors, Sonderband 17, Berlin: edition sigma

Trube, Achim (2001): Organisation der örtlichen Sozialverwaltung und Neue Steuerung. Grundlagen und Reformansätze. Frankfurt/Main: Eigenverlag des Deutschen Vereins für öffentliche und private Fürsorge

Sandra Nüß

Projektmanagement in der sozialen Arbeit

1. Neue Herausforderungen an die soziale Arbeit
2. Die Projektmanagementmethode
   2.1 Projektplanung
   2.2 Projektdurchführung und Projektsteuerung
   2.3 Projektauswertung und Abschluss
3. Projektarbeit als Chance für Innovationen
4. Literatur

Der Begriff ‚Projekt' findet sich heute in nahezu allen Bereichen der Berufswelt. Auch in der sozialen Arbeit haben Projekte und Projektarbeit Einzug gefunden. Fast jeder Träger, jede Einrichtung und jede Institution führt neben den Regelangeboten Projekte verschiedenster Art durch. Insbesondere veränderte Finanzierungsformen und auf Projektfinanzierung ausgerichtete Förderprogramme sind der Grund, dass es in den sozialen Einrichtungen und Institutionen einen Boom an Projekten gegeben hat und weiterhin gibt.

1 Neue Herausforderungen an die soziale Arbeit

Der Bereich der sozialen Dienstleistungen steht vor neuen Herausforderungen, es entsteht ein wachsender „Innovations- und Konkurrenzdruck" (Schiersmann/Thiel 2000: 13), der von den Trägern und Einrichtungen der sozialen Arbeit veränderte Konzepte, Arbeitsabläufe und Organisationsstrukturen fordert. Gründe sind die knapper werdenden Finanzen insbesondere in den Kommunen sowie gesellschaftliche Veränderungen und soziale Problemlagen, auf die der Bereich der sozialen Arbeit reagieren muss. Zudem drängen neue, teilweise private Anbieter auf den Markt der sozialen Dienstleistungen, die Konkurrenz unter den Einrichtungen und Trägern nimmt zu und auch Interessen und Ansprüche der Kundinnen und Kunden haben sich verändert (vgl. Gehrmann/Müller 1999).

Für die soziale Arbeit gilt es daher, mit qualitativ überzeugenden Konzepten auf die veränderten Anforderungen und die neuen Herausforderungen zu reagieren. Verfahren, Arbeitsabläufe und Organisationsstrukturen müssen überprüft, gegebenenfalls verändert und den neuen Anforderungen angepasst werden. Dies betrifft sowohl freie als auch öffentliche und private Träger des Sozialbereichs gleichermaßen. Die Entwicklung geht in die Richtung, dass sowohl soziale Dienstleistungen als auch Organisationsstrukturen in der sozialen Arbeit unter den Aspekten der Effektivität und Effizienz bewertet werden. So konstatiert beispielsweise PricewaterhouseCoopers in der Kommunalstudie 2002: „Neben der Frage nach der Finanzierbarkeit rückt zunehmend die Frage nach der Zielgenauigkeit und Wirksamkeit der Zuwendungen in den Blickpunkt." (PricewaterhouseCoopers 2002: 52).

In Folge der Finanzmittelknappheit in den Kommunen sind viele Träger und Einrichtungen inzwischen darauf angewiesen, neben der pauschalen Trägerfinanzierung, die wegen der schlechten Finanzlage zum aktuellen Zeitpunkt teilweise deutlich geringer ausfällt als noch vor einigen Jahren, zusätzliche finanzielle Mittel zu akquirieren. Die Möglichkeit, zusätzliche Gelder für ihre Arbeit zu beschaffen, bieten den Trägern und Einrichtungen der sozialen Arbeit vor allem diverse Förderprogramme (z.B. das Bund-Länder-Programm „Soziale Stadt" und begleitende Sozialprogramme wie „E&C"). Mit solchen ‚Drittmitteln' können für einen begrenzten Zeitraum besondere Angebote und Projekte durchgeführt werden, die sich an den Zielen des Programms und an den Förderrichtlinien orientieren.

Projekte werden im Sozialbereich aber nicht nur als Strategie der Mittelbeschaffung immer relevanter, sie bieten zudem die Chance Lernprozesse und Innovationen in den Organisationen anzuregen. Projektarbeit zeichnet sich durch besondere Merkmale aus, die sie von den Standardabläufen abgrenzen und somit Veränderungspotenziale aufzeigen können.

Ein solches Projektverständnis ist im Bereich der sozialen Arbeit bisher jedoch wenig verbreitet. Projekte werden im Bereich sozialer Dienstleistungen selten dafür genutzt, Konzepte, Verfahren und Strukturen der Organisation zu überprüfen und weiterzuentwickeln. Zudem findet Projektarbeit in der sozialen Arbeit meistens ohne eine strukturierte Methodik statt (vgl. Nüß/Spieckermann 2002; Nüß/Schubert 2004).

Demgegenüber werden Projekte im technischen und betriebswirtschaftlichen Bereich nach der Methode des Projektmanagements durchgeführt. Das moderne Projektmanagement hat im technischen Bereich seinen Ursprung und hat sich dort wie auch in der Wirtschaft insbesondere aufgrund des zunehmenden Wettbewerbs etabliert. Finanzmittelknappheit, Veränderungs- und Konkurrenzdruck fordern auch von der sozialen Arbeit effektivere, effizientere und qualitativ hochwertige Dienstleistungen. Das bedeutet, dass Projekte des Sozialbereichs professionell organisiert und durchgeführt werden müssen. Dazu gehören die Projektplanung, eine kontrollierte Umsetzung sowie strukturierte Evaluationsprozesse. Professionelle, qualifizierte Projektarbeit im Sozialbereich muss sich deshalb heute, um den aktuellen Anforderungen gerecht zu werden, auf ein strukturiertes Projektmanagement stützen (vgl. Bernath u. a. 2000) und Projektarbeit für Innovationen und Weiterentwicklungen nutzen.

2 Die Projektmanagementmethode

Die Projektmanagementmethode, wie sie im technischen und wirtschaftlichen Bereich seit Jahren erfolgreich angewendet wird, besitzt ein hohes Maß an Allgemeingültigkeit. Sie ist, zugeschnitten auf die Rahmenbedingungen und die Besonderheiten sozialer Dienstleistungen, auch auf den Sozialbereich übertragbar. Dabei kann sich die soziale Arbeit insbesondere auch ihre eigenen Stärken zu Nutzen machen: Die Abwicklung der Projektmanagementmethode nach den formalen, technischen Kriterien allein kann nicht erfolgreich sein. Entscheidend sind in dem gesamten Prozess neben der Fach- und Methodenkompetenz vor allem auch die ‚weichen' Faktoren wie Kommunikations- und Teamfähigkeit, Konfliktlösungskompetenz und das Beherrschen von Kreativitätstechniken (z.B. Brainstorming, Mind Mapping). Auf diesen Feldern verfügen die Akteure der sozialen Arbeit über gute Potenziale.

Natürlich sind Projekte auch ohne eine spezielle Methodik durchführbar, sie laufen dadurch jedoch weniger strukturiert und systematisch ab. Um sich auf dem härter umkämpften Markt und in Zeiten knapper Kassen professionell zu präsentieren und potenzielle Geldgeber von einer qualitätsvollen Arbeit zu überzeugen, ist für Träger und Einrichtungen sozialer Dienstleistungen die Methode des Projektmanagements ein wirkungsvolles und unverzichtbares Instrument.

Viele Arbeitsprozesse werden heute als ‚Projekt' bezeichnet, ob es sich dabei aber tatsächlich um ein Projekt handelt, lässt sich anhand bestimmter, festgelegter Kriterien feststellen:

Ein *Projekt* wird, angelehnt an die DIN-Norm 69901, definiert als ein zeitlich begrenztes Vorhaben mit einem klar formulierten Ziel und einem festgelegten Anfangs- und Endzeitpunkt sowie begrenzten Ressourcen. Es ist gekennzeichnet durch Einmaligkeit, Komplexität und einen innovativen Charakter - d.h. es handelt sich nicht um eine Routineangelegenheit und grenzt sich gegenüber dem ‚Alltagsgeschäft' ab.

In einigen Projektdefinitionen finden sich weitere Spezifika wie eine *eigene Projektorganisation* und eine *fachübergreifende, interdisziplinäre Zusammenarbeit*. Ein Projekt beinhaltet stets Veränderung. Dabei kann es sich beispielsweise um ein neues Produkt, ein neues Konzept oder neue Organisationsstrukturen handeln (vgl. Antes 2001; Bernath u. a. 2000; Süß/Eschlbeck 2002). Ein Projekt lässt sich per Definition also klar von einer Aufgabe oder einem Auftrag abgrenzen. Eine Aufgabe lässt sich im Normalfall ‚abarbeiten', sie ist wenig komplex und nicht innovativ. Von einem Projekt, dessen Ziel klar, der Weg der Zielerreichung aber offen ist, unterscheidet sich eine Aufgabe bzw. ein Arbeitsauftrag darin, dass es ein vorgegebenes Ziel sowie einen bekannten Lösungsweg gibt (vgl. Brander u. a. 1989; Hölzle/Grünig 2002).

Die Planung, Organisation, Überwachung, Steuerung und Auswertung von Projekten und die Führung der beteiligten Mitarbeiterinnen und Mitarbeiter sind Aufgaben des Projektmanagements. Das *Projektmanagement* hat dafür Sorge zu tragen, die definierten Projektziele innerhalb des festgelegten Zeitraums mit den zur Verfügung stehenden Ressourcen zu erreichen. Bei der Abwicklung von Projekten müssen stets die angestrebten Zielgrößen Ergebnis (Qualität), Zeit und Aufwand (Kosten) im Auge behalten und gesteuert werden (siehe Abbildung 31; vgl. Schiersmann/ Thiel 2000; Hölzle/Grünig 2002). Es geht darum, „komplexe Vorhaben zielorientiert und effizient abzuwickeln." (Eschlbeck 2002: 8). Dies erfordert von den Projektbeteiligten ein ‚Kontext'-Denken, was bedeutet, dass die drei genannten Zielgrößen sowohl bei der Planung als auch bei der Durchführung und Steuerung immer im Zusammenhang betrachtet und bearbeitet werden müssen. Dazu müssen die entsprechenden Verfahren, Methoden und Instrumente gewählt und angewendet werden.

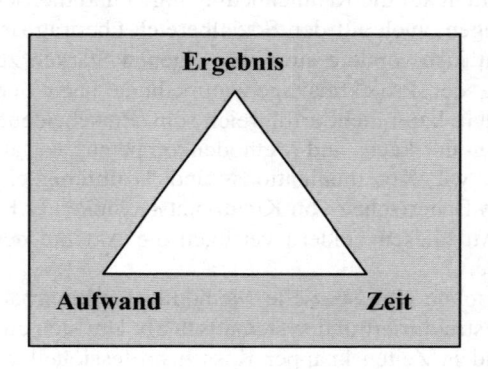

Abbildung 31: Zielgrößen des Projektmanagements

Ein Projekt gliedert sich in drei verschiedene Phasen:
- Projektplanung
- Projektdurchführung und Projektsteuerung sowie
- Projektabschluss und Auswertung.

2.1 Projektplanung

Eine gute Projektplanung ist die Grundlage für ein erfolgreiches Projekt und eine qualifizierte Projektsteuerung. Sie umfasst die *Projektdefinition*, die *Zielformulierung*, die *Festlegung des Projektablaufs* mit der *Verteilung der Zuständig-*

keiten und entsprechenden *Terminierungen* sowie die *Planung eines Dokumentationssystems*. In der sozialen Arbeit ist dies in der Regel die Phase der Konzepterstellung für ein Projekt bzw. die Antragsphase bei einem Förderprojekt.

Projektdefinition und Bedarfsanalyse

Die Projektplanung beinhaltet zunächst einmal die *Projektdefinition*. Hier geht es um die Charakterisierung der Ausgangssituation und eine konkrete und verbindliche Festlegung der Projektziele. Projekte entstehen aufgrund von Ideen, festgestellten Defiziten und Problemlagen oder konkreten Bedarfslagen. Das können zum Beispiel die Wahrnehmung mangelnder Integration von Migrantinnen und Migranten oder die Forderung nach mehr Betreuungsangeboten für Kinder durch berufstätige Eltern sein. Zu einer professionellen Projektplanung gehört eine nachvollziehbare Begründung des Bedarfs für das beschriebene Projekt. Dieser sollte idealerweise eine strukturierte Bedarfsanalyse zu Grunde liegen.

Absicht eines Projekts ist es, einen unbefriedigenden Zustand in eine wünschenswerte Situation zu überführen. Zunächst muss also eine Ist-Soll-Analyse stattfinden, um zu beschreiben und zu begründen, warum ein Projekt durchgeführt werden und was es erreichen soll. Das bedeutet, dass zunächst einmal die Ausgangssituation (Ist-Zustand) – in der Regel eine defizitäre oder problematische Situation, die zu der Projektidee geführt hat – beschrieben wird. Dazu gehört die Analyse und Darstellung der Hintergründe und Ursachen, das Erfassen der Rahmenbedingungen sowie eine Analyse von Ressourcen und Hindernissen. Aus der Beschreibung der Ausgangssituation lassen sich die Projektziele ableiten und damit die zu erreichende Situation (Soll-Zustand) definieren.

Eine systematische Bedarfsanalyse ist für ein Projekt von großer Bedeutung, da sie die Grundlage bildet für die Projektplanung und die Zieldefinition. Die Bedarfsanalyse klärt die Notwendigkeit und potenzielle Nachfrage eines bestimmten Angebots. Gleichzeitig ergeben sich daraus inhaltliche Schwerpunkte. Im Rahmen der Bedarfsfeststellung muss zudem überlegt werden, wer und wo die jeweiligen Nutzer und Kunden sind. Die Bedarfsanalyse ist überdies Legitimation für die Projektdurchführung und rechtfertigt die Aufwendung der finanziellen Mittel für das Projekt. Die hohe Bedeutung einer qualifizierten Bedarfsfeststellung unterstreicht die PwC-Kommunalstudie: „Es ist zu vermuten, dass nicht zuletzt auf Grund der knapper werdenden Mittel die Bedarfsprüfung im Rahmen des Antragsverfahrens gründlicher als in der Vergangenheit durchgeführt wird." (PricewaterhouseCoopers 2002: 51).

Methoden und Instrumente für eine Bedarfsanalyse können beispielsweise sein: Interviews, Fragebögen, Beobachtungen, Beteiligungsverfahren oder Datenanalysen. Idealerweise sollte die Zielgruppe in die Bedarfsermittlung einbezogen werden. Damit werden die Bedarfsdefinition und die daraus abgeleiteten Aufgaben und Ziele treffsicherer, das Projekt zielgerichteter.

Zielformulierung

In einem nächsten Schritt folgt darauf aufbauend die *Zieldefinition*. Die Formulierung konkreter, eindeutiger und verbindlicher Ziele ist die Basis für eine erfolgreiche Projektumsetzung. Die Zielformulierung bildet die Grundlage für die Aufgabenbeschreibung und eine abschließende Bewertung des Projekts. Ein Projekt endet mit der Erreichung der definierten Ziele oder aber der Erkenntnis, dass die Ziele nicht erreichbar sind. Eine solche Feststellung ist ohne eine eindeutige, konkrete Zielfestlegung allerdings nicht möglich (vgl. BMFSFJ 1999).

Der Art und Weise, wie die Projektziele abgeleitet und festgeschrieben werden, kommt eine entscheidende Rolle zu. Ziele müssen klar, verständlich und präzise formuliert sein, damit sie für die Projektbeteiligten und Außenstehende eindeutig und nachvollziehbar sind. Die Überprüfbarkeit von Zielen sollte zudem ohne großen Aufwand und vor allem überhaupt möglich sein. In Projekten der sozialen Arbeit werden oftmals Ziele formuliert, die eine Verhaltensänderung der Zielgruppe intendieren. Meistens sind diese Ziel sehr umfassend und wenig konkret. Solche Zielformulierungen sind schwer zu überprüfen und ihr Erreichen zu bewerten. So ist die Zielfestlegung „Integration von Migrantinnen" für ein Deutschprojekt für Mütter fremder Herkunft beispielsweise so global und umfassend formuliert, dass eine Überprüfung der Zielerreichung schwer möglich ist. Besser wäre die klare, konkrete Formulierung wie: „Wir wollen erreichen, dass 80 % der im Stadtteil lebenden Mütter fremder Herkunft unser Produkt kennen lernen, 50 % der Mütter regelmäßig an dem Angebot teilnehmen und am Ende des Kurses XYZ Wörter im Gespräch und in der Schriftform (z.B. Briefe) anwenden können" (→ vgl. zur Zielformulierung auch den Beitrag von Holger Spieckermann: Evaluation).

Wichtig ist in diesem Zusammenhang auch die Benennung von *Indikatoren*, anhand derer die Zielerreichung gemessen oder nachvollzogen werden kann. Zu jedem Ziel sollte überlegt und festgehalten werden, wie und woran sich das Erreichen des Zieles festmachen, also ‚messen' lassen kann, wodurch das Ziel beschrieben wird (in dem Beispiel oben: Zahl der beherrschten Wörter in Schrift und mündlicher Kommunikation). „Indikatoren sollen konkret beschreiben, was mit dem Projektziel oder der Projektaktivität, die beurteilt werden, gemeint ist." (Bernath u. a. 2000: 31). Indikatoren für die Zielsetzung „Stärkung der sozialen Kompetenzen", ein häufig formuliertes Ziel in Projekten der sozialen Arbeit, können beispielsweise – je nach Situation – sein: „Die Jugendlichen helfen sich gegenseitig bei den Hausaufgaben" und/oder „Konflikte werden nicht mehr durch Gewaltanwendung, sondern durch verbale Verhandlung ausgetragen".

Eine Differenzierung der Projektziele in Teilziele schafft Transparenz, macht den Projektverlauf deutlicher und erleichtert durch Zwischenbewertungen die Projektsteuerung. Zudem ist es motivierend für die Projektbeteiligten, immer mal wieder Zwischenziele zu erreichen.

Gegebenenfalls bietet es sich an, *Zielvereinbarungen* unter den Projektbeteiligten zu treffen und schriftlich zu fixieren. Insbesondere bei einem Kooperationsprojekt wird auf diese Weise sichergestellt, dass alle Beteiligten auf ein gemeinsam ausgehandeltes Ziel hinarbeiten und über dessen Inhalte informiert sind (→ vgl. dazu auch den Beitrag von Herbert Schubert: Kontraktmanagement).

Projektablaufplanung
Zur Projektplanung gehört weiterhin die *Planung und Organisation des Projektablaufs* und Projektaufbaus. Dies beinhaltet die Ermittlung und Darstellung einzelner Projektaktivitäten und ihrer zeitlichen Abfolge sowie die Festlegung von Meilensteinen – wichtige Ereignisse oder einzelne Etappen im Projekt – mit der entsprechenden Definition von Einzelergebnissen. Dazu gehört die Abschätzung des zu erwartenden Aufwands, die Festlegung der Projektorganisation innerhalb der Institution und die Bestimmung der für einzelne Aufgaben verantwortlichen Stellen und Personen, die Terminierung von Meilensteinen und Abläufen sowie die Planung von Informations- und Dokumentationssystemen.

Projektplanung
➤ Bedarfs-/Ist-Analyse
➤ Zielformulierung
➤ Aufgabenfestlegung, Meilensteine
➤ Zuordnung der Verantwortlichkeiten
➤ Abschätzung des Aufwands
➤ Terminierung des Ablaufs
➤ Planung Informations- und Dokumentationssystem

Unmittelbar anstehende und zeitlich nahe liegende Projektbausteine gilt es möglichst genau und differenziert zu planen; zeitlich entfernter liegende Aufgaben brauchen zunächst nicht allzu detailliert vorgeplant zu werden. Geringe Abweichungen vom Projektplan sind normal und kommen vor. Eine gute Projektplanung hält deshalb für den Projektablauf Spielräume offen, um flexibel auf – oft unkalkulierbare – Störungen und Veränderungen reagieren zu können.

Im Rahmen der Projektplanung gilt es auch festzulegen, wie die *Projektorganisation* aufgebaut sein soll. Die Projektorganisation besteht im Kern aus der Projektleitung und dem Team. D.h., die Position der Projektleitung muss zugewiesen und die Mitarbeiterinnen und Mitarbeiter im *Projektteam* müssen benannt werden. Dabei ist es wichtig, die jeweiligen Befugnisse, Verantwortlichkeiten, Kompetenzen und Rollen der Projektleitung sowie der einzelnen Teammitglieder zu klären.

Eine entscheidende Rolle kommt der *Projektleitung* zu. Ihr obliegt die Gesamtverantwortung für das Projekt. Sie koordiniert den Prozess, ist für die Führung des Projektteams zuständig und leistet das Projektcontrolling im Rahmen einer permanenten Bewertung des Berichtswesens. Neben Fach- und Methodenkompetenzen sind soziale Kompetenzen für die Projektleitung von besonderer Bedeutung, da Projektsteuerung auch die Führung, Koordination und Motivation der Mitarbeiterinnen und Mitarbeiter beinhaltet (vgl. Schiersmann/Thiel 2000). Die Projektleitung sollte von allen anderen Aufgaben freigestellt werden, um sich uneingeschränkt auf die ihr übertragene Aufgabe konzentrieren zu können.

Die Festlegung der Projektorganisation muss weiterhin beinhalten, wie sich die *Projektstruktur* zur Organisation und dem Aufbau der Einrichtung bzw. der Institution verhält, in der das Projekt angesiedelt ist. Zudem werden oftmals noch ein oder mehrere Entscheidungsgremien eingerichtet (z.B. Steuerungs- oder Lenkungsgruppen), die zum Beispiel die Aufgabe haben können, über die Projektstrategie zu entscheiden.

Aus den Projektzielen ergeben sich *Aufgaben* und *Aktivitäten*, die im Rahmen des Projekts zu erledigen sind, um die angestrebten Ziele zu erreichen. Für die Aufgabenplanung wird das Projekt in Teilaufgaben zerlegt, die wiederum in Arbeitspakete untergliedert werden. Ein *Arbeitspaket* ist definiert als sachlich in sich geschlossene Aufgabeneinheit, für die eine Mitarbeiterin / ein Mitarbeiter die Verantwortung trägt, dass die vereinbarten Ergebnisse des Arbeitspaketes im Rahmen der festgelegten Vorgaben erbracht werden. So könnte in einem Beteiligungsprojekt, je nach Umfang und Komplexität, die Öffentlichkeitsarbeit als Arbeitspaket definiert werden oder aber als Teilaufgabe in die Arbeitspakete ‚Medienarbeit' und ‚persönliche Ansprachen' gegliedert werden. Je nach Komplexität und Umfang der Arbeitspakete können diese noch in Vorgänge bzw. einzelne Handlungs- / Arbeitsschritte als kleinste Leistungseinheit im Projektmanagement unterteilt werden. Im Arbeitspaket ‚Medienarbeit' könnte ein Vorgang das Erstellen von Pressemitteilungen sein.

In manchen Fällen, vor allem wenn die Vorgehensweise im Projekt noch völlig unklar ist, bietet es sich an, die Projektaufgaben nach dem Bottom-up-Ansatz zu planen, also induktiv vorzugehen. Das bedeutet, dass erst sämtliche zu leistende Einzelaufgaben (Vorgänge) gesammelt werden, diese dann in sinnvollen Einheiten zu Arbeitspaketen gebündelt werden, welche schließlich in Teilaufgaben zusammengefasst werden (vgl. Süß/Eschlbeck 2002). Wichtig ist, sowohl für Einzelaufgaben wie für die Arbeitspakete klare Fertigstellungskriterien festzulegen, mit Hilfe derer sich eindeutig feststellen und bewerten lässt, ob die entsprechenden Aufgaben geleistet wurden.

Aus der Projektstruktur, d.h. den Teilzielen des Projekts ergeben sich weiterhin *Meilensteine*. „Meilensteine sind wichtige Ereignisse im Projektverlauf, und markieren den Abschluss oder Beginn von wichtigen Projektschritten" (Eschlbeck 2002: 54). Durch die Festsetzung und Terminierung von Meilensteinen werden wesentliche Orientierungspunkte im Projektverlauf markiert. Bei der Erreichung eines Meilensteines wird überprüft, ob die vereinbarten Ergebnisse erbracht worden sind, und es wird entschieden, ob das Projekt wie geplant weitergeführt oder gegebenenfalls modifiziert oder angepasst wird. Meilensteine haben somit auch einen motivierenden Charakter für das Projektteam, da durch die Erreichung von Teilzielen bereits kleine Erfolge verbucht werden können.

Nachdem die im Rahmen des Projekts zu erledigenden Aufgaben definiert wurden, werden in einem nächsten Schritt die Verantwortlichkeiten für die anstehenden Aktivitäten verteilt. Die Arbeitspakete werden dazu eindeutig und verbindlich den entsprechenden Projektmitarbeiterinnen und Projektmitarbeitern zugeordnet, die jeweils die Verantwortung für die Umsetzung und Zielerreichung übernehmen.

Bei diesem Prozess der *Aufgabenfestlegung* und *Aufgabenzuordnung* müssen die für das Projekt und die entsprechenden Aufgaben notwendigen Ressourcen eingeschätzt und zugeordnet werden. Dabei muss der Bezug zu den verfügbaren Ressourcen gewahrt bleiben. Realistisch abgeschätzt werden muss der konkrete Personal-, Zeit-, Geld-, Sachmittel- und Raumbedarf für jede einzelne Aufgabe eines Arbeitspaketes. Wichtig, aber auch schwierig, ist dabei die Abschätzung des Bearbeitungsaufwands, also die benötigte Menge menschlicher Arbeit. Zur Aufwandsermittlung gibt es eine Reihe verschiedener Methoden; es empfiehlt sich jedoch, die jeweiligen Arbeitspakete – differenziert nach den einzelnen Aufgaben – für sich betrachtet einzuschätzen (vgl. Süß/Eschlbeck 2002).

Die innerhalb eines Projekts definierten Arbeitspakete sind zum Teil nicht unabhängig voneinander und können deshalb nicht immer gleichzeitig und parallel durchgeführt werden. In manchen Fällen ist es erforderlich, dass zunächst ein Arbeitspaket abgeschlossen sein muss, bevor ein anderes beginnen kann. So müssen beispielsweise erst die notwendigen Materialien wie Farbe und Werkzeuge beschafft sein, bevor die Jugendlichen mit der Renovierung ihres Jugendzentrums beginnen können. Deshalb ist es notwendig im Rahmen einer *Projektablaufplanung* die Abhängigkeiten der Arbeitspakete untereinander zu klären, diese in eine sachlich und zeitlich logische Abfolge zu bringen und verbindliche Terminfestlegungen für Beginn und Ende der jeweiligen Arbeitspakete festzulegen.

Dokumentationssystem

Das gesamte Projekt und dessen Verlauf muss in einem *Dokumentationssystem* festgehalten werden, damit alle Schritte der Projektplanung eindeutig nachzuvollziehen sind. Dies dient dazu, sich jederzeit einen Überblick über den aktuellen Stand im Projekt verschaffen zu können. Das schafft zum einen Transparenz, zum anderen ist eine systematische Dokumentation aber auch unerlässlich für eine qualifizierte Projektsteuerung. Des Weiteren hilft die Dokumentation, die im Projekt gesammelten Erfahrungen zu sichern, die wertvoll für nachfolgende Projekte und die Organisationsentwicklung sein können. Es sollte also frühzeitig ein für alle Projektbeteiligten verbindliches Informations- und Dokumentationssystem aufgebaut werden. Dabei gilt es vor allem festzulegen, wer was wann an wen in welcher Form weitergibt.

Instrumente der Projektplanung

Für die Planung von Projekten gibt es unterschiedliche Instrumente, die bei der Planung und Strukturierung eines Projekts sehr hilfreich sein können (vgl. Antes 2001, Eschlbeck 2002):

- Der *Projektstrukturplan* (PSP) gliedert hierarchisch alle zur Erreichung des Projektziels notwendigen Aktivitäten, indem er das Projekt in Teilaufgaben (Phasen) und Arbeitspakete unterteilt und die für die Aufgaben eines Arbeitspaketes verantwortlichen Personen erfasst (vgl. Abbildung 32). Im Projektstrukturplan werden alle zu erledigenden Aufgaben gesammelt, inhaltlich zusammengefasst und damit die Komplexität eines Projektes reduziert.
- Der *Projektablaufplan* (PAP) wird auf der Grundlage des Projektstrukturplans angefertigt und stellt dar, in welcher logischen und zeitlichen Reihenfolge welche Aufgaben zu erledigen sind. Mit Hilfe des Projektablaufplans werden Abhängigkeiten der Aktivitäten untereinander deutlich sowie die zeitliche Abfolge festgelegt.
- *Netzpläne* stellen die gesamte Komplexität eines Projekts dar. In dem Planungsinstrument des Netzplans werden Arbeitspakete mit personellen, fachlichen und zeitlichen Ressourcen verknüpft. Für die einzelnen Arbeitspakete werden genaue Zeiteinheiten festgelegt sowie Anfangs- und Endtermine festgeschrieben, wodurch so genannte ‚kritische Pfade' und Pufferzeiten deutlich werden.

Projektpläne können z.B. in Form von Tabellen, (Balken-) Diagrammen, Netzstrukturen oder Texten dargestellt werden (vgl. Burghardt 2001; Schiersmann/Thiel 2000). Am übersichtlichsten und am einfachsten anzufertigen sind Balkenpläne, die sich insbesondere für nicht allzu komplexe Projekte anbieten. Sie lassen sich zudem sehr gut als Steuerungsinstrument verwenden. Insbesondere für die komplexen Netzpläne empfiehlt sich der Einsatz einer *Planungssoftware* (z.B. Microsoft® Project) (vgl. Oltmann 1999; Kerber-Kunow 2000). Ein hilfreiches Instrument der Projektplanung ist zudem die Mind-Mapping-Methode.

Je nach Komplexität und Ausgestaltung des Projekts, müssen die Planungsmethoden dem jeweiligen Projekt angepasst werden. In den meisten Fällen

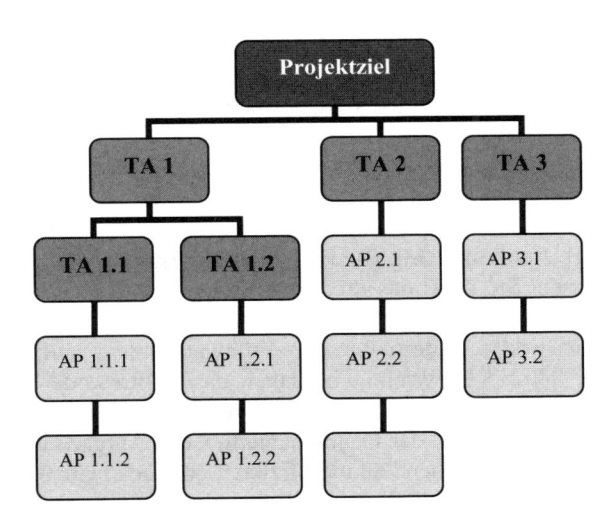

TA = Teilaufgabe; AP = Arbeitspaket

Abbildung 32: Projektstrukturplan

empfiehlt sich eine Kombination unterschiedlicher Instrumente. Während beispielsweise der Projektstrukturplan erst einmal alle notwendigen Projektaktivitäten darstellt, können diese mit Hilfe eines Projektablaufplans in ein zeitliches Raster gebracht werden.

2.2 Projektdurchführung und Projektsteuerung

In der Projektdurchführung geht es darum, die in der Planung festgelegten Aufgaben und Arbeitspakete mit den vorhandenen Ressourcen so abzuwickeln, dass die definierten Projektziele erreicht werden.

Zu den notwendigen Voraussetzungen gehört die Regelung von Verantwortlichkeiten, die Verteilung von Aufgaben, das Festlegen von Abläufen innerhalb der Projektorganisation sowie die Bereitstellung notwendiger Hilfsmittel (z.B. EDV) und die Schaffung von Rahmenbedingungen. Die Projektleitung ist in dieser Phase für die *Projektsteuerung* (Projektcontrolling) zuständig. Die Projektsteuerung dient dazu, auf Grundlage der Projektplanung den aktuellen Stand und Fortschritt der Durchführung zu überwachen (Ist-Soll-Vergleich) und den tatsächlichen Projektverlauf mit der ursprünglichen Planung in Einklang zu bringen (Abweichungskorrektur). Insbesondere geht es um die Sicherstellung der Einhaltung von Projektzielen und die Kontrolle von Termin- und Kostenvorgaben (vgl. Burghardt 2001). Eine professionelle und strukturierte Projektsteuerung sichert auch in Projekten der sozialen Arbeit die Prozessqualität und einen effizienten Ablauf.

Bei der Steuerung von Projekten ist es wichtig, dass die Projektleitung rechtzeitig Abweichungen und Änderungsbedarfe im Projektverlauf erkennt und frühzeitig entsprechende Anpassungs- und Gegensteuermaßnahmen entwickelt und ergreift (vgl. Abbildung 33). Die Projektleitung ist gefordert, das Projekt aktiv zu beeinflussen. Sie muss das Projekt so steuern, dass es möglichst optimal abläuft und darf nicht nur auf (drohende) Abweichungen reagieren. „Ziel des Projektcontrolling ist es deshalb, ein Frühwarnsystem aufzubauen, (...)" (Süß/Eschlbeck 2002: 91). Wichtig ist dabei, dass auftretende Veränderungen für alle Beteiligten transparent gemacht und kommuniziert werden.

Bei Abweichungen von der Projektplanung ist es Aufgabe der Projektsteuerung, die Planung entsprechend zu modifizieren oder adäquate Maßnahmen der Umsteuerung zu ergreifen. Mögliche Risiken und deren Ursachen müssen frühzeitig erkannt und bewertet werden und präventive Maßnahmen ergriffen bzw. geplant werden. Eine weitere zentrale Aufgabe der Projektleitung in dieser Phase ist die Führung, Koordination und Motivation der am Projekt beteiligten Mitarbeiterinnen und Mitarbeiter.

Projektmanagement in der sozialen Arbeit 179

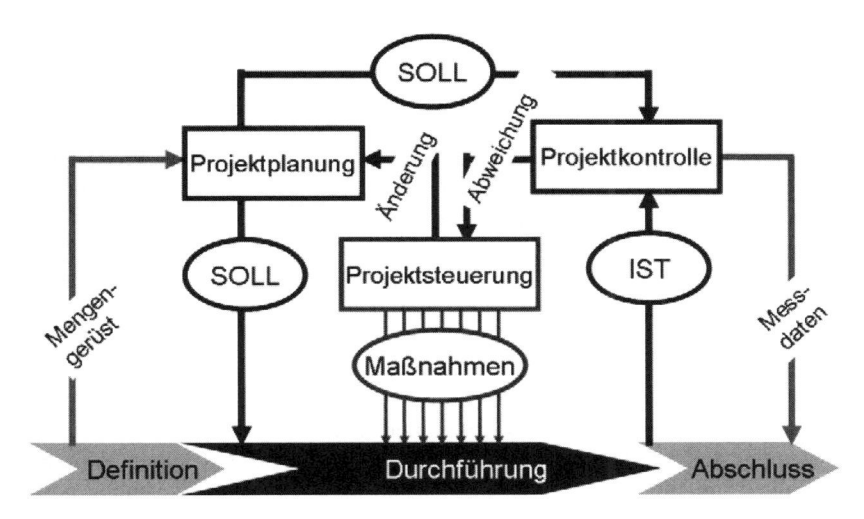

[Abbildung: Regelkreis mit SOLL, Projektplanung, Projektkontrolle, SOLL, Projektsteuerung, IST, Maßnahmen; Phasen Definition, Durchführung, Abschluss; Mengengerüst, Änderung, Abweichung, Messdaten]

Quelle: Burghardt 1999: 17

Abbildung 33: Regelkreis des Projektmanagements

Es gehört zur grundsätzlichen Anforderung des Projektcontrollings, ein Dokumentations- und Berichtswesen aufzubauen, damit zu jedem Zeitpunkt ein Überblick über den Status quo des Projekts gegeben werden kann. D.h., über ein regelmäßiges Erfassen und Abgleichen der aktuellen Projektdaten (z.B. zum Stand der Arbeitspakete) mit der Planung kann jedes Mitglied im Projektteam die aktuelle Position des Projektstands und Projektfortschritts verfolgen und beurteilen. Ein funktionierender Informationsfluss stellt sicher, dass die Projektleitung permanent den aktuellen Stand im Projekt kennt und über alle notwendigen Informationen verfügt. Nur so ist eine qualifizierte Projektsteuerung möglich.

Die Projektsteuerung besteht aus den folgenden, sich wiederholenden, zyklisch ablaufenden Phasen (vgl. Süß/Eschlbeck 2002):
- *Erfassen der Ist-Daten*
  Die Grundlage für die Projektsteuerung bilden die Informationen über den Verlauf und den Stand der Umsetzung. Diese bestehen aus den vergangenheitsbezogenen und den zukunftsbezogenen Daten. Erstere dokumentieren, was bisher geschehen ist und erreicht wurde. Die zukunftsbezogenen Daten machen Angaben dazu, wie verbleibende Aufgaben zu erledigen sind und wie viel Ressourcen dafür noch gebraucht werden. Für eine aktive Pro-

jektsteuerung sind diese Daten relevanter als die Informationen über das Vergangene, denn diese Prozesse können noch beeinflusst werden.

- *Analyse der Ist-Daten*
Die erhobenen Ist-Daten müssen in einem zweiten Schritt in Bezug zur Projektplanung gesetzt werden. Dabei wird überprüft, inwieweit Abweichungen vorliegen oder voraussehbar sind und wie das Projekt im Weiteren verlaufen wird. Dies geschieht beispielsweise durch einen Soll-Ist-Vergleich im Rahmen der vorgegebenen Projektparameter (Termine, Aufwand, Kosten). Eine Soll-Ist-Analyse stellt das bisher im Projekt Geleistete und den aktuellen Stand (= IST) dem ursprünglichen Planungsansatz (= SOLL) gegenüber. Es wird also verglichen, was nach der Planung zum momentanen Zeitpunkt mit welchem Aufwand erreicht sein sollte und was tatsächlich zum gegenwärtigen Zeitpunkt mit welchen Ressourcen verwirklicht worden ist. Der Blick liegt hierbei vor allem auf den finanziellen Ressourcen und den zeitlichen Vorgaben. Ein Instrument dafür ist beispielsweise ein so genannter Balkenplan, in dem pro Arbeitspaket ein Ist-Balken dem Soll-Balken mit Beginn, Ende und Dauer auf einer Zeitachse gegenübergestellt wird (vgl. Antes 2001).
- *Festsetzen von Steuerungsmaßnahmen*
Wird durch die Auswertung der Ist-Daten deutlich, dass das Erreichen des Projektziels in Gefahr ist, vorhandene Ressourcen nicht ausreichen oder es zeitliche Verschiebungen gibt, müssen Gegenmaßnahmen getroffen werden, die den weiteren Projektverlauf der ursprünglichen Planung anpassen oder das Projekt wieder in den Plan bringen. Mögliche Maßnahmen können zum Beispiel die Erhöhung der Anzahl der beteiligten Projektmitarbeiterinnen und Projektmitarbeiter, Terminverschiebungen oder die Verminderung des Leistungsumfangs sein.

2.3 Projektauswertung und Abschluss

Der letzte Projektschritt beinhaltet die Auswertung des Projektes nach Abschluss des letzten Meilensteins bzw. am Ende der Projektlaufzeit. Im Vordergrund steht hierbei die Frage, ob die angestrebten Ziele erreicht und vorgegebene Termin- und Ressourcenvorgaben eingehalten wurden. Dies kann ebenfalls anhand eines Ist-Soll-Vergleichs geschehen. Gibt es einen Auftraggeber, so müssen die Projektergebnisse an diesen übergeben werden. Der Auftraggeber entscheidet dann, ob die von ihm gestellten Erwartungen und Ansprüche im Rahmen des Projekts erfüllt worden sind.

Evaluiert werden sollen tatsächliche und mögliche Auswirkungen der Projektarbeit, die Qualität der Rahmenbedingungen sowie die Art und Effektivität der Projektorganisation und -durchführung (→ vgl. dazu auch den Beitrag von Holger Spieckermann: Evaluation). Eine Zielerreichungskontrolle und Bewertung der Wirksamkeit sozialer Angebote wird im Sozialbereich oftmals als schwierig angesehen. Durch konkrete und eindeutige Zielformulierungen und die Festlegung von Indikatoren im Rahmen der Projektplanung kann dieser Schwierigkeit begegnet werden. Je genauer die Projektziele im Vorfeld definiert werden, desto leichter und einfacher fällt letztendlich die Bewertung und Evaluation.

Eine gute *Evaluation* soll nicht nur der Auswertung und Beurteilung des abgewickelten Projekts dienen, sondern auch nachhaltige Ergebnisse für zukünftige Projekte und die Abläufe und Strukturen der Organisation liefern. So können erfolgreiche Ansätze und Projektelemente für folgende Projekte vermerkt, Fehler analysiert und in Zukunft vermieden werden. Eine gute und transparente Dokumentation dieser Aspekte, auch für nicht am Projekt Beteiligte, ist wertvoll und von hohem Nutzen für weitere Projekte und die Weiterentwicklung der Einrichtung.

Die Projektevaluation kann zum Beispiel in Form eines Workshops mit den Projektbeteiligten durchgeführt werden. Der Einbezug vieler Projektakteure stellt sicher, dass möglichst viele Aspekte, Sichtweisen und Erfahrungen in die Auswertung einfließen und Berücksichtigung finden *(Selbstevaluation)*. Eine alternative oder zusätzliche Möglichkeit ist, das Projekt durch externe Akteure bewerten zu lassen *(Fremdevaluation)*. Weitere Methoden der Evaluation sind zum Beispiel Befragungen in Form von Interviews oder Fragebögen, Beobachtungen oder Daten- und Dokumentenanalysen (z.B. Statistiken, Protokolle, Berichte oder Leitbilder).

Ein wichtiger Aspekt für die Evaluation des Projekts im Hinblick auf die Wirksamkeit ist eine systematische und regelmäßige Ermittlung der *Kundenzufriedenheit*. Gerade angesichts des Wettbewerbs und Konkurrenzdrucks empfiehlt es sich, die Zufriedenheit der Kunden zu erfassen und zu dokumentieren und dies als Qualitätsmerkmal für die Einrichtung oder das Projekt auszuweisen. Die Bewertungen der Kunden sind zudem ein wichtiges Element der Qualitätsentwicklung, wenn diese von der Einrichtung konstruktiv genutzt werden. Die Abfrage über die Zufriedenheit der Nutzerinnen und Nutzer einer Einrichtung oder eines Projekts lässt sich am einfachsten anhand von standardisierten Fragebögen durchführen. Detailliertere Bewertungen erhält man über offene Befragungen.

Am Ende des Projekts muss auch geklärt werden, wie mit den entstandenen

Ergebnissen und Produkten weiter verfahren wird. In diesem Zusammenhang stellt sich auch die Frage, ob und wie das Projekt bzw. die vorliegenden Ergebnisse präsentiert werden. Eine überzeugende *Präsentation* und *Dokumentation* (vgl. Kellner 2000) dient nicht nur der Legitimation gegenüber den Projektförderern, sie kann insbesondere auch nützlich sein, um potenzielle Geldgeber von einer guten Arbeit zu überzeugen und für zukünftige Projekte zu gewinnen.

3 Projektarbeit als Chance für Innovationen

Ein Projekt ist unter anderem dadurch definiert, dass es eine neuartige, komplexe Aufgabenstellung hat. Das heißt: Es handelt sich nicht um eine Routineangelegenheit und grenzt sich somit vom Alltagsgeschäft und den Regelangeboten ab. Projekte arbeiten beispielsweise mit neuen Konzepten, greifen neue Themen auf, sprechen andere als die üblichen Zielgruppen an oder erfordern neue Arbeitsstrukturen. Per Definition geht es bei Projekten also immer auch um Innovationen. Wobei sich Innovation auf die jeweilige Einrichtung bzw. Institution bezieht und keinen allgemeingültigen Anspruch haben muss (vgl. Schiersmann/Thiel 2000). In Projekten zu arbeiten bedeutet, neue Arbeitsweisen, Konzepte und Strukturen zu entwickeln und anzuwenden. In der Folge können dadurch Programme, Verfahren und Abläufe der Einrichtung bzw. Organisation überprüft, optimiert oder hervorgebracht sowie Strukturen verändert oder ersetzt werden. Das Ergebnis von Projektarbeit kann so beispielsweise die Entwicklung neuartiger Konzepte und Angebote oder das Erschließen und die Ansprache neuer Zielgruppen und Kunden sein.

Ziel und Intention von Projektarbeit ist es somit, Innovationsprozesse in Gang zu setzen und zu gestalten, interne Lernprozesse im Sinne einer ‚Lernenden Organisation' anzuregen und damit Organisationsentwicklung voranzutreiben und zu steuern (vgl. Antes 2001). Für die soziale Arbeit bedeutet dies, Projekterfahrungen auf die Regelstrukturen einer Einrichtung zu übertragen und nutzbar zu machen (‚Mainstreaming'). Auch wenn diese Lern- und Entwicklungsprozesse nicht ausdrücklich Inhalt des Projekts sind oder als Projektziel formuliert werden, findet doch jedes Projekt innerhalb des organisationalen Kontextes statt und berührt damit immer auch die Abläufe und Strukturen der Einrichtung. Das bedeutet, dass Projektarbeit – implizit oder explizit – stets zur Weiterentwicklung der Einrichtung bzw. des Trägers beiträgt und „damit als Beitrag zur Organisationsentwicklung bzw. zum organisationalen Lernen angesehen werden" kann (Schiersmann/Thiel 2000: 46).

Einrichtungen und Träger des Sozialbereichs sind aufgrund neuer Anforderungen gefordert, ihre Konzepte, Arbeitsabläufe und Organisationsstrukturen zu überprüfen und zu verändern. Da Veränderungen aber nicht in traditionellen, eingefahrenen Strukturen und mit routinierten Verfahren und Arbeitsweisen stattfinden können, bietet Projektarbeit, die sich durch innovative Konzepte und Ansätze auszeichnet, die optimale Voraussetzung für Innovationen, Veränderungen und Weiterentwicklungen (vgl. Schiersmann/Thiel 2000). Erkenntnisse neuartiger, modellhafter Projekte sollten Einrichtungen der sozialen Arbeit unbedingt für ihre fachliche Weiterentwicklung und die Entwicklung ihrer Strukturen nutzen. Soziale Einrichtungen sollten sich als ‚Lernende Organisationen' sehen, die „in der Lage sind, innere und äußere Entwicklungen wahrzunehmen und zu analysieren, um sich diesen Entwicklungen zugleich anpassen und sie aktiv mitgestalten zu können" (Fischer/Graf 2000: 26), denn „die Lebensfähigkeit einer Organisation hängt davon ab, ob es ihr gelingt, sich der wandelnden Umwelt anzupassen" (Schiersmann/Thiel 2000: 47).

Das Lernen aus Projektarbeit sowie daraus entstehende Weiterentwicklungen setzen einen kontinuierlichen Reflexionsprozess aller Beteiligten während der Projektarbeit und im Hinblick auf das Ergebnis voraus. Eine wesentliche Bedeutung für organisationale Lernprozesse und Organisationsentwicklung kommt deshalb der Evaluation zu. Eine qualifizierte Auswertung von Projekten bildet die Grundlage für die Weiterentwicklung und Qualifizierung der Arbeit und Angebotsstruktur in den Einrichtungen. Dazu sollte am Ende eines Projekts nicht nur der Projekterfolg im Hinblick auf die Zielerreichung und den Mitteleinsatz bewertet werden; es ist ebenso unverzichtbar, den Prozess der Projektbearbeitung auszuwerten und die daraus abgeleiteten Resultate und Erkenntnisse zu dokumentieren sowie das erworbene Know-how zu sichern. Insbesondere sollte geprüft werden, inwiefern Erkenntnisse aus dem Lernprozess der Projektarbeit auf die Regelstruktur der Einrichtung übertragen werden und somit zur fachlichen und organisationalen Weiterentwicklung der Institution beitragen können (vgl. Schiersmann/Thiel 2000).

Die Projektplanung bildet die wesentliche Grundlage für eine erfolgreiche Projektsteuerung und die Projektauswertung. Lernprozesse, die über Projektarbeit initiiert werden und dadurch Gelegenheit zu innovativen Entwicklungen geben, sollen bereits bei der Planung eines Projekts und der Zieldefinition mitbedacht werden. Der Transfer von Erkenntnissen aus Projekten auf die Regelstruktur kann daher als überprüfbares, quasi übergeordnetes Ziel in jeder Projektplanung festgeschrieben werden. Im Rahmen der Projektsteuerung ist es insbesondere die Aufgabe des Projektleiters, die Lernprozesse zu reflektieren und im Hinblick auf einen möglichen Transfer zu sichern.

Veränderte Anforderungen, komplexere Aufgaben, eine schärfere Marktsituation, veränderte Kundeninteressen und knappe Finanzmittel erfordern Innovationen und Umdenken im Bereich der sozialen Dienstleistungen. Über Projektarbeit können Lern- und Veränderungsprozesse initiiert werden, die zu Weiterentwicklungen und zur Professionalisierung der sozialen Arbeit führen. Der Sozialbereich kann hier auf die bereits in der Wirtschaft und im technischen Bereich erfolgreich angewandte Methode des Projektmanagements zurückgreifen. Diese Methode besitzt ein hohes Maß an Allgemeingültigkeit, so dass sie – gegebenenfalls in modifizierter Form – auch in Projekten der sozialen Arbeit Anwendung finden kann. Das Projektmanagement ist eine Methode, die ein professionelles, qualitätsorientiertes Handlungsschema für grundlegende Strukturveränderungen bietet, die insbesondere der Kostenersparnis und einer gleichzeitigen Erhöhung der Effektivität in der sozialen Arbeit dient. Projekte, die professionell geplant und gesteuert werden und zielorientiert arbeiten, sind in der Regel erfolgreich und wirksam. Ein wirksames Instrument dafür ist die Projektmanagementmethode.

4 Literatur

Antes, Wolfgang (2001): Projektarbeit für Profis. Planung, Marketing, Finanzierung, Teamarbeit. Münster: Votum

Bernath, Karin/ Haug, Martin/ Ziegler, Franz (2000): Projektmanagement. Eine Orientierungshilfe für Projekte im sozialen Bereich. 4., überarb. Auflage, Luzern: Edition SZH/SPC (Aspekte 38)

Brander, Sylvia/ Kompa, Ain/ Peltzer, Ulf (1989): Denken und Problemlösen. Einführung in die kognitive Psychologie. 2., durchgesehene Auflage, Oplanden: Westdeutscher Verlag

Bundesministerium für Familien, Senioren, Frauen und Jugend (Hrsg.) (1999): Zielfindung und Zielklärung – ein Leitfaden. Materialien zur Qualitätssicherung in der Kinder- und Jugendhilfe QS 21. Berlin: Eigenverlag

Burghardt, Manfred (2001): Einführung in Projektmanagement. Definition, Planung, Kontrolle, Abschluss. 3., überarb. u. erw. Auflage, Erlangen: Publicis MCD Verlag

Eschlbeck, Dieter (2002): Basiskompetenz Projektmanagement. München: MoveYourMind Media

Fischer, Michael/ Graf, Pedro (2000): Coaching. Ein Fernworkshop. 2., überarb. Auflage, Augsburg: Ziel-Verlag

Gehrmann, Gerd/ Müller, Klaus D. (1999): Management in sozialen Organisationen. Handbuch für die Praxis sozialer Arbeit. 3., akt. Auflage, Regensburg, Bonn: Walhalla-Fachverlag

Hölzle, Philipp/ Grünig, Carolin (2002): Projektmanagement: professionell führen – Erfolge präsentieren. Freiburg: Haufe

Kellner, Hedwig (2000): Ganz nach oben durch Projektmanagement. München, Wien: Hanser

Kerber-Kunow, Annette (2000): Projektmanagement und Coaching. Heidelberg: Hüthig
Nüß, Sandra/ Spieckermann, Holger (2002): Neue Herausforderungen an die soziale Arbeit. Ergebnisse der Erhebung sozialräumlich orientierter Projekte und Maßnahmen in Köln-Kalk. Fachhochschule Köln: Eigenverlag
Nüß, Sandra/ Schubert, Herbert (2004): Projektmanagement in der sozialen Arbeit. Ergebnisse einer Befragung von Akteuren der sozialen Arbeit zum Projektmanagement in Kalker Einrichtungen. Fachhochschule Köln: Eigenverlag
Oltmann, Iris (1999): Projektmanagement. Zielorientiert denken, erfolgreich zusammenarbeiten. Reinbek bei Hamburg: Rowohlt
PricewaterhouseCoopers (2002): Deutsche Städte auf dem Weg zum modernen Dienstleister. Frankfurt a. M.: Eigenverlag, URL www.pwcglobal.com/de
Schiersmann, Christiane/ Thiel, Heinz-Ulrich (2000): Projektmanagement als organisationales Lernen. Ein Studien- und Werkbuch (nicht nur) für den Bildungs- und Sozialbereich. Opladen: Leske und Budrich
Süß, Gerda/ Eschlbeck, Dieter (2002): Der Projektmanagement-Kompass. So steuern Sie Projekte kompetent und erfolgreich. Braunschweig, Wiesbaden: Vieweg

Herbert Schubert

Netzwerkmanagement

1. Zum Stand des Anwendungswissens über Netzwerke
   1.1 Definitionen
   1.2 Systematik von Netzwerken
   1.3 Netzwerke in der Steuerungsperspektive
   1.4 Marktbasierte tertiäre Netzwerke
   1.5 Probleme einer Netzwerksteuerung im Nonprofit-Bereich
   1.6 Das Problem der Intransparenz lokaler Netzwerkstrukturen
2. Handlungsrahmen für ein Netzwerkmanagement
   2.1 Bestandsaufnahme des Akteursfeldes mit einer Stakeholderanalyse
   2.2 Netzwerkarchitektur und Aufbauorganisation
   2.3 Prozess- und Projektmanagement
   2.4 Netzwerkkultur zur Entwicklung der Netzwerkkompetenz
3. Ausblick
4. Literatur

‚Vernetzung' ist ein modernes Schlagwort, das die Professionalisierung der sozialen Arbeit in den Stadtteilen und Wohnquartieren im Laufe der vergangenen Jahrzehnte in besonderer Weise repräsentiert. Der Prozess nahm seinen Ausgangspunkt in der Gemeinwesenarbeit der 60er Jahre, die der Netzwerkbildung unter der Bevölkerung eines Wohnquartiers besondere Beachtung schenkte. Die nächste Entwicklungsstufe vollzog sich in den 70er Jahren mit dem partizipatorischen Planungsansatz. Dafür stehen das damalige Städtebauförderungsgesetz (mit der darin verankerten Bürgerbeteiligung) und die Institutionalisierung der Sozialplanung im Feld der sozialen Arbeit. Eine weitere Synthese fand in den ausgehenden 80er Jahren statt, als die professionelle Vernetzung in Gestalt von Koordination und Kooperation der öffentlichen Einrichtungen und freien Träger besondere Beachtung fand. Im wissenschaftlichen Diskurs wurden zur selben Zeit die starren Modelle des Strukturfunktionalismus aufgegeben, um gesellschaftliche und soziale Phänomene handlungsbezogen zu erfassen (vgl. Jansen 1999; Keupp 1987). Das Denken in Institutionen verschwand sukzessiv zugunsten der Vorstellung flexibler, von den Menschen getragener Handlungsfigurationen. In der Übertragung auf die Praxis der sozialen Arbeit entwickelte sich daraus das Leitbild der vernetzten Kooperation und weitergehend das Postulat einer Vernetzung der sozialen Dienstleistungen in Sozialräumen.

Im letzten Entwicklungsschritt in den 90er Jahren wurden von zwei entgegengesetzten Seiten aus integrierte Arbeitsansätze propagiert. Einerseits war dafür die Agenda 21 (vgl. Schubert 2000) und andererseits das ökonomisch begründete, so genannte „Neue Steuerungsmodell" verantwortlich. Unter Gesichtspunkten der Effizienz und der Effektivität werden seitdem Vernetzungen auf allen Ebenen angestrebt: Sie reichen von der sozialräumlichen und gemeinwesenökonomischen Aktivierung der Bewohnerschaft über die Koordination lokaler Dienste und Akteure in dezentraler Fach- und Ressourcenverantwortung bis hin zu einem integrierten Management im Sozialraum unter dem Motto der ‚lokalen Partnerschaft' (vgl. z.B. Jones et al. 1997; Selle 1994; Schubert et al. 2001). Das neu entstandene Stadtteil- und Quartiermanagement repräsentiert ein aktuelles Beispiel dieser multi- und transdisziplinären Integration komplexer Handlungsstränge (Schubert / Spieckermann 2004).

Es kristallisiert sich zunehmend heraus, dass diese umfassende Vernetzungsarbeit besondere Fach- und Methodenkompetenzen erfordert, die unter dem Leitbegriff des „Netzwerkmanagements" zusammengefasst werden können. Im vorliegenden Beitrag werden deshalb Hinweise gegeben, wie Akteursnetzwerke im Sozialraum aufgebaut und organisiert werden können. Darstellungen von Fach- und Methodenkompetenzen einer angewandten Netzwerkforschung wurden – mit Ausnahmen (vgl. z.B. Baitsch / Müller 2001; Flocken et al. 2001) – bisher kaum gegeben, sie sind für das Steuerungswissen der neuen Organisationsform ‚Netzwerk' aber von großer Bedeutung.

1 Zum Stand des Anwendungswissens über Netzwerke

1.1 Definitionen

‚Netzwerke' lassen sich allegorisch als abgegrenzte Menge von ‚Knoten' und als Menge der zwischen ihnen verlaufenden ‚Bänder' (bzw. Netzlinien) definieren (vgl. Pappi 1987). Dabei repräsentieren die Knoten die Akteure und die Linien symbolisieren die Beziehungen zwischen ihnen. Auf der mikrosozialen Ebene handelt es sich um persönliche Netzwerke der Familie, Verwandtschaft, Nachbarschaft, Freundschaft und Kollegialität. Auf der makrosozialen Ebene sind Netzwerke immer „bipartit", d.h. sowohl Organisationen als auch die sie vertretenden Personen repräsentieren die Akteure. Aber die entscheidenden Träger sind die Personen: Ihr Engagement und insbesondere ihre Sozial- und Persönlichkeitskompetenz sichern die gesellschaftliche Verflechtung (vgl. Bullinger / Nowak 1998: 138).

Mit dem Begriff der Vernetzung wird die aktive Verbindung der Knoten eines Netzwerkes über Beziehungen umschrieben. Im Blickpunkt stehen die Verbundenheit zwischen Akteuren und der Prozess der Beziehungspflege. Eine Rolle spielen dabei Interaktionsmerkmale wie der Inhalt, die Intensität, die Häufigkeit, die Gegenseitigkeit sowie die Dauer von Beziehungen und Strukturmerkmale des Netzwerks wie die Erreichbarkeit der Akteure untereinander, die Beziehungsdichte sowie die sozialstrukturelle oder räumliche Reichweite. Das besondere Kennzeichen einer positiven Verbindung zwischen Akteuren besteht insgesamt darin, dass eine gegenseitige Beeinflussung und Unterstützung stattfindet.

Netzwerke sind eine moderne hybride Organisationsform, weil die einzelnen Akteure weder unabhängig (wie im Marktmodell) noch einseitig abhängig (wie im Modell der Hierarchie) sind. Für die Organisation von Prozessen auf der makrosozialen Ebene werden Netzwerke als neue flexible Steuerungsform zwischen Markt und Hierarchie bewertet, um die Kooperationskultur zwischen öffentlichen und privaten Akteuren zu verbessern und nicht-staatliche Interessen wirkungsvoll einzubinden (Müller-Jentsch 2003: 113 ff.). Es findet weder ein folgenloser Austausch noch eine administrative Vorgabe statt und dafür steht der Begriff der Teilautonomie, wonach sich die Akteure in wechselseitiger Abhängigkeit befinden. Dabei müssen sie eine Balance finden zwischen der Loyalität zur eigenen Organisation und zum übergreifenden Interessenverbund: Die Konkurrenz zwischen den beteiligten Organisationen und die vereinbarte Kooperation zwischen den beteiligten Personen verschmelzen zur ambivalenten Konfiguration einer „Koopkurrenz" (Corsten).

> „Diese Form von Vernetzung unterscheidet sich (...) stark von älteren sozialpolitischen Vernetzungsstrategien, die z.B. den Aufbau von sozialen Unterstützungsnetzwerken, Ressourcenmobilisierung im sozialen Umfeld von Hilfesuchenden oder die Initiierung bürgerschaftlichen Engagements zum Gegenstand hatten oder haben. (...) Statt interpersonelle, soziale Beziehungen zu fördern, sollen Systeme netzwerkorganisatorisch restrukturiert und kooperativ gesteuert werden." (Dahme / Wohlfahrt 2000: 48)

Ein weiteres Schlüsselmerkmal ist die ‚lose Kopplung' zwischen den Akteuren. Sie ermöglicht eine kooperative und diskursive Koordination, bei der die Akteure sich gegenseitig abstimmen und an Absprachen selbst binden, ohne dass die (Teil-) Autonomie der Beteiligten in Frage gestellt wird. Daraus resultiert eine dezentralisierte, anpassungsfähigere Organisationsstruktur der Verhandlung und Allianzbildung. Die Beziehungen können flexibel in die eine oder andere Richtung des Netzwerks aktiviert werden.

1.2 Systematik von Netzwerken

Es gibt verschiedene Netzwerkarten, die aus unterschiedlichen Beziehungsformen resultieren. Im Allgemeinen wird zwischen „natürlichen" und „künstlichen" Netzwerken unterschieden (vgl. Boskamp 1998; Straus / Höfer 1998): In den *natürlichen* Netzen werden überwiegend soziale Ressourcen gebündelt; im Zentrum des natürlichen Netzes steht das primäre Beziehungssystem, das nicht organisiert ist und einen informellen Charakter aufweist. Zu nennen sind die Familie, der Freundeskreis und vertraute Kollegencliquen, bei denen die Funktionen Vermittlung von Gefühlen, Aufbau von Vertrauen und Mobilisierung von Hilfe und Unterstützung eine Rolle spielen. Daneben gehören die sekundären Netzwerke zu den natürlichen Verflechtungen: Während die primären Netzwerke eine relativ hohe Stabilität in der Zeit aufweisen und von starken Bindungen geprägt sind, herrschen in den sekundären Netzen eher schwache Bindungen vor und somit auch eine größere Beziehungsflexibilität. Die Grundlage der Vernetzung bilden die Zugehörigkeit (z.B. zur Nachbarschaft) oder die Mitgliedschaft (z.B. Initiative oder Verein). Die schwachen Bindungen ermöglichen einen vielfältigen Zugang zu sozialen Ressourcen im sozialen Umfeld.

Dem gegenüber stehen die *künstlichen* Netzwerke, in denen überwiegend professionelle Ressourcen zur Bildung von Koalitionen und zur Koordination von Aktivitäten gebündelt werden. Sie werden auch als tertiäre Netzwerke bezeichnet und sind insbesondere in zwei Ausprägungen vorzufinden: Einerseits geht es um marktbasierte Kooperationen, wie sie in Produktions- und Unternehmensnetzen von Automobilunternehmen und ihren Zulieferern zur Anwendung kommen (Marktnetzwerke). Andererseits handelt es sich um Vernetzungen von öffentlichen, sozialwirtschaftlichen und zivilgesellschaftlichen Akteuren im Nonprofit-Sektor (Organisationsnetzwerke). Tertiäre Netzwerke gewinnen die Bedeutung einer Infrastruktur, wenn sie stabil, also als Kollektivgut permanent verfügbar sind.

1.3 Netzwerke in der Steuerungsperspektive

In der jüngeren Geschichte der sozialen Arbeit wurden eine Reihe von Konzepten der Netzwerkarbeit und Netzwerkintervention für primäre und sekundäre Netzwerke entwickelt. Etabliert sind die Konzepte der „Netzwerk-Beratung", der „Selbsthilfeunterstützung", des „Empowerments" und der „Gemeinwesenarbeit" (vgl. Bullinger / Nowak, 1998: 139 ff.). Konzepte der Netzwerkarbeit und Netzwerkintervention für tertiäre Netzwerke im Nonprofit-Sektor sind noch nicht so weit entwickelt. Es besteht ein Nachholbedarf, weil tertiäre Netzwerke für die

Organisationsentwicklung der sozialen Arbeit eine große Bedeutung besitzen. Dazu muss zunächst die Steuerungsperspektive aufgeklärt werden.

Interorganisationale Netzwerke werden in den Wirtschafts- und Sozialwissenschaften als neue Organisations- und Koordinationsform bewertet (Müller-Jentsch 2003: 117), weil durch die Kombination von Ressourcen Vorteile erzielt werden können. Im Unterschied zu klassischen Verträgen am Markt und direktiven Vereinbarungen in Organisationen sind Netzwerke von „neoklassischen Verträgen" gekennzeichnet, die den Partnern mehr Spielraum lassen (→ vgl. dazu den Beitrag von Herbert Schubert: Kontraktmanagement). Die Tauschbeziehungen finden in wechselseitigen, sich gegenseitig bevorzugenden Handlungszusammenhängen statt; dabei verfestigen sich die Akteursbeziehungen und erhalten einen längerfristigen kooperativen Charakter.

Für die Steuerung von Netzwerken sind zwei grundsätzliche Perspektiven zu differenzieren: Die Managementaufgaben können *interorganisational* die (kooperative oder kompetitive) Steuerung *von* Netzwerken und *intraorganisational* die Steuerung von Organisationen *in* Netzwerken betreffen. Auf diese Rahmenbedingungen müssen die Steuerungsinstrumente zugeschnitten sein. Das Aufstellen von Regeln der Kooperation, der Abschluss von Verträgen unter mehreren Netzwerkpartnern, das Treffen von gemeinsamen Übereinkünften oder die kombinierte Nutzung von Ressourcen bewegen sich beim Netzwerkmanagement immer in dem Spannungsfeld von Aushandlung, Kooperation und Wettbewerb in und zwischen Organisationen.

1.4 Marktbasierte tertiäre Netzwerke

Ein breites Erfahrungsspektrum ist aus dem Management marktbasierter tertiärer Netzwerke bekannt. Bei den marktbasierten tertiären Netzwerken handelt es sich um so genannte ‚Wirtschaftscluster' (vgl. Dybe/Kujath 2000). Der Begriff beschreibt einen kommunikationsintensiven wirtschaftlichen Komplex mit Wachstumspotenzialen und positiven Beschäftigungseffekten, der sich auf räumlicher Ebene um einen Schlüsselbereich herum gebildet hat. Wie wir am Beispiel des vertikalen Produktionsverbundes der Mobilitätswirtschaft in der Region Hannover zeigen konnten (Brandt et al. 2002), zieht jeder einzelne ökonomische Akteur Nutzen aus dem gemeinsam erzeugten Umfeld. Der externe Nutzen, den die Akteure füreinander auslösen, besteht beispielsweise in der Ausbildung qualifizierter Arbeitskräfte oder auch in der Schaffung neuen technologischen Wissens, das sich im intensiven Austausch verbreitet.

Das Konzept des Clusters stellt die regionale Wirtschaftssituation nicht in der Form von klassischen Bestandsgrößen dar, sondern bildet die Austauschbeziehungen zwischen ökonomischen Akteuren (Firmen, Betriebe) ab. Die Stärke eines Wirtschaftsraumes macht nicht die lokale Ansammlung von Betrieben und ihre räumliche Konzentration (Ko-Lokation) aus. Positive externe Effekte resultieren vor allem aus Formen der zwischenbetrieblichen Zusammenarbeit (Ko-Operation). Der Austausch in Wirtschaftsclustern bietet dem einzelnen Unternehmen Verbundvorteile; die Transaktionskosten werden gesenkt, der Innovationsaustausch gefördert und die Erträge gesteigert.

Die Akteure sind in einen formalisierten institutionellen Rahmen von Liefer- und Kooperationsverträgen eingebunden. Die Koordinations- und Kooperationsrichtung ist meistens vertikal, d.h. es handelt sich um Netzwerke, die sternförmig und vertraglich abhängig organisiert sind. Beim Produktionsverbund bildet sich auf der Grundlage standardisierter Transaktionsbeziehungen in relationalen Kooperationsverträgen eine formalisierte vertikale interorganisatorische Struktur heraus. Das Netzwerkmanagement umfasst hierarchische Lieferbeziehungen und Systempartnerschaften, die von einem zentralen Akteur fokal koordiniert und kontrolliert werden. Der zwischenbetriebliche Technologietransfer erfordert die Setzung gemeinsamer Standards, um die Fertigung und Weiterentwicklung hochkomplexer Produkte zu bewältigen. Als Medien des Netzwerkmanagements kommen überwiegend rechtliche und fachliche Steuerungsinstrumente zum Einsatz, weniger interpersonell-persuasive.

1.5 Probleme einer Netzwerksteuerung im Nonprofit-Bereich

Im Nonprofit-Bereich gibt es erst wenige Erfahrungen mit einer Netzwerksteuerung. Insbesondere in der sozialen Arbeit wird oft von der Fehleinschätzung ausgegangen, tertiäre Netzwerke im professionellen Bereich würden nach den denselben ‚Solidaritätsregeln' funktionieren wie natürliche Netzwerke. Nach Erfahrungen von ‚Koopkurrenz' als typisches Merkmal tertiärer Netzwerke sind Enttäuschungen und Verstörungen entsprechend vorprogrammiert. Umso wichtiger ist es, auch im Nonprofit-Sektor eine realistische Einschätzung des Managements tertiärer Netzwerke zu gewinnen.

Zuerst sind herkömmliche Kooperationsformen kritisch zu hinterfragen: Klassische Arbeitskreise zum Beispiel, die in der öffentlichen Verwaltung weit verbreitet sind und immer wieder als Lösungsmittel herhalten müssen, entsprechen nicht dem Modell einer Netzwerksteuerung, weil sie traditionell hierarchisch und nicht netzwerkorientiert agieren. Im Allgemeinen wird es versäumt, über ein differenziertes Kontraktmanagement, wie es in den Wirtschaftsclustern üblich ist, die Ziele und Abhängigkeiten tiefenscharf zu definieren. Innovative Strukturwandlungsprozesse können von Organisationsmustern des Typs ‚Arbeitskreis' nicht erwartet werden.

Damit Innovationen im Zusammenwirken von öffentlichen, sozialwirtschaftlichen und zivilgesellschaftlichen Akteuren erzeugt werden können, sind vier Bedingungen zu beachten (Maillat 1995):
- Zuerst sollen Akteure, die bisher nicht verbunden waren, teilweise direkt, vor allem aber indirekt verbunden werden, um die Voraussetzungen für einen Innovationstransfer zu schaffen.
- Eine weitere Steuerungsaufgabe besteht darin, dass zwischen den Akteuren eine zielgesteuerte und ergebnisbezogene Kommunikation stattfindet, um die Unsicherheit zu reduzieren.
- Innerhalb des Beziehungsgeflechts ist die Wahrnehmung sowie Einschätzung der Ausgangssituation zu vereinheitlichen und eine Geschlossenheit für mögliche zukünftige Lösungen bzw. Handlungsschritte zu erzielen.
- Und schließlich erfordert die Steuerung, dass sich die Akteure unter kollektive Ziele partiell unterordnen und den Zustand bzw. Status der Teilautonomie akzeptieren.

Diese Bedingungen sind besonders dann mit Komplikationen verbunden, wenn potenzielle Konkurrenten in der Kooperation verflochten sind. Es müssen deshalb Anreize in der Form komplementärer Synergieeffekte auf der Netzwerkebene für sie gegeben sein.

Mit Blick auf die Netzwerksteuerung werden zwei Koordinationsmechanismen unterschieden: *polyzentrisch* und *fokal gesteuerte Netzwerke*. In polyzentrischen Netzwerken werden alle Beteiligten gleichgewichtig in die Abstimmung einbezogen, in fokalen Netzwerken koordiniert und entscheidet ein Akteur bzw. eine Kerngruppe von Akteuren. Horváth verweist darauf, dass die Steuerung von Netzwerken in besonderer Weise auszurichten ist, die sich von innerbetrieblichem Management deutlich unterscheidet (2004: 376):

> „Die Gestaltung der Führung in Netzstrukturen steht extern wie intern vor einer Ausbalancierungsaufgabe: Einerseits dürfen die durch eine stärkere Vernetzung, Dezentralisierung und Autonomisierung entstehenden Nutzenpotenziale nicht wieder zunichte gemacht werden. Andererseits ist durch einen einheitlichen Koordinierungsrahmen den opportunistischen und damit dysfunktionalen Aktivitäten in den einzelnen Einheiten entgegenzuwirken."

Auch das ‚Netzwerk-Controlling' muss entsprechend angepasst werden. Um die Steuerung flexibel zu halten, wird ein „Selbstcontrolling" empfohlen, das die Steuerungsaufgaben von höheren auf niedrigere Organisationsebenen verlagert und eine möglichst große Zahl von Akteuren in die Prozessverantwortung einschließt.

1.6 Das Problem der Intransparenz lokaler Netzwerkstrukturen

Um tertiäre Netzwerke hinreichend verstehen zu können, ist die Unterscheidung zwischen der existierenden Gesamtvernetzung und spezifischen Teilnetzwerken sinnvoll. Wir unterscheiden die beiden Ebenen von „richtungsoffenen" und „zweckgerichteten Netzwerken" (Schubert et al. 2001). Die richtungsoffene Vernetzung bildet den Humus, auf dem zweckgerichtete Netzwerke gedeihen und Früchte tragen.

Richtungsoffene Netzwerke haben den Charakter kohärenter korporativer Gemeinschaften, die nicht vertikal-hierarchisch strukturiert, sondern horizontal verbunden sind. Der dauerhafte Zusammenhalt wird durch Vertrauen untereinander gefestigt. Die Kohäsion bildet sich aber auch aus, weil die Akteure gemeinsame Grundüberzeugungen im Sinne eines strategisch ausgerichteten Leitbildes und in der Form von Leitwerten entwickeln. *Zweckgerichtete Netzwerke* stellen eher temporäre tertiäre Verflechtungen dar, oft z.B. in Gestalt projektähnlicher operativer Kooperationen. Denn es werden definierbare bzw. definierte Aufgaben und Zwecke verfolgt. Die zu bewältigende Aufgabe ist zu komplex, als dass sie von einem Akteur allein zu bewältigen wäre. Die Akteure haben jeweils spezifische Eigenschaften, an denen andere interessiert sind, und initiieren bzw. koordinieren Tauschprozesse untereinander.

Das Netzwerkmanagement erfordert für die beiden Ebenen der richtungsoffenen und der zweckgerichteten Netzwerke grundsätzlich verschiedene Arbeitsweisen. Daher ist es im ersten Schritt notwendig zu ermitteln, auf welcher Ebene gehandelt wird und welcher Netzwerktyp Gegenstand des Managements ist. Aus einem lokalen Kontaktsystem kann nur dann ein innovatives, aufeinander abgestimmtes Handlungssystem entstehen, wenn die netzwerktypologische Intransparenz aufgehoben wird und auf die Netzwerktypen zugeschnittene Instrumente eingesetzt werden können.

Beim Zusammenwirken von öffentlichen, sozialwirtschaftlichen und zivilgesellschaftlichen Akteuren im Kontext der sozialen Arbeit sind vor allem die folgenden vier Typen tertiärer Netzwerke von Bedeutung (nach Müller-Jentsch 2003: 125 ff.):

- *Lokales Politiknetzwerk*: Bei diesem Typ handelt es sich um die Politikverflechtung zwischen staatlichen Instanzen, öffentlichen Einrichtungen und privaten Interessengruppen (Policy-Netzwerk), getragen von machtstarken Personen – die so genannten ‚Entscheider/innen'. Die Beziehungszusammenhänge sind im Allgemeinen thematisch nach nach Politiksektoren begrenzt (z.B. Jugendhilfe, Stadtentwicklung etc). Sie funktionieren als Verhandlungssystem und koordinieren sich selbst.

- *Strategische Allianz von Dienstleistern*: Sie beinhaltet eine Kooperation von sozialwirtschaftlichen Unternehmen in unterschiedlicher Trägerschaft. Potenzielle Wettbewerber arbeiten in einer horizontalen Struktur zusammen, um sich auf dem lokalen Sozialmarkt gemeinsame Wettbewerbsvorteile zu verschaffen. Die Zusammenarbeit wird in vertraglicher Form abgesichert.
- *Sozialräumliches oder fachliches Kontraktnetzwerk*: Nach dem Modell des wirtschaftlichen Zulieferungsnetzwerkes repräsentiert es eine neue vertikale Form der Zusammenarbeit zwischen dem kommunalen Auftraggeber auf der strategischen Ebene (Amt / Fachbereich) und sozialwirtschaftlichen Unternehmen bzw. Trägern, die – quasi als Zulieferer – auf der operativen Ebene die vertraglich vereinbarten Dienstleistungen konzertiert erbringen. Die Kooperation unter den beteiligten Trägern hat einen kompetitiven Charakter. Teilweise wird der institutionelle Einbettungskontext von besonderen Agenturen – z.B. Quartiermanagement oder Sozialraumkoordination – moderiert, um stabile Vertrauensbeziehungen herzustellen, die sukzessiv eine Kooperation unter Konkurrenten ermöglichen.
- *Projektnetzwerk*: Im Mittelpunkt steht die zeitlich befristete Realisierung eines komplexen Vorhabens. In der sozialen Arbeit erfolgt die Zusammenarbeit überwiegend in heterarchischer Form mit weichen Steuerungsmedien. Es ist aber auch die hierarchische Form möglich, bei der ein fokaler Koordinator über harte Medien wie Verträge steuert. Für den Projektzusammenhang finden sich Akteure zusammen, die mit der Kombination wechselseitiger Ressourcen Vorteile erzielen.

Die besondere Problematik des Netzwerkmanagements in sozialwirtschaftlichen Handlungsfeldern liegt darin, dass die verschiedenen Netzwerktypen widersprüchliche Netzwerklogiken befolgen: Beispielsweise funktionieren die bestehenden Vorvernetzungen des Politiksektors Jugendhilfe nach dem Typ des Politiknetzwerks. Die normativen Festlegungen von Leitzielen werden in einem Verhandlungs- und Entscheidungsprozess getroffen. Das Netzwerk beruht auf lose gekoppelten, persönlichen Beziehungen, insbesondere auf dem informellen Vertrauen zwischen den machtstarken lokalen Schlüsselpersonen. Ganz anders funktioniert die Koordination und Steuerung von Dienstleistungen und Produkten der Jugendhilfe durch die darunter liegende strategische Managementebene der Kommunalverwaltung, die ein Gestaltungs- und Steuerungssystem darstellt (z.B. mit der Koordinationsagentur Jugendhilfeplanung). Im Rahmen von verbindlichen Vereinbarungen werden Kontraktnetzwerke zur Umsetzung von Entwicklungs- und Handlungszielen der sozialen Arbeit in Sozialräumen oder in fachlichen Bereichen konstruiert. Das Netzwerkmanagement muss dabei einen schwierigen Spagat leisten. Die machtstrategischen Verhandlungen im Politiknetzwerk sind mit den produktstrategischen Aufgaben zu verknüpfen. Das Management kann dabei schnell in die Falle einer Paradoxie zwischen Markt und Hierarchie geraten. Denn einerseits sind die Akteure bzw. die moderierende Agentur eng an den hierarchisch organisierten politisch-administrativen Bereich der Stadtverwaltung gebunden. Andererseits unterliegen sie einem Zwang, die Rolle von teilautonomen Akteuren im Netzwerk einzunehmen, obwohl die Handlungsbereiche – wie z.B. die Jugendhilfe – kaum nach Regeln eines teilautonomen Sozialmarktes funktionieren, sondern normative Vorgaben vom Politiknetzwerk enthalten. Um in diesem Wechselspiel von Kooperation und Wettbewerb die Orientierung behalten zu können, muss das Netzwerkmanagement den Einsatz von Instrumenten auf den Netzwerktyp zuschneiden.

2   Handlungsrahmen für ein Netzwerkmanagement

Tertiäre Netzwerke in sozialwirtschaftlichen Handlungsfeldern werden im Allgemeinen politisch initiiert. Der Steuerungsmodus eines tertiären Netzwerks erfordert auf der operativen Umsetzungsebene einen instrumentellen Handlungsrahmen. Ohne Vorstellung, was ein Netzwerkmanagement – im Sinn einer angewandten Netzwerkwissenschaft – auf der methodischen Ebene der Realisierung leisten muss, wird einem unpräzisen Gebrauch der Netzwerkrhetorik Vorschub geleistet.

Die undeutlichen Grenzen und die schwache Formalisierung erschweren eine Steuerung politisch induzierter Vernetzungen. Baitsch und Müller haben deshalb den Begriff der „Moderation" gewählt, um die operativen Unterstützungsaufgaben für Netzwerke zu beschreiben (2001: 23 ff.). Für die Unterstützung von Netzwerken bei der kontinuierlichen Bearbeitung der Problemgegenstände haben sie folgende Leitlinien aufgestellt: (a) Balance von Zuständigkeit und Verantwortlichkeit, (b) Ermöglichen gemeinsamer Erfahrungen und Erfolge, (c) Herstellen von Ordnung bei gleichzeitigem Zulassen von Unordnung, (d) Bearbeitung und Eingrenzung der Konflikte, (e) Transparenz der gegenseitigen Erwartungen und (f) Offenhalten der Anschlüsse nach außen. Die Funktion der Moderation besteht darin, unterschiedliche Interessen nach dem Win-Win-Prinzip auszugleichen, Machtasymmetrien konstruktiv zu bearbeiten, den Kooperationsprozess der Akteure zu strukturieren und die fachlichen Inputs zu sichern. In der Moderationsaufgabe werden somit die inhaltliche Arbeit und die Kommunikation der Akteure in einer Prozessperspektive kombiniert.

Das Konzept der Moderation unterstreicht die Bedeutung kommunikativer Methoden für die Netzwerksteuerung. Aber es eignet sich eher für richtungsoffene Politiknetzwerke. Die zielorientierten tertiären Netzwerke wie z.B. operati-

ve Projektnetzwerke oder Kontraktnetzwerke erfordern mehr als nur Kommunikationsleistungen. Sie müssen nach dem Konzept des „Netzwerkmanagements" gesteuert werden, das vier Steuerungsebenen aufweist:
- Bestandsaufnahme des sozialräumlichen Akteursfeldes mit einer *Stakeholderanalyse*,
- Aufbauorganisation der *Netzwerkarchitektur*,
- *Prozess- und Projektmanagement* der ‚Netzwerkkarriere' im Sinne eines zielbasierten Entwicklungsprozesses und
- *Netzwerkkultur* zur Entwicklung der Netzwerkkompetenzen von beteiligten Akteuren.

Die kommunikativen Ansätze der Moderation gehören zum methodischen Handlungsrepertoire auf den Steuerungsebenen der Prozesssteuerung und der Netzwerkkultur.

2.1 Bestandsaufnahme des Akteursfeldes mit einer Stakeholderanalyse

In der ersten Annäherung muss das Bezugssystem des Sozialraums oder des fachlichen Handlungsbereiches erfasst werden, in dem eine Vernetzung dezentraler Verantwortlichkeit hergestellt werden soll. Bezogen auf Sozialräume ist das Entstehen der Raumidentität an Hand der geschichtlichen Grundlagen zu rekonstruieren. Außerdem sollte die interne Charakteristik nach räumlich-funktionalen Strukturen und räumlichen Verteilungen abgebildet werden. Mit dem methodischen Mehrebenenansatz der „Sozialraumanalyse" (Riege / Schubert 2005) können die sozialen Potenziale erhoben, die individuellen Nutzerperspektiven einbezogen und die Verflechtung der Beziehungen von lokalen Akteuren analysiert werden.

Diejenigen Gruppen, die in einem Sozialraum oder im fachlichen Handlungsbereich Einfluss ausüben, werden als „Stakeholder" bezeichnet (Arnold / Maelicke 1998: 320ff.). Der Begriff der „Stakeholder" wurde von Freeman (1984: 25) geprägt als „any group or individual who can affect or is affected by the achievement of the firm's objectives". In der deutschen Übersetzung sprechen wir von Interessens- und Anspruchsgruppen, ohne deren Unterstützung eine Organisation nicht existieren kann. „To have a stake" bedeutet in der englischen Sprache einen Spieleinsatz, d.h. auf ein Risiko wetten bzw. etwas setzen. In der Perspektive des Sozialmanagements handelt es sich um Personen oder Gruppen, von deren ‚Einsatz' die Entwicklung einer sozialwirtschaftlichen Einrichtung abhängt. Umgekehrt hängen die Stakeholder aber auch vom Erfolg der Einrichtung ab – im übertragenen Sinn: ihr ‚Gewinn'. In der Sozialwirtschaft richten die Stakeholder sowohl fachliche als auch wirtschaftliche Ansprüche und Erwartungen an Einrichtungen und Träger. Ein großer Teil von ihnen hat unmittelbaren Einfluss auf die Zuteilung von Ressourcen und auf das Leistungsergebnis. Die bereitgestellten Ressourcen sind zum Beispiel finanzielle Mittel, Vertrauen, Wissen und Kompetenzen. Die Stakeholder können in fünf Kreise aufgeteilt werden: (I) Kunden als ‚Leistungsabnehmer', (II) interne Stakeholder wie Leitung, Mitarbeiter und Ehrenamtliche, (III) externe Stakeholder aus der gesellschaftlichen Umwelt, (IV) aus der politischen Umwelt und last but not least (V) spezifische Bereitsteller von Ressourcen wie Mittelgeber, Zulieferer, Kooperationspartner oder Rekrutierungsgruppen (Theuvsen 2001: 4).

Vor der Generierung von Vernetzungen zu einer spezifischen Thematik muss das Feld der relevanten Akteure mit einer Stakeholderanalyse aufgeklärt werden. Die Analyse der Stakeholder umfasst im Allgemeinen vier Schritte (Tiemeyer 2002):
- die Identifikation der Stakeholder,
- eine Gliederung der Stakeholder in Stakeholdergruppen,
- die Analyse und Bewertung des Einflusses der Stakeholder,
- Identifizierung der Schlüsselakteure für die personale Vernetzung sowie
- die Ableitung von Strategien und Maßnahmen.

Quelle: http://www.anuba-online.de/extdoc/Materialien_der_BNW_Fortbildung/BNW_initiieren/BNW_init_1_1_4.pdf

Abbildung 34: Stakeholdergruppen eines Bildungsnetzwerkes

Erfahrungsgemäß handelt es sich bei Stakeholdern um eine unübersichtliche Zahl von Personen bzw. Institutionen und Organisationen, die im Bezugssystem des Sozialraums bzw. des fachlichen Handlungsfeldes unterschiedliche und teilweise widersprüchliche Interessen verfolgen (vgl. Abbildung 34). Die Grundaufgabe des Netzwerkmanagements besteht darin, die Stakeholder zu ermitteln, ihre Interessen zu identifizieren, die bestehenden Vorvernetzungen zu analysieren und ihren Einfluss auf die spezifische Thematik zu bewerten. Erst nach der Sammlung und Aufbereitung der Informationen über die Stakeholder kann mit der Vernetzungsinitiative begonnen werden.

Bei der Ermittlung der tatsächlichen und potenziellen Anspruchsträger werden die Akteure nach dem Kriterium der Machtposition sortiert:

- Unter der Kategorie ‚strategische Ansprüche' werden diejenigen Akteure gesammelt, die eine hohe Macht im Bezugsraum oder im Bezugsfeld ausüben können und diese auch zur Geltung bringen.
- Als zweite Kategorie werden definierbare ‚Interessen' erfasst. Dazu zählen diejenigen Stakeholder, die einen hohen Willen zur Machtausübung artikulieren, deren tatsächliche Macht im Bereich der spezifischen Thematik aber begrenzt ist.
- In der dritten Kategorie stehen ‚Bezugsakteure' im Blickfeld. Dazu zählen Personen und Institutionen, die nur geringen Einfluss auf die spezifische Thematik haben, aber Bezüge dazu aufweisen.
- In die letzte Kategorie fallen die restlichen Akteure der ‚allgemeinen Öffentlichkeit', die aus lebensweltlichen, korporativen oder anderen Motiven – z.B. als Zielgruppen – Berührungspunkte mit der Thematik haben.

Die Ergebnisse lassen sich zur besseren Übersicht in Form einer Matrix zusammenstellen, um ablesen zu können, welche Stakeholder welchen Einfluss auf einzelne Aspekte der spezifischen Thematik nehmen können bzw. auf welche Interessen der Stakeholder im Vernetzungsprozess Rücksicht nehmen muss. Dazu werden zuerst die Organisationen erfasst (vgl. Abbildung 34); um konkrete Ansprechpartner identifizieren zu können, müssen sie anschließend weiter konkretisiert werden. Die Relevanz der einzelnen Anspruchsgruppe und ihrer markanten repräsentativen Persönlichkeit leitet sich aus ihrer strategischen Bedeutung ab: Je abhängiger die angestrebte Vernetzung ist und je größer die Einflussmöglichkeiten eines Stakeholders sind, desto höher ist ihre Relevanz für das Netzwerkmanagement. Auf dieser Grundlage werden die Akteure bestimmt, die in die Vernetzung einzubeziehen sind, und die Grenze zu anderen Akteuren gezogen, die möglicherweise nicht berücksichtigt werden müssen.

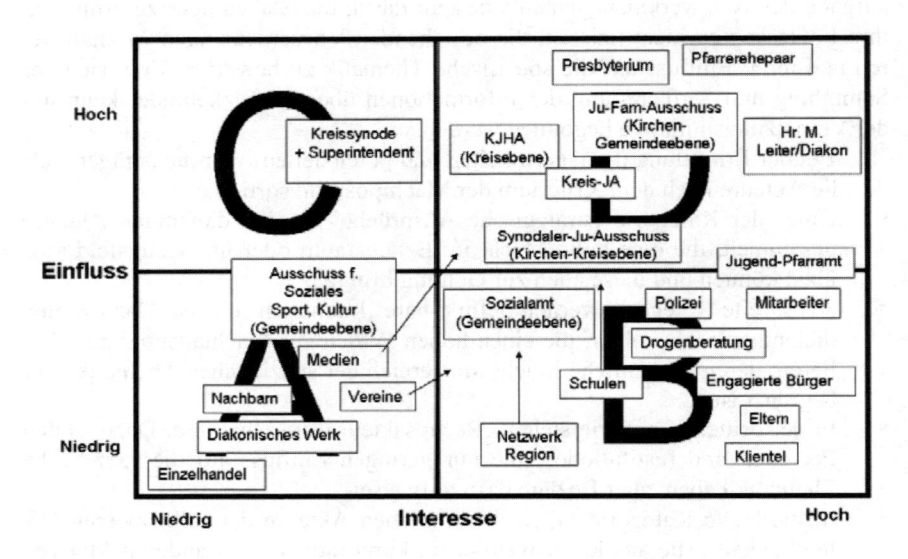

Abbildung 35: Stakeholdermatrix nach Einfluss und Interesse am Beispiel eines Jugendcafés in evangelischer Trägerschaft

Zu Abbildung 35: Die Stakeholder in Feld A haben nur ein geringes Eigeninteresse am Jugendcafé und üben nur in geringem Umfang Einfluss aus. Damit sie regelmäßig über Informationen erreicht werden, sind Schlüsselpersonen dieser Gruppen gezielt in Netzwerke einzubeziehen. Die Stakeholder in Feld B haben ein großes Interesse an den Vorgängen im Jugendcafé, allerdings verfügen sie kaum über Einflussmöglichkeiten. Auch diese Stakeholder müssen unter Bezugnahme auf ihre Interessen durch einen regelmäßigen Informationsfluss eingebunden werden und sollten in Vernetzungen angemessen repräsentiert sein. Denn in kritischen Situationen stellen sie wichtige Verbündete dar. Die Beziehungen zu den Stakeholdern in Feld C sind schwieriger zu gestalten, weil es sich oft um formale Positionen von öffentlichen oder institutionellen Trägern und Investoren handelt. Erfahrungsgemäß verhalten sie sich eher passiv. Dennoch sind sie eine wichtige Zielgruppe der Vernetzung, weil ihre Entscheidungen – z.B. über die Zuwendung von Ressourcen – einen tief greifenden Einfluss – in diesem Fall auf das Jugendcafé – haben. Die Stakeholder mit einem hohen Interesse und großen Einflussmöglichkeiten befinden sich im Feld D. Unter ihnen sind die wichtigsten Akteure für Vernetzungsstrategien zu finden.

Akteure im Feld A der Matrix (geringer Einfluss, geringes Interesse) und im Feld B (geringer Einfluss, hohes Interesse) kommen nicht so sehr für die Vernetzung in Frage, sind aber wichtige Zielgruppen der Informationsarbeit eines Netzwerkes und für die Aktivierung von Öffentlichkeitsressourcen. Dem Feld C (hoher Einfluss, geringes Interesse) werden die Akteure zugeordnet, die über gezielte Maßnahmen des Sozialmarketings zufriedengestellt und für die Vernetzungsinitiative gewonnen werden müssen. Die Repräsentanten im vierten Feld D (hoher Einfluss, hohes Interesse) bilden den Kern der Vernetzung. Im Rahmen individuell ausgerichteter Strategien können einzelne Stakeholder mit gezielten Maßnahmen im Vorfeld so aktiviert werden, dass sie ins Feld D vorrücken (vgl. Abbildung 2: Pfeile).

Das ‚Stakeholdermanagement' zielt somit nach der Identifikation der wichtigsten Akteure (z.B. Befürworter / Gegner) darauf, einige Schlüsselakteure in der Matrix ‚umzupositionieren'. Beispielweise kann der Einfluss eines Gegners durch die Aktivierung von Befürwortern kompensiert werden. Mit Maßnahmen, die das Interesse eines einflussreichen Befürworters erhöhen, kann er sukzessiv von Feld C in Feld D umpositioniert werden. Daneben sind auch Maßnahmen denkbar, um Stakeholder in ihren Positionen zu halten. (z.B. Befriedigung der Interessen in Feld C). Insgesamt sind unterstützende Stakeholder in die Arbeit der Organisation oder des Netzwerks einzubinden, um von ihrem Unterstützungspotential zu profitieren. Marginale Stakeholder, die weder ein großes Unterstützungs- noch ein bemerkenswertes Bedrohungspotential aufweisen, sollen kontinuierlich beobachtet werden. Gegenüber nicht unterstützenden Stakeholdern wird eine Verteidigungsstrategie empfohlen, damit ihr negativer Einfluss abgemildert werden kann. Mit ‚gemischten' Stakeholdern soll zusammengearbeitet werden, um ihnen keinen Anreiz zu bieten, ihr Bedrohungspotential einzusetzen (Theuvsen 2001: 15).

Zur weiteren Vorbereitung bietet es sich an, die bestehenden Vorvernetzungen im Rahmen einer Netzwerkanalyse zu erheben (vgl. zur Netzwerkanalyse: Jansen 1999; Pappi 1987; Schubert et al. 2001).

2.2 Netzwerkarchitektur und Aufbauorganisation

Der Nutzen der Kooperation wird umso kleiner, je größer das Netzwerk ist. Die Aufbauorganisation eines tertiären Netzwerkes muss diesem Prinzip Rechnung tragen. Damit die Vernetzungsaktivitäten nicht im ‚Rauschen' eines unübersichtlichen Geflechts vieler Akteure nicht unkenntlich werden, ist eine Netzwerkarchitektur mit drei Handlungsebenen notwendig (vgl. Abbildung 36).

Das Netzwerkforum fasst auf der ersten Handlungsebene das gesamte richtungsoffene Vernetzungsfeld unter besonderer Berücksichtigung von Akteuren des einschlägigen Politiknetzwerkes zusammen. Die Struktur ist im Allgemeinen sehr heterogen, weil die Akteure unterschiedlichen gesellschaftlichen Teilbereichen entstammen. Das Netzwerkforum hat keine formale Organisationsstruktur – die richtungsoffene, polyzentrale Vernetzung resultiert vorrangig aus den Selbsterklärungen und Definitionen der beteiligten Akteure und nicht aus einem formalen Organisationsstatut.

Über den strategischen Prozess von Information, Abstimmung und Zusammenwirken bilden sich auf der zweiten Handlungsebene zu einzelnen Themen und Entwicklungsaspekten horizontale Verbünde von relativ überschaubaren Akteursgeflechten heraus. Ein solcher Verbund konstituiert sich als – häufig fokales – Projekt- oder Kontraktnetzwerk und setzt den einzelnen thematischen Entwicklungsaspekt zielorientiert um. Die Projekt- bzw. Kontraktnetzwerke repräsentieren unter dem Blickwinkel der Ergebnisorientierung den Kern der Vernetzung. Sie besitzen die relativ autonome ‚Zuständigkeit' zur Erfüllung der gewählten Aufgaben und weisen somit ein hohes Maß an dezentraler Entscheidungskompetenz auf. Es sollen dabei nicht nur neue Vernetzungen erzeugt, sondern es soll auch auf bestehende Netzwerke und vorhandene Arbeitsgruppen zurückgegriffen werden.

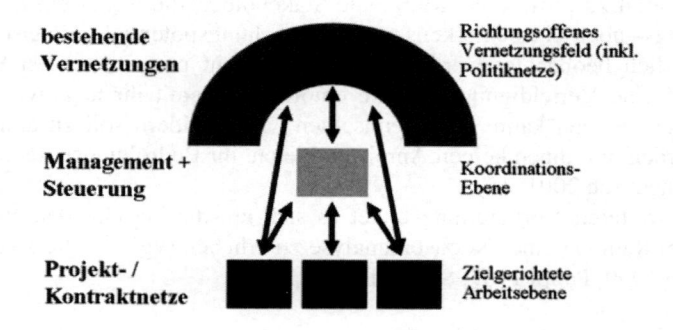

Abbildung 36: Architektur tertiärer Netzwerke

Zwischen den Ebenen des richtungsoffenen Netzwerkforums und den zielgerichteten Projekt- und Kontraktnetzen befindet sich als dritte die Koordinationsebene. Die Agentur der Koordinationsebene ist ein fokaler Akteur und hat vorrangig organisatorische Entwicklungs-, inhaltliche Moderations- und unterstützende

Servicefunktionen. Beispielsweise sollen mögliche, noch nicht realisierte Vernetzungen gefördert und Dienstleistungen für die Vernetzung erbracht werden. Im Zusammenspiel der drei Ebenen muss eine Balance zwischen den Eigenaktivitäten der Akteure und der koordinierenden Steuerungsebene angestrebt werden. Wenn dies nicht gelingt, drohen entweder Widerstände der Akteure oder eine Gefährdung der Zielerreichung. Dazu muss – um die o.g. Leitziele von Baitsch und Müller aufzugreifen – die Koordinationsebene eine Balance zwischen der Herstellung von ‚Ordnung' (durch die Bereitstellung effektiver Arbeitsstrukturen) und dem Zulassen von ‚Unordnung' bzw. ‚Spielräumen' in der Netzwerkperipherie der dezentralen Selbstorganisation (mit dem Ziel effektiver Kooperationsstrukturen) finden.

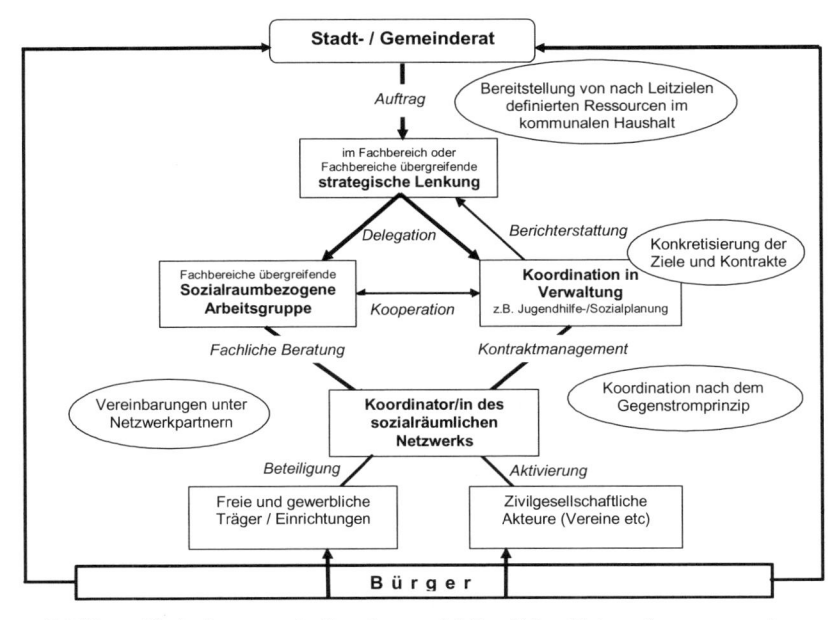

Abbildung 37: Aufbauorganisation eines sozialräumlichen Netzwerkmanagements

Bezogen auf eine sozialraumorientierte Vernetzung zeigt Abbildung 37 eine mögliche Aufbauorganisation. Die Koordinationsagentur organisiert dabei ein sozialräumliches Netzwerk zur integrativen Bündelung der Kräfte und Leistungen. Das Netzwerkmanagement dient dazu, die professionellen Möglichkeiten der beteiligten Träger, Einrichtungen und intermediären Akteure zu verbinden. Außerdem zielt es darauf, die vorhandenen Entwicklungspotenziale im Quartier zu wecken, zu aktivieren und zu unterstützen. Die Aufbauorganisation ist davon gekennzeichnet, dass das strategische Netzwerkmanagement auf der Ebene der kommunalen Verwaltung koordiniert wird. Damit muss eine verknüpfende Stelle – wie z.b. die Jugendhilfe- / Sozialplanung – innerhalb der Stadtverwaltung beauftragt werden. Auf der Ebene des Sozialraums findet das operative Netzwerkmanagement statt, indem eine Koordinationsagentur – wie z.b. ein ausgewählter Träger – die lokalen Träger, Einrichtungen und zivilgesellschaftlichen Kräfte vernetzt, in den inhaltlichen Abstimmungen koordiniert und in den Kontraktverhandlungen nach außen vertritt.

Angelehnt an die moderne Managementlogik handelt es sich um eine ‚dreifache Koordination', die als Gesamtsystem ineinander greift: (i) Auf der normativen Ebene des Politiknetzwerkes vom Stadt- oder Gemeinderat muss das Netzwerkmanagement rechtzeitig und hinreichend Informationen bereitstellen, damit zielrelevante Entscheidungen getroffen werden können. (ii) Auf der strategischen Ebene der Verwaltungshierarchien werden die durch den Gemeinderat normativ vorgegebenen Ziele weiter entwickelt. Dazu wird eine Koordinationsinstanz benötigt, die Fachbereiche übergreifend – unterstützt durch eine interdisziplinäre Arbeitsgruppe – die Schnittstellen zwischen den Geschäftskreisen bearbeitet, die fachspezifischen Sichtweisen in der Stadtverwaltung bündelt und in Abstimmung mit den Akteuren des sozialräumlichen Netzwerkes kontraktierbare Zielkonkretisierungen aushandelt. (iii) Auf der Ebene des Sozialraums übernimmt eine Koordinationsagentur die konkrete Vernetzungs-, Aushandlungs- und Umsetzungsaufgaben des operativen Netzwerkmanagements.

2.3 Prozess- und Projektmanagement

Damit der Organisationsaufbau eines tertiären Netzwerkes gelingen kann, sind die Netzwerkstrukturen prozessorientiert angemessen zu gestalten. Im Hinblick auf diese Managementaufgaben sind einige Aspekte besonders zu beachten (vgl. Abbildung 37). Das Selbstverständnis des tertiären Netzwerkes darf nicht auf die Ebene des Netzwerkforums als richtungsoffenes Gesamtnetzwerk bezogen werden; besser ist eine Fokussierung auf die projektförmigen Kreise und Aktivitäten als tragende Säule der Vernetzung. Dazu muss das Netzwerk als horizontaler Interessenverbund konzipiert werden. Mit Moderationsmethoden können die Machtdifferenziale zwischen Akteuren ausgeglichen und ihre Einbindung in das Netzwerk nach dem Prinzip der überlappenden Gruppen gesichert werden. Um dies zu erreichen, muss besonders auf die Vermittlung von Brückenakteuren gesetzt werden.

Tertiäre Netzwerke brauchen ein konsequentes Projektmanagement. Dazu gehören vor allem folgende Instrumente:
- Zielformulierungen (nach dem SMART-Prinzip: spezifisch, messbar, akzeptabel/attraktiv, realistisch, terminfixiert);
- die Abstimmung von Arbeitsschritten und Meilensteinen für die Zielerreichung im Rahmen des Vernetzungsprozesses;
- Definition des operativen Managementprozesses durch die Koordinationsebene (Sekundärprozess) und Abgrenzung der dezentral, von beteiligten Akteuren selbst verantworteten Aktivitäten (Primärprozess);
- Kooperations-, Ziel- und Ergebnisvereinbarungen mit den Akteuren auf der Umsetzungs- und Arbeitsebene der Projekt- bzw. Kontraktnetze;
- ein Berichtswesen auf der Grundlage von Indikatoren zur Dokumentation des Outputs der Vernetzung und der Netzwerkqualität sowie zur Überprüfung von Zielerreichungen (Outcome);
- eine etappenweise Evaluation durch die Koordinationsebene und eine regelmäßige Selbstevaluation der Projekt- / Kontraktnetze.

Damit tertiäre Netzwerke durch eine Beschränkung auf korporative Akteure nicht den Realitätsbezug verlieren, gehört zum Prozessmanagement auch eine stetige Öffnung zu Bürgerinnen und Bürgern. Dabei geht es oftmals um den Einbezug der ‚Kunden' und Zielgruppen des Vernetzungsanlasses. Eine Beschränkung auf die einschlägigen korporativen Akteure der Verwaltung, der Sozialwirtschaft, der Verbände und der einschlägigen Institutionen beinhaltet die Gefahr, dass Lernprozesse der Problemlösung schnell bei alten Mustern landen. Im Rahmen der Qualitätssicherung muss die kontinuierliche Öffnung vorangetrieben und überwacht werden.

2.4 Netzwerkkultur zur Entwicklung der Netzwerkkompetenz

Ein Netzwerk wird nicht allein mit kühlem Management gesteuert. Es bedarf auch ‚heißer' Bestandteile. Neben der Aufgabenorientierung darf die Beziehungsorientierung nicht vergessen werden. Für die konsensuale Einigung und kooperative Problemlösungen sind nicht-strategische Interaktionsformen notwendig wie z.B. emotionales Ausdrucksverhalten und die kommunikative Erzeugung von gegenseitiger Verlässlichkeit. Die Identifikation wird dabei im Allgemeinen durch Vertrauen bildende Maßnahmen erzeugt. Hier kommt der Netzwerkkultur im Rahmen von Empfängen, Events und Exkursionen eine große Bedeutung zu, um im Netzwerk gemeinsam geteilte Werte, Überzeugungen und Verpflichtungen als Sozialkapital auszubilden, aber auch um Erfahrungen und Ereignisse im Netzwerk zu verbreiten. In einer verständigungsorientierten

Interaktionskultur gewinnt mit der Zeit eine verbindende ‚Corporate Network Identity' Kontur.

Über die Netzwerkkultur soll auch ein Lernprozess stattfinden, in dem die Akteure ihre Sozialkompetenzen entwickeln. Dazu gehören: (i) Die Akteure müssen sich persönlich engagieren; eine Beschränkung auf die Mitgliedschaft der Organisation bedeutet ein Netzwerk ohne Personen. (ii) Neben der instrumentellen muss auch eine sozial-emotionale Kommunikation stattfinden; der Beziehungs- darf vom Inhaltsaspekt (Watzlawick) nicht abgetrennt werden. (iii) Als Grundregel gilt das Prinzip der Gegenseitigkeit, um ein ausgewogenes Verhältnis von Leistung und Gegenleistung zu sichern. (iv) Jeder Akteur soll zielstrebig selbst die Initiative ergreifen; denn inaktives Abwarten lähmt die Vernetzungsidee. (v) Akteure, die im Netzwerk die Integration statt eine Polarisierung suchen, bedürfen der besonderen Unterstützung durch das Management der Koordinationsagentur. (vi) Das Verhalten des einzelnen Akteurs muss berechenbar und verlässlich sein. (vii) Information ist zügig weiter zu geben und im Netz zu verteilen. (viii) Genauso wichtig ist die termingerechte Erledigung übernommener Aufgaben, um unnötige Belastungen für die Netzwerkpartner zu vermeiden. (ix) Last but not least gehört das gegenseitige Erbringen von Gefälligkeiten zur Kultur erfolgreicher Netzwerke.

Im Rahmen von Trainings, Qualifikationen und Netzwerkberatung kann dieser Lernprozess entwickelt werden.

3   Ausblick

Die Vernetzung der sozialen Dienstleistungen im fachlichen Handlungsbereich oder im Sozialraum – als aktive Verbindung lokaler Akteure über kooperative professionelle Beziehungen – gehört zu den modernen professionellen Techniken und muss auch in der Sozialen Arbeit eine Verbreitung finden. Netzwerke repräsentieren heute eine neue flexible Organisations- und Steuerungsform zwischen Markt und Hierarchie, um die Kooperationskultur zwischen öffentlichen, sozialwirtschaftlichen und zivilgesellschaftlichen Akteuren zu verbessern und nicht-staatliche Interessen wirkungsvoll einzubinden.

Damit die Kooperation der öffentlichen Einrichtungen und freien Träger innerhalb eines Sozialraums oder eines fachlichen Handlungsfeldes organisiert und koordiniert werden kann, sind besondere Fach- und Methodenkompetenzen zu erwerben, die unter dem Leitbegriff des „Netzwerkmanagements" zusammengefasst werden. Darunter sind besonders Instrumente des Sozialmanagements zu nennen: die Bestandsaufnahme des sozialräumlichen Akteursfeldes mit einer Stakeholderanalyse, eine differenzierte Aufbauorganisation im Sinn einer

‚Netzwerkarchitektur' und das Prozess- / Projektmanagement zur Entwicklung des Netzwerks sowie zur Förderung einer nachhaltigen Netzwerkkultur.

Die Grundaufgaben des Netzwerkmanagements bestehen darin, die lokalen Schlüsselpersonen zu ermitteln, ihre Interessen zu identifizieren, die bestehenden Vorvernetzungen zu analysieren und den Einfluss der Akteure zu bewerten. Nach dieser Sammlung und Aufbereitung von Informationen kann mit der Vernetzungsinitiative begonnen werden. Bei der Gestaltung des Vernetzungsprozesses ist der Einsatz weiterer Managementinstrumente erforderlich.

Damit die Prozesse der sozialen Arbeit zukünftig in den fachlichen Handlungsfeldern oder in Sozialräumen sowohl effizienter als auch effektiver gestaltet werden können, muss das Netzwerkmanagement in das methodische Standardrepertoire Eingang finden.

4 Literatur

Arnold, U. / Maelicke, B. (Hrsg.) (1998): Lehrbuch der Sozialwirtschaft. Baden-Baden: Nomos

Baitsch, Ch. / Müller, B. (Hrsg.) (2001): Moderation in regionalen Netzwerken. München, Mering: Hampp Verlag

Brandt, Arno / Franz, Ulf-Birger / Klodt, Thomas / Schubert, Herbert / Spieckermann, Holger / Steincke, Manfred (2002): Perspektiven der Mobilitätswirtschaft in der Region Hannover. Gutachten über die Vernetzung der Mobilitätswirtschaft, Beiträge zur regionalen Entwicklung, Nr. 97, hrgg. v. Region Hannover: Selbstverlag

Boskamp, P. (1998): Das Konzept des sozialen Netzwerks. Anwendungsmöglichkeiten im Kontext von Führen und Leiten in Organisationen. In: Boskamp / Knapp (1998): 161-192

Boskamp, P. / Knapp, R. (Hrsg.): Führung und Leitung in sozialen Organisationen. Handlungsorientierte Ansätze für neue Managementkompetenz . Neuwied, Kriftel: Luchterhand

Bullinger, H. / Nowak, J. (1998): Soziale Netzwerkarbeit. Eine Einführung. Freiburg im Breisgau: Lambertus

Dahme, H.-J. / Wohlfahrt, N. (Hrsg.) (2000): Netzwerkökonomie im Wohlfahrtsstaat. Wettbewerb und Kooperation im Sozial- und Gesundheitssektor. Berlin: edition sigma.

Dybe, G. / Kujath, H.-J. (2000): Hoffnungsträger Wirtschaftscluster. Unternehmensnetzwerke und regionale Innovationssysteme: Das Beispiel der deutschen Schienenfahrzeugindustrie. Berlin: edition sigma

Flocken, P. / Hellmann-Flocken, S. / Howaldt, J. / Kopp, R. / Martens, H. (2001): Erfolgreich im Verbund. Die Praxis des Netzwerkmanagements. Eschborn: RKW-Verlag

Freeman,, R.Edward (1984): Strategic Management. A Stakeholder Approach. Boston u.a.

Froessler, R. / Lang, M. / Selle, K. / Staubach, R. (Hrsg.) (1994): Lokale Partnerschaften. Die Erneuerung benachteiligter Quartiere in europäischen Städten.. Basel:Birkhäuser

Fürst, D. / Schubert, H. (1998): Regionale Akteursnetzwerke. Zur Rolle von Netzwerken in regionalen Umstrukturierungsprozessen. In: Raumforschung und Raumordnung, 56. Jg.: 352-361

Fürst, D. / Schubert, H. (2001): Regionale Akteursnetzwerke zwischen Bindungen und Optionen. Über die informelle Infrastruktur des Handlungssystems bei der Selbstorganisation von Regionen. Geographische Zeitschrift, 89. Jg.: 32-51

Horváth, Péter (2004): Zukunftsperspektiven der koordinationsorientierten Controllingskonzeption. In: Scherm/Pietsch (2004): 367-386

Jansen, D. (1999): Einführung in die Netzwerkanalyse. Grundlagen, Methoden, Anwendungen. Opladen: Leske + Budrich

Jones, C. / Hesterly W. S. / Borgatti, S. P. (1997): A General Theory of Network Governance. Exchange Conditions and Social Mechanisms. In: Academy of Management Review, 22. Jg.: 911-945

Keupp, H. (1987): Soziale Netzwerke. Eine Metapher des gesellschaftlichen Umbruchs? In: Keupp / Röhrle (1987): 11-53

Keupp, H. / Röhrle, B. (Hrsg.) (1987): Soziale Netzwerke. Frankfurt/Main, New York: Campus

Maillat, D. (1995): Territorial Dynamics, Innovative Milieus and Regional Policy. In: Entrepreneurship & Regional Development, 7. Jg.: 157-165

Müller-Jentsch, W. (2003): Organisationssoziologie. Frankfurt/Main, New York: Campus

Pappi, F. U. (Hrsg.) (1987): Methoden der Netzwerkanalyse. Band 1: Techniken der empirischen Sozialforschung. München, Wien: Oldenbourg

Riege, M. / Schubert, H. (2005): Zur Analyse sozialer Räume – Ein interdisziplinärer Integrationsversuch. In: Riege / Schubert (2005): 7-68

Riege, M. / Schubert, H. (Hrsg.): Sozialraumanalyse – Grundlagen, Methoden, Praxis. Wiesbaden: VS Verlag für Sozialwissenschaften

Röhrle, B. / Sommer, G. / Nestmann, F. (Hrsg.) (1998): Netzwerkintervention. Fortschritte der Gemeindepsychologie und Gesundheitsförderung, Band 2, Tübingen: dgvt-Verlag

Scherm, Ewald / Pietsch, Gotthard (Hrsg.) (2004): Controlling – Theorien und Konzeptionen. München: Verlag Vahlen

Schubert, H. (2000): Von der Agenda 21 zur sozialen Stadt – Integrierte Perspektiven für die soziale Arbeit beim Stadtteilmanagement. In: Neue Praxis, 30. Jg.: 286-296

Schubert, H. / Fürst, D. / Rudolph A. / Spieckermann, H. (2001): Regionale Akteursnetzwerke. Analysen zur Bedeutung der Vernetzung am Beispiel der Region Hannover. Opladen: Leske + Budrich

Schubert, H. / Spieckermann, H. (2002): Aufbau von Netzwerken als Kernaufgabe des Quartiermanagements. In: Walther (2002): 147-162

Schubert, H. / Spieckermann, H. (2004): Standards des Quartiermanagements. Handlungsgrundlagen für die Steuerung einer integrierten Stadtteilentwicklung. Verlag Sozial Raum Management, Köln

Selle, K. (1994): Lokale Partnerschaften. Organisationsformen und Arbeitsweisen für kooperative Problembearbeitung vor Ort. In: Froessler et al. (1994): 36-66

Straus, F. / Höfer, R. (1998): Die Netzwerkperspektive in der Praxis. In: Röhrle et al. (1998): 77-95

Theuvsen, Ludwig (2001): Stakeholder-Management – Möglichkeiten des Umgangs mit Anspruchsgruppen. URL http://www.aktive-buergerschaft.de/ vab/resourcen/ diskussionspapiere/wp-band16.pdf

Tiemeyer, Ernst (2002): Stakeholderanalyse und Stakeholdermanagement in Bildungsnetzwerken. ANUBA / Aufbau und Nutzung von Bildungsnetzwerken zur Entwicklung und Erprobung von Ausbildungsmodulen in IT- und Medienberufen, Soest : Landesinstitut für Schule URL http://www.anuba-online.de/extdoc/Materialien_der_BNW_Fortbildung/BNW_initiieren/BNW_init_1_1_4.pdf ,

Walther, U.-J. (Hrsg.) (2002): Die soziale Stadt. Eine Zwischenbilanz. Opladen: Leske + Budrich

> Only what gets measured, gets managed.
> – What gets measured, gets done.
> Kaplan / Norton

Herbert Schubert

Controlling als Assistenz im Steuerungsprozess

1. Controllingbegriff
   1.1 Definitionen
   1.2 Informationssystem
   1.3 Koordinationssystem
2. Neuere methodische Ansätze
   2.1 Strategische Situationsanalyse
   2.2 Strategieplanung (Strategy Map)
   2.3 Balanced Scorecard (BSC)
3. Literatur

Die Dienstleistungsproduktion der sozialen Arbeit wird im Allgemeinen als nicht kompatibel mit einem betriebswirtschaftlichen Rationalisierungsdiskurs angesehen (vgl. Reis/Schulze-Böing 1998: 14 ff.). Aus der fachlichen Sicht ist im vergangenen Jahrzehnt deshalb wohl kein Begriff so umstritten gewesen und hat so viel Widerstand hervorgerufen wie das „Controlling", das den Charakter eines „Herrschaftsinstruments" habe, weil es Handlungsmöglichkeiten einschränke (Becker 2004: 773).

Dabei soll das Controlling ein Dilemma lösen, dem sich auch viele Entscheider/innen bei öffentlichen und freien Trägern gegenüber sehen. Sie verfügen einerseits nur über unvollkommene Informationen in einem dynamischen Umfeld und andererseits nur über begrenzte Kapazitäten für die Verarbeitung der Informationen. Unter solchen Bedingungen können oft nicht alle Handlungsalternativen berücksichtigt werden, die Auswirkungen einer Entscheidung bleiben intransparent und die Bewertung von Ergebnissen wird unzuverlässig, so dass insgesamt kein ‚rationales Entscheidungsverhalten' möglich ist (Schaefer / Lange 2004: 112).

In der Abgrenzung vom allgemeinen Management (der Steuerung) leistet das Controlling eine Führung unterstützende „Sekundärkoordination", weil es – im Sinne einer ‚Assistenz' – kontinuierlich Messungen durchführt und damit Informationen bereitstellt, die eine verbesserte Koordination der Teilsysteme durch die Entscheidungsträger ermöglicht (Franz 2004: 277). Das Management spaltet die Leitziele top-down auf die dezentralen Handlungsbereiche auf, stimmt die bottom-up formulierten Zielsetzungen mit den top-down vorgegebenen Zielen im Gegenstromverfahren ab, kontraktiert Zielvereinbarungen und vermittelt Entscheidungen zwischen verschiedenen Handlungsbereichen. Das Controlling liefert auf einem quantifizierten Niveau Informationen und Beiträge, die diese Steuerungsprozesse unterstützen.

Vor diesem Hintergrund kann das Controlling mit einem ‚Instrumentenkoffer' verglichen werden, mit dessen Inhalt die Rationalität in Entscheidungsprozessen der Sozialwirtschaft gesichert werden kann.

1 Controllingbegriff

Das Controlling ist ein normsetzendes Mittel der Disziplinierung im betrieblichen Kontext. Es repräsentiert im Unternehmen eine ‚disziplinierende Macht' (im Sinne Foucaults), die in der Gestalt von Ordnungen und Verfahrenspraktiken einen spezifischen Ablauf vorschreibt (Scheytt 2004: 832 ff.). Der historische Ursprung reicht auf die Entwicklung und den systematischen Einsatz der ersten Kostenrechnungs- und Budgetierungssysteme zurück (Tradition des „management by accounting and control"), mit denen das Management in angelsächsischen Unternehmen zwischen 1900 und 1930 seinen Machtapparat ausdehnte und transformierte. Das Taylor'sche Modell der personalen Kontrolle machte einer rationalisierten Steuerung durch eine entpersonalisierte, kalkulative Beobachtung der Leistung Platz, was eine Selbstdisziplinierung der arbeitenden Subjekte förderte.

1.1 Definitionen

Wegen der konzeptionellen Vielfalt von Controllingansätzen lässt sich kein einheitliches Controllingverständnis umreißen (Scherm/Pietsch 2004). Dennoch gibt es einen definitorischen Kern, der auf die lateinische Sprache zurückreicht: Dem Wort ‚contra' wird die Bedeutung „des Führens einer Gegenrolle" zugeordnet, was auch im französischen Ursprung des Wortes „Contrerole" steckt (Franz 2004: 279). Die Rolle eines kritischen Counterparts zu den Entscheidungsträgern repräsentiert somit die ‚Mitte' des Controllingbegriffs. Folglich übernimmt das Controlling eine *‚gegenspiegelnde' Assistenzfunktion* des Managements, um die Verantwortlichen mit entscheidungs- und koordinationsrelevanten Informationen zu versorgen. Dadurch wird es in der „Verbindung von Planung, Kontrolle und Steuerung" zu einem Instrument der Koordination von Führungsaufgaben (Schwarz 2004: 45).

Die Konzeptionen des Controlling weisen vor allem fünf Ausprägungen und Orientierungen auf (Scherm/Pietsch 2004: 11). Die klassischen Ansätze sind ausgerichtet auf:
- das betriebliche Rechnungswesen,
- die Aufbereitung von Informationen und
- die Unterstützung von Koordinationsaufgaben;

die neueren Ansätze richten sich auf:
- die Sicherstellung von Führungsrationalität und
- die Reflexion von Entscheidungen.

Dieses Verständnis kann auch über den klassischen Unternehmensbegriff hinaus auf Netzwerke angewandt werden. Innerhalb eines sozialwirtschaftlichen Trägers macht das Controlling transparent, wie sich teilautonome Einheiten (z.B. eine Einrichtung) wirtschaftlich und fachlich entwickeln; eine ähnliche Transparenz lässt sich zum Beispiel für ein Trägernetzwerk in einem Sozialraum herstellen, wenn es mit einem darauf ausgerichteten Informations- und Koordinationssystem flankiert wird (→ vgl. dazu auch den Beitrag von Herbert Schubert: Netzwerkmanagement).

Der ‚rote Faden' des Controlling besteht darin, dass es betriebliche Steuerungsprozesse mit drei Funktionen unterstützt:
- Bereitstellung von Informationen (*Informationsfunktion*),
- Instrument für die Koordination und Steuerung verschiedener Betriebsbereiche und Managementebenen (*Koordinationsentlastung*) sowie
- Grundlage für Entscheidungen (*Entscheidungsfundierung*).

Die ‚*Controllingkonzeption*' beinhaltet als Bezugsrahmen die Gesamtheit aller verfügbaren bzw. eingesetzten Methoden und Techniken. Zu unterscheiden sind davon die ‚*Controllinginstrumente*' als methodische und sachliche Hilfsmittel zur Erfassung, Auswertung, Speicherung und Weitergabe von Informationen (Reichmann 2004: 87). Einerseits wird die Informationserzeugung und Informationsbereitstellung mit dem Informationsbedarf verknüpft, andererseits das Planungs- und Kontrollsystem mit dem Informationssystem abgestimmt und drittens werden diese Aktivitäten im Gesamtsystem der Führung integriert (Horváth 2004: 370 f.). Tippelt hat das zu der folgenden *Definition* verdichtet (1998: 108):

„Controlling bezeichnet die Strukturierung von Informationen im Hinblick auf zu treffende Entscheidungen. Durch vorhergehende Analyse, welche Größen für die Planung und Steuerung eines Betriebs- oder Politikbereiches wesentlich sind, konzentriert sich die Datenbeobachtung auf die steuerungs- und koordinationsrelevanten Fakten. Das Ergebnis der Beobachtung ist unmittelbar handlungsrelevant für den Verantwortungsträger."

Rationalitätsmaßstab des Controlling sind *Effektivität* und *Effizienz*. Effektiv ist eine Dienstleistung dann, wenn sie eine Zustandsänderung bewirkt, mit der bestimmte Zwecke (z.B. fachliche Qualität, Wirkungen beim Kunden) erfüllt werden. Effizienz beschreibt demgegenüber eine Optimalität, die nicht nur bei den Zwecken zielscharf sein soll, sondern auch bei den relevanten Mitteln (z.B. Kosten) keine Verschwendung zulässt (Ahn/Dyckhoff 2004: 519).

Dabei werden zwei Controllingperspektiven unterschieden (→ vgl. dazu auch den Beitrag von Klaus-Dieter Pruss: Stärkung der pädagogischen Arbeit durch Controlling):

- die länger- bis mittelfristige Vorausschau des „strategischen Controllings" und
- das kurzfristig orientierte, auf Gegenwartsfragen fokussierte „operative Controlling".

Das *strategische Controlling* stellt Informationen bereit, um die erwartbaren Entwicklungen abschätzen und die zukünftige Ressourcensteuerung bewerten zu können. Im Mittelpunkt steht die Planaufstellung. In der sozialplanerischen Perspektive geht es dabei beispielsweise um demografische Prognosen und die daraus ableitbaren Auswirkungen auf das Angebot sozialer Dienstleistungen. Auch die Veränderung von wirtschaftlichen oder rechtlichen Rahmenbedingungen und die Konsequenzen für die Finanzierung der sozialen Dienste sind Themen des strategischen Controllings. Es wirkt unterstützend durch die Erhebung von Informationen, durch die Anwendung von Methoden der strategischen Planung und durch die Moderation evaluierender Kommunikationsformen (z.B. Workshops). Das strategische Controlling beinhaltet in der längerfristigen Planungs- und Steuerungsperspektive von 5 bis 10 Jahren vor allem die Erarbeitung von Entwicklungsplänen. Dazu werden Zielvorgaben (Globalziele, Schwerpunkte, Prioritäten) konkretisiert und vereinbart, Informationen für die Leitlinien der Personal-, Organisations-, Finanzpolitik des Unternehmens bereitgestellt und die Zielerreichung (Effektivität, Erfolgskontrolle, Effizienz) definiert. Nach der Überprüfung der aktuellen Strategie folgt ihre Verdichtung und Weiterentwicklung. Im Rahmen von Abweichungsanalysen werden dazu Erkenntnisse für Gegensteuerungsmaßnahmen gewonnen.

Das *operative Controlling* (task control) ist auf die Steuerung des aktuellen Leistungsangebots und der damit verbundenen Arbeitsprozesse ausgerichtet. Im Mittelpunkt steht die Plankontrolle. Deren wesentliches Merkmal ist die Abweichungsanalyse, indem kontinuierlich die Ziele der Soll-Vorgaben mit der Ist-Entwicklung im Rahmen eines formalisierten Verfahrens abgeglichen werden. Die alltägliche Umsetzung der strategischen Pläne wird überprüft, indem die Arbeitsergebnisse des Routinehandelns gemessen und bewertet werden. Dazu werden Kennziffern als Indikatoren entwickelt. Im Rahmen der Berichterstattung werden prozess- und ergebnisbezogene Beschreibungen geliefert: Sie reichen von Qualitätsmerkmalen über die Zufriedenheit von Kunden bis hin zur Erreichung von Zielen. Die Beschreibungen erfolgen in zwei Dimensionen: In der *Output*-Dimension werden Aufwand und erzielte Leistung ins Verhältnis gesetzt. In einer vorwiegend quantitativen Herangehensweise wird aus der Beziehung zwischen Ressourceneinsatz und erbrachter Leistungsmenge die Effizienz ermittelt. In der *Outcome*-Dimension wird der Ressourceneinsatz auf den eher qualitativ erfassbaren Grad der Zielerreichung bezogen (Effektivität).

1.2 Informationssystem

Die entscheidungs- und informationsbezogenen Elemente des Controlling stellen eine Querschnittsfunktion dar und werden in einem *Berichtswesen* dokumentiert. Es enthält im Allgemeinen Informationen des internen führungsorientierten Rechnungswesen, Koordinationsdaten der Budgetierung und der Planung (Knorr 2001: 216):

„Zur Sicherung der zentralen Gesamtsteuerung ist es wichtig, ein entsprechendes Berichtswesen zu entwickeln. Dieses Berichtswesen muss neben laufenden Informationen über die Fortentwicklung des Budgetierungsverfahrens und den damit verbundenen Veränderungen auch die Fortschreibung aller relevanten Finanzdaten umfassen und schließlich in einem Soll-/Ist-Vergleich eine Abweichungsanalyse ermöglichen."

Schon seit Mitte der 80er Jahre kommen dafür so genannte *Kennzahlen* als zentrale Controllinginstrumente zur Anwendung (Reichmann 2004: 88):

„Als Kennzahlen werden jene Zahlen bezeichnet, die quantitative beschreibbare Sachverhalte in konzentrierter Form erfassen und durch ihren Informationscharakter, ihre Quantifizierbarkeit sowie die spezifische Form der Information charakterisiert sind. (…) Die spezifische Form ermöglicht eine verhältnismäßig einfache Darstellung komplizierter Strukturen und Prozesse für einen schnellen und umfassenden Überblick insbesondere für Führungsinstanzen."

Bei Kennzahlen des Controllings handelt es sich meistens um zeitpunktbezogene, statische Größen, die über eine Zeitreihe bzw. in einem Zeitvergleich als Ist-Werte mit einer Soll-Referenz verglichen werden können. Kritisch wird beurteilt, wenn die Kennzahlen nicht über ein „isoliertes rechnungswesenbasiertes Reporting" hinauskommen. Am entwickeltsten gilt ein integriertes System, das ein externes finanzielles Reporting mit dem internen Rechnungswesen und nichtfinanziellen operativen sowie strategischen Steuerungsgrößen verknüpft (Horváth 2004: 381). Die Indikatoren müssen integrativ erfasst werden, damit die Abhängigkeiten zwischen Systemelementen angemessen berücksichtigt werden können (Reichmann 2004: 89):

"Ein aus Einzelkennzahlen systematisch verknüpftes Kennzahlensystem beschreibt allgemein eine Zusammenstellung quantitativer Variablen, wobei die einzelnen Kennzahlen in eine sachlich sinnvollen Beziehung zueinander stehen, einander ergänzen oder erklären oder insgesamt auf ein gemeinsames übergeordnetes Ziel auszurichten sind. (...) Die Aufgabe von Kennzahlensystemen besteht ... in einer exakten und aktualisierten Informationsbereitstellung sowohl auf der Ebene einzelner Entscheidungsträger durch Informationsverdichtung als auch in der Zusammenfassung für unterschiedliche Entscheidungsebenen."

Der Vergleich zwischen geplanten und realisierten Werten gibt Auskunft über das Ergebnis des sozialwirtschaftlichen Handelns: Nach der Feststellung der Ist-Kennzahlenwerte (Datenversorgung: bottom-up) findet ein Vergleich mit den Soll-Werten statt. Im Rahmen einer Abweichungsanalyse (Datenanalyse: top-down) werden die Differenzen untersucht, um aus den Erkenntnissen Anpassungsmaßnahmen für den nächsten Berichtszyklus abzuleiten. Die Schlüsselfrage in der operativen Controllingperspektive lautet: Machen wir die Dinge richtig? In der strategisch vorausschauenden Perspektive wird gefragt: Machen wir die richtigen Dinge?

1.3 Koordinationssystem

Das Controlling unterstützt somit nicht nur Führungskräfte auf der normativen, sondern auch auf der strategischen und operativen Managementebene. Nach der so genannten „Principal-Agent-Theorie" wird der Blick auf die Steuerung durch ‚Beauftragte' gelenkt. Der Auftraggeber (Principal) überträgt bestimmte Aufgaben und Entscheidungskompetenzen an einen Auftragnehmer (Agent). Das Problem dieser Aufgabendelegation lässt sich folgendermaßen beschreiben: Je weniger Informationen über das reale Verhalten vorliegen, desto größer ist das Risiko, dass der Agent nicht vertragsgemäß handelt. Das Controlling überwindet dieses Informationsdefizit des Prinzipals.

Die Agenten repräsentieren in diesem Modell nicht ausführende Untergebene, sondern müssen als Entscheidungsträger auf untergeordneten Managementebenen mit einem eigenen Kompetenzbereich verstanden werden. Aus einem solchen Blickwinkel sind die Informationsverteilung, die Rückmeldung von Aktivitäten der ‚Agenten' und die Ergebnisse ihrer Entscheidungen von Interesse. Controlling dient dabei einerseits der *Analyse und Lösung von Koordinations- und Steuerungsproblemen* in den betriebswirtschaftlichen Handlungsphasen des Planens, der Kontrolle, der Informationsverarbeitung im Rahmen der Personalführung sowie der Organisationssteuerung (Küpper 2004: 31) und hält dadurch das betriebliche Handlungsnetzwerk transparent. Andererseits soll es als Informationssystem die Unternehmung modellmäßig wirklichkeitsnah abbilden und sachlich beschreiben. Damit das Controlling als Ergebnis menschlicher Kommunikation zu einem ‚betrieblichen Wissenssystem' werden kann, das Entscheidungen über Steuerungsalternativen eröffnet und Impulse für das organisationale Lernen gibt (Schwarz 2004: 53 f.), muss es eingebettet sein in ein differenziertes Zielsystem (→ vgl. dazu den Beitrag von Holger Spieckermann: Evaluation) mit fachlich begründeten Leit- und Leistungs- / Wirkungszielen (Reichmann 2004: 90):

> „Eine besonders wichtige Kategorie von Informationen sind die Informationen über betriebliche Ziele. Ziele geben allgemein gesprochen einen zukünftigen Zustand der Unternehmung wider. Dabei werden insbesondere Erfolgsziele in den Mittelpunkt der Betrachtung gestellt, die es zu maximieren gilt. Ziele haben daneben eine Koordinationsfunktion, die besonders für dezentralisierte Organisationsformen Bedeutung besitzt."

Das Controlling steuert die Erreichung von übergordneten Ergebniszielen im Rahmen der Koordination von Einzelaktivitäten. In der Praxis beschäftigt sich das Controlling mit der *Koordination von Sachzielen, Formalzielen und Sozialzielen* (Link 2004: 413):

- Sachziele wie Kundenzufriedenheit, Dienstleistungsqualität oder Dienstleistungsoutput leiten sich aus den Erwartungen des Sozialmarkts ab.
- Formalziele wie effiziente Ressourcenbewirtschaftung oder Rentabilität resultieren aus den Anforderungen der Stakeholder im Umfeld.
- Sozialziele wie Mitarbeiterzufriedenheit oder Kooperation in Teams korrespondieren mit den Anforderungen der Personalmärkte.

Folglich muss ein Kennzahlensystem des Controllings in der sozialen Arbeit die Ziele des Trägers (sowie seiner dezentralen Dienstleistungseinrichtungen) und deren wichtigste Bestimmungsfaktoren relativ vollständig abbilden. Es gibt kein allgemeingültiges Konzept; vielmehr sind fachlich unabhängige Indikatoren der wirtschaftlichen Situation mit fachlich gebundenen Zielaspekten zu einem System zu verbinden, das die Situation des Trägers gut modelliert und abbildet. Dazu gehören insbesondere auch Informationen über die so genannten „Intangibles" – also Wissen, Kreativität, Motivation der Stakeholder etc, weil diese nicht-finanziellen Faktoren für den fachlichen und wirtschaftlichen Erfolg des Unternehmens von entscheidender Bedeutung sind (Horváth 2004: 382).

2 Neuere methodische Ansätze

In der kommunalen Sozial- und Jugendverwaltung wie auch in den Trägerorganisationen ist das betriebswirtschaftliche Controlling an der Schnittstelle zum Fachcontrolling der Sozial- und Jugendhilfeplanung verortet (→ vgl. dazu den Beitrag von Sandra Biewers: Schnittstellen von Sozialplanung und Controlling). In einer *traditionellen Sichtweise* wird der Kreislauf Planung, Analyse, Information und Steuerung getrennt sowohl in der betriebswirtschaftlichen als auch in der fachlichen Perspektive bearbeitet. In diesem Verständnis beschränkt sich das betriebswirtschaftliche Controlling auf die Sammlung betriebswirtschaftlicher Kennzahlen (z.B. Kapazitätsauslastung, Kostenrechnung, Break-Even-Analyse, Überprüfung Budgeteinhaltung, Personalkosten etc) und das Fachcontrolling im Rahmen von Informationen der Sozialberichterstattung.

Die methodische Vorgehensweise dieses rein betriebswirtschaftlich ausgerichteten Controlling umfassen nach Knorr die folgenden Aufgabenschwerpunkte (2001: 216 ff.):

- Koordination der Budgetierung,
- Abstimmung der strategischen Planung,
- Berechnung des Betriebsergebnisses,
- Aufbau eines internen Berichtswesens,
- Koordination der Investitions-und Desinvestitionsplanung,
- Durchführung betriebswirtschaftlicher Sonderuntersuchungen und
- Abweichungsanalysen.

Tippelt betont vor allem die Festlegung von Zielen (Leistungs- und Wirkungsdimension), Produktdefinitionen (inkl. Kostenzurechnung) und Budget als wesentliche Voraussetzungen für das Controlling in sozialwirtschaftlichen Unternehmen (1998: 120). In den Handlungsfeldern der sozialen Arbeit wird es vor allem auf interne Zeitvergleiche, Soll-Ist-Analysen und evaluierende Verbesserungsprozesse ausgerichtet und verknüpft dabei die fachliche und die wirtschaftliche Seite. Bei den *internen Zeitvergleichen* wird vom operativen Controlling insbesondere beobachtet, in welchen Aufgabenbereichen unerwartete Kostensteigerungen auftreten (z.B. Fallzahlen Hilfe zur Erziehung) und wie darauf reagiert werden kann – beispielsweise eine flexible Umorganisation von Ressourcen zur Kompensation, eine Modifikation des Produktangebots oder ein zusätzlicher Ressourceneinsatz. Die *internen Soll-Ist-Vergleiche* dienen der Überprüfung der operativen Zielerreichung. In Anlehnung an betriebswirtschaftliche Traditionen erfolgt dies im Rahmen des so genannten „Quartalsberichts". Die Abweichungsanalyse gibt schnell Aufschluss, ob ein realistischer Ziel- und Produktrahmen gewählt worden ist oder ob spezifische Budgetrisiken bisher nicht hinreichend reflektiert worden sind. Wenn dabei ermittelt wird, dass die Zielsetzungen unrealistisch formuliert worden sind, können die Planungen bzw. das Budget modifiziert werden. Lassen sie sich hingegen auf Defizite bei der Leistungserbringung zurückführen, dann kann bei den Produktverantwortlichen zeitnah ein *Verbesserungsprozess* initiiert werden. Zeichnen sich ungeplante Mehrleistungen durch eine nicht hinreichend prognostizierte Veränderung von Fallzahlen ab, können frühzeitig die resultierenden Haushaltsrisiken bearbeitet werden.

Die im Controlling vorherrschende Perspektive der Effizienzanalyse kann allerdings mit Effektivitätsmessungen von fachlichen Evaluationen verknüpft und in Bezug zu Qualitätsüberprüfungen und Bedarfsevaluationen gesetzt werden. Dazu bedarf es eines weiter gehenden integrierten Controllingskonzepts. Im Folgenden werden drei neuere methodische Perspektiven herausgestellt: erstens die strategische Situationsanalyse, zweitens der Strategieplan und drittens die Balanced Scorecard als Kennwertesystem.

2.1 Strategische Situationsanalyse

Das zukünftige Sozialmarkt- und Unternehmensgeschehen ist kontinuierlich zu untersuchen, um Konsequenzen für das Sozialmarketing ableiten zu können (→ vgl. dazu den Beitrag von Michael Urselmann: Sozial-Marketing). Im ersten Schritt wird eine „strategische Situationsanalyse" durchgeführt, und dieser Informationen erhebende und verarbeitende Prozess ist eng mit dem strategischen Controlling verknüpft (Nieschlag et al. 2002: 871). Auch die weiteren Phasen der Zielplanung, Strategieplanung, Maßnahmenplanung und Entwicklungskontrolle werden vom Controlling koordiniert, dokumentiert und bewertet.

Im Rahmen der Situationsanalyse werden eine interne und externe Perspektive eingenommen. Der interne Blick auf die Stärken und Schwächen des Unternehmens und die Reflexion extern beeinflusster Chancen und Risiken werden auch als „SWOT-Analyse" bezeichnet (Strengths, Weaknesses, Opportunities, Threats). Während die internen Rahmenbedingungen das Unternehmen selbst betreffen, wird das Interesse bei den externen Rahmenbedingungen auf den lokalen oder regionalen Sozialmarkt (Aufgabenumwelt) und auf das weitere Umfeld der allgemeinen Wirkkräfte (allgemeine Makro-Umwelt) gelenkt. Im Ergebnis kann die Ist-Situation eines sozialwirtschaftlichen Unternehmens abgebildet und seine Zukunftsfähigkeit beurteilt werden. Mit der Kenntnis der internen und externen Faktoren sowie ihrer Wirkungsweisen werden anschließend konkrete Zielsetzungen formuliert und in die Zukunft gerichtete Strategien und Maßnahmen entwickelt.

Die Analyse dieser zukünftig zu erwartenden Entwicklungen gehört zu den bereichsübergreifenden strategischen Koordinationsaufgaben des Controllings, die die Führungskräfte entlasten (Link 2004: 421). Die Identifikation, Analyse, Bewertung und Bearbeitung von Chancen und Risiken (z.B. zur Früherkennung) erfolgt oft in kommunikativer, moderierter Form: beispielsweise mit Szenariotechniken. Unter leistungswirtschaftlicher Perspektive werden Informationen über den Sozialmarkt und die Kunden, über die Leistungen und die Produkte, über Ressourcen und Kompetenzen oder über Verfahren und Prozesse analysiert. Unter finanzwirtschaftlicher Perspektive sind Ergebnisse zur Wirtschaftlichkeit zu gewinnen und unter sozialer Perspektive stehen Zusammenarbeit, Verantwortung und Leistungs- oder Werteorientierung der Mitarbeiterschaft im Blickpunkt.

Die *Analysetechniken* der strategischen Situationsanalyse orientieren sich an den Handlungshorizonten des eigenen Unternehmens, der sozialwirtschaftlichen Konkurrenten, der Kunden und Zielgruppen sowie der allgemeinen Umwelt (vgl. Abbildung 38). Die entsprechenden Analysemethoden sind die Potenzialanalyse (Potenziale des eigenen Unternehmens), die Konkurrenzanalyse (Potenziale der Konkurrenten auf dem Sozialmarkt), die Marktanalyse (Entwicklung der Kundengruppen, Nachfrage und Bedarf) und die Umweltanalyse (Aufgabenumwelt, allgemeine Umwelt). Die Ergebnisse dieser Analysen werden in integrativen Analysetechniken verknüpft: Hier sind zu nennen die Stärken-Schwächen-Analyse, die Chancen-Risiken-Analyse und die Portfolio-Analyse. Im Rahmen der analytischen Integration der Einzelperspektiven werden die Informationen verdichtet und strukturiert, um die Komplexität der Daten zu reduzieren und Grundlagen für Strategieentscheidungen zu schaffen, die auf die Zukunft gerichtet sind (Nieschlag et al. 2002).

Unter den Potenzialen werden im Allgemeinen die Stärken und Ressourcen eines Unternehmens verstanden. Bei der *Potenzialanalyse* wird geprüft, ob die erforderlichen Ressourcen vorhanden sind und ob sie sich für die Erreichung der Unternehmensziele eignen. Dabei werden die besonderen Kompetenzen und Fähigkeiten des Unternehmen herausgestellt, die beispielsweise in den Werten der Unternehmensführung und der Mitarbeiter, in der Unternehmenskultur und Unternehmensphilosophie stecken. Als Informationsquelle dienen das interne und externe Rechnungswesen, Berichte des Controllings und andere Wissensbasen. In der *Konkurrenzanalyse* werden analoge Daten für die Konkurrenten auf dem Sozialmarkt analysiert. Dabei sind alle realen und potenziellen Konkurrenten im Wettbewerbsumfeld in die Analyse einzubeziehen.

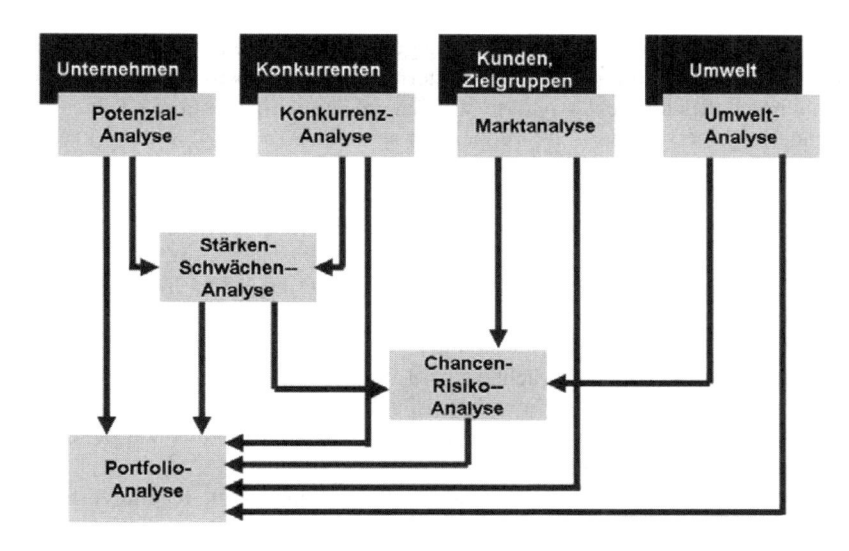

Abbildung 38: Struktur der strategischen Situationsanalyse

nach Nieschlag et al. 2002: 878

In der *Marktanalyse* werden die relevanten Sachverhalte über die gegenwärtigen und potenziellen Marktpartner – insbesondere der Zielgruppen als primäre Kunden – systematisch erfasst. Im Zentrum der Betrachtung stehen zwar die primären Kunden, aber auch andere Partner des Sozialmarkts wie z.B. Kooperationspartner bei einer verkoppelten Dienstleistungsproduktion sind Gegenstand der Analyse (→ vgl. dazu den Beitrag von Herbert Schubert: Netzwerkmanagement und Stakeholderanalyse). Elemente der Untersuchung sind u.a. Marktvolumen, Marktwachstum, eigener Marktanteil, fremde Marktanteile, bisherige und erwartete Preisentwicklungen sowie die Ausgestaltung der Marketinginstrumente. Die Informationen werden einerseits im Rahmen von Sekundäranalysen (Geschäftsstatistiken, prozessproduzierte Statistiken der öffentlichen Hände), andererseits im Rahmen von Primäranalysen gewonnen (Befragungen, teilnehmende Beobachtung).

Die *Umweltanalyse* wird nach technologischen, ökonomischen, soziokulturellen und politisch-rechtlichen Aspekten strukturiert. In der allgemeinen Umwelt werden (i) Merkmale des soziokulturellen Wandels (z.B. Individualisierung), (ii) politisch-rechtliche Veränderungen (z.B. sozialrechtliche Reformen), (iii) Aspekte des wirtschaftlichen Wandels (z.B. EU-Wettbewerbsrecht, Globalisierung) und (iv) technologische Innovationen (z.B. neue Methoden und Verfahren der fachlichen Arbeit) unter die Lupe genommen und extrapolierend in ihren zukünftigen Auswirkungen auf das Unternehmen prognostiziert. Als relevante sozialwirtschaftliche Bezugspunkte werden in der Aufgabenumwelt aber auch Veränderungen (i) bei den Zielgruppen der sozialen Arbeit, (ii) in der Akzeptanz und in den Interessen der anderen Stakeholder, (iii) in den Aktivitäten der ‚Konkurrenten' und (iv) in der Prozesskette des Zusammenspiels mit möglichen vor- und nachgelagerten Dienstleistungen berücksichtigt (Arnold/Maelicke 1998: 330 ff.).

Die *Stärken-Schwächen-Analyse* bzw. *Ressourcenanalyse* integriert die Ergebnisse der Potenzial- und Konkurrentenanalyse und bewertet die Ressourcen eines sozialwirtschaftlichen Unternehmens und seines strategischen Geschäftsfeldes. In einem Stärken-Schwächen-Profil findet ein Vergleich mit den Konkurrenten statt, um zu erkennen, in welchen Feldern das eigene Unternehmen stark ist und in welchen es verbesserungswürdig ist. Im Zentrum des Vergleichs stehen folgende Kategorien (ebd.: 336):

- Finanzielle Situation: z.B. Liquidität, Kreditwürdigkeit, Kapitalverfügbarkeit.
- Physische Kapazitäten: z.B. Gebäude, Anlagen, Geräte, Transport- und Arbeitsmittel.
- Humankapital: z.B. Zahl der Mitarbeiter/innen, Zahl der Ehrenamtlichen, verfügbare Qualifikationen.
- Organisatorische Situation: z.B. eingesetzte Informationssysteme, aufgebaute Beziehungssysteme / Netzwerke.
- Technologischer Stand: z.B. fachliches Know-how, Kompetenzen, Arbeitsmethoden.

Die *Chancen-Risiken-Analyse* erreicht eine noch höhere Verdichtungsstufe, denn dabei werden die Ergebnisse der Markt-, der Umwelt- und der Stärken-Schwächen-Analyse integriert. Werden prognostizierte Entwicklungen des Sozialmarktes und/oder in seiner Umwelt mit Stärken des Unternehmens zusammentreffen, so ist das Unternehmen wahrscheinlich zukunftsfähiger aufgestellt als die Konkurrenz. Treffen angenommene Entwicklungen des Sozialmarkts und der Umwelt hingegen auf eine relative Schwäche des Unternehmens, so sind zeitnah angemessene Gegenmaßnahmen einzuleiten.

In der höchsten Verdichtungsstufe werden alle Einzelanalysen mit der Methode der *Portfolioanalyse* miteinander verknüpft: Sie soll die komplexen Ergebnisse für zukunftsbezogene Entscheidungen auf den Punkt bringen. Das Konzept stammt aus dem finanzwirtschaftlichen Bereich, wo in einem „Portefeuille" Wertpapiere und andere Kapitalanlagen unter dem Gesichtspunkt des Gewinn-Risiko-Ausgleichs gemischt werden. Als Endpunkt der strategischen Situationsanalyse nimmt das Portfolio die verschiedenen – in den Einzelanalysen bewerteten – strategischen Geschäftseinheiten oder Produkte auf; sie werden so kombiniert, dass die erforderlichen Handlungskonsequenzen schnell zu erkennen und transparent gezogen werden können. Die in den Einzelanalysen gewonnenen Erkenntnisse über das eigene Unternehmen, über die Konkurrenten, die Kunden und die Umwelt werden in einer – meistens vier Felder umfassenden – Matrix visualisiert, um zukunftsfähige von kritischen Geschäftseinheiten oder Produkten selektiv zu unterscheiden. Die Felder stellen unterschiedliche Situationen dar, in denen sich die Geschäftseinheiten oder Produkte befinden. Die Produkte werden als Kreise dargestellt, wobei die Kreisgröße die Bedeutung wie z.B. Anteil am örtlichen Sozialmarkt repräsentiert. Den Achsen werden die Bewertungskriterien zugeordnet.

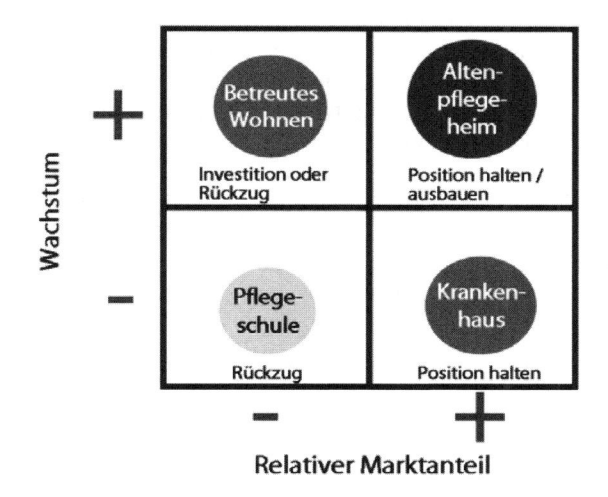

nach Kreuzhage 2001

Abbildung 39: Exemplarische Portfolioanalyse eines Altenhilfeträgers

Den betriebswirtschaftlichen Basistyp bildet das „Marktwachstum-Marktanteil-Portfolio" der Boston Consulting Group (vgl. Abbildung 39): Das Marktwachstum und der relative Marktanteil werden als Beurteilungskriterien in den Ausprägungen (-) „niedrig" und (+) „hoch" den Achsen zugeordnet. Das Marktwachstum drückt das in Prozent angegebene Wachstum des Marktes aus. Der relative Marktanteil stellt das Verhältnis des eigenen Marktanteils zu dem des stärksten Konkurrenten dar. Das Portfolio untersucht die Wirkung der Variablen Marktanteil und Marktwachstum auf die wirtschaftliche Situation (insbesondere Cash Flow) des Unternehmens. Die Bezeichnung der vier Felder der Matrix zielt auf die zu erwartende finanzielle Bewertung der jeweiligen Produkte ab (Kreikebaum 1997: 89):

- Die „Stars" sind Produkte, die auf einem stark expandierenden Markt (wachsende Budgets) einen hohen Marktanteil erreicht haben.
- Als „Fragezeichen" (Questionmarks, Nachwuchsprodukte) gelten Produkte mit geringem relativen Marktanteil in einem stark wachsenden Markt.
- „Melk-Kühe" (Cash Cows) sind Produkte auf einem Markt mit geringem Wachstum (stabile Budgets), die aber einen hohen relativen Marktanteil erzielt haben (Marktführerschaft).
- Als „Arme Hunde" (Poor Dogs, Auslaufprodukte) werden Produkte bezeichnet, bei denen sowohl Marktwachstum (sinkende Budgets) als auch der relative Marktanteil gering sind.

Im nächsten Schritt werden so genannte Normstrategien formuliert, was allerdings nicht mehr zur strategischen Situationsanalyse des Controlling gehört. Dabei ist zu entscheiden, ob das Geschäftsfeld bzw. das Produkt investiv ausgebaut, ob die erreichte Position gehalten oder ob ein Rückzug eingeleitet werden soll. Im sozialwirtschaftlichen Bereich ist es sinnvoll, vor allem auch nichtfinanzielle fachliche Kategorien zur Bezeichnung der Koordinaten anzuwenden (z.B. Zielpassung, Bedarfsentwicklung und Wirkungsstärke), damit die sozialwirtschaftlichen Zukunftsentscheidungen nicht allein betriebswirtschaftlich gefällt werden, sondern auch fachlich ausbalanciert sind.

Um auf sich schnell ändernde Bedingungen zeitnah und angemessen reagieren zu können, kommt der strategischen Situationsanalyse im Controlling eine hohe Bedeutung zu. Sie bildet die Situation sozialwirtschaftlicher Unternehmen zuverlässig ab und deckt den Informationsbedarf für die strategische Steuerung und Koordination.

2.2 Strategieplanung (Strategy Map)

Die zweite methodische Perspektive bezieht sich auf die Konkretisierung einer ‚strategischen Karte' (strategy map) im Rahmen der Strategieplanung zu einem Kennzahlensystem für das operative Controlling. Auf der Grundlage der Erkenntnisse, die aus der Situationsanalyse gewonnen worden sind, müssen strategische Konsequenzen gezogen werden. Eine Strategie beschreibt, *wie* die Organisation *Werte* für ihre *Kunden und Stakeholder* schaffen will (Kaplan/Norton 2004: 10 f.):

„Eine Strategie basiert auf differenzierter Kundenwertschöpfung. Kundenzufriedenheit ist der Ursprung nachhaltiger Wertschöpfung. Eine Strategie erfordert eine klare Spezifizierung von Zielkundensegmenten und die Bestimmung der dazugehörenden Kundenwertschöpfungskategorien. Die klare Definition dieser Wertbeiträge ist die wichtigste Dimension einer Strategie. (...) Wertschöpfung geschieht durch interne Geschäftsprozesse".

Vor diesem Hintergrund wird Organisationen empfohlen, das Controlling nicht allein auf finanzielle Kennwerte zu stützen, um die Ergebnisse vergangener Aktivitäten zusammenzufassen. Ergänzend sollen vor allem *nicht-monetäre Messgrößen* in das Steuerungsinstrument aufgenommen werden (Kaplan/Norton 1998). Es handelt sich um die drei zusätzlichen Perspektiven der *Kunden*, der *internen Prozesse* und des *organisationalen Lernens sowie Entwickelns*. Diese drei Bereiche repräsentieren die so genannten „Treiber", d.h. sie sind Vorlaufindikatoren für die zukünftige finanzielle Leistung oder immaterielle Wertschöpfung (vgl. Abbildung 40).

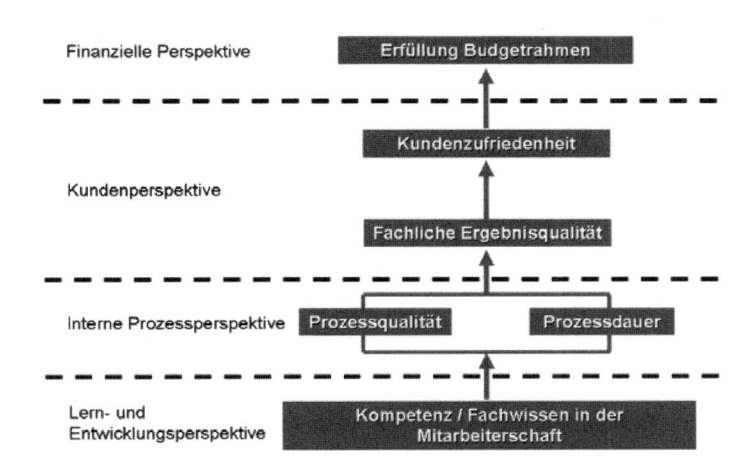

nach Kaplan / Norton 1997: 29

Abbildung 40: Exemplarische Kette monetärer und nicht-monetärer Steuerungsperspektiven

Bei Organisationen des Sozialmarktes sind die finanziellen Ergebnisse – wegen der besonderen Stellung des Kostenträgers – zwar nicht unmittelbar von den drei zusätzlichen Perspektiven abhängig, aber sozialwirtschaftliche Organisationen benötigen ebenfalls ein umfassendes Verständnis über ihren jeweiligen lokalen oder regionalen Sozialmarkt und über ihre Fähigkeit, den Zielkunden einen einzigartigen „*Kundenwertbeitrag*" zu bieten. Kommunale Dienstleistungseinrichtungen und Nonprofit-Organisationen in freier Trägerschaft müssen daher nachweisen, wie sie Wert für ihre Auftraggeber und Stakeholder schaffen (Kaplan/Norton 2004: X).

Für die erfolgreiche Strategieumsetzung sind drei Komponenten erforderlich (ebd.: XII): Die Grundformel

Erfolg = Strategiebeschreibung/Kennwertesystem + Strategiemanagement

wurde von Kaplan/Norton erweitert zu der Gleichung:

Erfolg =Strategieplan + Kennwertesystem (BSC) + strategiefokussierte Organisation.

Die Losung lautet: „Nur was man messen kann, kann man auch managen" (ebd.: 6). Und das setzt eine operative Beschreibung der Strategie im Rahmen des Controlling voraus. Über die Verknüpfung der vier Perspektiven gelingt es, die organisationalen Ressourcen gebündelt auszurichten und auf die Implementierung der zu Grunde liegenden Strategien zu fokussieren. Die Strategiefokussierung einer Organisation setzt voraus,

- dass die Strategie in operative Begriffe bzw. Ziele für die vier Perspektivbereiche übersetzt wurde,
- dass diese operativen Aspekte Gegenstand des Controllings sind,
- dass nicht nur die Organisation an dieser Strategie ausgerichtet wird, sondern sie Bestandteil in der Arbeit jedes/r Mitarbeiter/in ist,
- dass dies in einem kontinuierlichen Prozess erfolgt und
- dass die Führungen dabei als Initiativkräfte wirken.

Das abgeleitete Kennwertesystem muss auf die Strategie fokussiert sein – das Controlling soll die wenigen Schlüsselparameter messen, die die Strategie für die langfristige Wertschöpfung repräsentieren, und für Koordinations- und Entscheidungsschritte bereit stellen (ebd.: 5).

Wenn die operativen Ziele der vier Perspektivbereiche miteinander über Pfeile in einem Ursache-Wirkungsdiagramm verbunden werden, entsteht der Strategieplan (strategy map; vgl. Abbildung 41): Beispielsweise führt eine Verbesserung von Mitarbeiterkompetenzen (z.B. durch gezielte Fortbildung) in Verbindung mit neuer Technologie (z.B. computer-gestützte Dokumentation der fachlichen Arbeit) zu einer Verbesserung des internen Prozesses (z.B. höhere Qualität bei effizienterer Fallbearbeitung). Der verbesserte Prozess stärkt den „Kundenwertbeitrag", der beim Zielkunden ankommt (z.B. Wirkung und Zufriedenheit beim Klienten) und zu einer höheren Kundenbindung beitragen kann. Als Folge ist ein höherer ‚Stakeholder-Value' zu erwarten, weil beispielsweise der Kostenträger die Organisation wegen ihrer positiven Leistungen auf dem Sozialmarkt (unter Effizienz- und Effektivitätsgesichtspunkten) bei der kontraktierten Bereitstellung von finanziellen Mitteln bevorzugend behandelt.

Wertschöpfung mit dem Strategieplan

Wirtschaftlichkeitsstrategie		Kundenbindungsstrategie

Finanzperspektive · Langfristiger Stakeholder-Value · Verbesserung Kostenstruktur · Erhöhung des Kundenwerts

Kundenperspektive · Kundenwertbeitrag · Preis Eigenleistung · Auswahlchancen · Verfügbarkeit Produkte · Qualität · Kundenbeziehung · Service · Image

Interne Prozessperspektive · Dienstleistungs-Produktion · Kunden-Management · Innovation / Entwicklung · Gesetzlicher Rahmen

Lern- und Entwicklungsperspektive · Humankapital · Informationskapital · Organisationskapital · Kultur · Führung · Ausrichtung · Teamarbeit

nach: Kaplan, Norton 2004: 10

nach: Kaplan / Norton 2004
Abbildung 41: Wertschöpfung mit dem Strategieplan

Die Finanz- und Kundenperspektive eines Strategieplans beinhalten die Ergebnisse, die die Organisation erreichen möchte. Im Nonprofitbereich handelt es sich vor allem um die Steigerung des Stakeholder-Value durch Kundenzufriedenheit, Kundenbindung und wirtschaftliche Zielerreichung. Die internen Geschäftsprozesse und das ‚immaterielle Vermögen' der Lern- und Entwicklungsperspektive gelten als „Treiber" der Strategie. Bei den internen Geschäftsprozessen müssen die kritischen Schlüsselprozesse identifiziert werden, die für die Kundenwertschöpfung in besonderer Weise verantwortlich sind. Im Nonprofitbereich geht es dabei vor allem um (1) die Koproduktion der Dienstleistung nach dem „uno actu-Prinzip", (2) eine entsprechende Gestaltung der Kundenbeziehungen, (3) die kontinuierliche Innovation und Entwicklung der Organisationsprozesse und (4) um den Umgang mit gesetzlichen Rahmenbedingungen sowie gesellschaftlichen Normen.

Strategieplan eines freien Trägers sozialer Dienste (Bsp.)

Outcome
- Bei allen Kunden treten erwartete Wirkungen ein.
- Anerkennung als „beste Praxis" in der Stadt

Kundenperspektive
- Zufriedenheit der Kunden / Angehörigen
- Positive Wahrnehmung des öffentlichen Trägers
- Image eines sehr guten Dienstleistungsanbieters

Interne Prozessperspektive
- Standardisierte Abläufe
- Effektiver Einsatz interne / externe Kommunikation
- Ressourceneinsatz nach strategischen Prioritäten
- Planung und Dokumentation
- Allianzen im Sozialraum
- Gebäude in robustem baulichen Zustand
- Definition Prozesse für alle Kundengruppen
- Teampläne und persönliche Ziele

Lern- und Entwicklungsperspektive
- Kompetentes, stolzes Personal
- Zufriedene Mitarbeiter

Finanzielle Performanz
- Solides Finanz-Management

nach: Kaplan, Norton 2004: 400

nach: Kaplan / Norton 2004

Abbildung 42: Exemplarische Ausrichtung der Strategie eines freien Trägers der Sozialwirtschaft

Diese Schlüsselprozesse müssen strategisch von den Führungskräften thematisiert werden, um die Mitglieder der Organisation zielbezogen zu bündeln und auf Ergebnisse zu fokussieren (vgl. exemplarisch Abbildung 42). Diese strategische Ausrichtung bestimmt den Wert der immateriellen Vermögenswerte, die in drei Kategorien unterteilt werden (ebd.: 12):
- Humankapital: Kompetenzen, Talent und Wissen der Mitarbeiter;
- Informationskapital: Datenbestände, Informationssysteme, Netzwerke und technologische Infrastruktur;
- Organisationskapital: Kultur, Führungsstil, Mitarbeitermotivation, Teamarbeit und Wissensmanagement.

Für die Ausrichtung der immateriellen Vermögenswerte an der Strategie sind drei Ansätze verbreitet: (1) strategische Jobfamilien, die das Humankapital an den strategischen Themen ausrichten; (2) Aufbau einer effizienten Informations-Infrastruktur im Rahmen des Controlling; (3) eine Agenda für den organisationalen Wandel (Entwicklung des Organisationskapitals durch kontinuierliches Lernen entlang der strategischen Themen).

Der Bezugsrahmen für die Wertschöpfung in öffentlichen und Nonprofit-Organisationen mit dem Strategieplan weist folgende Besonderheiten auf (vgl. Abbildung 43): Der Erfolg stellt sich über die Erfüllung der *„Mission"* (Auftrag) her. Sie beinhaltet eine nach innen orientierte Aussage über den Existenzgrund der Organisation und vermittelt einerseits das Hauptziel, auf das die Aktivitäten ausgerichtet sind, sowie andererseits die Werte, von denen die Aktivitäten der Mitarbeiterschaft geleitet werden sollen. Die Mission soll auch Hinweise enthalten, wie sich die Organisation im Wettbewerb behaupten will und wie sie den Wert für die Kunden schaffen will:

> „Die allumfassende Mission (Auftrag) der Organisation liefert den Startpunkt, der definiert, warum die Organisation existiert bzw. wie sich ein Geschäftsbereich in die Gesamtarchitektur eines Unternehmens einfügt. Die Mission und die Kennwerte, die sie begleiten, bleiben über die Zeit hinweg weitgehend stabil" (ebd.: 29 f.).

Die Mission wird „dadurch erfüllt, dass die Erwartungen der Zielkunden (oder der Wähler, Mitglieder oder Anspruchsgruppen, …) erfüllt werden. Diese Organisationen erreichen Erfolge mittels der Leistung der internen Prozesse, die durch ihre immateriellen Vermögenswerte unterstützt werden (Lern- und Entwicklungsperspektive). Die treuhänderische Perspektive ist zwar nicht dominant, spiegelt aber die Ziele eines wichtigen Kundenkreises (die Steuerzahler oder Spender, die die Finanzierung gewährleisten) wider. Die gleichzeitige Zufriedenstellung der Anspruchsgruppen der Treuhänder und der Kunden erschafft eine strategische Architektur aus Effektivitäts- und Effizienzkriterien…" (ebd.: 8).

In den Nonprofit-Organisationen der Sozialwirtschaft besteht ein enger Zusammenhang zwischen der Wertschöpfung und der Mission (vgl. Abbildung 43). Dabei darf das Verständnis nicht auf die Dimension des ‚Marktwerts' reduziert werden, sondern auf die Dimension des ‚Potenzialwerts', um die Kundenwertschöpfung zu garantieren:

> „Wert ist Potenzial. Investitionsausgaben für einen immateriellen Vermögenswert stellen eine fehlerhafte Schätzung seines Werts für die Organisation dar. Immaterielle Werte, wie Mitarbeiter, die in statistischer Qualitätskontrolle ausgebildet sind, haben zwar einen potenziellen Wert, aber keinen Marktwert. Interne Prozesse wie Entwicklung, Produktion, Auslieferung und Kundenservice müssen den potenziellen Wert von immateriellen Vermögenswerten in materielle Werte umwandeln. Wenn die internen Prozesse nicht auf den Kundenwertbeitrg oder auf finanzielle Verbesserungen gerichtet sind, dann wird der potenzielle Wert der Mitarbeiterfähigkeiten und der immateriellen Vermögenswerte im Allgemeinen nicht realisiert" (ebd.: 27).

Von der statischen Mission führt der Weg zur *Vision*, mit der eine Organisation dynamisch Zukunftserwartungen formuliert:

> „Die Vision einer Organisation zeichnet ein Bild von der Zukunft, das die Richtung der Organisation verdeutlicht und den Einzelnen zu verstehen hilft, warum und wie sie die Organisation unterstützen sollen. Zusätzlich setzt die Vision die Organisation von der Stabilität der

Mission und der Kennwerte hin zu der Dynamik der Strategie in Bewegung. Eine Strategie wird generiert und weiterentwickelt, um dem Wandel im externen Umfeld und bei den internen Fähigkeiten gerecht zu werden" (ebd.: 29 f.).

Abbildung 43: Wertgenerierung in öffentlichen und Nonprofit-Organisationen

Von Mission, Werten und Vision führt der Weg direkt zur Strategie, die in der Organisation nach dem Gegenstromprinzip kommuniziert und mit Qualifikationsmaßnahmen sowie Anreizsystemen unterstützt werden muss. Im nächsten Schritt wird die Strategie in bereichsbezogenen Zielsetzungen und Budgetierungen konkretisiert. Der letzte Schritt umfasst eine Überprüfung der strategisch postulierten Wirkungsbeziehungen durch das Controlling, um auf dieser Grundlage Lern- und Verbesserungsprozesse zu initiieren. Als Kennzahlensystem fungiert die Balanced Scorecard. Darin werden die aus Vision und abgeleiteten Ziele als Ursache-Wirkungs-Beziehungen zwischen den Zielen definiert und für jedes Ziel Indikatoren bzw. Messgrößen bestimmt (vgl. exemplarisch Abbildungen 41 und 42). Das Kennzahlensystem des Controlling stellt ein Mittel dar, die Wirkungen und die Sinnkonstruktion des gewählten Managementmodells mit seinen Kausalverknüpfungen transparent zu halten, um auf Basis der Controllingdaten notwendige Maßnahmen ableiten zu können.

2.3 Balanced Scorecard (BSC)

Eine Schlüsselaufgabe des Controllings besteht darin, die Umsetzung der strategischen Leitziele in operative Handlungsziele zu sichern und den Grad der Zielerreichung rückzukoppeln. Zur Lösung dieses Problems haben Kaplan und Norton das Instrumentarium der Balanced Scorecard (BSC) entwickelt. Messbar und bewertbar gemacht werden damit Mitarbeitermotivation, Wissen, Image und Organisationskultur. Mit der BSC gelang die Überbrückung der strategischen Langfristausrichtung und der operativen Steuerung im Controlling (Hauser/Brauchlin 2004: 174). Die BSC ersetzt die traditionellen finanziellen Kennzahlen durch ein mehrdimensionales System der Leistungsmessung, das mit den unternehmerischen Strategien verknüpft ist. Der Begriff „balanced" steht dabei für die ausgewogene Verbindung der strategischen mit der operativen Sicht. In Bezug auf jede der Perspektiven sind strategisch wichtige Ziele zu formulieren, von deren Erreichung der Erfolg abhängt. Die BSC enthält sowohl Ergebniskennzahlen als auch Leistungstreiber. Denn Ergebniskennzahlen ohne Leistungstreiber können nicht verdeutlichen, wie es zu einem Ergebnis gekommen ist.

Integrierte Kennzahlen wie die Balanced Scorecard können auch als „betriebliches Frühwarnsystem" fungieren, indem die Indikatoren auf die frühzeitige Aufdeckung von latenten Krisen fokussiert werden (Reichmann 2004: 95):

> „Die Balanced Scorcard bedient sich vier verschiedener Perspektiven, aus denen die Umsetzung der Unternehmensstrategie mit jeweils unterschiedlicher Intention betrachtet wird. Eine Perspektive kann dabei als themenbezogene Auswahl von Zielen, Kennzahlen, Vorgaben und Maßnahmen verstanden werden, die gleichermaßen als Kategorie zur Systematisierung wie als Anhaltspunkt zur Erarbeitung strategierelevanter Mess- und Steuerungsgrößen fungiert. Eine Betrachtung anhand von vier unterschiedlichen Perspektiven ist in der Lage, eine strategiebezogene Auswahl von Maßgrößen zur angemessenen Beschreibung und Durchsetzung der Strategie zu treffen."

Neben finanziellen Kennzahlen werden in der BSC auch nicht-finanzielle Messgrößen und qualitative Informationen integriert, um die fachliche und wirtschaftliche Strategie mit Maßnahmen zu deren Umsetzung verbinden zu können. Dazu werden die Strategien – ausgehend von einer Mission und einer Vision des Unternehmens – schrittweise operationalisiert und bis hin zur Einleitung von Maßnahmen konkretisiert (vgl. Abbildung 44). Im ersten Schritt wird ein System strategischer Ziele aufgestellt, die die beabsichtigte Entwicklung von Erfolgsfaktoren im Verlauf eines Planungszeitraums und ihren angestrebten Zustand definieren. Im zweiten Schritt werden Kennzahlen als Indikatoren ausgewählt, um die Erreichung strategischer Ziele im Prozessverlauf messen und um im dritten

Schritte aus der Abweichungsanalyse Handlungskonsequenzen zur Schließung diagnostizierter Lücken ziehen zu können.

Strategieumsetzung

- **Aktionsplan / Maßnahmen / Budgets**
- **Balanced Scorecard**
  - Ableitung Messgrößen / Kennwerte aus strategischen / operativen Zielen
  - Festlegung von Vorgaben nach SMART-Logik
- **Ziele**
  - Aufstellung der strategischen Ziele für die vier strategischen Perspektiven
  - Konkretisierung als Handlungsziele
- **Strategieplan**
  - Finanzperspektive
  - Kundenperspektive
  - Interne Prozessperspektive
  - Lern- und Entwicklungsperspektive

nach: Kaplan / Norton 2004
Abbildung 44: Strategieumsetzung

Die Balanced Scorecard dehnt den ‚Einflussbereich' des Controlling deutlich aus. Anstatt sich – wie in den traditionellen Ansätzen – einseitig auf finanzielle Kenngrößen zu konzentrieren, werden zusätzlich in das Controlling einbezogen (vgl. Abbildung 45):
- die Kundenperspektive mit Kennzahlen zur Abbildung des Verhältnisses der Organisation zu den Kunden,
- die interne Prozessperspektive zur Darstellung von Qualität und Effizienz der Leistungsprozesse und
- die Lern- und Entwicklungsperspektive mit Kennzahlen zur Qualifikation und zur Fluktuation des Personals.

Im Hinblick auf den angestrebten Erfolg (Zielerreichung) sind diese Kennzahlen über eine Kausalkette miteinander verknüpft (vgl. auch Abbildung 40). Die zu Grunde liegenden Wirkungsbeziehungen repräsentieren die Strategie. Insofern dient das Controlling als ‚Interpretationsinstrument' der Prüfung, ob eine Organisation mit der Umsetzung der gewählten Strategie angemessen vorankommt. Die Balanced Scorecard kann vom Controlling genutzt werden, um strategisches Denken und Handeln im Unternehmen zu fördern.

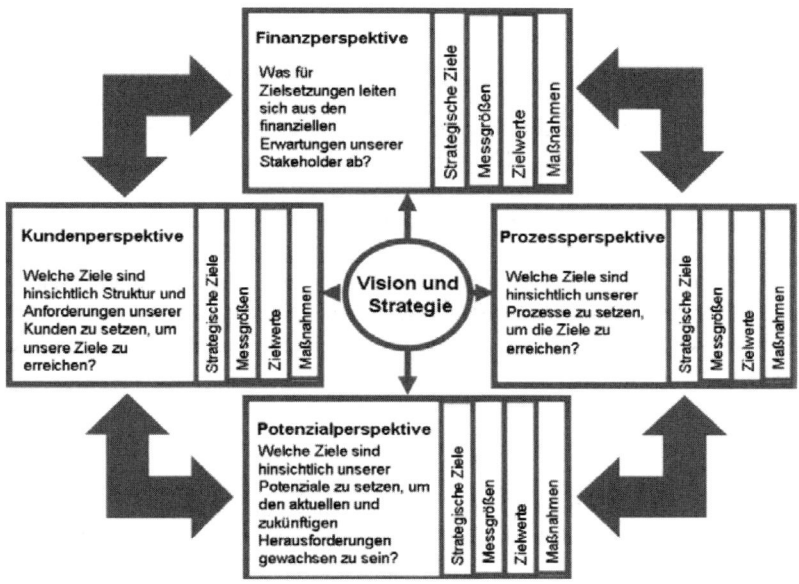

Controlling als Assistenz im Steuerungsprozess 233

Abbildung 45: Balanced Scorecard nach Quelle: Kaplan / Norton 1998

Die BSC stellt einen Bezugsrahmen zur Verfügung, die Umsetzung des Strategieplans im Rahmen des Controlling operativ zu begleiten: (1) Die Finanzperspektive beschreibt die materiellen Ergebnisse der Strategie in finanziellen Größen. Messgrößen, die sich auf Deckungsbeiträge oder Personalkosten und Auslastung beziehen, sind Nachlaufindikatoren, die zeigen, ob die Strategie der Organisation auf der wirtschaftlichen Seite erfolgreich ist. (2) Die Kundenperspektive definiert den Wertbeitrag für die Zielkunden wie z.B. die Dienstleistungsqualität, die zeitliche Verlässlichkeit, Umfang von Beschwerden und Zufriedenheit der Zielpersonen und ihrer Angehörigen. (3) Die interne Prozessperspektive identifiziert die wenigen kritischen Prozesse, von denen der größte Einfluss auf die Strategie ausgeht. (4) Die Lern- und Entwicklungsperspektive identifiziert die immateriellen Vermögenswerte, die am wichtigsten für die Strategie sind. Diese Werte müssen gebündelt und an den kritischen internen Prozessen ausgerichtet werden.

Die Balanced Scorecard übersetzt die strategischen Zielsetzungen eines Strategieplans in Messgrößen und Vorgaben für das Handeln. Die Organisation muss parallel ein Aktionsprogramm aufstellen, wie sie die Vorgaben der Messgrößen erreichen möchte. Es handelt sich um strategische Initiativen. In den Aktionsplänen sind die Ressourcen dafür definiert und als Budget bereitgestellt. Zum Beispiel: (1) Budget für die gezielte Qualifizierung von bestimmten Mitarbeitern zur Verbesserung kritischer interner Prozesse; (2) Budget für ein Qualitätsmanagement; (3) Budget für ein Kundeninformationssystem etc. Orientierung geben die strategischen Themen, die aus den kritischen Prozessen abgeleitet wurden.

Der Strategieplan und die BSC können auch dem Controlling in der Sozialwirtschaft helfen, die erforderlichen strategischen Initiativen zu identifizieren und zu steuern. Weil bei ihrer Anwendung im Vordergrund steht, effiziente und effektive Ergebnisse der Mission zu liefern und nicht eine überlegene finanzielle Performanz, eignen sich Strategieplan und Balanced Scorecard insbesondere für Nonprofit-Organisationen.

3 Literatur

Ahn, Heinz / Dyckhoff, Harald (2004): Zum Kern des Controllings: Von der Rationalitätssicherung zur Effektivitäts- und Effizienzsicherung. In: Scherm/Pietsch (2004): 501-525

Arnold, Ulli / Maelicke, Bernd (Hrsg.) (1998): Lehrbuch der Sozialwirtschaft. Baden-Baden: Nomos-Verlag

Becker, Albrecht (2004): Controlling als Praxis. In: Scherm/Pietsch (2004): 753-777

Franz, Klaus-Peter (2004): Die Ergebniszielorientierung des Controlling als Unterstützungsfunktion. In: Scherm/Pietsch (2004): 271-288

Hauser, Peter / Brauchlin, Emil (2004): Integriertes Management in der Praxis. Die Umsetzung des St. Galler Erfolgskonzeptes. Frankfurt/M., New York: Campus

Horváth, Péter (2004): Zukunftsperspektiven der koordinationsorientierten Controllingskonzeption. In: Scherm/Pietsch (2004): 367-386

Kaplan, Robert S. / Norton, David P. (1997): Balanced Scorecard. Strategien erfolgreich umsetzen. Stuttgart: Schäffer-Poeschel

Kaplan, Robert S. / Norton, David P. (2004): Strategy Maps. Der Weg von immateriellen Werten zum materiellen Erfolg. Stuttgart: Schäffer-Poeschel

Knorr, Friedhelm (2001): Organisation der Sozialwirtschaft. Grundlagen und Anwendungen. Frankfurt/Main: Eigenverlag des Deutschen Vereins für öffentliche und private Fürsorge

Kreikebaum, H. (1997): Strategische Unternehmensplanung. 6. Aufl., Stuttgart, Berlin, Köln: Kohlhammer

Kreuzhage, Stephanie (2001): Praxishandbuch Sozialmanagement. Soziales Engagement professionell managen. Bonn: VNR Verlag für die Deutsche Wirtschaft

Küpper, Hans-Ulrich (2004): Notwendigkeit der theoretischen Fundierung des Controlling. In: Scherm/Pietsch (2004): 23-40

Link, Jörg (2004): Präzisierung und Ergänzung der Koordinationsorientierung. In: Scherm/Pietsch (2004): 409-431

Nieschlag, Robert / Dichtl, Erwin / Hörschgen, Hans (2002): Marketing. 19. Auflage, Berlin: Duncker & Humblot

Pruss, Klaus-Dieter (2001): Stärkung der pädagogischen Arbeit durch Controlling In: Schubert (2001): 103-114

Reichmann, Thomas (2004): Kennzahlengestützte Controlling-Konzeption. In: Scherm/Pietsch (2004): 83-101

Reis, Claus / Schulze-Böing, Matthias (Hrsg.) (1998): Planung und Produktion sozialer Dienstleistungen. Die Herausforderung ‚neuer Steuerungsmodelle'. Berlin: edition sigma

Schaefer, Sigrid / Lange, Christoph (2004): Informationsorientierte Controllingkonzeptionen. In: Scherm/Pietsch (2004): 103-123

Scherm, Ewald / Pietsch, Gotthard (Hrsg.) (2004): Controlling – Theorien und Konzeptionen. München: Verlag Vahlen

Scheytt, Tobias (2004): Controlling und Postmoderne – eine theoretische Betrachtung. In: Scherm/Pietsch (2004): 823-845

Schubert, Herbert (2001): Sozialmanagement – Zwischen Wirtschaftlichkeit und fachlichen Zielen. Opladen: Leske + Budrich

Schwarz, Rainer (2004): Ein interdisziplinärer Bezugsrahmen für die Controllingforschung. In: Scherm/Pietsch (2004): 41-56

Tippelt, Horst (1998): Controlling als Steuerungsinstrument in der Sozialverwaltung. In: Reis/Schulze-Böing (1998): 105-130

Sandra Biewers

Schnittstellen von Sozialplanung und Controlling

1. Zum Gegenstand der Sozialplanung
2. Zum Gegenstand des Controllings
3. Schnittstellen von Sozialplanung und Controlling
4. Ausblick
5. Literatur

Die Städte und Gemeinden stecken in einem Dilemma: Die Herausforderungen an eine dem Bedarf und den Problemlagen angepasste soziale Infrastrukturentwicklung stehen infolge der aktuellen Finanzknappheit Sparzwängen gegenüber. Studien wie der Nationale Plan zur Bekämpfung von Armut und sozialer Ausgrenzung der Nationalen Armutskonferenz oder die Unicef-Studien zur Kinderarmut machen deutlich, dass dieses Dilemma auch die Träger der sozialen Arbeit trifft: Der Anteil der Kinder und Jugendlichen, die in Deutschland unterhalb der relativen Armutsgrenze leben, steigt stetig an; die finanziellen Leistungen, die benötigt werden, um den steigenden Bedarf zu decken bzw. eine Ausweitung des Bedarfs zu verhindern, werden drastisch gekürzt. Bereits der 3. Jugendbericht (1972: 119) forderte in diesem Zusammenhang die Planung im Jugendhilfebereich, „weil beim wachsenden Bedarf an Jugendhilfe die Begrenztheit der finanziellen und personellen Möglichkeiten dazu zwingt, die vorhandenen Kapazitäten rational einzusetzen und auszunutzen sowie Kriterien dafür zu entwickeln, welche Aufgaben in welcher Reihenfolge anzugehen sind" (vgl. Gernert 1998: 169).

Da Umfang und Struktur der sozialen Dienste und Leistungen sich zwar nach dem Bedarf richten sollen, letztlich aber von den zur Verfügung stehenden öffentlichen Finanzmitteln abhängen, ist die Bestimmung der sozialen Infrastruktur Ergebnis originär politischer Entscheidungen. Grundlagen für diese sozialpolitischen und finanzpolitischen Entscheidungen liefert zum einen die *Sozialplanung*, die durch die Erhebung und Analyse zuverlässiger empirischer Daten und Informationen über Problemlagen und Maßnahmenwirkungen die fachlichen Entscheidungen der Politik vorbereitet (vgl. DV 1986: 20) Zum anderen ist das *Controlling* zu nennen, das als vorrangig ökonomisches und betriebswirtschaftliches Instrument die Effizienz kommunaler Leistungen bewertet und in der Folge Aussagen über den Grad der Erreichung finanzpolitischer Ziele definiert.

In diesem Beitrag wird der Frage nachgegangen, inwieweit eine Verbindung der Steuerungsperspektiven von Sozialplanung und Controlling eine komplementäre Lösung auf die Frage nach einer ausgewogenen kommunalen Steuerung von fachlichen und wirtschaftlichen Zielen ermöglicht.

1 Zum Gegenstand der Sozialplanung

Die Rahmenbedingungen der Sozialplanung haben sich seit den 60er und 70er Jahren gewandelt: Während dem traditionellen Modell der Sozialplanung eher eine produkt- und ergebnisorientierte Erwartungshaltung entgegengebracht wurde, die sich in mehr oder weniger umfangreichen Planwerken auswirkte, dominiert heute in der Fachdiskussion, aber auch in der Praxis (vgl. Biewers/Schubert 2001) die Vorstellung einer prozessorientierten Planung, die mit einem weitreichenden Informationsmanagement verbunden ist. (vgl. Hanesch 1999: 55). Heute steht weniger der quantitative Ausbau von Leistungsbereichen (Stichwort: Wachstumsplanung) im Vordergrund, sondern vielmehr der rationale, transparente Umgang mit Bedarfssituationen unter Beteiligung der Zielgruppen als primäre Kunden, von Fachkräften der sozialen Arbeit und von anderen Stakeholdern. Das Augenmerk wird dabei auf situationsbezogene Planungsansprüche gerichtet (Stichwort: Anpassungsplanung), deren Umsetzung verwaltungsintern wie auch nach außen hin systematisch durch Kontrakte festgelegt und gesichert wird (→ vgl. dazu auch den Beitrag von Herbert Schubert: Kontraktmanagement).

Einen entscheidenden Impuls erhielt die Sozialplanung mit dem Inkrafttreten des Kinder- und Jugendhilfegesetzes (KJHG / SGB VIII) im Jahr 1991. In diesem Zuge wurde Planung zur kommunalen Pflichtaufgabe (§ 80 Abs. 1 SGB VIII) und hat sich seither in vielen Kommunen zumindest teilweise etabliert (vgl. Jordan/Schone 2000, Koller-Tejeiro 2001: 55).

Nach der Beschreibung des Deutschen Vereins für öffentliche und private Fürsorge sind die Kernaufgaben der Sozialplanung (1986: 20),
- den Lebensraum und die Lebensverhältnisse von Einzelnen und Gruppen systematisch zu analysieren,
- (potenzielle) Mängellagen aufzuzeigen und Vorschläge zu deren Vermeidung bzw. Beseitigung zu erarbeiten,
- Entscheidungen über Angebot und Verteilung sozialer Leistungen, auch durch Umsetzung sozialpolitischer Entscheidungen auf örtlicher Ebene, vorzubereiten,
- Planungsentscheidungen in ihrer Umsetzung zu organisieren und

- die beabsichtigten und unbeabsichtigten Folgen der Planung zu beobachten und bei der weiteren Arbeit mit zu berücksichtigen.

Es geht zudem darum, die Kommune als Wohn-, Arbeits- und Lebensraum in quantitativer Hinsicht kleingliedrig empirisch zu erfassen und die Lebensbedingungen der Bevölkerung für den gesamten Planungsraum wie auch für kleinräumige Einheiten mit Hilfe geeigneter Indikatoren zu beschreiben (zum Stichwort: Sozialraumanalyse, vgl. Riege/Schubert 2005). Die Gestaltung von Planungsmaßnahmen in der heutigen Fachpraxis beinhaltet im Besonderen die Organisation und Koordination von Aushandlungsprozessen innerhalb von Gremien und Planungsgruppen, die Herstellung von Transparenz nach innen und außen, die Beteiligung von Adressatinnen und Adressaten, aber auch von Fachkräften an der Planung und Umsetzung von Maßnahmen und vor allem die Herstellung von „interdisziplinärer Kommunikation" als Motor einer integrierten, kooperativen Planung (Biewers/Schubert 2003).

Die genannten Aufgaben der Sozialplanung betreffen nicht nur die fachliche Seite, sondern auch den wirtschaftlichen Ressourceneinsatz, weshalb sie zunehmend vom Controlling unterstützt wird (vgl. KGSt 1993). Sozialplanung liefert allerdings vorrangig Informationen und Daten zur fachlichen Steuerung. Dazu gehört insbesondere die Festlegung von fachlichen Zielen nach einer professioneller Methodik, wie z.B. der SMART-Methode, mit der die Ziele sachlich, messbar, attraktiv sowie akzeptabel für die Beteiligten, realistisch und terminfixiert definiert werden. (→ vgl. dazu den Beitrag von Holger Spieckermann: Evaluation). Zudem ist es die Aufgabe der Sozialplanung, die zur Zielüberprüfung notwendigen Indikatoren zu bilden und regelmäßig auf ihre Gültigkeit hin zu prüfen. Darüber hinaus bestimmt die Sozialplanung die fachlichen Qualitätskriterien, die z.B. die Art und Weise der Beteiligung von Adressaten oder die Inhalte von Leistungsvereinbarungen regeln. Auf die wirtschaftlichen Faktoren innerhalb der angesprochenen Systematik, die durch das Controlling beigesteuert werden, wird nachfolgend noch eingegangen. Wichtig ist aber, dass beide Faktoren der kommunalen Planung, die fachlichen und die wirtschaftlichen, ineinander greifen und auf einander abgestimmt werden.

„Nur das ist ein schlechter Plan, der keine Veränderungen zulässt",

wurde als Bonmot des römischen Schriftstellers Publius Syrus aus dem 1. Jahrhundert vor Christus überliefert. Die systematische Kombination fachlicher und wirtschaftlicher Planungsfaktoren muss, wie diese alte Weisheit lehrt, einen Regelkreis abbilden, der *flexibel auf Veränderungen* in der politischen und sozialen Planungslandschaft reagieren kann und gleichzeitig auch nach wirtschaftlichen und fachlich-qualitativen Maßstäben ausgerichtet ist.

Der Regelkreislauf, in dem sich Sozialplanung und Controlling kontinuierlich bewegen, beinhaltet die aufeinander abgestimmte Folge von Zielentwicklung, Bestandserhebung, Bedarfsermittlung, Maßnahmeplanung und -umsetzung sowie die Evaluation und die fachliche und finanzielle Wirkungskontrolle der Planung (vgl. Abbildung 46):

Regelkreis der Planung

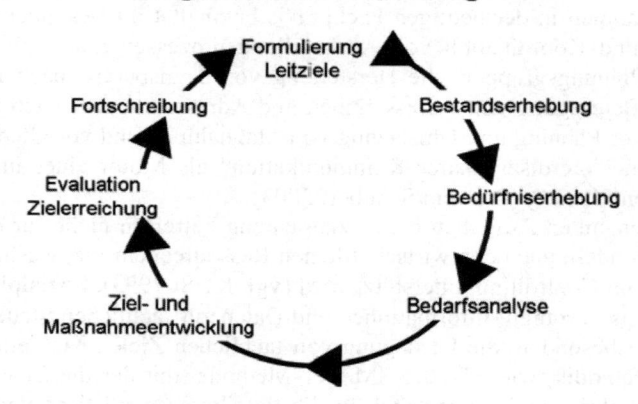

- Formulierung Leitziele
- Bestandserhebung
- Bedürfniserhebung
- Bedarfsanalyse
- Ziel- und Maßnahmeentwicklung
- Evaluation Zielerreichung
- Fortschreibung

Abbildung 46: Regelkreislauf der Planung

Sozialplanung analysiert damit primär die Effektivität (Wirksamkeit) von Projekten und Maßnahmen als Grundlage für politische Entscheidungen, Prioritätensetzungen, aber auch hinsichtlich notwendiger Modifikationen. Controlling unterstützt diesen Prozess durch den Abgleich der Vorgaben und der Erreichung von Finanzzielen, z.B. anhand von Kennzahlensystemen und bewertet kurz- und langfristig die Effizienz des Leistungsangebots, damit die Planung nicht ins Leere läuft.

2 Zum Gegenstand des Controllings

Controlling ist ein auf betriebswirtschaftliche Zielsetzungen hin fokussiertes Konzept zur Bewertung der finanziellen Dimension der kommunalen Steuerung und Planungsumsetzung (vgl. DV 2003: 3). Besonders unter dem Einfluss der so genannten Neuen Steuerung in den Städten und Gemeinden (→ vgl. dazu auch den Beitrag von Klaus Hofemann: Handlungsspielräume des Neuen Steuerungsmodells) gewann das Controlling für die Planung, Steuerung und Kontrolle der Leistungs- und Finanzziele an Bedeutung.

Was genau bedeutet Controlling und wie wird es in der sozialen Arbeit eingesetzt? Controlling in öffentlichen Verwaltungen ist nicht deckungsgleich mit dem Controllingverständnis im privatwirtschaftlichen Bereich, wenngleich darüber bedeutsame Faktoren aus der Privatwirtschaft in den öffentlichen Sektor Eingang finden. Der Begriff „Controlling" beschreibt die *Philosophie des Vorausdenkens*, also die konsequente Ausrichtung des Handelns auf ein angestrebtes, im Vorfeld definiertes Ziel (zukunftsorientiert) und unterscheidet sich damit grundlegend von der vergangenheitsorientierten Kontrolle. Für den Controllingbegriff allgemein sind eine Reihe unterschiedlicher Definitionen bekannt, die teilweise sehr unterschiedliche Funktionen und Anwendungsgebiete benennen, die aber in diesem Rahmen nicht verglichen werden sollen (→ vgl. dazu den Beitrag von Herbert Schubert: Controlling als Assistenz im Steuerungsprozess). Jordan/Schone (2000: 303) beschreiben Controlling im Zusammenhang mit der Planung sozialer Leistungen und Produkte anhand folgender Kernaufgaben:

- Unterstützung der Politik und der Verwaltungsführung durch die Bereitstellung der für die politische Zielsetzungs- und Steuerungsaufgaben einschließlich der strategischen Planung erforderlichen Instrumente,
- Koordination der Fachplanungen der einzelnen Arbeitsbereiche vor dem Hintergrund der politisch beschlossenen Globalziele, Schwerpunkte und Prioritäten,
- Entwicklung und Vollzugskontrolle zentraler Leitlinien der Personal-, Organisations- und Finanzpolitik,
- Analyse und Überprüfung der Leistungen der Fachbereiche im Rahmen des Berichtswesens,
- Steuerung und Kontrolle der zentralen Datenbanken und Planung der fachbereichsübergreifenden Informationstechnischen Infrastruktur.

Dabei wird zwischen dem operativen und dem strategischen Controlling unterschieden. Operatives Controlling ist relativ kurzfristig angelegt und betrachtet den Prozess der Leistungserstellung während einer Planungsperiode. Strategisches Controlling konzentriert sich auf langfristige Entwicklungen im Bereich der künftigen Veränderungen von gesellschaftlichen und wirtschaftlichen Umfeld- und Rahmenbedingungen der sozialen Arbeit öffentlicher und freier Träger (vgl. Tippelt 1998: 109).

Die fundierte und fortlaufende Durchführung einer Berichterstattung ist für ein funktionierendes Controllingsystem sowohl aus operativem als auch aus strategischem Kalkül unerlässlich. Im Rahmen des Berichtswesens werden alle steuerungsrelevanten Informationen erhoben und aufbereitet. Das Controlling gewährleistet auf Grundlage der bereitgestellten Informationen eine Analyse von Strukturen, Zielen und Produkten hinsichtlich der Effektivität und Effizienz und versorgt die Führung der Fachbereiche in der öffentlichen Verwaltung sowie der freien Träger mit differenzierten Informationen über Perspektiven, Abweichungen in Soll-Ist-Vergleichen oder Fehlentwicklungen. Anhand geeigneter Kennzahlensysteme werden Aussagen über Zielerreichungsgrade und eine Bewertung der finanziellen Ressourcen der Kommune ermöglicht. Darüber hinaus bewertet Controlling die Zielerreichungsprozesse und macht Vorschläge für alternative Lösungsansätze.

3 Schnittstellen von Sozialplanung und Controlling

Controlling liefert in dem beschriebenen Regelkreislauf der Planung die wirtschaftlichen und finanziellen Rahmendaten und Informationen, die als Grundlage für fach- und besonders für finanzpolitische Entscheidungen benötigt werden. Ein grundlegender Arbeitsschritt hierzu ist der Abgleich von Zielvorgaben und tatsächlicher Zielerreichung durch die Auswertung von Kennzahlensystemen. Sozialplanung liefert Informationen über die vorhandene Infrastruktur, macht Aussagen zum örtlichen Bedarf, erhebt vorhandene Bestände und organisiert die Umsetzung geeigneter Maßnahmen, die auf vorab definierte Ziele ausgerichtet sind. Will man die Funktionen dieser beiden Instrumente effektiv nutzen, ist es in einem ersten Schritt notwendig, die Reihenfolge der Abläufe von Sozialplanung und Controlling in einen Einklang zu bringen. Ähnlich wie bei der Metapher eines Zahnrades können so die aufeinander abgestimmten Funktionen ineinander greifen. Der Planungskreislauf und der Controllingprozess sind so aufeinander abzustimmen, dass eine Lösung entsteht, die sich gegenseitig ergänzt. Die Arbeitsweise sollte durch einen Kontrakt festgelegt und abgesichert werden; dies ist für den verwaltungsinternen Planungs- und Arbeitsprozess genauso wichtig wie für die kooperativen Ansätze in der Zusammenarbeit mit den externen freien Trägern.

Der Deutsche Verein für öffentliche und private Fürsorge hat für die Zusammenarbeit von Sozialplanung und Controlling ein Vier-Phasen-Modell beschrieben, dass die Abfolge der Arbeitsschritte des Regelkreislaufs weitergehend detailliert (DV, 2003, 4ff):

1.	Planungsphase	2.	Vorbereitungs- und Umsetzungsphase
3.	Soll-Ist-Analyse	4.	Auswertungs- und Informationsphase

Abbildung 47: Vier-Phasen-Modell für die Zusammenarbeit von Sozialplanung und Controlling

Planungsphase

Die Planungsphase beinhaltet die Entwicklung von Leistungszielen, die aufgrund der Analyse und Auswertung der vorhandenen Infrastrukturdaten, der internen sowie externen Ressourcen und Bedürfnisse der Kommune und der zu beteiligenden Partner, der politischen und gesetzlichen Rahmenbedingungen und der Ergebnisse vorangegangener fachlicher Wirkungsanalysen gebildet werden. Darüber hinaus wird ein Leistungsprofil erstellt, das sämtliche soziale Leistungen der Kommune und der zu beteiligenden freien Träger erfasst und entsprechenden Finanzzielen zuordnet. Für beide Zielbereiche werden bereits in der Planungsphase geeignete Messinstrumente entwickelt, die eine allgemein nachvollziehbare Überprüfung der Ziele (Soll-Ist-Vergleich) gewährleisten. Sozialplanung definiert sich in diesem Zusammenhang z.B. über detaillierte Leistungs-, bzw. Produktbeschreibungen und über die Erarbeitung von Indikatorensets. Im Vordergrund steht hierbei die Effizienz der Planung, d.h. gemessen wird das Verhältnis von Ressourceneinsatz und erzielter Leistung (Input-Output-Relation). Die durch die Sozialplanung definierten Indikatoren dienen zur Feststellung sozialer Tatbestände, die aufgrund ihrer meist mehrdimensionalen Zusammenhänge nicht quantitativ messbar sind. (DV 1986: 1079) Bei der Auswahl der Indikatoren in der Planungsphase muss deshalb besonders auf deren Gültigkeit (Validität) geachtet werden. Zur Messbarkeit der Finanzziele muss zwischen strategischen und operativen Zielen unterschieden werden. Zur Überprüfung langfristiger, strategischer Finanzziele werden in der Praxis z.B. Potenzialanalysen oder „Frühwarnsysteme" herangezogen, die zunehmend zielbezogene, interne Analysen und Effizienzberechnungen durch externe Faktoren, z.B. Studien ergänzen (vgl. Leutner/Pluquett 2001: 132). Zur Überprüfung operativer Controllingziele dient z.B. die Kosten-Nutzen-Analyse oder die Bewertung von quantitativen oder qualitativen Kennzahlensystemen (vgl. Horak 1995: 137). Wichtig ist hierbei, dass neben den finanziellen Auswirkungen der Planungsumsetzung auch die fachlichen Wirkungen (Outcome) im Blick behalten werden.

Vorbereitungs- und Umsetzungsphase

Zur Vorbereitung der Maßnahmenumsetzung ist es notwendig, Leistungs- und Zielvereinbarungen zu definieren. Im Idealfall geschieht dies in einem kommunikativen Prozess durch die Beteiligung aller relevanten Akteure, sprich, den an den Prozessen beteiligten Fachbereichen und internen Diensten sowie den freien Trägern, die überwiegend die sozialen Leistungen vor Ort erbringen. Innerhalb dieser in schriftlicher Form festzulegenden Vereinbarungen werden sowohl Leistungsziele als auch Finanzziele definiert. Gleichzeitig sind die zur Bewertung der Ziele erforderlichen Indikatoren und Kennzahlen zu bestimmen. Damit wird gewährleistet, dass Abweichungen von den getroffenen Vereinbarungen frühzeitig erkannt und in regelmäßig stattfindenden Kontraktgesprächen thematisiert werden können. Die Umsetzung der geplanten Maßnahmen wird damit nicht nur nach Abschluss am Grad der Zielerreichung gemessen, sondern schon während der Leistungserbringung. Dadurch kann eine gezieltere Feinsteuerung der Maßnahme oder gar die Modifikation von Einzelelementen der Maßnahme noch vor Abschluss erreicht werden. Der Verlauf der Maßnahme sollte zudem systematisch dokumentiert werden, so dass Einzelschritte hin zur Zielerreichung nachvollzogen werden können.

Soll-Ist-Analyse

Die getroffenen Zielvereinbarungen ermöglichen *Soll-Ist-Vergleiche* und damit eine Bewertung der erzielten Ergebnisse. Die Gegenüberstellung von Soll-Werten, bzw. qualitativen Zieldefinitionen zu realistischen Ist-Werten, schafft einen höchstmöglichen Grad an Transparenz hinsichtlich der bestehenden Erwartungen. Dabei ermittelt speziell das operative Controlling im Zusammenwirken mit Sozialplanung durch die Methode des Soll-Ist-Vergleichs zum einen und durch Methoden der Evaluation (interner link) zum anderen den Grad der Wirksamkeit der umgesetzten sozialen Leistungen (Effektivität). Darüber hinaus ermittelt das strategische Controlling mit Unterstützung eines langfristig angelegten Berichtswesens und durch die Auswertung von Kennzahlen den Grad der Wirtschaftlichkeit der Planung (Effizienz). Wichtig ist aber, dass nicht nur der output (die erbrachte Leistung) administrativer Leistungsprozesse im Mittelpunkt steht, sondern dass auch die gesellschaftlichen Wirkungen (Outcome) von Planung berücksichtigt werden.

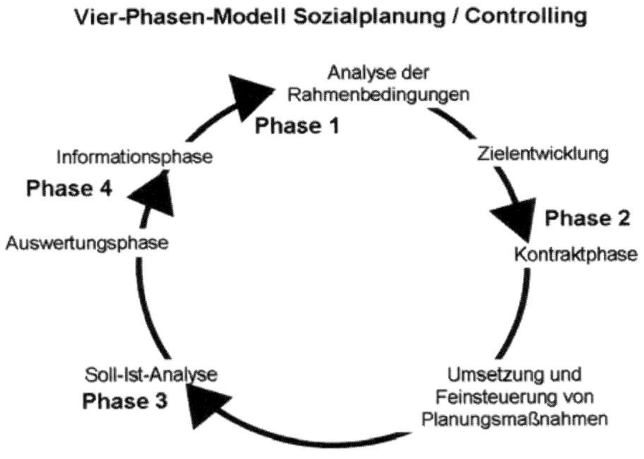

Vier-Phasen-Modell Sozialplanung / Controlling

- Phase 1: Analyse der Rahmenbedingungen
- Phase 2: Zielentwicklung / Kontraktphase
- Umsetzung und Feinsteuerung von Planungsmaßnahmen
- Phase 3: Soll-Ist-Analyse
- Phase 4: Informationsphase / Auswertungsphase

Abbildung 48: Vier-Phasen-Modell im Regelkreislauf der Sozialplanung

Informationsphase

Die Ergebnisse aus der Analyse der Planungsumsetzung inklusive der Bewertung von Leistungs- und Finanzzielen fließen im Idealfall in alle Ebenen der kommunalen Steuerung ein und versorgen diese mit steuerungsrelevanten Informationen. Die kommunalen Steuerungs- und Ausführungsprozesse können dadurch weitgehend qualifiziert werden: Auf der normativen Ebene werden Stadtrat und Verwaltung u.a. bei der Gesamtsteuerung und der Definition von Leitbild und Leitlinien sowie bei der langfristigen, strategischen Entwicklungsplanung unterstützt. Durch operative und strategische Controllingverfahren werden hierbei die finanziellen Spielräume kommunaler Planung analysiert und bewertet. Zudem werden auf Grund der erlangten Ergebnisse Empfehlungen zur effektiven wirtschaftlichen Steuerung einerseits und zur Optimierung von Abläufen und Planungsprozessen andererseits erarbeitet und den Entscheidungsträgern zur Verfügung gestellt. Auf der strategischen Ebene sorgt Sozialplanung für die notwendigen Informationen zur Entwicklung eines strategischen Konzepts zum Aufbau von Produkten. Letztlich werden die einzelnen Verwaltungseinheiten auf der operativen Ebene mit Informationen und Daten zur Definition und Steuerung von Produkten, Ressourcen und kooperativen Leistungsverträgen etc. unterstützt (vgl. DV 2003: 2). Daneben schafft Controlling die Informationsstrukturen, die die Fachkräfte für die Bewertung ihrer Arbeitsstrukturen benötigen und führt in regelmäßigen Abständen sämtliche Informationen in Form von

Teilberichten an die Leistungserbringer zurück. Dieses Vier-Phasen-Modell stellt ebenfalls einen Regelkreis dar, denn die beschriebenen Prozesse wiederholen sich und sind kontinuierlichen durchzuführen.

Der Regelkreis des Vier-Phasen-Modells geht noch näher auf die Schnittstellen von Sozialplanung und Controlling ein und erwirkt somit eine detailliertere Beschreibung der beiderseitigen Abläufe.

4 Ausblick

Die kommunale Verwaltung ist sowohl auf fachliche als auch auf wirtschaftliche Informationen zugleich angewiesen, um politisch-administrative Entscheidungen gemäß den aktuellen Anforderungen treffen zu können. Im Verteilungskampf um geringer werdende finanzielle Ressourcen bei gleichzeitig steigendem Hilfebedarf ist es notwendig, dass Entscheidungsträger mit gezielten Informationen versorgt werden, damit ebenso gezielte Maßnahmen zur Gegensteuerung von sozialen Problemen einerseits und zur Gewährleistung von kommunalen Pflichtaufgaben andererseits erfüllt werden können. In der Praxis ist diese Anforderung erstens noch eine recht neue Herausforderung, die besonders mit der Einführung der Neuen Steuerungsmodelle in die Sozial- und besonders Jugendämter eingezogen ist und deren systematische Umsetzung teilweise noch in den Kinderschuhen steckt. Zweitens hat sich nicht zuletzt aufgrund der Mittelkürzungen im Sozialetat der Länder und Kommunen eine Diskussion entzündet, die das Grundprinzip der effektiven und effizienten kommunalen Planung und Steuerung in Frage stellen. Bassarak stellt fest, dass vielfach diskutiert wird, ob die Neue Steuerung, zu der speziell der Einsatz des Controllings gehört, „die in jahrelangen harten Auseinandersetzungen errungenen fachlichen Standards sozialer Arbeit negieren würde, um gesetzlich verpflichtende Sozial- und Jugendhilfeleistungen zu deckeln und schlichtweg Finanzen einzusparen..." (1999: 157). Gerade hinsichtlich dieser Diskussion zeigt sich, dass nur eine durch die komplementäre Anwendung von Sozialplanung und Controlling geschaffene Basis an Informationen und Daten solche Befürchtungen entkräften kann: Sozialplanung hat die Aufgabe, die genannten fachlichen Standards zu sichern und die hierfür erforderlichen Informationen in den Steuerungsprozess einzubringen und in der Kooperation mit dem Controlling die Rahmenbedingen für fachliche Qualität zu schaffen.

Besonders in Zeiten knapper finanzieller Ressourcen ist es wichtig, die vorhandenen Mittel so zu verteilen, dass dadurch ein größtmöglicher Erfolg und Nutzen entsteht. Das bedeutet folglich, dass die fachliche Steuerung der Ressourcen neben den zur wirtschaftlichen Steuerung der kommunalen Haushalte eingesetzten betriebswirtschaftlichen Instrumenten wie dem Controlling oder der Kosten-Leistungsrechnung eine immer wichtigere Rolle bei der Umsetzung der kommunalen Aufgaben einnimmt. Werden fachliche Leistungsziele nicht durch die Sozialplanung evaluiert und werden finanzielle Leistungsziele durch das Controlling im Soll-Ist-Vergleich nicht analysiert, sind weder die Qualität der kommunalen Leistungen gesichert noch die Haushaltsführung der Kommune nach dem Prinzip der Wirtschaftlichkeit und Sparsamkeit gewährleistet. Welche Kommune kann sich diese Unsicherheit leisten?

Abschließend soll noch darauf hingewiesen werden, dass die Anwendung der komplementären Steuerungskonzepte von Sozialplanung und Controllings einen hohen Bedarf an Qualifizierung aufweist, denn die traditionellen sozialwissenschaftlichen und betriebswirtschaftlichen Studienabschlüsse sind bislang nicht auf derartige integrierte Ansätze ausgelegt. Auch verwaltungsintern wird der Bedarf an Fort- und Weiterbildungen im Bezug auf die neuen Herausforderungen in den Kommunen noch weitgehend unterbewertet. Aufgrund der schwierigen finanziellen Situationen in den meisten Kommunen sind die Instrumente der Sozialplanung und des Controllings außerdem nicht überall „beliebte Gefährten", denn gerade durch ihren Einsatz werden auch finanzielle Engpässe aufgezeigt. Dennoch: Es geht nicht darum, negative Verhältnisse „unter den Teppich zu kehren", sondern die Qualität der Leistungen und Angebote von Kommunen zu erhalten und zu steigern und einen effektiven und effizienten Einsatz vorhandener Ressourcen zu planen. Hierfür können Sozialplanung und Controlling in der beschriebenen Weise erfolgreiche Verfahrensweisen bereitstellen.

5 Literatur

Alisch, Monika (2001): Stadtteilmanagement – Voraussetzungen und Chancen für die soziale Stadt. 2. Auflage. Opladen: Leske + Budrich

Bassarak, Herbert (1999): Modernisierung der Kommunalverwaltung. In: Dietz / Eißel / Naumann (1999): 147-157

Biewers, Sandra / Schubert, Herbert (2003): Best Practices der Jugendhilfeplanung. Darstellung innovativer Planungsansätze in der Jugendhilfe. Köln: Verlag Sozial Raum Management

Deutscher Verein für öffentliche und private Fürsorge (1986): Handbuch der örtlichen Sozialplanung. Frankfurt/ Main: Eigenverlag DV

Deutscher Verein für öffentliche und private Fürsorge (2003): Empfehlungen zur Steuerungsunterstützung durch Sozialplanung und Controlling. URL www.deutscher-verein.de

Dietz, Berthold / Eißel, Dieter / Naumann, Dirk (1999): Handbuch der kommunalen Sozialpolitik.Opladen: Leske + Budrich

Dritter Jugendbericht (1972): Zur Funktionstüchtigkeit der Jugendämter. Hgg. vom Bundesfamilienministerium, Bonn

Gernert, Wolfgang (1998): Kommunale Sozialverwaltung und Sozialpolitik. Stuttgart, München, Hannover, Berlin, Weimar, Dresden: Boorberg Verlag

Hanesch, Walter (1999): Strategische Dimensionen kommunaler Sozialberichterstattung. In: Dietz / Eißel / Naumann (1999): 45-59

Horak, Christian (1995): Controlling in Nonprofit-Organisationen, 2. Auflage. Wiesbaden: DUV, Dt. Univ.-Verlag

Jordan, Erwin / Schone, Reinhold (2000): Handbuch Jugendhilfeplanung: Grundlagen, Bausteine, Materialien. 2. Auflage, Münster: Votum Verlag

KGSt (1993): Das neue Steuerungsmodell: Begründung, Konturen, Umsetzung. Bericht Nr. 5, Köln

Koller-Tejeiro, Yolanda M. (2001): Neue Aufgaben der Sozialplanung. Ein sozialpolitisches Instrument als Zaubermittel oder zahnloser Tiger? In: Alisch, Monika (2001): 53 - 68

Nationale Armutskonferenz (o.J.): Nationaler Plan zur Bekämpfung von Armut und sozialer Ausgrenzung. URL www.nationale-armutskonferenz.de

Reis, Claus / Schulze-Böing, Matthias (Hrsg.) (1998): Planung und Produktion sozialer Dienstleistungen. Die Herausforderung ‚neuer Steuerungsmodelle'. Berlin: edition sigma

Riege, Marlo / Schubert, Herbert (Hrsg.) (2005): Sozialraumanalyse - Grundlagen, Methoden, Praxis. 2. neu bearbeitete Auflage, Wiesbaden: Verlag für Sozialwissenschaften

SGB VIII / Sozialgesetzbuch Achtes Buch (1990): Kinder- und Jugendhilfegesetz. In: BGBl. I: 1163

Tippelt, Horst (1998): Controlling als Steuerungsinstrument in der Sozialverwaltung. In: Reis/Schulze-Böing (1998): 105-130

Unicef (2005): Bedrohte Kindheit. Jahresbericht zur Situation der Kinder der Welt. URL www.unicef.de

Klaus-Dieter Pruss

Stärkung der pädagogischen Arbeit durch Controlling

1. Geschichte des Controllingbegriffs
2. Zur Semantik von Controlling
3. Funktionen von Controlling
4. Controlling in der Jugendhilfe
   4.1 Strategisches Controlling in der Jugendhilfe (To do the right things)
   4.2 Operatives Controlling in der Jugendhilfe (To do the things right)
5. Literatur

In der vorliegenden Abhandlung wird der Versuch unternommen, die Kerngedanken des Controlling in den Vordergrund zu stellen. Dabei soll in einer Anwendungsperspektive deutlich werden, welches Potenzial in dem Konzept steckt und welche Hilfestellungen das Controlling für die Zielerreichung der Organisation gibt.

Der wesentlich schwierigere zweite Schritt wird aber sein, den offensichtlichen Widerspruch aufzulösen, der bereits in der Überschrift enthalten ist. Kann eine betriebswirtschaftliche Betrachtung, die den Einsatz der finanziellen und sächlichen Ressourcen untersucht, nicht jeden ideellen Einsatz eines (sozial-) pädagogischen Mitarbeiters zum Erliegen bringen? Kann oder darf eine pädagogische Arbeitsleistung überhaupt wirtschaftlich betrachtet werden, wenn die Notwendigkeit des Handelns erkannt wurde? Darf – anders herum argumentiert – das Handeln losgelöst von einem wirtschaftlichen Hintergrund betrachtet werden? Gefährden wir dadurch nicht die nachhaltige und dauerhafte Wirksamkeit einer Hilfeleistung? Diese Fragestellungen beschreiben nur im Ansatz die Extrempositionen von Vertretern beider Professionen, die zwischen einer Behinderung der sozialpädagogischen Arbeit durch zu geringe wirtschaftliche Unterstützung auf der einen und der Unmöglichkeit jeglichen Handelns ohne einen ausreichenden wirtschaftlichen Hintergrund auf der anderen Seite liegen.

Schließlich scheint die provokante Behauptung, die ‚Stärkung der pädagogischen Arbeit durch Controlling' unter Beweis stellen zu können, eher in einer Quadratur des Kreises zu münden und einer praxisnahen Betrachtung zu widersprechen. Gerade der Bezug zur tatsächlichen Arbeit und weniger die theoretischen Möglichkeiten einzelner Controllinginstrumente sollen hier aber im Vordergrund der Betrachtung stehen. Hieraus sollen die Hilfestellung und die Unterstützung der sozialpädagogischen Arbeit durch das Controlling sichtbar werden.

Gleichzeitig soll mit der bekannten Flucht in Fachtermini gebrochen werden, indem die gängigen und notwendigen Begriffe der betriebswirtschaftlichen Klaviatur in einer ‚handlichen Form' angewandt und erläutert werden. Im Gegenzug muss aber auch die Vorstellung relativiert werden, dass Betriebswirtschaft die Zusammenhänge sozialpädagogischer Arbeit aufgrund mangelnder Fachkompetenz nicht ergründen könne. Auf beiden Seiten erschwert dieser Rückzug in die jeweilige fachtheoretische Betrachtungsweise die Möglichkeit einer effizienten Ausnutzung der Stärken beider Professionen. Eine Öffnung für alles Neue und der Wunsch, mehr aus anderen Fachgebieten zu lernen und für die eigene Arbeit nutzbar zu machen, erweitert den Horizont curricularer Strukturen und ermöglicht das Aufbrechen verhärteter überlieferter ‚Feindbilder' zu Gunsten eines effizienten Wissenstransfers. Der vorliegende Beitrag soll einen Schritt in diese Richtung skizzieren.

1 Geschichte des Controllingbegriffs

Die Ursprünge des Controlling liegen in der Erkenntnis, dass die komplexeren Wirtschaftsprozesse andere Instrumente zur Steuerung des wirtschaftlichen Erfolges eines Unternehmens erfordern als die reine Erfolgsbetrachtung zum Ende eines Wirtschaftsjahres. Es war ein Instrument gefragt, das das wirtschaftliche Umfeld in die Strategie des einzelnen Unternehmens mit einbezieht und eine Aussage über seine mögliche Entwicklung unter Berücksichtigung aller externen Faktoren ermöglicht. Während die bisherige Informationsfunktion des Rechnungswesens auf so genannte "Score Card Questions" beschränkt blieb, die die Kernfragestellung "Arbeite ich gut oder schlecht?" zum Inhalt hatten, erfuhr sie durch die Entwicklung des Controlling eine deutliche Erweiterung. Die bisherige Betrachtung war bis zu jenem Zeitpunkt vergangenheitsorientiert aufgebaut gewesen, während nun zukunftsgerichtete Fragen "Welchen Problemen sollte ich mich zuwenden? (Attention Direction Questions)" und "Wie kann ich meine Arbeit optimal gestalten? (Problem Solving Questions)" den Horizont bisheriger Analysen deutlich erweiterten.

Der Controller ist der Informationslieferant, der alle notwendigen Entscheidungsgrundlagen bereitzustellen hat und schon in diesem Stadium auch innovative Lösungskonzepte vorhält bzw. deren Entwicklung entscheidend voran treibt. Seine traditionellen Hilfsmittel sind die Buchführung, die laufende Berichterstattung in Form eines aussagekräftig gestalteten Berichtswesens sowie spezielle Studien, die zielgerichtet Teilaspekte tiefgründig beleuchten. Der Nutzen eines solchen Instrumentes ist untrennbar mit dem Effizienzgedanken verbunden, da gerade Controlling eine effizienzsteigernde Wirkung im Unternehmen entfalten soll.

In der Bundesrepublik Deutschland kamen erste Ansätze des Controlling Mitte der fünfziger Jahre zur Anwendung. In der Übertragung des Entwicklungsstands der USA auf den deutschsprachigen Raum entwickelte sich – statt einer fachlichen Auseinandersetzung – ein Modetrend, der dazu führte, dass zunächst in großen Unternehmen und später auch in mittelständischen Betrieben Controlling-Abteilungen wie Pilze aus dem Boden schossen. "Da viele Autoren sich ohne methodologisches Rüstzeug mit Controlling auseinandersetzen, gibt es zahlreiche methodologisch unbefriedigende, widersprüchliche und den Leser verwirrende Controlling-Begriffe und -Konzeptionen. .... Der Modetrend hat dazu geführt, dass fast alle betrieblichen Funktionen, Methoden und Organisationsstrukturen mit dem Wort ‚Controlling' verbunden werden und so eine Verwässerung der Problemstellung entsteht" (Horvath 1998: 70 ff.).

Folglich hat sich in Deutschland bis heute keine einheitliche, abgegrenzte „Einheitsinterpretation" (Wöhe 2000: 239) entwickelt, wie Controlling zu verstehen ist. Von der Praxis her betrachtet haben sich folgende Aufgabenschwerpunkte herausgebildet:
- Beratung und Koordination der Budgetierung, der strategischen Planung, der Langfristplanung,
- Leitung der Kosten-/ Erlösrechnung,
- Beratung und Koordination bei der Investitions-/ Desinvestitionsplanung und
- Erstellung betriebswirtschaftlicher Sonderuntersuchungen.

In deutschen Unternehmen untersteht den Controllern meist nur das interne Rechnungswesen, wobei die Informationsverarbeitung, die Organisation und die Innenrevision eigenständige Aufgabenbereiche sind.

2 Zur Semantik von Controlling

Aus dem Wort Controlling kann man leicht irreführende Begrifflichkeiten ableiten, wenn man sie synonym mit dem ursprünglichen Ansatz des Controlling verwendet und nur eine vordergründige sprachliche Verwandtschaft zu Grunde legt. Häufig werden

Kontrolle → *Control* → *Controlling* → *Controller*

als identische Begriffe betrachtet und finden demzufolge wechselweise in Diskussionen Verwendung.

Betrachtet man Kontrolle als Durchführung eines Vergleiches zwischen geplanten und realisierten Werten zur Information über das Ergebnis betrieblichen Handelns, so erkennt man, dass es sich nur um eine Teilaufgabe des Controlling handeln kann, der zwar grundlegende Bedeutung zukommt, der man aber nicht den größten Stellenwert beimessen kann. Kontrolle bildet zwar eine Grundlage für weitere Betrachtungen, dennoch setzt hier erst die eigentliche Aufgabe des Controlling an, da die Feststellung einer Abweichung zunächst nur beschreibenden Charakter hat und keine Aussage über mögliche Ursachen oder mögliche Verbessungsvorschläge zulässt.

Das Verb ‚to control' bezieht sich auf die Beherrschung, die Lenkung, die Steuerung und die Regelung von Prozessen. Dies ist der entscheidende Unterschied zur deutschen Sprache, da sich diese Aufgabenbereiche nicht in einem Wort zum Ausdruck bringen lassen. Das Controlling ist eine zentrale Managementaufgabe: Jeder Manager übt auch Controlling aus. Aber Controlling wird vielfach auf der Ebene der Sachbearbeitung angesiedelt oder in Form einer Stabsstelle implementiert. Die Wahrnehmung der Aufgaben des Controllers bezeichnet man im Allgemeinen als Controllership.

Der Controller kann als ‚Sparringspartner' des Managers bezeichnet werden, der bei der Zielfindung und Zielerreichung unterstützend tätig wird. Der Manager ist ergebnisverantwortlich, der Controller transparenzverantwortlich und die Schnittmenge zwischen beiden stellt das Controlling dar. „Unter Controlling ist also die Summe aller Maßnahmen zu verstehen, die dazu dienen, die Führungsbereiche Planung, Kontrolle, Organisation, Personalführung und Information so zu koordinieren, dass die Unternehmensziele optimal erreicht werden. Dem Controlling kommt damit eine Aufgabe zu, die in dieser Form von keinem anderen Teilbereich des Führungssystems erfüllt wird" (Wöhe 2000: 234).

3 Funktionen von Controlling

Dem Controlling kommt vor allem eine Anpassungs- und Innovationsfunktion zu, im Sinne eines Verbindungsgliedes zwischen Umwelt und Unternehmensführung. Zentrale Aufgabe ist dabei die Informationsversorgung, d.h. die Auswahl geeigneter Instrumente und die Gestaltung der Informationen. „Was die Controller tun, ist für diese Management-Funktion einen Service- oder Lotsendienst zu leisten sowie eben dabei für die fachlichen Unterlagen zu sorgen. Controller-Funktion ist Management-Service" (Jehle et al. 1986: 31 ff.). Aus der Service-Funktion kommen dem Controlling die Aufgabenbereiche Kontrolle, die Informationsversorgung, die Analyse und das Berichtswesen zu. Die Planung, Steuerung, Koordination, Personalführung und Organisation dienen der Erfüllung der Anpassungs- und Innovationsfunktion.

Zunehmend ist zu beobachten, dass der Controller als betriebswirtschaftlicher Berater und Koordinator der Unternehmensführung akzeptiert wird. Inzwischen hat das Controlling auch den sozialen Bereich und Nonprofit-Unternehmen wie z.b. Krankenhäuser, Verkehrsbetriebe oder Jugendhilfeeinrichtungen erfasst.

Anzumerken bleibt, dass sich jedoch die bisherige "Philosophie" des Controlling-Ansatzes von der erhaltenden zur innovationsfördernden Sicht und Steuerungsfähigkeit des Unternehmens entwickeln muss. Die Aufgabenbereiche müssen neu geordnet bzw. neue hinzugefügt werden. Weiterhin muss die Entscheidungsbeteiligung des Controllers gestärkt werden. Speziell für soziale Unternehmen und den öffentlichen Sektor sollte sich wie für andere industrielle Teilbereiche ein eigener Controlling-Bereich entwickeln, der den speziellen Anforderungen gerecht wird und die Stärke des Instrumentes freisetzen kann.

4 Controlling in der Jugendhilfe

Es stellt sich die Frage, wo der besondere Unterschied zu einem industriellen Unternehmen liegt, wenn die Jugendhilfeeinrichtung in Form einer Kapitalgesellschaft, z.B. als gemeinnützige GmbH (gGmbH), am Markt tätig ist. Der Unterschied liegt darin, dass es sich nicht um ein produzierendes Unternehmen handelt, sondern um eines, das Dienstleistungen erbringt. „Dienstleistungen sind Leistungen, bei denen Produktion und Verbrauch zeitlich zusammenfallen. Sie zeichnen sich weiterhin aus durch ihren immateriellen Charakter und ihre mangelnde Speicherbarkeit, die dazu führt, dass der/die Nutzer/in der Leistung direkt an ihrer Erstellung beteiligt ist. Dies gilt insbesondere für die Dienstleistungen der Wohlfahrtspflege, die im Moment dabei ist, sich von dem bisher bestimmenden sozialpädagogischen Paradigma zu verabschieden" (Engelhard/Graf/Schwarz 1996: 31 f.).Wenn der bzw. die Nutzer/in an der Erstellung der Dienstleistung beteiligt ist, kommt der Anpassungs- und Innovationsfunktion des Controlling eine wichtigere Bedeutung zu als bei produzierenden Betrieben.

Der Zeitfaktor spielt dabei die größte Rolle. Bis bei einem Produkt festgestellt werden kann, ob es sich am Markt behauptet, vergeht ein Zeitraum der Beobachtung. Folgt man dem Uno-Actu-Prinzip als Definition von Dienstleistungen, liegt zwischen Produktion und Verbrauch kein Zeitraum, der zur Beobachtung genutzt werden kann. Da der Nutzer an der Erstellung beteiligt ist, sind bereits bei der „Produktion" externe Faktoren zu berücksichtigen. Weiterhin muss jede Dienstleistung eine spezielle Ausgestaltung haben, da kein Bedarfsprofil eines Hilfeempfängers dem anderen gleicht. Das unterstreicht die Bedeutung eines funktionierenden Informationssystems. Esr sind zeitnahe Informationen unerlässlich, da eine Nichtbeachtung von Signalen, die auf eine Fehlerquelle hindeuten, katastrophale Folgen für den Nutzer haben können und damit auch für das Unternehmen selbst. Diese Rückkoppelung erreicht dann jedoch auch die anderen Nutzer der Dienstleistungen, so dass ein Schneeballeffekt eintritt. Diese Betrachtung hört sich erschreckend "betriebswirtschaftlich" an. Begriffe wie Produkte, Produktion, Erstellung, Nutzer und Verbrauch lassen schnell vermissen, dass es hierbei um Jugendliche geht, deren Schicksal in die Hand einer Jugendhilfeeinrichtung gelegt wurde. Es wird deutlich, dass hier die Grenzen der reinen betriebswirtschaftlichen Betrachtung und Aufgabenstellung überschritten sind und eine weitergehende Betrachtung notwendig wird. Auch wenn im Entgeltsrecht der Begriff Controlling als unbedingte Forderung enthalten ist, fehlt es an einer genaueren Ausgestaltung dieses Aufgabenbereiches und an Erfahrungen mit diesem Instrument.

Bis 1995 herrschte in der Jugendhilfe das sogenannte Selbstkostendeckungsprinzip vor. Das wirtschaftliche Risiko wurde hier zu einem großen Teil auf den „Kunden" übertragen. In dem damaligen System hatte dies durchaus eine Berechtigung, da die Belegungsverantwortung zentral bei den Landschaftsverbänden angesiedelt war. Es reichte in dieser Situation durchaus der kameralistische Ansatz aus, um den Anforderungen nach Kosten- und Belegungstransparenz hinreichend gerecht zu werden. Wurde der Plan im Hinblick auf die Kosten unterschritten, konnte dies zu Haushaltskürzungen führen. Im umgekehrten Fall bestand unter gewissen Voraussetzungen die Möglichkeit, höhere Kosten, die ihre Ursache z.B. in einer temporären Unterdeckung hatten, nachträglich geltend zu machen. Natürlich war eine Erstattung dieser Kosten an gewisse Rahmenbedingungen gebunden, dennoch konnte eine Einrichtung so kaum völlig unverschuldet in eine wirtschaftliche Notlage geraten. Eine Aussage für die interne Kostentransparenz konnte die Kameralistik jedoch nicht liefern. Vielmehr bedeutete das kameralistische Haushaltsdenken eher „den Zwang, laufend die Realität an die Planung anzupassen. (…) Es wird daher in der Regel eher versucht, Planungen um jeden Preis zu erreichen bzw. noch besser: diese ‚maßvoll' zu überschreiten. Es kann bei dieser Methodik kein Instrumentarium geben, das es der Organisation ermöglicht, sich an veränderte Realitäten anzupassen" (Beck 1998: 15).

Hier liegt ein wesentlicher Unterschied zum Controlling-Ansatz. Das Herzstück des Controlling ist ein Informationssystem, das nach innen die ungeschönte Realität abbildet, um daraus die Strategie des Unternehmens ableiten zu können. Insofern kann man Controlling als Antithese zum kameralistischen Haushaltsdenken betrachten. Letzteres ist aber bis zum heutigen Tage verbreitet und führt häufig zu Konflikten, wenn das Credo einer offenen, umfassenden Informationspolitik im Hinblick auf eine vertrauensvolle Zusammenarbeit beider Verhandlungsseiten, d.h. das zuständige Jugendamt auf der einen und die Einrichtung auf der anderen Seite, als Lippenbekenntnis entlarvt wird. Der Umgang mit dieser neuen Informationspolitik bedarf auf beiden Seiten der Einübung und sollte als Testphase betrachtet werden.

Die Management-Situation in sozialen Unternehmen ist vielfach durch mangelnde Sachkompetenz der Aufsichtsorgane geprägt, da eine ehrenamtliche Besetzung noch vielfach verbreitet ist, die über den ideellen Einsatz einen nicht zu unterschätzenden positiven Einfluss auf das Unternehmensgeschehen hat. Für die Betriebsleiter selbst gilt mittlerweile, dass sie „...erfolgreich sein sollen, wie knallharte Manager, einfühlsam wie Mutter Theresa und das für BAT 1" (Wirtschaftswoche 41/1992: 60). Zusätzlich ist der Handlungsspielraum meist durch Satzungen soweit eingeschränkt, dass das Beschreiten innovativer Wege nicht kurzfristig gelingen kann. Ein rein betriebswirtschaftliches Vorgehen muss auch hier scheitern, wenn nicht die Bereitschaft zur Innovation gegeben ist.

Das Controlling muss im Nonprofit-Bereich der Jugendhilfe neue Wege erproben, um die Verbindung von „harten" betriebswirtschaftlichen Fakten zu „weichen" qualitativen Merkmalen zu schaffen und daraus ein beispielloses, fachloich verankertes Informationssystem aufzubauen.

4.1 Strategisches Controlling in der Jugendhilfe (To do the right things)

Beim strategischen Controlling geht es darum, ‚die richtigen Dinge zu tun', um den Fortbestand der Einrichtung zu sichern. In einer Umwelt, die durch schnelle Veränderungen geprägt ist, gewinnt die Anpassung der Organisation an die neuen Anforderungen besondere Bedeutung. Es geht sowohl um eine kurzfristige Reaktion z.B. auf gesetzliche Veränderungen (Fortschreibung der Sozialgesetzbücher) als auch um langfristige Anpassungen mit dem Ziel der nachhaltigen Existenzsicherung. In den weitreichenden Weichenstellungen, die zur Erfüllung dieses Zieles erforderlich sind, ist eine Hauptaufgabe des Controlling zu sehen.

Über eine Umweltanalyse sind Chancen und Risiken für eine Einrichtung über die Darstellung alternativer Szenarien bei Zugrundelegung der externen Rahmenbedingungen zu ermitteln. Als Beispiel soll hier exemplarisch die sozialpädagogische Fachleistungsstunde gelten. Die Nachfrage nach diesem Angebot, das eine flexible Hilfeleistung darstellt, war enorm hoch, so dass auf Seiten der Anbieter kaum eine Möglichkeit bestand, dieses Angebot nicht vorzuhalten. Zudem stellt es pädagogisch betrachtet eine sinnvolle Ergänzung im Hinblick auf die Flexibilisierung der bestehenden Angebotsformen dar. Allerdings bedeutet es auch gleichzeitig die Konkurrenz im eigenen Haus, nämlich im Hinblick auf das Sozialpädagogisch-Betreute-Wohnen (SBW), das ein flexibles Betreuungs-Setting zum Inhalt hat. Die Devise kann hier nur sein, das Eine zu tun, ohne das Andere zu lassen.

Pädagogisch gesehen kann die ergänzende und nicht ersetzende Funktion des neuen Angebotes herausgearbeitet und vermittelt werden, wirtschaftlich kann man z.b. eine Berechnung anstellen, wenn statt des bisherigen SBW nur noch Fachleistungsstunden angeboten werden. Diese Aussage hilft zwar intern zur Beurteilung der wirtschaftlichen Folgen, kann jedoch zur Abwendung einer solchen Problemsituation nicht herangezogen werden. Eine Aussage in Form von Simulationsrechnungen zu bestimmten Betreuungs-Settings kann aber auch extern in den konkreten Verhandlungen von Vorteil sein, wenn beide Angebote auf diesem Wege wirtschaftlich vergleichbar gemacht werden. Es wird deutlich, dass eine Aussage zu reinen Kosten ebenso wenig zielführend ist, wie die reine pädagogische Begründung als Für und Wider zu bestimmten Angebotsformen. Erst die logische Verbindung der Stärken beider Ansätze bringt den größten Nutzen auf dem Weg zum Ziel. Die Einbeziehung der Umweltfaktoren und die Darstellung in Simulationen muss höchste Priorität haben, zeitnah erfolgen und treffsicher sein, damit strategische Entscheidungen den notwendigen sachlichen Hintergrund haben und Stärken der eigenen Organisation erkannt und genutzt werden können und Schwächen aufgedeckt und beseitigt werden können.

4.2 Operatives Controlling in der Jugendhilfe (To do the things right)

Nachdem die Entscheidung zu Gunsten der ‚richtigen Dinge' im ersten Schritt gefallen ist, geht es im zweiten Schritt darum, diese Dinge ‚richtig zu tun'. Man kann sagen, dass das operative Controlling die Operationalisierung des strategischen Controlling darstellt. Das operative Controlling kann viele Facetten haben. Relevant sind für die Jugendhilfe insbesondere die Budgetierung, das Kosten- und Erlöscontrolling, das Finanzcontrolling, das Personalcontrolling, das Investitionscontrolling, das Leistungs- und Qualitätscontrolling und das Benchmarking, wobei die beiden letzten Bereiche die Verbindung von Qualitätskriterien und wirtschaftlichen Faktoren zum Inhalt haben.

Die Leistungsfähigkeit des operativen Controlling steht und fällt mit einem funktionierenden Rechnungswesen und einer detaillierten Kostenrechnung, die in Aufbau und Struktur geeignet sind, die notwendigen Informationen EDV-gestützt ‚auf Knopfdruck' in Auswertungssysteme zu übertragen. Nur so können zeitnahe aktuelle Informationen bereitgestellt und ein funktionierende Informationssystem aufgebaut werden.

Berichte sind in jedem Fall so aufzubauen, dass sie ein Extrakt der oben genannten Bereiche sind und auf den jeweiligen Nutzer abgestimmt sind. Die Kostenrechnung muss so aufgebaut sein, dass Kostenstellen möglichst feinmaschig gewählt werden, ohne den technischen Rahmen zu sprengen. Kostenstellen ohne Kostenstellenverantwortlichen machen in der Regel keinen Sinn. Bildet man für eine Gruppe als letztes Glied in der Kette eine „Endkostenstelle" sind die Ergebnisse von Hilfskostenstellen wie z.B. Verwaltung oder Schule problemlos im Umlageverfahren zuzurechnen. Der Kostenstellenverantwortliche ist also der Gruppenleiter. Ihm gebührt ebenso wie dem Leiter der Einrichtung, den Erziehungsleitern und der Verwaltung ein aussagefähiger standardisierter Bericht, der die Situation seiner Gruppe widerspiegelt. Diesen Bericht muss er entweder in regelmäßigen Abständen erhalten oder sich selbst aktualisieren können. Eine leistungsfähige EDV wie ein auf den Jugendhilfebereich abgestimmte Software beeinflusst den Grad der möglichen Informationsversorgung.

Die Diskussion um die angewandten Hilfsmittel verstellt den Blick auf die Weiterentwicklung des Controlling in seiner Gesamtheit. Zu schnell wird vergessen, dass die Grundlage aller weiteren Betrachtungen immer die traditionelle Kostenrechnung ist und neuere Ansätze wie die Prozesskostenrechnung und die Zielkostenrechnung nur so gut sein können wie ihre vorgelagerten Systeme. Ein solider Aufbau der Instrumente ist zielführend und wird den Bedürfnissen der jeweiligen Entscheider gerecht.

5 Literatur

Beck, Gregor (1998): Controlling. Alling: Sandmann.
Böckmann, Elisabeth / Pruss, Klaus-Dieter (1998): Controlling und EDV als Steuerungshilfen. In: Bundesministerium für Familie, Senioren, Frauen und Jugend (Hrsg.): Qualitätsmanagement in der Caritas-Jugendhilfe Köln. Reihe QS - Materialien zur Qualitätssicherung in der Kinder- und Jugendhilfe, Heft 18, Bonn, S. 55-60.
Engelhardt, Hans Dietrich / Graf, Pedro / Schwarz, Gotthart (1996): Organisationsentwicklung. Alling: Sandmann.
Horváth, Peter (1998): Controlling. München: Vahlen.
Jehle, K. / Blazeck, A. / Deyhle, A. (1986): Finanzcontrolling. Planung und Steuerung von Finanzen und Bilanzen. Gauting bei München: Management Service Verlag
Wöhe, Günter (2000): Einführung in die allgemeine Betriebswirtschaftslehre. 20. Auflage, Vahlen: München.

Holger Spieckermann

Evaluation als Partizipations- und Lernprozess

1. Definitionen und Begriffe
   1.1 Was ist Evaluation?
   1.2 Zweck der Evaluation
   1.3 Evaluationsformen
   1.4 Standards der Evaluation
   1.5 Evaluation im Vergleich zu anderen Methoden der Erfolgskontrolle
2. Zielentwicklung als Voraussetzung
3. Die Funktion der Evaluation im Projektzyklus
   3.1 Projektzyklusmanagement
   3.2 Logical-Framework-Methode
4. Evaluation als kommunikative Lernform
   4.1 Partizipative Evaluationsformen in der sozialen Arbeit
   4.2 Evaluatives Lernen
5. Literatur

Die Durchführung von Evaluationen ist in vielen Bereichen mittlerweile obligatorisch. In Fördervorhaben der Europäischen Union und in der Entwicklungshilfe ist ein fester Prozentsatz des Kostenbudgets für die Evaluation vorgesehen. Auch im Hochschulbereich ist sie an vielen Einrichtungen bereits institutionalisiert; die Verfahren werden nicht nur bei Einzelprojekten durchgeführt, sondern es findet eine kontinuierliche Evaluation des gesamten Lehrangebots statt. Während im Bildungsbereich schon ein inflationäres Übermaß beklagt wird (Schwarz 2004), sind Evaluationen in der öffentlichen Verwaltung und im sozialen Sektor weniger verbreitet. Hier findet zurzeit ein Nachholprozess statt. Kennzeichen dafür ist die Vielzahl von Handbüchern und Leitfäden, die Hilfestellungen zur Durchführung von Evaluationen in der Jugendhilfe (Liebald 1998, Bewyl/Schnepp-Winter 1999), der Stadtteilentwicklung (Sucato/Haack 2004), der Schule (MWWF 1999), im Gesundheitsbereich (Bundesamt für Gesundheit 1997) oder der Kriminalprävention (Zentrale Geschäftsstelle Polizeiliche Kriminalprävention 2003, LPR 2004) bieten. Ein Blick in die Leitfäden zeigt, dass sich ein methodisches Standardrepertoire – eine Art Instrumentenkoffer – entwickelt hat. Das bedeutet nicht, dass es vorgefertigte Standardverfahren gibt. Die Evaluationsmethodik muss immer in Bezug auf das jeweilige Evaluationsobjekt und dessen Kontext spezifisch entwickelt werden.

Akteure aus dem sozialen Bereich begegnen Evaluationen oft mit Skepsis, wenn ihre Arbeit von externen Evaluatoren und Nichtfachleuten beurteilt werden soll. Es entsteht die Befürchtung, dass ungünstige Beurteilungen den Wegfall der Förderung zur Folge haben. Diese Befürchtungen sind vordergründig berechtigt, da es das Ziel von Evaluationen ist, Bewertungen vorzunehmen, um gute Beispiele zu identifizieren und hervorzuheben. Allerdings geht es nicht darum, die weniger gelungenen Projekte und Vorhaben einzustellen, sondern auf deren Verbesserung hinzuwirken. Dies kann nur unter Mitwirkung der Beteiligten im Rahmen eines partizipativen Evaluationsprozesses geschehen. Evaluation soll deshalb als ein gemeinsamer Prozess von Evaluatoren und allen Beteiligten verstanden werden, der einen gegenseitigen Lernprozess zum Ziel hat.

1 Definitionen und Begriffe

1.1 Was ist Evaluation?

Etymologisch hat der Begriff *Evaluation* zwar einen lateinischen Ursprung, aber er leitet sich primär aus dem Englischen *evaluate* bzw. dem Französischen *évaluer* ab und bedeutet *abschätzen, veranschlagen*. Es gibt unterschiedliche Verständnisse darüber, was Evaluation bedeutet und was die Durchführung einer Evaluation beinhaltet. Ganz allgemein steht hinter dem Begriff Evaluation zunächst die Bewertung einer Sache oder eines Prozesses, wie er auch in der Definition von Mertens (2000: 41) beschrieben wird. Unter Evaluation wird die systematische Untersuchung der Leistungsfähigkeit oder des Wertes eines Objektes bzw. Programms verstanden, um die Unsicherheit von Entscheidungen zu reduzieren. In dieselbe Richtung zielt die Definition von Rossi/Freeman (1988: 3). Sie bezeichnen Programmevaluation

> „als systematische Anwendung sozialwissenschaftlicher Forschungsmethoden zur Beurteilung der Konzeption, Ausgestaltung, Umsetzung und des Nutzens sozialer Interventionsprogramme. (...) zur Verbesserung der Planung und laufenden Überwachung sowie zur Bestimmung der Effektivität und Effizienz (...) von sozialen Interventionsmaßnahmen."

Ziel der Erfolgskontrolle durch Evaluation ist die Prüfung, ob die Mittel effizient und effektiv eingesetzt werden. Unter Effizienz wird die Beziehung zwischen Kosten und Nutzen verstanden. Es wird geprüft, ob die Ressourcen wirtschaftlich eingesetzt werden und liefert Antworten auf die Frage: *Tun wir die Dinge richtig?* unter wirtschaftlicher Perspektive. Die Effektivität zielt auf die Wirkung der durchgeführten Maßnahmen bei den Zielgruppen und prüft, ob und in wel-

chem Maße die Ziele mit den einsetzten Mittel erreicht werden. Es geht also um die Frage: *Tun wir die richtigen Dinge?* unter fachlicher Perspektive.
Eine Evaluation erfolgt mittels einer systematischen, d.h. überprüfbaren, an wissenschaftlichen Kriterien orientierten Untersuchung und Bewertung. Sie folgt dem Ziel, die Erkenntnisse als Entscheidungshilfen in Steuerungsgremien – beispielsweise im politischen oder Verwaltungssektor – hineinzutragen. Unter Evaluation versteht man also kein empirisch-wissenschaftliches Verfahren; die Besonderheit liegt nicht in der Form der Datenerhebung, sondern in der gewählten Perspektive. Es existieren keine spezifischen Methoden der Evaluation, es kommt das gesamte Spektrum der empirischen Sozialwissenschaften zum Einsatz (Kromrey 2000: 22). Die Anwendung der Methoden folgt jedoch einem anderen Paradigma: Die klassischen Gütekriterien der empirischen Sozialforschung werden durch eigene Validitäts- und Reliabilitätskriterien ersetzt (Heiner 2001: 481). Evaluation ist ein anwendungsorientierter Forschungsansatz. Kromrey (2000: 22) spricht von dem Primat der Praxis, denn der Einsatz von wissenschaftlichen Methoden misst sich daran, inwiefern er zur Lösung praktischer Probleme beiträgt.

1.2 Zweck der Evaluation

Unterschiedliche Auffassungen gibt es über den Zweck der Evaluation. Kromrey (2000: 25) verweist auf drei Paradigmen: das Kontrollparadigma, das Forschungsparadigma und das Entwicklungsparadigma. Das *Kontrollparadigma* korrespondiert mit den Effizienz- und Effektivitätsfunktionen der Evaluation und soll zu einem rationaleren Einsatz von Mitteln beitragen sowie die Wirksamkeit von Maßnahmen überprüfen. Das *Entwicklungsparadigma* bezieht sich auf Entwicklungsvorhaben, die eher innovativen und experimentellen Charakter haben. Es werden neue Produkte entwickelt, Hypothesen erstellt oder Konzepte auf ihre Umsetzbarkeit geprüft. Das *Forschungsparadigma* bezieht sich auf Evaluationsvorhaben, die als Grundlagenforschung zur Verbreiterung der Wissensbasis beitragen.

Ritz (2003: 13) sieht die Aufgaben der Evaluation weniger in der Grundlagenforschung, sondern in der Sammlung von praktischem, nützlichem Wissen. Wenn der Nutzen der Evaluation in der formativen Programmverbesserung und in der Wissensgenerierung liegt (Patton 1997: 75ff), kann Evaluation nur dann zur Entscheidungshilfe beitragen, wenn das Wissen über die Evaluationserkenntnisse weiter getragen wird, wenn also ein Lernprozess initiiert wird. Insofern ist hier das *Lernparadigma* zu ergänzen, da Evaluationsprozesse besonders auf das Lernen in Organisationen unterstützend wirken können (vgl. Abschnitt 4).

1.3 Evaluationsformen

Die Darstellung der unterschiedlichen Bereiche der Evaluation kann anhand des so genannten CIPP –Modells von Stufflebeam (2000) erfolgen. Er unterscheidet zwischen Kontext (englisch *Context*), *Input*, *Prozess* und *Produkt*. Diesen Kategorien lassen sich verschiedenen Qualitäten der Evaluation zuordnen.

- Der *Kontext* umfasst die allgemeinen Rahmenbedingungen, wie sie zu Beginn der Evaluation vorliegen. Dies beinhaltet zum überwiegenden Teil Informationen über die beteiligten Institutionen, über deren Infrastruktur oder Finanzierung. Darunter fallen auch die finanziellen und organisatorischen Rahmenbedingungen. Die Erfassung dieser Informationen als *Strukturevaluation* kann zu Anfang der Evaluation erfolgen.
- Der *Input* bezeichnet die konkreten Maßnahmen und Projekte, die durchgeführt werden. Dazu zählen die Ziele und die Zeitplanung des Vorhabens ebenso wie die Organisation und personelle Ausstattung.
- Der *Prozess* beschreibt die konkrete Umsetzung der Maßnahmen sowie die sich daraus ergebenden Erfahrungen und Probleme. Unter Umständen gehört hierzu auch eine Änderung von Teilzielen oder von Einzelmaßnahmen. Diese Aspekte werden in der Prozessevaluation aufgegriffen und bilden den Schwerpunkt der Evaluation von Netzwerken (Spieckermann 2005).
- Entscheidend für den Erfolg des Vorhabens ist das *Produkt*. Ansatzpunkt ist die Kundenperspektive – also z.B. das Empowerment der sozial benachteiligten Zielgruppen – oder inwiefern es gelingt, Jugendliche mit Kompetenzen auszustatten, um auf dem Arbeitsmarkt zu bestehen und drohender Arbeitslosigkeit vorzubeugen. Diese Ergebnisevaluation soll als Erfolgskontrolle dienen und sich an messbaren Kriterien orientieren.

Eine Evaluation, die erst nach der Durchführung von Einzelmaßnahmen bzw. am Ende des gesamten Projektes erfolgt, wird auch als *summative Evaluation* oder *Bilanzevaluation* bezeichnet (Stockmann 2000: 13). Für die Qualitätssicherung in der sozialen Arbeit hat sich die prozessbegleitende Evaluation als zweckmäßig erwiesen. Hier wirken die Evaluatoren nicht als neutrale Beobachter, sondern versuchen prozessbegleitend die Zwischenergebnisse der Evaluation in die Akteursgruppe einzubringen, um frühzeitig auf eventuelle Probleme hinzuweisen und die Möglichkeit zur Optimierung zu bieten. Diese Evaluationsform wird als *formative Evaluation* oder *Verbesserungsevaluation* bezeichnet, da der Entwicklungsprozess der beteiligten Akteure durch die Evaluation beeinflusst wird.

Diese Forschungsstrategie orientiert sich an dem von Lewin (1968) geprägten Begriff der Aktionsforschung. Im Unterschied zu einem rein forschenden und analysierenden Forschungsansatz werden die Ergebnisse der Analyse in direktes Handeln bzw. Vorschläge für Handlungen umgesetzt. Der Rückkopplungsprozess erfordert eine enge Zusammenarbeit mit den Akteuren und hebt die Distanz zwischen Forscher und Forschungsobjekt auf, wie sie in der traditionellen empirischen Sozialforschung vorherrscht.

Die Durchführung der Evaluation kann einerseits durch externe Akteure erfolgen. Der Vorteil dieser *Fremdevaluation* liegt in einer neutralen und objektiven Haltung des Evaluators, der über hohe Methoden- und Kommunikationskompetenzen verfügt. Er hat kein Eigeninteresse an dem Verlauf und den Ergebnissen der Evaluation. Aber er besitzt nicht das Fachwissen der beteiligten Akteure und verfügt nicht über detaillierte Informationen der involvierten Organisationen und Akteurskonstellationen. Diese muss er sich erst aneignen.

Andererseits gibt es die Möglichkeit der *Selbstevaluation*, indem die betroffenen Akteure die Maßnahmen oder Projekte, in denen sie tätig sind, selbst evaluieren. Der Vorteil ist entsprechend die hohe Fach- und Detailkenntnis des Evaluationsobjektes. Meistens bestehen jedoch Defizite bei der Kenntnis der Auswahl und Anwendung der Evaluationsmethoden. Zum anderen ist die Gefahr des Eigeninteresses und der mangelnden Distanz gegeben, was zu einer, wenn auch nicht beabsichtigten, Beeinflussung des Evaluationsergebnisses führen kann. Gleichermaßen kann eine durch routinisierte Arbeitsläufe bedingte Betriebsblindheit die Offenheit für neue Denkrichtungen und Lösungsansätze verstellen. In der Praxis kommen oft Mischformen vor, z.B. indem ein externer Evaluator die Akteure mit Kompetenzen der Selbstevaluation ausstattet und den Selbstevaluationsprozess beratend begleitet.

1.4 Standards der Evaluation

Die Evaluationsforschung kann in den USA auf eine lange Tradition zurückblicken (vgl. Grohmann 1997; Stockmann 2000). Hier wurde ein Joint Committee on Standards for Educational Evaluation gegründet, das einige Grundprinzipien der Evaluation verabschiedet hat, die zur Qualitätssicherung in der Evaluationsforschung beitragen (Joint Committee u.a.1999). Für den deutschsprachigen Raum wurden diese Standards entsprechend angepasst (DeGEval 2002: 8ff):

- „Die Nützlichkeitsstandards sollen sicherstellen, dass die Evaluation sich an den geklärten Evaluationszwecken sowie am Informationsbedarf der vorgesehenen Nutzer und Nutzerinnen ausrichtet.
- Die Durchführbarkeitsstandards sollen sicherstellen, dass eine Evaluation realistisch, gut durchdacht, diplomatisch und kostenbewusst geplant und ausgeführt wird.
- Die Fairnessstandards sollen sicherstellen, dass in einer Evaluation respektvoll und fair mit den betroffenen Personen und Gruppen umgegangen wird.

- Die Genauigkeitsstandards sollen sicherstellen, dass eine Evaluation gültige Informationen und Ergebnisse zu dem jeweiligen Evaluationsgegenstand und den Evaluationsfragestellungen hervorbringt und vermittelt."

Mit den Standards der Evaluation wurden Richtlinien für die Konzeption und den Ablauf der Evaluation, aber auch für das Verhältnis zwischen Evaluator und den zu evaluierenden Akteuren entwickelt. Hierzu zählen auch die erforderlichen Fach- und Methodenkompetenzen von Evaluatoren, für die ebenfalls Empfehlungen vorliegen (DeGEval 2004).

1.5 Evaluation im Vergleich zu anderen Methoden der Erfolgskontrolle

Evaluation kann als *eine* Methode zur Erfolgskontrolle gesehen werden und hat Schnittstellen zu anderen Ansätzen der Erfolgskontrolle wie Qualitätsmanagement, Monitoring und Controlling.

Monitoring bezeichnet die laufende Beobachtung von Prozessen. Es handelt sich um eine systematische und kontinuierliche Sammlung von Daten. Das Monitoring fasst diese Daten deskriptiv zusammen, ohne eine Bewertung vorzunehmen oder Empfehlungen aus den beobachteten Daten zu ziehen (Ritz 2001, 38). Monitoring kann Bestandteil einer Evaluation sein bzw. eine Evaluation kann auf der Datenbasis eines vorangegangenen Monitorings erfolgen.

Qualitätsmanagement (vgl. Heiner 1996) ist ein umfassender Prozess zur Qualitätssicherung, in dem viele Instrumente und Methoden, unter anderen evaluativen Methoden, zum Einsatz kommen (→ vgl. dazu den Beitrag von Conrad von Fürstenberg: Qualitätsmanagement).

Unter *Controlling* versteht man die Bereitstellung von Rückkopplungsfunktionen mit dem Ziel der Steuerung von sozialen Systemen (Ritz 2001: 36). Im Unterschied zur Evaluation ist das Controlling eine Führungsaufgabe, die für das erfolgszielorientierte Steuern von Prozessen verantwortlich ist. Controlling ist Teil des Führungssystems einer Organisation und übernimmt u.a. Koordinationsfunktionen (→ vgl. dazu die drei Beiträge von Biewers, Pruss und Schubert zu Aspekten des Controlling). Damit geht Controlling weit über das Handlungsfeld der Evaluation hinaus, die keine Steuerungskompetenzen hat, sondern nur Beratungsfunktionen wahrnimmt und Empfehlungen gibt. Evaluation ist an Umsetzungen nicht operativ beteiligt, sondern nimmt eine neutrale Haltung ein und versteht sich als Mittler zwischen den betroffenen Akteursgruppen.

2 Zielentwicklung als Voraussetzung

Für das Sozialmanagement ist die exakte und rechtzeitige Formulierung von Zielen eine entscheidende Vorbedingung. Nach Patton (1998: 59) sind Werte die Grundlagen von Zielen. Die Evaluation stellt Vorgehensweisen zur Klärung von Werten und den daraus abgeleiteten Zielen zur Verfügung und hat so eine Wirkung, noch bevor irgendeine Datenerhebung erfolgt. Die Zielfindung sollte möglichst frühzeitig unter Einbindung aller Kooperationspartner erfolgen und die Ziele sollten im Planungsprozess immer weiter ausdifferenziert und kleinteiliger werden. Spätestens mit dem Beginn der Umsetzungsphase sollte ein fertiger Zielkatalog vorliegen. Die Zielentwicklung soll dazu beitragen (Bewyl/ Schepper-Winter 1999: 28f, GTZ 1997: 10f),

- Klarheit zu gewinnen: Durch die Ziele werden die Zielgruppe, die Art der durchgeführten Maßnahme und der zeitliche Rahmen transparent dargestellt. Es wird der angestrebte Zustand bei der Zielgruppe beschrieben, so dass geprüft werden kann, ob die geplanten Maßnahmen einen Beitrag dazu liefern. Gleichzeitig wird auch eine Transparenz für Außenstehende sichergestellt.
- Effektivität zu sichern: Während der Durchführungsphase kann kontinuierlich reflektiert werden, ob die jeweiligen Aktionen zum Erreichen des Ziels beitragen bzw. Teilziele bereits erreicht sind. Durch eine abgestufte Zieldefinition und messbare Zielindikatoren kann der Zielerreichungsgrad festgestellt werden.
- Effizienz zu steigern: Der Vergleich zwischen Input und Output gibt Aufschluss, ob die Ziele unter wirtschaftlichem Mittelaufwand erreicht werden können. Es wird geprüft, welcher Nutzen mit möglichst wenig Aufwand erzielt werden kann. Eine unverhältnismäßige Ziel-Mittel-Relation während der Umsetzung erfordert eine Umsteuerung des Ablaufes.
- Evaluation und Qualitätssicherung zu ermöglichen: Die Aufgabe der Evaluation besteht in der Bewertung der erreichten Ergebnisse. Resultate erzielt jedes Projekt und jede durchgeführte Maßnahme, aber es bedarf eines Maßstabes, um das Ausmaß des Erfolges zu bestimmen. Um eine Evaluation durchzuführen, müssen messbare Ziele bestimmt und Qualitätskriterien zur Zielerreichung definiert werden, auf deren Basis eine Bewertung vorgenommen kann.

Unter Zielen wird in der Evaluation etwas anderes verstanden, als umgangssprachlich mit dem Begriff Ziel verbunden wird. Ziele sind deutlich zu unterscheiden von Aktivitäten oder Maßnahmen, letztere sind lediglich Mittel um die Ziele zu erreichen. „Ein Ziel ist ein in der Zukunft liegender angestrebter Zustand" (Bewyl/ Schepper-Winter 1999: 11). Ein Ziel nimmt eine Entwicklung zeitlich vorweg und beschreibt einen Zustand, der erreicht werden soll; zum Beispiel: In fünf Jahren haben alle Schüler in Abschlussklassen eine individuelle Berufsberatung erhalten. Ziele haben den Charakter einer Selbstverpflichtung und stellen dadurch eine Herausforderung für die betroffenen Personen dar. Bei der Zielformulierung sind einige grundlegende Richtlinien zu beachten.

Ein Ziel soll positiv und konstruktiv formuliert werden. Es ist zu formulieren, was man will, und nicht, was man nicht will. Die Formulierungen der Ziele sollen sich an den SMART-Kriterien für Zielformulierungen orientieren (Schiersmann/ Thiel 2000: 169, Liebald 1998: 30, Whitmore 1998: 55f). Das heißt: Ziele sollen *s*pezifisch, *m*essbar, *a*kzeptabel/*a*ttraktiv, *r*ealistisch und *t*erminiert aufgestellt werden:

- Die Ziele sollen nicht allgemein formuliert, sondern auf die *spezifischen* Rahmen- und Arbeitsbedingungen in den jeweiligen Einrichtungen und das jeweiligen Maßnahmen abgestimmt sein. So muss sowohl ein Subjekt bestimmt werden – also Akteure oder Personengruppe, die an der Erreichung des Ziels mitwirken als auch eine Zielgruppe definiert werden, die Nutznießer der Aktivitäten sind.
- Für die Ergebniskontrolle müssen die Ziele *messbar* sein. Es müssen Verfahren und Indikatoren entwickelt werden, an denen sich der Erfolg der Ziele sowohl für die Durchführenden als auch für Außenstehende ablesen lässt.
- *Akzeptable* Ziele zeichnen sich dadurch aus, dass ein weitgehender Konsens unter den Mitarbeitern bzw. in der Organisation über die Ziele herrscht. Die Ziele sollten *attraktiv* sein, so dass ihre Erreichung eine Herausforderung für die beteiligten Akteure darstellt.
- Ziele sollen nicht trivial sein, indem sie einen Zustand beschreiben, der unabhängig vom Projektablauf ohnehin zu erwarten ist, sondern eine *realistische* Perspektive der ‚Machbarkeit' entwickeln. Das schließt auch visionäre Vorstellungen aus, die unter gegebenen politischen oder finanziellen Rahmenbedingungen nicht erreicht werden können.
- Für die Erreichung der Ziele sollen eine Zeitperspektive und eine konkrete *Terminierung* gesetzt werden. Das ist eine der Grundvoraussetzungen für die Maßnahmenplanung und schafft Verbindlichkeit der Aufgabenverteilung unter den Beteiligten.

Selbstverständlich gibt es unterschiedliche Arten von Zielen. Manche haben eher allgemeinen Charakter, und es lassen sich nicht alle SMART-Kriterien anwenden. Manche Ziele sind sehr spezifisch und formulieren einen deutlichen Handlungsauftrag. Für die Evaluation werden beide Arten von Zielen benötigt.

Insgesamt lassen sich – unter Bezugnahme auf die zeitliche Gültigkeit und den Konkretisierungsgrad – drei Zielformen unterscheiden. Sie sollen aufeinander aufbauen und bilden eine Zielhierarchie in Form einer Pyramide:
- *Leitziele* geben die allgemeine Zielrichtung des Projektes oder einer Maßnahme vor.
- Die *Mittlerziele* konkretisieren die Leitziele. Jedes Mittlerziel ist einem Leitziel zugeordnet und leistet einen Beitrag zum Erreichen der Leitziele.
- Die *Handlungsziele* beschreiben möglichst konkret die Zielkriterien für die durchzuführenden Maßnahmen und praktischen Aktivitäten. Die Handlungsziele sind Mittlerzielen zugeordnet und helfen diese zu realisieren.

Beispiel Handlungsziel: In sechs Monaten haben die Dozenten der Volkshochschule mindestens 20 Kurse zur Sprachförderung mit Migranten durchgeführt.

Bei der Zielentwicklung sind verschiedene Ebenen zu unterscheiden, die sich mit den Begriffen Output und Outcome charakterisieren lassen. Als *Output* sind die Leistungen zu sehen, die im Rahmen eines Vorhabens erbracht werden. Bei dem Output handelt es sich um prozessorientierte Erkenntnisse oder Produkte, die ein Mittel sind, um das primäre Ziel zu erreichen. Für die Evaluation geht es auf dieser Ebene um die Bewertung der Prozessqualität wie die Auswahl und effiziente Anwendung der verwandten Mittel und Instrumente. Der *Outcome* bezeichnet die Wirkung des Outputs bei den Zielgruppen. Ergebnisse und die Ergebnisqualität des Handelns werden an den vorab formulierten Zielen und Qualitätskriterien gemessen. Mit dem Output der Maßnahme können auch Rahmenbedingungen geschaffen werden, die sich positiv auf den Outcome auswirken und einen Beitrag zur Lösung der Problemlagen liefern. Zur Evaluation beider Ergebnisebenen müssen jeweils Maßnahmenziele und Wirkungsziele formuliert werden (vgl. Tabelle 10).

Erfolgskontrolle	Ergebnisebene	Zielgruppe	Ziele
Effizienz	Output	Interne Akteure	Projekt-/ Maßnahmenziele
Effektivität	Outcome	Externe Zielgruppe	Wirkungsziele

Tabelle 10: **Maßnahmen- und Wirkungsziele**

3 Die Funktion der Evaluation im Projektzyklus

3.1 Projektzyklusmanagement

Mit dem Konzept des Projektzyklusmanagement (Project Cycle Management – PCM) hat die Europäische Kommission ein anwendungsbezogenes Verfahren etabliert, um Standards für den Ablauf von EU-Programmen festzulegen und die Qualitätssicherung der Fördermaßnahmen sicherzustellen (European Commission 2004). Die Ursprünge dieses Modells gehen auf die Zielorientierte Projektplanung (ZOPP) zurück, die die Deutsche Gesellschaft für Technische Zusammenarbeit bereits in den 80er Jahren für die Planung und Durchführung von Projekten der Entwicklungshilfe eingeführt hat (GTZ 1997, 1998).

Das Projektzyklusmanagement beinhaltet neben einem idealtypischen Ablaufplan auch Methoden und Instrumente zur Steuerung und Qualitätssicherung bei der Abwicklung eines Projektes. Obwohl das Konzept speziell für EU-Programme entwickelt wurde, bietet es einen allgemeinen Orientierungsrahmen für das Projektmanagement und kann in allen Projektmanagementbereichen angewendet werden. Der Begriff Projektzyklusmanagement leitet sich von dem Verständnis des Projektablaufes als einem Kreislauf ab. Projektzyklusmanagement umfasst das Management von Aktivitäten und Entscheidungsprozessen während des Lebenszyklus eines Projektes (European Commission 2004).

Das Projektzyklusmanagement besteht aus fünf Phasen (vgl. Abbildung 49). In jeder Phase müssen Entscheidungen getroffen werden, ob und wie das Projekt fortgesetzt werden soll. Allerdings entsteht mit der Entscheidung über die Projektidee oftmals eine Eigendynamik, so dass das Projekt nach diesem Zeitpunkt nur selten gestoppt wird.

Mit der *Programmierung* sollen die Leitlinien des Projektrahmens festgelegt werden und eine Abstimmung mit den allgemeinen Zielen der Einrichtung erfolgen. Es werden die grundlegenden Problemkonstellationen und deren Rahmenbedingungen analysiert sowie ein allgemeiner Handlungsrahmen für Projekte entwickelt. Es wird über die Programmprioritäten entschieden und ein grober Zeitplan entworfen. Abstimmungsprozesse oder die Akquisition von strategischen Kooperationspartnern bzw. Geldgebern finden in dieser Phase statt. Es werden Qualitätskriterien konkretisiert, an denen sich der Erfolg des Projektes orientiert.

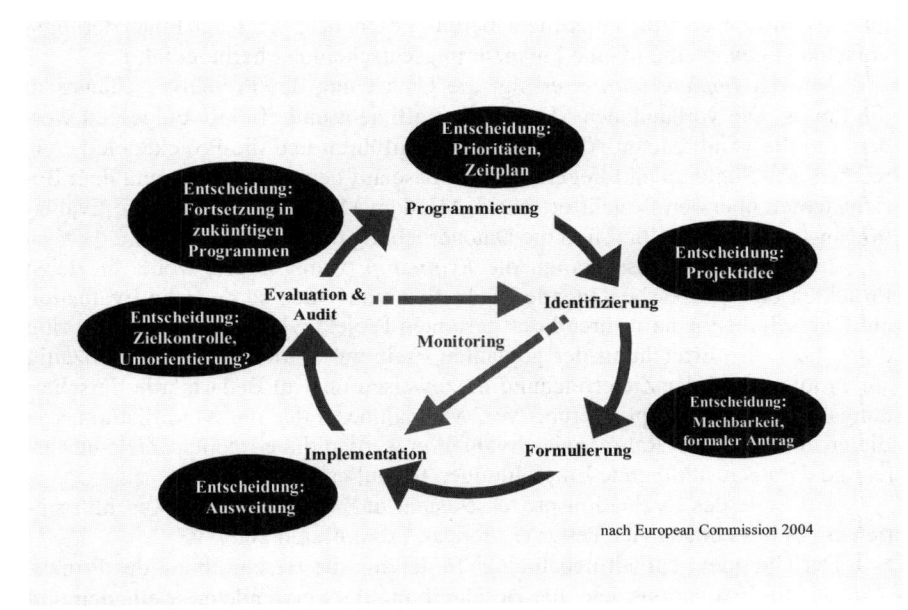

Evaluation als Partizipations- und Lernprozess

Abbildung 49: Das Modell des Projektzyklusmanagements

Mit der Phase der *Identifizierung* wird die konkrete Projektidee entwickelt und deren Machbarkeit geprüft. Dazu können eine Reihe von Instrumenten eingesetzt werden. Der Katalog der Qualitätskritieren und Erfolgsindikatoren für das Projekt wird weiter konkretisiert und verabschiedet, um die Relevanz und die Machbarkeit des Projektvorschlages zu bewerten. Stakeholderanalysen, Problemanalysen, Strategieanalysen und Zielanalysen zur Vorbereitung des Logical Framework werden durchgeführt. Die Leit-, Mittel- und Handlungsziele des Projektes werden bestimmt. Eine Checkliste zur Bewertung der Leistungsfähigkeit der beteiligten Institutionen kann entwickelt und durchgeführt werden (Institutional Capacity Assessment). Die Finanzierungsbedarfe und Finanzierungsmöglichkeiten werden analysiert und ein Finanzierungsvorschlag entwickelt. Die Finanzierungsentscheidung, ob der konkrete Projektvorschlag gefördert wird, kann bereits in dieser oder der folgenden Phase erfolgen.

In der Phase der *Formulierung* wird auf Basis der in der vorigen Phase durchgeführten Analysen eine Entscheidung über die Durchführung des Projektes gefällt. Es wird ein detailliertes Projektdesign mit der Verteilung von Management- und Koordinationsaufgaben, ein Kostenplan, ein Monitoring- und Evaluationskonzept erstellt. Falls nicht bereits geschehen, wird ein Finanzierungsvorschlag entwickelt und eine Finanzierungsentscheidung herbeigeführt.

Mit der *Implementation* erfolgt die Umsetzung des Projektvorschlages in die Praxis. Die vorhandenen Mittel sollen effizient und effektiv eingesetzt werden, um die verabredeten Aktivitäten durchzuführen und die Projektziele zu erreichen. Ein Schwerpunkt liegt in dieser Phase auf dem Monitoring und dem Berichtswesen über den Projektfortschritt. Mit dem Monitoring müssen die Evaluationsinstrumente installiert und die Datenerhebung durchgeführt werden.

In der letzten Phase kommt die *Evaluation* zum Einsatz, wobei in vielen Projekten eine prozessbegleitende Evaluation stattfindet, so dass die Evaluation ein Querschnittsthema während des gesamten Projektzyklus ist. Das Monitoring dient dazu, die Erreichung der geplanten Ziele zu kontrollieren, um frühzeitig auf Probleme bei der Zielerreichung hinzuweisen und im Bedarfsfalle Entscheidungshilfen für die Optimierung von Maßnahmen oder die Modifikation von Zielen zu liefern. Im Rahmen der Evaluation werden die erreichten Ziele bewertet und daraus resultierende Empfehlungen formuliert.

Am Ende des Evaluationsprozesses steht das Abfassen eines Abschlussberichtes. Er besteht aus vier Teilen (European Commission 2004: 48):

- Der Haupttext enthält neben einer Einleitung die Beschreibung des Projektes, die Evaluationsziele, die Beschreibung der verwendeten Methoden und die Dokumentation der Datenerhebungen. Anhand der vorab festgelegten Evaluationskriterien werden die vorliegenden Daten analysiert.
- Die Schlussfolgerungen und Empfehlungen sollen in einem separaten Kapitel stehen. Jede Schlussfolgerung soll mit einer oder mehreren Empfehlungen korrespondieren. Der Wert der Evaluation steht und fällt mit der Qualität und Glaubwürdigkeit der Empfehlungen. Sie sollen so realistisch, umsetzungsfähig und pragmatisch wie möglich sein und für jede betroffene Zielgruppe formuliert werden.
- Der Anhang enthält eine Reihe von Materialien, die im Zusammenhang mit der Projektdurchführung und dem Evaluationsprozess entstanden sind wie Literatur, methodische Beschreibungen, Datenanalysen, Tabellen.
- Die Zusammenfassung soll als eigenständiger Text formuliert werden und nicht länger als fünf Seiten sein. Sie soll die wesentlichsten Analysen zusammenfassen und die daraus resultierenden Schlussfolgerungen verdeutlichen. Wichtigster Bestandteil ist die Dokumentation des Lerneffektes und die daraus abgeleiteten Empfehlungen.

3.2 Logical-Framework-Methode

Die Logical-Framework-Methode ist ein Analyseprozess, der ein Set von Werkzeugen zur Planung und zum Management von Projekten zur Verfügung stellt. Der Prozess repräsentiert den Kern des Projektzyklusmanagements (PCM). Die Logical-Framework-Methode besteht aus zwei Phasen: der Analyse und der Projektplanung mit der Logical-Framework-Matrix.

Im Rahmen der Planungsphase – im Projektzyklus die Identifizierungsphase – können je nach Kenntnisstand verschiedene Analyseverfahren zum Einsatz kommen, von den vier im Folgenden kurz skizziert werden (vgl. GTZ 1997, European Commission 2004).

- Mit einer *Stakeholderanalyse* wird der Kreis der relevanten Personen erfasst (→ vgl. dazu den Beitrag von Schubert: Netzwerkmanagement und Stakeholderanalyse). Als Stakeholder werden alle Personen bezeichnet, die ein Interesse an dem Erfolg (oder auch Misserfolg) des Projektes haben. Systematisch werden ihre Rollen, ihr spezifisches Interesse, ihr Einfluss, ihre Ressourcen und ihre Mitwirkungsmöglichkeiten an dem Projekt analysiert. Mit Instrumenten der Netzwerkanalyse sollen auch Informationen über die bestehenden Kooperationsnetzwerke (vgl. Schubert 2004, Spieckermann 2005a) und das Konfliktpotenzial zwischen den Stakeholdern erhoben werden. Dies kann durch eine SWOT-Analyse (Stärke, Schwächen, Chancen, Risiko) ergänzt werden. Die Erkenntnisse müssen in Bezug auf ihren Beitrag zu den Projektzielen interpretiert werden bzw. muss entschieden werden, ob das Projektdesign daraufhin angepasst werden sollte.
- Eine *Problemanalyse* untersucht die negativen Aspekte der jeweiligen Situation und stellt einen Ursache-Wirkungs-Zusammenhang her. Die Problemlagen der Zielgruppen können in einem Baumdiagramm (Problem Tree) visualisiert werden.
- Die *Zielanalyse* ist Bestandteil der Projektentwicklung und wird in dem Abschnitt Zielentwicklung (Abschnitt 2) beschrieben.
- Die Ergebnisse der vorigen Analysen fließen in der *Strategieanalyse* zusammen. Es muss eine Entscheidung getroffen werden, ob für alle oder nur einen Teil der analysierten Probleme Lösungsstrategien entwickelt werden. Aus der SWOT-Analyse müssen realistische Interventionsstrategien mit einer hohen Erfolgswahrscheinlichkeit und einer günstigen Kosten-Nutzen-Relation gesucht werden.

Die Ergebnisse der Analysephase sind Grundlage für die Logical-Framework-Matrix. Sie bildet das zentrale Instrument für die Zusammenfassung aller bis dahin durchgeführten Analysen und Planungsverfahren (vgl. Abbildung 50).

In den ersten Zeilen der Logical-Framework-Matrix wird die während der Zielanalyse entwickelte Zielhierarchie dokumentiert. Es geht darum, die vollständige Zielhierarchie mit Leit-, Mittler- und Handlungszielen abzubilden. In der dritten Zeile werden die im Projektverlauf erzielten Ergebnisse der Ziele dokumentiert. Die letzte Zeile enthält die Aktivitäten und Maßnahmen, die sich aus den Handlungszielen ergeben.

	Interventionslogik	Objektiv nachprüfbare Indikatoren	Quellen der Nachprüfbarkeit	Annahmen
Leitziele				
Mittlerziele				
Handlungsziele				
Ergebnisse				
Aktivitäten				

nach European Commission 2004

Abbildung 50: Logical Framework Matrix

Die *vertikale Interventionslogik* der Matrix erschließt sich, wenn die Zeilen von unten nach oben als Wenn-Dann-Formulierungen gelesen werden: Wenn Aktivität X durchgeführt wurde, wird das Ergebnis Y erzielt. Wenn das Ergebnis Y vorliegt, wird das Projektziel Z erreicht. Entsprechend kann man die Logik auch umkehren. Wenn das Projektziel Z erreicht werden soll, muss das Ergebnis Y erzielt werden. Damit diese Interventionslogik aufgeht, muss die Zielhierarchie das Kriterium der Vollständigkeit erfüllen. Es müssen alle notwendigen Handlungsziele genannt werden, durch die das Mittler- bzw. Leitziel erreicht wird. Nur dann funktioniert der Umkehrschluss: Wenn alle Handlungsziele erreicht wurden, ist auch das Leitziel erreicht.

In der letzten Spalte werden bei Bedarf Annahmen oder Hypothesen ergänzt, die den Zielen zu Grunde liegen. Es handelt sich um Rahmenbedingungen, die außerhalb des Einflussbereichs des Projektmanagements liegen, aber eine wichtige Bedingung für den Erfolg des Vorhabens darstellen.

Aus den beiden mittleren Spalten ergibt sich *die horizontale Logik* der Matrix. Sie setzen die Grundlagen für die Erfolgskontrolle und Evaluation. Für jedes Handlungsziel und jede Aktivität sind objektiv nachprüfbare Indikatoren notwendig. Es ist zu prüfen, welche Messgenauigkeit die Indikatoren erfüllen sollen, ob quantitative oder qualitative Indikatoren notwendig sind (Beispiel: die Abnahme der Jugendarbeitslosigkeit um einen bestimmten Prozentsatz oder die Existenz eines Protokolls). Für die Erfolgsindikatoren müssen auch Qualitätskriterien bestimmt werden, welche Ausprägung des Indikators als qualitätsvoll erachtet wird. Wenn die Abnahme der Jugendarbeitslosigkeit der Indikator einer Maßnahme ist, so muss der Prozentsatz der Abnahme als Qualitätskriterium für den Erfolg bestimmt werden. Als Quelle der Nachprüfbarkeit müssen Methoden definiert werden, wie die notwendigen Daten erhoben werden. Hier können alle Methoden der empirischen Sozialwissenschaften zum Einsatz kommen wie sekundärstatistische Auswertungen, Interviews, schriftliche Befragungen, Gruppendiskussionen.

> Beispiel: Für den Erfolg einer Fortbildung wird die Zufriedenheit der Teilnehmer als Indikator festgelegt. Als Qualitätskrititerium wird ein Zufriedenheitsgrad von mindestens 70 % bestimmt; als Methode zur Datenerhebung fällt die Wahl auf eine schriftliche Befragung am Ende der Fortbildung.

Die Entscheidung über die Methoden der Datenerhebung soll gleichzeitig mit den Indikatoren zusammen erfolgen, um nicht unrealistische Indikatoren zu entwickeln, die zwar inhaltlich sinnvoll, aber praktisch schwer realisierbar sind. Oftmals liegen keine Daten der amtlichen Statistik zu speziellen Fragestellungen vor oder für empirische Erhebungen müssen finanzielle, zeitliche, personelle Ressourcen investiert werden, die nicht zur Verfügung stehen.

Entsprechend der horizontalen Logik erfolgt wiederum der Rückschluss zur linken Seite der Matrix: Wenn das Qualitätskriterium erfüllt wird, dann ist das Ziel erfolgreich umgesetzt. Aus der Logical-Framework-Matrix leitet sich fast zwangsläufig die konkrete Projektplanung ab. Es wird ein Zeit-Maßnahmen-Plan für die Einzelaktivitäten aufgestellt, es werden Meilensteine definiert und so fort. Die Vervollständigung der Logical-Framework-Matrix erfolgt meist nicht in einem einzigen Schritt, sondern ist ein iterativer Prozess. Die Matrix soll in regelmäßigen Abständen aktualisiert werden und dient damit neben der Projektplanung auch dem kontinuierlichen Qualitätssicherungsprozess.

Auch wenn die Systematik des Projektzyklusmanagement und der Logical Framework in erster Linie für Projektevaluationen entworfen wurden, lassen sich diese Konzepte doch auch auf andere Evaluationsformen übertragen.

4 Evaluation als kommunikative Lernform

4.1 Partizipative Evaluationsformen in der sozialen Arbeit

In der Geschichte der Evaluation gab es unterschiedliche Paradigmen über die Aufgaben und Zielgruppen der Evaluation (Ritz 2000, Grohmann 1997). Anfangs orientierte man sich an der Wissenschaftslogik der empirischen Sozialwissenschaften und versuchte auf wissenschaftlich fundierter Basis Phänomene der realen Welt abzubilden. Der Hauptzweck wurde in der Lieferung von *Informationen für Entscheidungsträger* gesehen. Scriven (1976) plädierte für ein Evaluationsverständnis, dass Ergebnisse in erster Linie den von der Evaluation betroffenen Parteien zur Verfügung gestellt werden. Stufflebeam/Shinkfield (1990) prägten hierfür den Begriff des *consumer oriented approach*.

Ferner wurde Evaluation nicht nur als Informationslieferant gesehen, sondern der Schwerpunkt auf die *Bewertung* der beobachteten Phänomene gelegt. Spätestens mit Patton (1997) hat sich ein Evaluationsverständnis herausgebildet, dass den *Nutzen* der Teilnehmer in den Mittelpunkt des Evaluationsprozesses stellte. Vor allem im Bereich der sozialen Arbeit werden partizipative Evaluationsansätze deutlich bevorzugt (Heiner 1996: 32). Sie korrespondieren mit einem sozialpädagogischen Methodenansatz, der auf reflexiven Kommunikationsprozessen basiert. Diese partizipative Modell versteht sich als eine formative Evaluation, bei der alle betroffenen Parteien auf allen Stufen des Evaluationsprozesses involviert sind. Es findet eine prozessbegleitende Evaluation statt, dessen Verwendungszweck sich an dem Nutzen für die Akteure misst. Dies hat auch Folgen für die Rolle und das Selbstverständnis des Evaluators, die sich an fünf Aspekten verdeutlichen lassen (Patton 1990: 194ff):

- Befürchtungen und Ängsten gegenüber der Evaluation wird durch eine Vielzahl von frühzeitigen Gesprächen mit allen Beteiligten vorgebeugt, in denen das Ziel, die Vorgehensweise, das Selbstverständnis der Evaluatoren usw. erläutert und abgestimmt werden.
- Der Evaluator muss die richtigen Fragen stellen, um den Nutzen und die Erwartungen der beteiligten Akteure in Erfahrung zu bringen.
- Der Evaluator soll sich in Interviewsituationen während der Erhebungsphase nicht starr an seinen Interviewleitfaden halten, sondern Fragestellungen situativ an den Gesprächsverlauf anpassen.
- Der Evaluationsprozess muss auch als Reflektionsprozess begriffen werden. Der Evaluator muss seine Interviewpartner zur Reflektion über ihre Arbeit anregen, um einen Lernprozess zu initiieren.

- Der Evaluator soll aber auch selbstkritisch den Evaluationsprozess reflektieren und die Sinnhaftigkeit von Evaluation kontinuierlich vermitteln bzw. Rückmeldung geben, wenn die Fortführung der Evaluation nicht zweckmäßig erscheint und stattdessen andere Methoden zum Einsatz kommen sollen.

> **Beispiel: Wirksamkeitsdialog in Nordrhein-Westfalen**
>
> Ein Anwendungsbeipiel für das dargestellte Verständnis von Evaluation als einem partizipativen Prozess ist der Wirksamkeitsdialog, der 1999 in Nordrhein-Westfalen initiiert wurde. Mit den Richtlinien des Landesjugendplanes 2003 wurde die Teilnahme am Wirksamkeitsdialog verpflichtend für alle Träger im Bereich der Kinder- und Jugendarbeit und eine Voraussetzung für die weitere Förderung. Die konzeptionelle Gestaltung und Umsetzung des Wirkungsdialogs lag in der Hand der Jugendämter und der Träger der Jugendarbeit. Zur Unterstützung konnte auf das WANJA-Instrumentarium zur Qualitätsentwicklung (Stötzel/Appel 2000) zurückgegriffen werden. Im Mittelpunkt dieses Konzepts steht eine enge Orientierung an den Nutzerinteressen – hier den Kindern und Jugendlichen – und die Beteiligung der professionellen Akteure der sozialen Arbeit durch die selbständige Entwicklung von Instrumenten der Selbstevaluation. Hierzu stand auch eine Handreichung des Landschaftsverband Rheinland zur Konzeptentwicklung und Evaluation als Orientierungshilfe zur Verfügung (Gilles/Buberl-Mensing 2000).
> In einem diskursiven Prozess wurden in den Kommunen die Ziele und Fragestellungen des Wirksamkeitsdialoges ermittelt, z.B.:
> - Welche Angebote werden in der Praxis gemacht?
> - Wie viele Kinder und Jugendliche werden erreicht?
> - Wie sieht die geschlechtsspezifische Verteilung aus?
> - Entsprechen die Angebote den Interessen und Bedürfnissen der Kinder und Jugendlichen?
>
> Hierzu wurden dann Datenerhebungsinstrumente entwickelt und Befragungen durchgeführt. In einem ersten Schritt wurde detailliert die Angebotstruktur und die Inanspruchnahme der Angebote durch die Jugendlichen dokumentiert. In vielen Fällen wurden zusätzliche Befragungen unter den Jugendlichen durchgeführt, um Aufschluss darüber zu erhalten, wie die Angebotsstruktur von den Jugendlichen wahrgenommen wird. So wurde in Köln im Jahr 2002 in der Offenen Kinder- und Jugendarbeit eine repräsentative Stichtagserhebung an 2 Wochen durchgeführt und Angaben über 39.000 Besucher in insgesamt 65 Einrichtungen erfasst. Die Besucherstatistik wurde differenziert nach Geschlecht, Alter, Nationalität, Angebotsform usw. ausgewertet (Heymann/Langenbach 2003). Die Ergebnisse der quanitativen Analyse bilden die Basis für Fachgespräche zwischen der Bezirksjugendpflege und den Trägern der Einrichtungen.

4.2 Evaluatives Lernen

Es gibt strukturelle Parallelen zwischen dem Evaluationsprozess und dem Lernprozess. Das Projektzyklusmanagement dient nicht nur der Wissensproduktion, sondern ermöglicht, das entstandene Wissen zu überprüfen, in dem die Erkenntnisse wieder in den Projektzyklus zurück gespeist werden. So entsteht ein kybernetischer Regelkreis, der so lange durchlaufen wird, bis entweder das gewünschte Ergebnis erreicht wird oder ein Abbruchkriterium zum Tragen kommt. Die Lernschleifen sind ein konstitutives Prinzip der Evaluation (Bewyl/Schnepp-Winter 1999: 32). Individuelles Lernen erfolgt ebenfalls in einem iterativen Prozess: Durch die Wiederholung des Lernstoffes wird ein Lerneffekt erzielt. Ein weiteres Lernprinzip auf der Individualebene ist die positive Verstärkung bei Lernerfolg bzw. das Lernen durch Fehler, die beim nächsten Durchlaufen der Lernschleife vermieden werden. Diese Beschreibung trifft genau den Evaluationsprozess, der die Zielerreichung überprüft, positiv würdigt und bei Nichterreichung, Vorschläge zur Verbesserung empfiehlt.

Der Lernprozess durch Evaluationen findet allerdings nicht auf der individuellen Ebene statt, sondern es sind Institutionen und Organisationen, in denen Wissen produziert und transportiert werden soll. Voraussetzung für Organisationslernen ist individuelles Lernen, das zu einem neuen Lernverständnis in der Organisation weiterentwickelt wird, so dass eigene Team-Lernformen entstehen (Senge 2001). Es wird zwischen drei Arten des organisationalen Lernens unterschieden (Argyris/Schön 1978, Probst/Büchel 1994):

- Unter *Anpassungslernen* (Single-loop-learning) wird die Anpassung der Organisation an interne oder externe Einflüsse verstanden, so dass Abweichungen von den Normwerten ausgeglichen werden.
- Beim *Veränderungslernen* (Double-loop-learning) werden auch diese Normwerte, Ziele und Werte der Organisation hinterfragt und bei Bedarf eine Veränderung der Normen vorgenommen. Diese neuen Normen und Wertvorstellungen können nur dann erfolgreich sein, wenn sie von allen Organisationsmitgliedern getragen werden.
- Im *Prozesslernen* wird über die Erkenntnisse des Anpassungs- und Veränderungslernens hinaus der Lernprozess selbst thematisiert, um neue für die Organisation adäquate Lernformen zu finden: es geht darum *Lernen zu lernen*.

Als Gemeinsamkeit dieser Lernarten lässt sich formulieren: Je mehr Lernschleifen durchlaufen werden, desto höher ist das Reflexionsniveau und desto nachhaltiger ist der Lernprozess der Organisation. Voraussetzung für erfolgreiches Organisationslernen ist, inwiefern es gelingt, die Evaluationen des Lernprozesses in das Organisationsgedächtnis aufzunehmen (Argyris/Schön 1978: 19). Mit anderen Worten: „Lernen evaluativ zu denken, ist dasselbe wie lernen zu lernen" (Patton 1998, 75). Das bedeutet, dass das Ziel einer partizipativen Evaluation nicht nur das Erreichen der vereinbarten Ziele ist, sondern die Initiierung eines Lernprozesses. Und die Natur des Lernens beinhaltet auch Fehler und Umwege, um dieses Ziel zu erreichen.

5 Literatur

Abt, Clarke C. (Hrsg.) (1976): The Evaluation of Social Programs. Beverly Hills: Sage
Alkin, Marvin C. (Hrsg.) (1990): Debates on Evaluation. Newbury u.a.: Sage

Argyris, Chris / Schön, Donald (1978): Organizational learning: A theory of action perspective. Reading, Mass: Addison Wesley
Bauer, Petra/ Otto, Ulrich (Hrsg.) (2005): Mit Netzwerken professionell zusammenarbeiten. Soziale Unterstützung flankieren, moderieren, qualifizieren. Bd. 1. Tübingen: dgvt-Verlag (im Erscheinen)
Bewyl, Wolfgang/ Schepp-Winter, Ellen (1999): Zielfindung und Zielklärung - ein Leitfaden. Materialien zur Qualitätssicherung in der Kinder- und Jugendhilfe QS 21. Düsseldorf
Bundesamt für Gesundheit Bern (1997): Leitfaden für die Planung von Projekt- und Programmevaluation. Bern
Deutsche Gesellschaft für Evaluation - DeGEval (Hrsg.) (2002): Standards für Evaluation. Köln
Deutsche Gesellschaft für Evaluation - DeGEval (Hrsg.) (2004): Empfehlungen für die Aus- und Weiterbildung in der Evaluation, Anforderungsprofile für Evaluatorinnen und Evaluatoren. Alfter
European Commission, EuropeAid Cooperation Office (2004): Project Cycle Management Guidelines. Brüssel
Gilles, Christoph/ Buberl-Mensing, Heide (2000): Qualität in der Jugendarbeit gestalten, Konzeptentwicklung, Evaluation, Fachcontrolling, Eine Arbeitshilfe für die Praxis der Offenen Kinder- und Jugendarbeit. Köln
Grohmann, Romano (1997): Das Problem der Evaluation in der Sozialpädagogik. Bezugspunkte zur Weiterentwicklung der evaluationstheoretischen Reflexion. Frankfurt am Main u.a.: Lang
GTZ, Deutsche Gesellschaft für Technische Zusammenarbeit (Hrsg.) (1997b): Ziel Orientierte Projekt Planung - ZOPP. eine Orientierung für die Planung bei neuen und laufenden Projekten und Programmen. Darmstadt
GTZ, Deutsche Gesellschaft für Technische Zusammenarbeit (Hrsg.) (1998): Das Project Cycle Management (PCM) der GTZ. Darmstadt
Heiner, Maja (1998): Lernende Organisation und Experimentierende Evaluation. Verheißungen Lernender Organisationen. In: Heiner (1998): 11-53
Heiner, Maja (2001): Evaluation. In: Otto/Tiersch (2001): 481-485
Heiner, Maja (Hrsg.) (1988): Selbstevaluation in der sozialen Arbeit. Fallbeispiel zur Dokumentation und Reflexion beruflichen Handelns. Freiburg im Breisgau: Lambertus
Heiner, Maja (Hrsg.) (1996): Qualitätsentwicklung durch Evaluation. Freiburg: Lambertus
Heiner, Maja (Hrsg.) (1998): Experimentierende Evaluation. Ansätze zur Entwicklung lernender Organisationen. Weinheim, München: Juventa
Heymann, Hans-Karsten/ Langenbach, Monika (2003): Fachliches Controlling in der Offenen Kinder- und Jugendarbeit, Baustein im Wirksamkeitsdialog. Köln
Joint Committee on Standards for Educational Evaluation/ Sanders, R. Sanders (Hrsg.) (1999): Handbuch der Evaluationsstandards. Die Standards des Joint Committee on Standards for Educational Evaluation. Opladen: Leske und Budrich

Kromrey, Helmut (2000): Die Bewertung von Humandienstleistungen. Fallstricke bei der Implementations- und Wirkungsforschung sowie methodische Alternativen. In: Müller-Kohlenberg/ Münstermann (2000): 19-58

Kromrey, Helmut (2001): Evaluation - ein vielschichtiges Konzept, Begriff und Methodik von Evaluierung und Evaluationsforschung. Empfehlungen für die Praxis. In: Sozialwissenschaften und die Berufspraxis (SUB), 24. Jahrgang (2001) Heft 2: 105-131

Landespräventionsrat Nordrhein-Westfalen LPR (Hrsg.) (2004): Kommunale Kriminalprävention- Ein Leitfaden zur Planung, Durchführung und Evaluation kriminalpräventiver Projekte. Düsseldorf

Lewin, Kurt (1968): Die Lösung sozialer Konflikte. Bad Nauheim: Christian

Liebald, Christiane (1998): Leitfaden für Selbstevaluation und Qualitätssicherung. Materialien zur Qualitätssicherung in der Kinder- und Jugendhilfe Nr. 19. Bonn

Maelicke, Bernd (Hrsg.) (2002): Handbuch Sozialmanagement 2000. Baden-Baden: Nomos

Mertens, Donna, M. (2000): Institutionalizing Evaluation in the United States of America. In: Stockmann (2000): 41-56

Ministerium für Schule und Weiterbildung, Wissenschaft und Forschung Nordrhein-Westfalen MWWF (Hrsg.) (1999): Evaluation - eine Handreichung. Düsseldorf

Müller, Bernhard/ Löb, Stefan/ Zimmermann, Karsten (Hrsg.) (2004): Steuerung und Planung im Wandel. Festschrift für Dietrich Fürst. Wiesbaden: Verlag für Sozialwissenschaften

Müller-Kohlenberg, Hildegard / Münstermann, Klaus Hrsg.) (2000): Qualität von Humandienstleistungen, Evaluation und Qualitätsmanagement in Sozialer Arbeit und Gesundheitswesen. Opladen: Leske + Budrich

Otto, Hans-Uwe/ Tiersch, Hans (2001): Handbuch Sozialarbeit und Sozialpädagogik. Neuwied: Luchterhand

Patton, Michael Quinn (1990): The Evaluator's Responsibility for Utilization. In: Alkin (Hrsg.) (1990): 185-207

Patton, Michael Quinn (1997): Utilization-focused evaluation. Thousand Oaks u.a.: Sage

Patton, Michael Quinn (1998): Die Entdeckung des Prozessnutzens. Erwünschtes und unerwünschtes Lernen durch Evaluation. In: Heiner (1998): 55-66

Probst, Gilbert J. B ./ Büchel, Bettina S. T. (1994): Organisationales Lernen: Wettbewerbsvorteil der Zukunft . Wiesbaden: Gabler

Riege, Marlo/ Schubert, Herbert (Hrsg.) (2005): Sozialraumanalyse - Grundlagen, Methoden, Praxis. Opladen: Verlag für Sozialwissenschaften

Ritz, Adrian (2003): Evaluation von New Public Management. Bern/ Stuttgart/ Wien: Haupt

Rossi, Peter H./ Freeman, Howard/ Hofmann, Gerhard (1988): Programm-Evaluation. Einführung in die Methoden angewandter Sozialforschung. Stuttgart: Enke

Russ-Eft, Darlene/ Preskill, Hallie (2001): A Systematic Approach to Enhancing Learning, Performance, and Change. Cambridge: Perseus

Schiersmann, Christiane/ Thiel, Heinz-Ulrich (2000): Projektmanagement als organisationelles Lernen. Ein Studien- und Werkbuch (nicht nur) für den Bildungs- und Sozialbereich. Opladen: Leske und Budrich

Schubert, Herbert (2004a): Netzwerkmanagement: Planung und Steuerung von Vernetzung zur Erzeugung raumgebundenen Sozialkapitals. In: Müller et al. (2004): 177-200

Schwarz, Christine (2004): Evaluation als modernes Ritual. Vortragsmanuskript vom 30.9.2004

Scriven, Michael (1976): Payoff from Evaluation. In: Abt (Hrsg.) (1976): 217-224

Senge, Peter M. (2001): Die fünfte Disziplin. Kunst und Praxis der lernenden Organisation. Stuttgart: Klett-Cotta

Spieckermann, Holger (2005a): Konstruktion sozialer Räume durch Netzwerke. In: Riege/ Schubert (2005): 213-326

Spieckermann, Holger (2005): Zur Evaluation von Netzwerken und Kooperationsmanagement. In: Bauer/Otto (2005) im Erscheinen

Stockmann, Reinhard (2000): Evaluation in Deutschland. In: Stockmann (2000): 11-39

Stockmann, Reinhard (Hrsg.) (2000): Evaluationsforschung: Grundlagen und ausgewählte Forschungsfelder. Opladen: Leske und Budrich

Stötzel, Angelika/ Appel, Michael (2000): Das WANJA-Instrumentarium zur Qualitätsentwicklung. In: Müller-Kohlenberg/Münstermann (Hrsg.) (2000)

Straus, Florian (1998): Partizipatives Qualitätsmanagement als Erweiterung praxisorientierter Evaluationskonzepte. In: Heiner 1998: 67-92

Strunk, Andreas (2002): Controlling. In: Maelicke (2002): 1400ff

Stufflebeam, Daniel L. (2000): The CIPP model for program evaluation. In: Stufflebeam u.a. (2000)

Stufflebeam, Daniel L., Maddaus, George F./ Kelleaghan, Thomas (Hrsg.) (2000): Evaluation Models: viewpoints on educational and human services evaluation. Boston u.a.: Kluwer-Nijhoff

Stufflebeam, Daniel L./ Shinkfield, Anthony J. (1990): Systematic Evaluation. Boston: Kluwer-Nijhoff

Sucato, Evelyn/ Haack, Silke (2004): Handbuch und Selbstevaluation. Zielentwicklung und Selbstevaluation in der Sozialen Stadt NRW. Dortmund

Whitmore, John (2002): Coaching for Performance. London: Nicholas Brealey

Widmer, Thomas (2000): Qualität der Evaluation - Wenn Wissenschaft zur praktischen Kunst wird. In: Stockmann (2000): 77-102

Zentrale Geschäftsstelle Polizeiliche Kriminalprävention der Länder und des Bundes (Hrsg.) (2003): Eine Arbeitshilfe für die Evaluation. Stuttgart

Gerd Sadowski

Finanzierung in der sozialen Arbeit

1. Einleitung
2. Finanzierungsformen und Finanzierungselemente
   2.1 Kostenerstattung
   2.2 Leistungsentgelte
   2.3 Projektförderung
   2.4 Mitteleinwerbung
3. Zusammenfassung und Ausblick
4. Literatur

1 Einleitung

Der folgende Beitrag stellt wesentliche Elemente der Finanzierung in der sozialen Arbeit dar: Grundsätzlich ist dabei zwischen der einzelwirtschaftlichen Perspektive verschiedener sozialer Einrichtungen und dem Gesamtfinanzierungssystem der sozialen Arbeit zu unterscheiden. Traditionell erfolgt die Entscheidung für die Finanzierung sozialer Dienste auf dem politisch administrativen Weg. Im Rahmen dieser Finanzierungsmodelle wird das Vorhalten der Unterstützungseinheiten finanziert und abgesichert. Mit der zunehmenden Ökonomisierung des Alltags (vgl. Friedrichs/Jagodzinski 1999) erfolgt auch eine stärkere Kopplung der Finanzierung an das Wirtschaftssystem, welches die tatsächlich erbrachte Leistung marktwirtschaftlich bewertet und entlohnt. Für die sozialen Dienste folgt daraus, dass nur noch die nachgewiesenen Dienstleistungen finanziert werden.

Dadurch werden an die soziale Arbeit die Anforderungen gestellt, ihre Leistung auf einem Markt nachvollziehbar zu präsentieren. Dies erfordert die Entwicklung von vergleichbaren Qualitätsstandards. In einem weiteren Schritt müssen Preise festgelegt werden, die auf verlässlichen Kostenrechnungsmodellen beruhen. Gleichzeitig ist die Frage nach den Erträgen zu stellen, die soziale Dienstleister erzielen dürfen und wie diese verwendet werden. Das Finanzrisiko liegt bei diesen veränderten Kontrakten – zwischen den Kostenträgern und den Dienstleistern – bei den Trägern der sozialen Dienste.
Dieses Trägerrisiko wird versucht abzumildern, durch:
- befristete Anstellungsverträge für das Fachpersonal,
- Streuung des Risikos durch Trägerverbünde und

- defensive sozialpolitische Strategien.

In den Institutionen werden neue Konfliktlinien deutlich: Das Personal wird eingeteilt in dauerhaft und befristet Beschäftigte, in Einzelfällen arbeitet gleich qualifiziertes Personal mit vergleichbaren Aufgaben auch zu unterschiedlichen Tarifen. Entweder werden die Projektbeschäftigten unter Tarif bezahlt, weil der entsprechende Kostenträger nur eine geringere Gehaltsstufe akzeptiert, oder in außertariflichen Vertragsvereinbarung – eine andere Variante – wird das Gehalt ‚frei' verhandelt. Ähnliches gilt für die Arbeitsbedingungen, die bezogen auf Fortbildungsmöglichkeiten und Dauerhaftigkeit des Arbeitsplatzes unterschiedlich ausgestaltet werden und zu unterschiedlichen Behandlungen führen. Im gleichen Zug wird deutlich, wer was zur Finanzierung seines Arbeitsplatzes und das der anderen Beschäftigten beiträgt, je nach Refinanzierungsquote der einzelnen Tätigkeitsbereiche. Dies führt zu einer neuen Qualität der Mitarbeiter- und Leistungsbewertung innerhalb der Organisationen und der Profession.

Einzelne Träger schließen sich zu Arbeitsgemeinschaften zusammen und treten gemeinsam gegenüber dem öffentlichen Kostenträger auf. Ziel ist die Risikoverteilung auf mehrere Rechtsträger im Fall einer Einstellung der vereinbarten Aufgaben. Es wird auch immer wieder der Verdacht geäußert, dass es dabei zu einer verdeckten Preisabsprache unter den Anbietern kommen kann.

Für die Dienstleister ist es wichtig, Folgeaufträge von den Kostenträgern zu bekommen. Dies wird eher zu einem taktisch geschickten Verhalten auf Seiten der Träger der sozialen Dienste führen, als zu einem kritischen Gegenüber zu den Kostenträgern.

2 Finanzierungsformen und Finanzierungselemente

Unter Finanzierungsformen versteht man die verschiedenen Arten der Finanzierung in der sozialen Arbeit. Im Rahmen der öffentlichen Träger, die gebietskörperschaftlich oder öffentlich-rechtlich organisiert sind, erfolgt die Bereitstellung der Mittel in Form von Budgets oder entsprechenden Positionen in den jeweils geltenden haushaltsrechtlichen Systematiken. Entscheidungen hierüber werden in den satzungsgemäß zuständigen Haushaltsgremien getroffen (vgl. Eicker-Bix 2001). Im Rahmen des Vorrangs der freien und privaten Anbieter[5] gewinnt die Mittelbeschaffung und die Art der Finanzierung der vereinbarten Leistung eine zunehmende Bedeutung für die Vertragsparteien.

---

[5] Der Trägerbegriff erscheint in diesem Zusammenhang nicht weitreichend genug zu sein, da immer häufiger auch private Anbieter soziale Dienstleistungen auf dem Markt platzieren.

Für den *Auftraggeber*, in der Regel die Gebietskörperschaft, die gesetzlich zur Leistung verpflichtet ist oder aus sozialpolitischen Motiven ein besonderes Interesse an der Durchführung bestimmter Leistungen hat, damit die vereinbarten Aufgaben erfüllt werden, ist von Bedeutung, einen für ihr Budget möglichst günstigen Auftrag zu vergeben. Günstig bedeutet hier, dass die Kosten fest kalkulierbar sind und wenn möglich auch zeitlich befristet sind.

Für den *Auftragnehmer* steht die Kostendeckung und ein eventueller materieller oder immaterieller Ertrag im Vordergrund[6].

Ein weiterer Aspekt sind die so genannten Eigenmittel der Leistungserbringer. Mit Eigenmitteln ist das Vorhalten einer gewissen qualitativen Infrastruktur gemeint, die eine Bewerbung um einen Auftrag überhaupt erst ermöglicht (vgl. Kohlhoff 2002).

2.1 Kostenerstattung

Unter Kostenerstattung versteht man die vollständige Finanzierung einer Dienstleistung, die im Auftrag erbracht werden soll[7]. Der Auftragnehmer ermittelt kalkulatorisch die Kosten für die zu erbringende Leistung, verhandelt diese mit dem jeweiligen Kostenträger und schließt mit ihm eine Vereinbarung über die Erstattung der anerkennungsfähigen Kosten (→ vgl. dazu auch den Beitrag von Herbert Schubert: Kontraktmanagement). Anerkennungsfähig sind in der Regel die Aufwendungen, die dem öffentlichen Auftraggeber auch entstehen, wenn er die Aufgabe selbst durchführen würde.

Diese Art der Finanzierung sozialer Dienste ist häufig bei der Auslagerung von so genannten Pflichtleistungen[8] bei den öffentlichen Leistungsträgern (Kommunen, Landschaftsverbände, Landessozialämter, Bundesämter, Sozialversicherungsträger und der Bundesagentur für Arbeit) anzutreffen. Die Leistungsvereinbarungen sind sehr unterschiedlich gestaltet, sie variieren zwischen unbegrenzten ‚Daueraufträgen' mit Kostenanpassungsklauseln und eng umrissenen Kosten-Leistungs-Vereinbarungen. Es gibt auch Vereinbarungen, in denen sich die Auftragnehmer verpflichten, einen prozentualen Anteil der entstehenden Kosten selbst zu tragen. Diese so genannten Eigenanteile werden auch teilweise durch die zur Verfügungsstellung der Trägerinfrastruktur (Räumlichkeiten,

---

[6] Ein materieller Ertrag ist zum Beispiel dann gegeben, wenn durch den Auftraggeber auch Kosten anerkannt werden, die der Leistungserbringer auch ohne diesen Auftrag gehabt hätte. Ein immaterieller Ertrag wäre der mit der Erfüllung des Auftrages verbundene Imagegewinn des Anbieters.
[7] Diese Form der Finanzierung ist nicht mit der traditionellen pauschalen Gesamtfinanzierung der Gesamtinstitution zu verwechseln.
[8] Pflichtleistungen sind gesetzlich zugesicherte soziale Leistungen, die anspruchsberechtigten Bürgern (unentgeltlich) zur Verfügung stehen.

Fachaufsicht, Fortbildungsmöglichkeiten etc.) abgedeckt. Die Varianten sind in der Praxis sehr vielfältig und werden häufig durch örtlich gewachsene Traditionen bestimmt.

Das Instrument der Kostenerstattung trifft man zum Beispiel in der Jugendhilfe im Bereich der Hilfen zur Erziehung an und bei den Hilfen in besonderen Lebenslagen für Erwachsene. Die kostendeckenden Tagessätze sind seit Beginn der 90er Jahre auf fortzuschreibende prospektive Sätze auf der Grundlage von Leistungsvereinbarungen zwischen den anerkannten Anbietern und den Trägern der öffentlichen Finanzwirtschaft umgestellt worden. Zu unterscheiden sind die kostendeckenden Tagessätze in stationären und teilstationären Einrichtungen von den pauschal fortzuschreibenden Leistungsvereinbarungen im ambulanten Bereich. In den ambulanten Diensten geht der Trend zu pauschal fortzuschreibenden Leistungsvereinbarungen. Der Prozess der Umstellung der Finanzierung ist noch nicht abgeschlossen.

Der Nachweis der Mittelverwendung erfolgt in der Regel durch Sachberichte und zahlenmäßige Nachweise der Tätigkeiten. In einigen Bereichen sind die Finanzierungsvereinbarungen an Fallzahlen oder Tätigkeitsumfänge gebunden.

Aus Sicht der Träger der sozialen Arbeit bietet die Kostenerstattung eine große Planungssicherheit. Sie ist Grundlage für den Aufbau des Fachpersonals, da sie die Möglichkeit beinhaltet, unbefristete Arbeitsverträge abzuschließen. Sie bietet auch die Möglichkeit, sich als Interessenverband der Betroffenengruppen im sozialpolitischen Raum zu etablieren. Auf dieser Grundlage werden örtliche und überörtliche verbandspolitische Gremien gebildet, die zur Weiterentwicklung der fachlichen Standards beitragen. In einigen Bereichen führt diese Art der Finanzierung sozialer Dienstleistungen allerdings auch zur Fortschreibung tradierter inhaltlicher Konzepte.

Die Träger der öffentlichen Finanzwirtschaft sind durch solche Kostenerstattungsvereinbarungen in der Vergangenheit Bindungen eingegangen, die sich oft nur unter großen sozialpolitischen Diskussionen auflösen lassen. Die Empfänger der Leistungen haben sich an die Subventionierung gewöhnt und sind auf dieser Grundlage Verpflichtungen[9] eingegangen (vgl. Boeßenecker 2000). Im Zuge der Budgetierung in den öffentlichen Haushalten sind die Fachbehörden immer öfter vor die Entscheidung gestellt, welche Dienste wie gefördert werden sollen. Vor dem Hintergrund langfristiger Finanzierungszusagen ist diese Entscheidungsfreiheit allerdings nur gering.

---

[9] Verpflichtungen wären Arbeitsverträge oder langfristige Pachtverträge für Räumlichkeiten etc.

2.2 Leistungsentgelte

Leistungsentgelte sind klar vereinbarte Sätze, die für vorab definierte Leistungen durch den zuständigen Träger bezahlt werden. Als gängige Form der Leistungsentgelte etablieren sich immer stärker Fachleistungsstundensätze. In diesen Sätzen werden die aufgabenbezogenen Kosten kalkuliert. Die Leistungsträger kaufen gezielt die vorab definierte Dienstleistung ein (z. B. X Stunden Sozialpädagogische Familienhilfe oder Betreuungsstunden in der Straßensozialarbeit für Wohnungslose). Der soziale Dienst erfüllt diese Aufgaben und rechnet diese mit einem Leistungsnachweis ab. Diese Regelungen setzen sich in der Praxis immer stärker durch. Gründe hierfür sind u.a.:

- Durch die zunehmende Privatisierung von Anbietern soll eine Vergleichbarkeit hergestellt werden.
- Für soziale Dienstleistungen soll im Vergleich zu anderen von öffentlichen Trägern extern eingekauften Dienstleistungen Kostentransparenz erreicht werden.
- Förderung des Wettbewerbs durch die Wirkung von Marktgesetzen (vgl. Halfer 2001).

Der Nachweis der geleisteten Fachstunde erfolgt in der Regel durch einen Leistungsbericht mit differenzierten Aussagen zur Wirkung des Einsatzes. Denkbar sind auch Modelle, bei denen ein Teil des Entgeltes erfolgsabhängig gezahlt werden können. Natürlich muss hier sensibel auf die Bedingungen der verschiedenen Felder der sozialen Arbeit geachtet werden. Die Einflussfaktoren werden genau zu bestimmen sein.

Dass dies nicht ganz abwegig ist, beweist die derzeitige Vermittlungsgutscheinpraxis der Bundesagentur für Arbeit: Anerkannte externe Vermittlungsstellen werden im Auftrag der Bundesagentur tätig und vermitteln einen Erwerbsarbeitslosen in eine versicherungspflichtige Tätigkeit auf dem ersten Arbeitsmarkt. Die vereinbarte Vermittlungsprovision der Bundesagentur wird anteilig bei der Vermittlung in eine Tätigkeit fällig, ein weiterer Teilbetrag erst, wenn der Vermittelte über mehr als sechs Monate hinweg die Tätigkeit erhalten kann (§ 16.3 SGB II).

Insgesamt haben sich bei der Finanzierung von Fachleistungsstunden für soziale Dienste die beschriebenen Formen noch nicht flächendeckend durchgesetzt. Bei der zunehmenden Standardisierung von Dienstleistungen und angesichts des teilweise fehlgeleiteten Verständnisses von Qualitätsstandards könnte sehr schnell auch eine Art ‚Erreichungsprinzip' in verschiedenen Feldern Eingang finden. Final gedacht hieße dies z.B.: Die Vergütung eines Bewährungshelfers wäre mit einer Erfolgsprämie auszustatten, wenn der Proband über einen definierten Zeitraum ohne Konflikte mit dem Strafgesetzbuch lebt.

Bei der Einführung dieser Formen der Finanzierungen wurde kurzfristig auch überlegt, dem Kunden oder dem Anspruchsberechtigten die Quittierung der Leistung zu überlassen, auf deren Grundlage der Dienstleister mit dem Kostenträger abrechnet, ähnlich wie dies in Teilbereichen des Gesundheitswesens praktiziert wird. Beispielsweise würde dies bedeuten: Die Familie als Abnehmer der Sozialpädagogischen Familienhilfe bescheinigt der Fachkraft ihre Tätigkeit – diese Überlegungen sind allerdings noch in der Fachdiskussion.

Durch das Fachleistungsstundensystem entsteht auch eine veränderte Dynamik innerhalb der anbietenden Organisationen. Es wird deutlich, durch welche Leistungen die Gesamtfinanzierung des Fachgebiets zustande kommt. Innerhalb der Organisationen kommt es zu Vergleichen zwischen Arbeitsfeldern, die defizitär oder kostendeckend arbeiten bzw. die einen Beitrag zur Deckung der Allgemeinkosten der Organisation beitragen. Dies stellt veränderte Anforderungen an die Leitungskräfte und die Leitbilder der Träger – immer unterstellt, dass in der Gesamtsicht die meisten sozialen Dienstleistungen von traditionellen Trägern der Freien Wohlfahrtspflege erbracht werden.

Für die beruflich Tätigen wird die Wertschätzung ihrer Tätigkeit durch den unmittelbaren Geldwert ihrer Arbeit deutlich und auf dem allgemeinen Arbeitsmarkt vergleichbarer[10].

Für den Anbieter als Auftragnehmer ist es wichtig, wie die Vereinbarung mit dem Kostenträger gestaltet wird und welche Aspekte in den Konditionen wie berücksichtigt werden:
- Vereinbarung über starre Stundekontingente;
- fallspezifische Stundenbudgets auf der Grundlage von fachlich abgesicherten Hilfeplänen;
- jährliche Mindeststundenumfänge.

Auf dieser Grundlage kann der Anbieter seine interne Steuerung aufbauen. Ziel für den Anbieter ist, möglichst viel Gestaltungsspielraum zu ermöglichen.

2.3 Projektförderung

Projektförderungen sind zeitlich befristete meist anteilige Zuschüsse zu den Kosten, die für projektartige Aktivitäten in der sozialen Arbeit gewährt werden (→ vgl. dazu den Beitrag von Sandra Nüß: Projektmanagement).

Diese Art der Finanzierung wird häufig gewählt um politisch erwünschte Effekte kurzfristig zu erzielen oder auf ‚nachgeordneten' Ebenen Initiativen zu fördern. Beispiele hierfür sind: Finanzierungsanreize für die Bereitstellung von

---

[10] So wird erkennbar was die Leistung eines Arbeitnehmers mit vergleichbarer Qualifikation (z.B. FH-Absolvent) einem öffentlichen Auftraggeber wert ist.

überbetrieblichen Ausbildungsplätzen für Jugendliche oder die Förderung von Aktivitäten gegen Rechtsextremismus auf kommunaler Ebene.

Die Mittel werden oft mit entsprechenden Richtlinien ausgeschrieben und die potenziellen Anbieter bewerben sich mit inhaltlichen Konzepten und Kostenplänen darum. Bei einer Überzeichnung der ausgeschriebenen Mittel, also bei einem höheren Antragsvolumen, als Geld bereit steht, erfolgt in der Regel entweder ein richtlinienkonformes Ausschlussverfahren oder eine Quotierung der Mittel.

Hauptintention der Zuschussgeber sind die Animation eines Engagements sozialer Dienste für aktuelle, definierte Aufgaben und die Integration dieses Engagements in den sozialräumlichen Kontext[11]. Die Projektförderung wird oft als Initialzuschuss verstanden, der begrenzt oder degressiv gestaltet ist. Durch die inhaltliche Arbeit soll sich das Angebot so etablieren und im Kontext der sozialen Dienste platzieren, damit andere Kostenträger nach dem Auslaufen der so finanzierten Maßnahmen die Förderungen übernehmen, oder im Idealfall sogar eine eigenständige Finanzierung zustande kommt. So zum Beispiel bei der degressiven Förderung von älteren Arbeitnehmern in Unternehmen oder bei der Grundidee der Integrationsunternehmen in der Hilfe für schwerbehinderte Menschen zur Erlangung eines Platzes im Arbeitsleben (§ 132 SGB IX).

Die beschriebene Art der Finanzierung ist häufig bei so genannten durchgeleiteten Mitteln der Europäischen Union (EU) anzutreffen[12]. Sofortprogramme überregionaler Gebietskörperschaften arbeiten oft nach diesem Prinzip (z.B. Festkostenzuschüsse durch die Bundesministerien für multikulturelle Integrationsprojekte nach medienwirksamen Skandalen, Förderungen bürgerschaftlichen Engagements mittels „Personenpauschalen" der ehrenamtlich Tätigen, Aufbau von flächendeckenden Krisenzinterventionszentren für Familien durch Anschubfinanzierungen) (vgl. Kohlhoff 2003).

Für die Zuschussgeber sind diese Projektförderungen gut zu kalkulierende Zuwendungen, da sie in der Regel in überschaubaren Zeiträumen stattfinden. Die Anbietervielfalt und die regionale Verteilung kann durch den Zuwender gesteuert werden, die Ergebnisse werden durch entsprechende Vorgaben in bezug auf die Mittelverwendung und die qualitative Dokumentation vergleichbar.

---

[11] Diesem beschriebenen Verfahren gehen natürlich oft jahrelange fachliche und sozialpolitische Diskussionen voraus, ob die entsprechenden Tätigkeitsbereiche im Interesse der Öffentlichkeit förderungswürdig sind (Z. B. dauerte die Aufnahme der Regelförderung der Aidshilfen in NRW mehrere Jahre, bevor diese flächendeckend eingeführt wurde.)
[12] Unter durchgeleiteten Mitteln sind Geldmittel zu verstehen, welche die Europäische Union aus speziellen Förderprogrammen zur Verfügung stellt. Diese sind oft zielgruppen- oder zielgebietsspezifisch und von jedem Mitgliedsland zu beantragen.

Die Anforderungen an die Verwendungsnachweise können in diesem Bereich der Finanzierungen sehr unterschiedlich gestaltet sein. Kleine Festkostenzuschüsse werden häufig nur durch eine quantitative Dokumentation belegt. Für große und umfassende Projektfinanzierungen sind in der Regel detaillierte Aufstellungen über die monetäre Mittelverwendung zu führen; daneben ist auch die zielgenaue inhaltliche Verwendung nachzuweisen, z.b. durch Fach- und Fallberichte in vorgegebenen Intervallen.

Die Kompatibilität bezogen auf das Einsatzfeld richtliniengemäßer Mittelverwendung hängt häufig von der Größe der bewilligenden Administration ab. Mittel, die EU-weit zur Verfügung gestellt werden (z.B. zur Förderung des Gendermainstreaming oder zur Bewältigung der Jugendarbeitslosigkeit) müssen mit Richtlinien versehen werden, die für alle Mitgliedsländer erfüllbar sind. Diese Richtlinien haben den Charakter von Rahmenvorgaben, die auf den nationalstaatlichen Ebenen entsprechende Modifikationen erfahren. Diese müssen sowohl den internationalen Bedingungen gerecht werden als auch die nationalstaatlichen Regeln berücksichtigen. Unter diesen vorgestellten Aspekten wird verständlich, aus welchen Gründen die Diskussion über *allgemeine* Förderprogramme so intensiv bis in die höchsten Regierungsebenen geführt wird. Ergebnis kann sein, dass Projekte in gleichen Fachgebieten mit ähnlichen Zielgruppen aufgrund der unterschiedlichen Förderprogramme äußerst ungleich ausgestattet sind.

Es können zum Beispiel Teilnehmer/innen einer Maßnahme im Beschäftigungshilfebereich, die durch ein überregionales Förderprogramm unterstützt werden, an besonderen Qualifizierungsmaßnahmen teilnehmen oder müssen dies sogar, da es das Programm vorsieht. Die unmittelbaren Kollegen, die aus einem örtlichen Programm finanziert werden, erhalten eventuell einen höheren Stundenvergütungssatz, da dieser Kostenträger ein ortsübliches Entgelt für seine Bezuschussung vorsieht oder fordert, der überregionale Kostenträger jedoch ein Fixum vorsieht.

Daraus ergibt sich eine Zusatzaufgabe für die soziale Arbeit, nämlich diese programmverursachten Ungleichheiten auszugleichen. Vielfach hilft eine Abteilungstrennung in den Projekten, um die unterschiedlichen strukturellen Vorgaben zu kompensieren.

Soziale Dienste, die von diesen Projektfinanzierungen abhängig sind, stehen häufig vor der Aufgabe, die Restfinanzierungen sicherzustellen. Wie weiter oben ausgeführt, sind Projektfinanzierungen meist Anteilsfinanzierungen, so dass ein Teil der Eigenmittel meistens schon bei der Beantragung nachgewiesen werden muss. Die Unsicherheiten bei den Anschlussfinanzierungen führen oft dazu, dass in der Praxis erfolgreiche Projekte ihre Arbeit nicht weiterführen können. Dies hat einen Abbau gewünschter Weiterentwicklungen gewachsener Strukturen und Entlassungen von gut ausgebildeten und berufserfahrenen Personal zur Folge.

2.4 Mitteleinwerbung

Die Mitteleinwerbung nimmt im strategischen und operativen Management der Nonprofit-Organisationen einen zentralen Platz ein. Das Fundraising dient zur gezielten Mitteleinwerbung für die Organisation. In der Praxis bezieht sich dies auf die konkrete Beantragung von Programmmitteln, wozu auch die kontinuierliche Kontaktpflege zu den bewilligenden Stellen gehört (vgl. Urselmann 2002). Häufig sind solche Tätigkeiten bei größeren Trägerverbänden angesiedelt bzw. eine Serviceleistung der Spitzenverbände für ihre Mitgliedseinrichtungen (vgl. Beilmann 1995).

Lotteriemittel

Die bekanntesten zusätzlichen Einnahmequellen für die sozialen Dienste sind Ausschüttungen von Wohltätigkeitslotterien. Bundesweit bekannte Lotterien sind oft medienwirksame Inszenierungen, die für einen bestimmten Förderzweck entstanden sind (z. B. „Aktion Mensch" für den Bereich der Behindertenhilfe oder die „ARD Fernsehlotterie" für allgemeine soziale Zwecke). In der Regel haben diese Lotterien genaue Förderrichtlinien, die u.a. im Internet online abrufbar sind. Die Homepages sind nutzerfreundlich gestaltet und verweisen auf Beispiele für den Verwendungszweck der Mittel (vgl. z.B. www.aktion-mensch.de). Das Geld dient als ergänzende Finanzierung für richtlinienentsprechende Aufgaben. Die Gesamtfinanzierung der Maßnahme muss gewährleistet sein; d.h. es ist nicht möglich, erst Lotteriemittel einzuwerben und diese als Startfinanzierung zu nutzen, um für einen Träger der öffentlichen Finanzwirtschaft ein Projekt durchzuführen.[13]

Die Antragsverfahren laufen in der Regel über die Spitzenverbände der Freien Wohlfahrtspflege. Dieses Verfahren dient gleichzeitig als eine Art Vorprüfung der Förderwürdigkeit des Antragsstellers und des vorgeschlagenen Projekts. In Ausnahmefällen ist eine Antragsstellung direkt möglich (z.B. die Aktion eines Fanprojekts, das ein Fußballverein, der keinem Wohlfahrtsverband angeschlossen ist, zur Vermeidung von rechtsradikalen Parolen in Stadien durchführen möchte). Vertreter der Freien Wohlfahrtspflege sind in der Regel in den

---

[13] Es kann zu der grotesken Situation kommen, dass der öffentliche Leistungsträger einen Eigenmittelnachweis fordert, um ein Projekt zu bewilligen, und die Bewilligungsinstanzen von freien Mitteln einen Bescheid der Leistungsträger erwarten. Eine Lösung liegt meist in entsprechenden Absichtserklärungen, die gegenseitig abgegeben werden.

Bewilligungsgremien vertreten, entweder alle (z.B. Aktion Mensch) oder rotierend (z.B. Stiftung Wohlfahrt NRW).

Auf Bundesländerebene wird häufig ein Teil der Spielbankgewinne (die Lizenzen werden durch die Bundesländer vergeben) in Stiftungen eingebracht, die soziale Projekte fördern. In diesem Bereich gelten ähnliche Regelungen wie bei den bundesweit agierenden Wohlfahrtslotterien. Häufig sind die Vergabegremien parteipolitisch besetzt (z.B. Stiftung Wohlfahrt NRW).

Regionale Strukturen findet man bei den PS-Lotterien der gebietskörperschaftlichen Kreditinstitute, die jährlich auch die Zweckerträge gemäß ihren Richtlinien ausschütten.

Generell gilt bei den Mitteln aus Lotterien, dass Investitionskosten und Anschubfinanzierungen gefördert werden, jedoch keine dauerhaften laufenden Kosten übernommen werden. Eine Ausnahme bildet hier, die in den letzten Jahren entwickelte mehrjährige Übernahme von Kreditzinsen bei Immobilieninvestitionen als Alternative zu Baukostenzuschüssen. Diese Entwicklung ist als eine Folge des dauerhaften Missverhältnisses zwischen Antragsvolumen und tatsächlich zur Verfügung stehenden Mitteln zu sehen.

Die überregional operierenden Lotterien verfügen über beträchtliche Geldmittel, die Förderhöhen sind jedoch pro Antrag begrenzt (z. B. Aktion Mensch bei € 350.000; Deutsches Hilfswerk / ARD Fernsehlotterie bei € 300.000), dagegen beträgt das auszuschüttende Volumen einer Sparkasse in einer mittelgroßen Stadt im Rahmen der Zweckerträge des PS-Sparens ca. € 280.000 jährlich (vgl. Kaiser 2001). Allgemein gilt: Je überregionaler die Wohlfahrtslotterien operieren, desto anonymer die Vergabegremien.

Bußgelder

Bußgelder sind Einnahmequellen für wohlfahrtliche und gemeinnützige Organisationen. Die Vereinigungen, die Zecke im allgemeinen Interesse verfolgen, lassen sich nach Prüfung in die Nutznießerlisten bei den Gerichten eintragen. Grundsätzlich sind die Richter frei in ihrer Zuweisung der Bußgelder, diese sollte jedoch idealerweise einen inhaltlichen Zusammenhang zwischen Vergehen und der bedachten Organisation haben.

In der Praxis übersteigt der Aufwand, die Bußgelder bei den Zahlern einzufordern, oft ihren Ertrag. Die Einnahmen durch Bußgelder sind dann attraktiv, wenn (prominente) Personen oder Organisationen in öffentlichkeitswirksamen Prozessen zur Zahlung von Bußgeldern verurteilt werden. Hier haben die Betroffenen eine große Motivation diese auch zu zahlen, gleichzeitig handelt es sich oft um größere Beträge. Insgesamt sind die Bußgelder bei Wirtschafts-, Finanz- und Umweltvergehen höher, darüber hinaus haben die Betroffenen ein größeres

Interesse, die Zahlungen ohne große Öffentlichkeit abzuwickeln (vgl. Leif/Galle 1993).

Spenden

Spenden sind die klassischen Einnahmequellen von gemeinnützigen und mildtätigen Organisationen. Es gibt verschiedene Formen von Spenden: Bar-, Sach-, Testaments- und Aufwandsspenden (vgl. Beilmann 1995). Diese sind grundsätzlich im Rahmen der Abgabeordnung als Aufwand steuerlich absetzbar. Es hat sich eine Kultur des öffentlich wirksamen Spendens von Firmen und Privatpersonen zu entsprechenden Anlässen (Firmenevents oder Jubiläen) entwickelt. In diesem Bereich ist die öffentliche Akzeptanz des Empfängers der Spende imagefördernd oder es besteht eine persönliche (z.B. Eigenbetroffenheit oder in dem unmittelbaren Lebensumfeld) oder inhaltliche (z.B. Möbelhaus unterstützt Aktivitäten für junge Familien) Verbundenheit des Spenders mit der bedachten Organisation. Diese Prozesse sind für die Organisationen schwer gezielt steuerbar, sie funktionieren nur über eine gezielte Öffentlichkeitsarbeit der potenziellen Empfänger, damit sie im Bewusstsein der Spender sind.

Die allgemeine Spendenbereitschaft der Bevölkerung ist in den letzten Jahren gleich geblieben, das Spendenverhalten hat sich jedoch geändert. Es besteht eine große Bereitschaft, bei aktuellen Katastrophen gezielt projektbezogen zu spenden. Die allgemeinen Spenden für die Wohlfahrtsorganisationen gehen jedoch zurück. Die meisten Verbände haben sich auf dieses veränderte Verhalten eingestellt und ihre Werbung angepasst, vom Pfarrer in der Sonntagspredigt, der über die Projekte berichtet, für die gesammelt wird, bis zu den großen Organisationen, die teilweise Sendezeit in den Massenmedien nutzen, um zu demonstrieren, was mit den Spendengeldern erreicht werden soll (vgl. Spendenrat 2003).

Stiftungen

In der Bundesrepublik Deutschland existieren ca. 12.500 Stiftungen, die soziale und gemeinnützige Zwecke unterstützen (vgl. Bundesverband Deutscher Stiftungen 2004). Die Stiftungszwecke sind sehr breit gefasst, genauso wie die selbst gewählte räumliche Zuständigkeit. Große Stiftungen sind z.B. die Deutsche Bank Stiftung oder die Stiftung der Software AG. Grundsätzlich wird ein Vermögen (Geld, Immobilien, Firmenanteile etc.) in eine Stiftung überführt mit der Bindung, dass der Ertrag für einen definierten gemeinnützigen Zweck bereit gestellt wird. Das eigentliche Stiftungsvermögen wird nicht ausgeschüttet, lediglich der Ertrag aus diesem. Ein Stiftungsrat überwacht die zweckbestimmte Verteilung der Beträge. Die Höhe der periodischen Ausschüttungen variieren zwischen wenigen tausend Euro regional begrenzter Stiftungen mit sehr kleinen Vermögen und kapitalstarken Stiftungen, die mehrere Millionen Euro im Jahr ausschütten. Während bei örtlichen oder regional operierenden Stiftungen es möglich ist, Anträge nicht nur schriftlich zu stellen, sondern diese auch durch die Vernetzungen zu unterstützen, ist dies aufgrund der Anonymität der Mitglieder in den Stiftungsräten der großen Stiftungen kaum möglich. Die Art der Förderung legen die Stiftungsrichtlinien fest. Im Gegensatz zu den bisherigen Förderarten ist es bei den Stiftungsausschüttungen auch möglich, dass längerfristige Vorhaben finanziert werden (vgl. Martin/ Wiedemeier 2002).

Eigenmittel und Regelzuweisungen

Die so genannten Eigenmittel der Träger setzen sich aus verschiedenen Quellen zusammen. Häufig handelt es sich um Erlöse aus der Bewirtschaftung traditionell gewachsenen Besitzes. Ein Beispiel ist hier das Immobilienvermögen der Kirchen oder der Wohlfahrtsverbände, das durch Schenkungen oder Abschreibungen über längere Zeiträume aufgebaut wurde. In diesen Bereich gehören auch Zinserträge aus Rücklagen, die teilweise als Sicherheitsreserven für Zuschussschwankungen oder Liquiditätsengpässen angelegt wurden.

Eine Verstärkung der Eigenmittel findet auch durch internen Leistungsaustausch statt. Hier werden vorhandene Betriebsvorrichtungen synergetisch genutzt.

Weitere Einnahmequellen sind die traditionellen Aufrufe zur Unterstützung der Wohlfahrtseinrichtungen und die periodisch durchgeführten Haus- und Straßensammlungen. Die kirchlichen Wohlfahrtsverbände profitieren außerdem von Regelzuweisungen der Amtskirchen aus deren Steuereinnahmen.

Sozialsponsoring und Kombinationen von Markt- und Sozialwirtschaft

Unter Sozialsponsoring (social sponsoring) versteht man die Förderung von gemeinnützigen Organisationen und den damit verbundenen Wirkungen für die Unternehmenskommunikation. Durch die Verbindung wird die gesellschaftspolitische Verantwortung des sponsernden Unternehmens dokumentiert. In den 90er Jahren wurde dieser Finanzierungsform eine hohe Bedeutung für die Zukunft vorausgesagt, diese Entwicklung ist jedoch nicht so eingetreten.

Ein werbewirksamer Effekt für die Untenehmen ließ sich mit der Unterstützung sozialer Arbeit nicht in dem Maße erzielen, wie z.B. in kulturellen oder sportlichen Feldern. Sozialsponsoring hat sich in Teilbereichen des Gesundheitswesens etabliert (z. B. Pharmafirmen unterstützen Aidshilfen, Pflegedienste oder geriatrische Wohneinrichtungen und versprechen sich eine gezieltere Platzierung ihrer Produkte). Andere Verbindungen zwischen Firmen, die ‚Szeneprodukte' vertreiben und sozialen Feldern sind fachlich eher kritisch zu sehen, z.B. wenn Brauereiunternehmen Fahrzeuge für die Jugendarbeit finanzieren. Ein Bereich, der von Eventspenden gezielt profitiert, ist die Hilfe für Kinder, die Opfer von Übergriffen wurden. Hier wirkt die große Anteilnahme an öffentlich bekannt gewordenen Einzelfällen positiv auf die Unterstützungsbereitschaft von Unternehmen.

Verlässliche Zahlen über die Größenordnung des Anteils sozialen Sponsorings an der Finanzierung der sozialen Dienste liegen nicht vor. Eine abgewandelte Form des Sponsorings sind gespendete Wohltätigkeitsveranstaltungen (ähnlich Benefizveranstaltungen), die über erhöhte Eintrittspreise Geldmittel für gezielte soziale Aktivitäten erlösen sollen. Diese Art der Mitteleinwerbung setzt sich auf örtlicher Ebene nur sehr zögerlich durch. Meist haben die durchführenden Organisationen nicht die Ausdauer, solche Instrumente langsam zu entwickeln, verlässliche öffentlich bekannte Persönlichkeiten anzuwerben und diesen Veranstaltungen einen Platz im gesellschaftlichen Leben der Gebietskörperschaft zu erarbeiten. Ähnlich wie bei der allgemeinen Spendenakquisition verursacht der Aufbau einer entsprechenden Infrastruktur erst einmal Kosten, die von der Organisation aufgebracht werden muss. Man geht von einem Wert in Höhe von 40% der zukünftig einzuwerbenden Erträge aus (vgl. Kronauer 2002).

In Teilbereichen der sozialen Arbeit werden immer wieder passende Finanzierungsstrategien entwickelt. Ein aktuelles Beispiel ist das „Business Angel"-Prinzip. Hier kommt es zu einer Kooperation zwischen einem Sozialunternehmer und einem fachkompetenten Kapitalgeber, der durch unbezahltes persönliches Engagement für die Verzinsung seines eingesetzten Kapitals mitsorgt, indem er als Fachberater dem jungen Unternehmen zur Verfügung steht (vgl. Barg 2005).

Eine weitere aktuelle Form ist der privatwirtschaftliche Seniorenwohnheim- und Wohnungsbau. Hier errichten Kapitalgesellschaften Einrichtungen, verpachten diese an gemeinnützige Betriebsträger, liefern teilweise das ökonomische Konzept mit und sorgen so für eine gute Rendite für ihre Investoren, die im Idealfall wiederum Kunden der Einrichtung werden. Diese Art der Finanzierungen sind im Bereich des Gesundheitswesens seit längerer Zeit bekannt und insbesondere im Bereich der Rehabilitationskliniken gängige Praxis.

3 Zusammenfassung und Ausblick

Die Finanzierung sozialer Dienstleistungen hat sich von einer gesicherten Dauerfinanzierung zu befristeten projektbezogenen Leistungsentgelten entwickelt. Dies erfordert Anpassungen auf den unterschiedlichen Wirkungsebenen:
- Kostenträger,
- Dienstleister,
- Adressaten,
- professionell Tätige,

- Ausbildung.

Die Kostenträger erhalten durch die veränderten Finanzierungsstrukturen größere Planungssicherheit und Kostentransparenz zu den Ausgaben für die sozialen Dienste. Die Entwicklung von Regeln für die Vergabepraxis der Dienstleistungen ist erforderlich, insbesondere in Bezug auf die zu erfüllenden Qualitätsstandards, die von den Dienstleistern zu erbringen sind. In der bisherigen Angebotsvielfalt halten die öffentlichen Träger auch entsprechende Dienstleistungen vor. Diese müssen in den Wettbewerb mit einbezogen werden. Das heißt: Im Einzelfall würden die öffentlichen Träger zugunsten Privater ihre Angebote einstellen. Dies wird zur Zeit in Teilbereichen erprobt, z.b. im Bereich der Privatisierung spezieller Beratungsangebote in den Justizvollzugsanstalten in NRW.

Auf der Ebene der Dienstleister sind klare aufgabenbezogene Kostenrechnungen zu erstellen. Dies beinhaltet die teilweise öffentliche Überprüfbarkeit der Allgemeinkosten des jeweiligen Anbieters bei definierten Qualitätsstandards. Die etablierten Träger mit ihren vielfältigen inneren und äußeren Verpflichtungen werden eine starke Konkurrenz durch unabhängige private Träger bekommen. Die Anforderungen an die Führungen der verschiedenen Trägerverbände wird sich erhöhen, so dass diese fast ausschließlich professionell zu erfüllen sein werden; die ehrenamtlichen geschäftsführenden Vorstände werden diese Arbeit nicht mehr leisten können (vgl. Langnickel 1998). Die Abhängigkeit von den Kunden wird zu veränderten Angebotsstrukturen führen, z.B. zu nutzerfreundlicheren Öffnungszeiten von Beratungsdiensten und Jugendzentren.

Für die Adressaten führt die veränderte Finanzierungsstruktur der sozialen Dienste zu einer Ausdünnung der Hilfeanbieter; weniger Träger bieten die Unterstützung konzentrierter an. In ländlichen Gebieten müssen längere Anfahrtswege akzeptiert werden, was indirekt einer Eigenbeteiligung gleich kommt. Der Druck, der von einer leistungsbezogenen Bezahlung ausgeht, hat Auswirkung auf die Arbeitsabsprachen mit den Hilfeabnehmern; z.B.: wie viele versäumte Beratungstermine kann der Träger abrechnen, wer kommt für den Verdienstausfall auf? Es ist eine verbindliche ökonomische Kontraktierung zwischen Dienstleister und Kunden erforderlich, die dem Kunden die Sicherheit gibt, dass die Dienstleistung vorgehalten wird.

Die Umstellung der Finanzierungsformen in den unterschiedlichen Feldern der sozialen Arbeit erfolgt nicht zeitgleich; dies hätte eine Versorgungsungleichheit für Menschen mit verschiedenen Problematiken oder regional zur Folge. Es ist aber zu befürchten, dass es mittelfristig zu einer ähnlichen Entwicklung wie in Teilbereichen des Gesundheitswesens kommen wird: Auf der einen Seite gibt es nur Grundleistungen, an allen anderen Angeboten müssen sich die Kunden finanziell selbst beteiligen (z.b. Freizeitmaßnahmen für Kinder aus benachteiligten Familien, Angehörigenberatung von Suchtkranken).

Die ehemalige lebenslange Arbeitsplatzgarantie für angestellte oder beamtete Fachkräfte der sozialen Arbeit wird sich auflösen. Die Beschäftigten müssen neben ihrer fachlichen Tätigkeit umfangreiche administrative Aufgaben bewältigen, die für die Abrechnung ihrer Leistungen erforderlich sind. Sie sind auch mitverantwortlich für den Mittelerhalt und das Einwerben von Drittmitteln. Der Arbeitsdruck wird sich durch diese Entwicklung verdichten; teilweise werden die Fallzahlen pro Mitarbeiter aus finanziellen Gründen angepasst werden bzw. keine Reduktion trotz komplexer Aufgaben in der Fallarbeit erfolgen.

4 Literatur

Barg, D. (2005): Business Angels: Geld und gute Worte. In: Sozialwirtschaft, 15. Jg.: 6-8

Beilmann, M. (1995): Sozialmarketing und Kommunikation. Neuwied: Luchterhand

Boeßenecker, K.-H. / Trube, A. u.a. (2000): Privatisierung im Sozialsektor. Sozialpolitik und Sozialmanagement. Münster: Lit Verlag

Bundesverband Deutscher Stiftungen (2005): Jahresbericht 2004. Berlin: Eigenverlag

Eicker-Bix, M. (2001): Grundlagen des öffentlichen Haushaltsrechts. Bottrop: GIB Eigenverlag

Friedrichs, J. / Jagodzinski, W. (Hrsg.) (1999): Soziale Integration. Kölner Zeitschrift für Soziologie und Sozialpsychologie, Sonderheft 39, Opladen: Westdeutscher Verlag

Halfer, B. (2001): Finanzierung sozialer Arbeit. In: Otto/Thiersch: Handbuch der Sozialarbeit/ Sozialpädagogik. Neuwied: Luchterhand, S. 540 – 547

Kaiser, H. (2001): Richtlinien für das deutsche Kreditwesen. München: Chr. Kaiser Verlag

Kohlhoff, L. (2002): Finanzierung sozialer Einrichtungen und Dienste. Augsburg: Dr. Sandmann Verlag

Kohlhoff, L. (Hrsg.) (2003): Sozialarbeit im Zeitalter der Europäisierung. Hohengehren: Schneider Verlag

Kronauer, I. (2002): Vergnügen, Politik und Propaganda. Berlin: Logos Verlag

Langnickel, H. (1998): Qualität fängt im Vorstand an. Bonn: Carl Link Verlag

Leif, Th. / Galle, U. (Hrsg.) (1993): Social Sponsoring und Social Marketing. Praxisberichte über das neue Produkt Mitgefühl. Köln: Bund Verlag

Martin, G. / Wiedemeier, F. / Hesse, U. (2002): Stiftung als Fundraising-Instrument. Die neuen Möglichkeiten für soziale Dienstleister. Regensburg: Walhalla

Spendenrat (2003): Spendenverhalten der Bevölkerung 2003. Berlin: Eigenverlag

Urselmann, M. (2002): Fundraising – Erfolgreiche Strategien führender Nonprofit-Organisationen, 3. Auflage, Bern:Verlag Haupt

Sandra Biewers

Neues Kommunales Rechnungswesen

1. Modernisierung des kommunalen Rechnungswesens
   1.1 Kommunale Doppik - Definition und Ansatz
   1.2 Politische Rahmenbedingungen und kommunale Umsetzung
   1.3 Ziele und Eckpunkte des neuen Gemeindehaushaltsrechts nach 2003
   1.4 Konkrete Veränderungen für Rechnungswesen und Verwaltung am Beispiel des Landes NRW
2. Vor- und Nachteile der Reformansätze
   2.1 Positive Wirkungen für Verwaltung und Rechnungswesen
   2.2 Kritikpunkte und mögliche Nachteile
3. Auswirkungen des Neuen Kommunalen Rechnungswesens auf die Fachlichkeit und Wirtschaftlichkeit von Kommunen
4. Literatur

Die Reformen der öffentlichen Verwaltung haben in den letzten Jahren eine tiefgreifende Umstrukturierung verursacht. Die Devise des Paradigmenwechsels lautet: Verwaltung muss transparenter, effektiver und leistungsstärker werden. Denn die wirtschaftliche, soziale und kulturelle Leistungsfähigkeit staatlicher Institutionen und Agenturen resultiert vor allem aus der Effizienz des öffentlichen Sektors. Die prekäre finanzielle Situation der Länder und Kommunen macht ein Umdenken und ein Umlenken notwendig, damit die vorhandenen Mittel möglichst sinnvoll und effektiv eingesetzt werden können. Im Allgemeinen geht es um die Frage, welche Faktoren zum Erhalt von hochwertigen öffentlichen Leistungen in Betracht gezogen werden müssen, wenn fachliche Standards stetig weiterqualifiziert werden sollen, finanzielle Rahmenbedingungen jedoch gleichzeitig begrenzt sind oder gar teilweise wegbrechen. In diesem Beitrag wird im Besonderen herausgearbeitet, was eine detailliertere und umfassendere, auf Effektivität und Effizienz öffentlicher Leistungen ausgelegte Finanzplanung hierzu beitragen kann.

Die Umsetzung der Neuen Steuerungsmodelle zur Modernisierung der öffentlichen Verwaltungen hat zur Förderung einer effektiveren und effizienteren Leistungserbringung bereits wesentliche Basiselemente geliefert (vgl. KGSt 1993a: 15, 20): Im Zuge der Implementierung neuer Managementinstrumente konnte der Reformgang in den Verwaltungen beträchtlich in Bewegung gebracht werden. Als wichtige „Reforminstrumente" können insbesondere die Koordination von Fach- und Ressourcenplanung oder die Einführung von dezentralen Budgets genannt werden. Ebenso bedeutend ist auch die Einführung des Kontraktmanagements, das die vertragliche Fixierung von Vereinbarungen sicherstellt (→ vgl. dazu auch die Beiträge von Herbert Schubert „Kontraktmanagement" und von Gerd Sadowski „Finanzierung in der sozialen Arbeit"). Mit den ersten Schritten zur Reform der öffentlichen Haushaltsführung in den Jahren 1992/1993 und der daraus folgenden schrittweisen Einführung der so genannten Doppik ("_Dopp_elte Buchführung _i_n _K_onten") ist ein weiterer Meilenstein auf dem Weg in eine moderne Kommune gesetzt worden: Die traditionelle kamerale Haushaltsführung der Kommunen wird zunehmend durch betriebswirtschaftliche Finanzierungs- und Rechnungsinstrumente abgelöst. In den darauf folgenden Jahren wurden eine Reihe von weiteren Reformvorgängen durchgesetzt, die darüber hinaus die kommunale Haushaltsplanung und -finanzierung und die entsprechenden Verwaltungsvorgänge grundlegend umstrukturieren und den modernen Anforderungen anpassen. Die doppelte Buchführung verdrängt damit sukzessive die traditionelle kamerale Haushaltsführung innerhalb der Kommunen. Es stellt sich die Frage, inwieweit sie damit auch zur Effektivitätssteigerung öffentlicher Leistungen beitragen kann.

1 Modernisierung des kommunalen Rechnungswesens

1.1 Kommunale Doppik - Definition und Ansatz

Als Buchführung ganz allgemein bezeichnet man die planmäßige und lückenlose Aufzeichnung aller Geschäftsvorfälle einer Organisationseinheit mit dem Ziel, jederzeit einen Überblick über die Vermögenslage und den Stand der Schulden zu ermöglichen. Die doppelte Buchführung ist das System der kaufmännischen Buchführung gemäß § 238 HGB, welches die Ermittlung eines Periodenerfolgs zweifach ermöglicht: Bei der doppelten Buchführung werden die Geschäftsvorfälle in zweifacher Reihenfolge und sachlicher Ordnung mit Auswirkung auf das (Betriebs-) Vermögen gebucht. Die Buchung erfolgt auf mindestens zwei Konten. Die doppelte Erfolgsmitteilung geschieht durch (Betriebs-) Vermögensvergleich und durch Gewinn- und Verlustrechnung. (vgl.auch: http://www.doppik-nrw.de)

Ausgangspunkt für die Modernisierung des kommunalen Rechnungswesens und die Einführung dieses ursprünglich betriebswirtschaftlichen Instruments ist der seit langem in Politik und Fachöffentlichkeit geführte Diskurs darüber, ob der bislang praktizierte kamerale Ansatz, der ausschließlich den Geldverbrauch (Inputorientierung) einer Kommune abbildet, hinreichend leistungsfähig und transparent ist. Die kaufmännische doppelte Buchführung bildet im Vergleich zur Kameralistik, insbesondere durch die Gegenüberstellung von Ertrag und Aufwand nicht nur den Geld-, sondern auch den Ressourcenverbrauch ab und orientiert sich damit am Output. Durch den Ansatz der Dreikomponentenrechnung aus Ergebnisrechnung (Ausweisung der Gewinne und Verluste), Finanzrechnung (Überblick über Ein- und Auszahlungen) und Vermögensrechnung (Aufstellung einer Bilanz), ermöglicht die doppelte Buchführung eine umfassende Abbildung sämtlicher „Geschäftsvorfälle" in der Form, wie dies auch in wirtschaftlichen Betrieben vorgenommen wird. Dadurch wird der Haushalt einer Kommune um ein Wesentliches transparenter als dies durch das einfache kamerale Rechnungssystem möglich wäre. Übersteigen zum Beispiel die Aufwendungen die Erträge, kann durch die Doppik „netto" ein Ressourcenverbrauch (Reduzierung des Vermögens) ausgewiesen werden. Im umgekehrten Falle kommt es zu einem Vermögenszuwachs. Die Vermögensrechnung als „Bestandsrechnung" zeigt in der Bilanz den vollständigen (Be-) Stand des Anlage- und Umlaufvermögens auf und weist über die Haushaltsjahresplanung (oder die Planungsperiode) hinaus die Entwicklung des kommunalen Vermögens aus: In einem Haushaltsjahr nicht zahlungswirksame Aufwendungen wie Abschreibungen oder Pensionsrückstellungen werden nun sichtbar und in die langfristige Kalkulation mit aufgenommen. (vgl. Dr. Körner 2004: 577ff) Durch die Bündelung und Systematisierung aller Finanz- und Sachinformationen in die hierfür aufgestellten Kontenrahmen werden sämtliche Abschlüsse, auch die der kommunalen Eigenbetrieben oder Beteiligungen, zu einem so genannten "Konzernabschluss" zusammengefasst. Dadurch wird ein Höchstmaß an Transparenz ermöglicht und eine Gesamtschau des gemeindlichen Vermögens und der Schulden erreicht.

1.2 Politische Rahmenbedingungen und kommunale Umsetzung

Nachdem die Fachdiskussion und die Politik über Jahrzehnte hinaus keine tragfähige Reformierung der kommunalen Haushaltsführung erreichen konnte, billigte 1999 die Innenministerkonferenz der Länder (IMK) die von dem hierfür eingesetzten Unterausschuss erarbeitete „Konzeption zur Reform des kommunalen Haushaltsrechts". Ziel ist es, das bisher angewandte Geldverbrauchskonzept durch ein umfassendes Ressourcenverbrauchskonzept auf der Basis der doppelten Buchführung zu ergänzen. Nachdem bereits in einigen Kommunen Reformvorhaben auf freiwilliger Basis durchführt wurden, werden die Reformen nun rechtlich fixiert. Die Beschlüsse der IMK gelten hierbei als Regelungsentwürfe, die detaillierten zeitlichen und inhaltlichen Rahmenbedingungen zur Umstellung sind vom jeweiligen Gesetzgebungsverfahren der Länder abhängig und werden durch entsprechende Modifikationen innerhalb der Gemeindehaushaltsverordnungen (GemHVO) festgelegt (vgl. Körner 2004: 578). Aufgrund des umfangreichen Umstellungsaufwandes und der unterschiedlichen kommunalen Ausgangsbedingungen wurde den Kommunen zur Umsetzung der Reformen durch die IMK einer Übergangs- und Erprobungszeit von ca. 10 Jahren eingeräumt. Weiterhin legen die Beschlüsse fest, dass die Kommunen zur Implementierung der konzeptionellen Rahmenbedingungen, je nach eigenem Ermessen und individueller fachlicher, politischer und traditioneller Möglichkeiten zwischen zwei Reformwegen auswählen können:

(1) Die Weiterentwicklung und Ergänzung des bisherigen einfachen kameralen Buchungsstils durch ein (eingeschränktes) Ressourcenverbrauchskonzept (erweiterte Kameralistik). Hierbei bleibt die ursprüngliche Haushaltsgliederung in den Verwaltungs- und den Vermögenshaushalt beibehalten, wird aber durch eine Produktorientierte Ausweisung sämtlicher Leistungen in Produkt- und Kontenrahmen ergänzt (statt der bisherigen Gliederung in Aufgabenbereiche und Einnahmen und Ausgaben).

(2) Die direkte Umstellung des kameralen Haushaltsrechts auf die doppelte Buchführung (kommunale Doppik).

Neben der doppelten Buchführung kann auch die zweite Möglichkeit zur Ausweisung eines Ressourcenverbrauchs, die erweiterte Kameralistik, zum Teil die Transparenz des doppischen Ansatzes herstellen. Allerdings muss diese um eine Vielzahl von Nebenrechnungen ergänzt werden, die die kaufmännische Doppik bereits in sich als geschlossenes System der Drei-Komponenten-Rechnung anbietet.

Ein weiterer Beschluss der Innenministerkonferenz 2003 legte die Erneuerung des Gemeindehaushaltsrechts und die damit verbundenen grundlegenden Reformen und Anforderungen sowohl für die erweiterte Kameralistik, als auch für die kommunale Doppik fest und übergibt die näheren Umsetzungsbeschlüsse ebenfalls den Ländern, die in der Folge eigene Konzeptentwürfe vorbereiten. Die Konzepte der (durch die Produktausweisung) erweiterten Kameralistik und der doppelten Buchführung wurden durch den aktuellen Beschluss der IMK einander weitgehend angenähert (vgl. IMK-Beschluss vom 21.11.2003). Eine wichtige Unterscheidung bleibt in der Rechnungslegung erhalten: Während die erweiterte Kameralistik nach dem Prinzip der Kassenwirksamkeit angewandt wird (Ausgaben und Einnahmen werden dann verbucht, wenn sie in Rechnung gestellt werden), entspricht die doppelte Buchführung dem Prinzip der handelsrechtlichen Periodenabgrenzung (Ausgaben und Einnahmen werden dann verbucht, wenn sie tatsächlich anfallen).

Die grundlegenden Eckpunkte dieser Reform werden durch die Länder unter dem Begriff des „Neuen Kommunalen Rechnungswesens" weiter ausdifferenziert. Unter Berücksichtigung der jeweils spezifischen Anforderungen der Länder und Kommunen soll die Novellierung der Reform bis zum Ende der Übergangszeit im Jahre 2009 künftig für die Umsetzungsformen der Doppik und der erweiterten Kameralistik eingeführt werden. Nach Abschluss dieser Übergangs- und Erprobungszeit wird die definitive Umstellung der kommunalen Haushaltsführung nach den erprobten Ansätzen erfolgen.

1.3 Ziele und Eckpunkte des neuen Gemeindehaushaltsrechts nach 2003

In Übereinstimmung mit dem Konzept des Neuen Steuerungsmodells und den dazugehörenden Managementinstrumenten soll das neue kommunale Haushalts- und Rechnungswesen die Wirtschaftlichkeit und die Wirksamkeit (Effektivität und Effizienz) des Verwaltungshandelns abbilden und möglichst für jedermann, also nicht nur für Fachleute, sondern auch für die Bürgerinnen und Bürger einer Kommune offen legen und transparent machen. Seine Kernziele sind:

- Die Darstellung des Gesamtressourcenaufkommens der Kommune,
- Die Darstellung des Gesamtressourcenverbrauchs der Kommune,
- Die Unterstützung einer flexiblen Mittelbewirtschaftung,
- Erstellung eines konsolidierten „Gesamtverwaltungs"-Abschlusses.

Die Reform des Gemeindehaushaltrechts beinhaltet neben den Veränderungen für das kommunale Finanz- und Rechnungswesen zusätzlich auch wichtige Änderungen für den gesamten Verwaltungsablauf. Will man der Frage nachgehen, inwieweit durch die Reformen eine effizientere und effektivere Erbringung kommunaler Finanz- und Leistungsziele erreicht werden kann, so sind die internen Umstrukturierungen und Modifikationen der Verwaltungsabläufe von großer Bedeutung. Welche konkreten Veränderungen ergeben sich hieraus? Die nachfolgend aufgeführten Reformschritte sind die wichtigsten Eckpunkte des neuen Gemeindehaushaltsrechts und werden neben weiteren Neuerungen künftig durch die Kommunen umgesetzt:

- Die Einführung der Budgetierung öffentlicher Leistungen und Mittel und die entsprechende Gliederung des Haushaltsplanes nach der Budgetstruktur,
- Die gleichzeitige Zuordnung der Leistungen und Mittel zu Produktbereichen und -gruppen und eine dem entsprechende Umorganisation des Haushaltsplans,
- Die Systematisierung und Gliederung sämtlicher Abschlüsse innerhalb von Produkt- und Kontenrahmen nach dem Muster der kaufmännischen Rechnungslegung,

- Die Steuerung der Verwaltungsleistungen durch Leistungsvorgaben und Kontrakte,
- Die Erstellung eines Ressourcenverbrauchskonzepts, das statt Ausgaben und Einnahmen künftig auch Aufwendungen und Erträge ausweist und damit die wirtschaftliche Situation der Kommune realitätsgetreu abbildet,
- damit einhergehend, die Zuordnung von Kosten und Erlösen zur Budget- und Produktstruktur im Haushaltsplan,
- Die Durchführung der doppelten Buchführung inklusive der Aufstellung einer Gewinn- und Verlustrechnung, einer Finanzrechnung und einer Vermögensrechnung (Erstellung einer kommunalen Bilanz)
- Die Einführung bzw. Umstellung des Controllings und des Berichtswesens.

(vgl. dazu Eckpunkte für ein kommunales Haushaltsrecht zu einem doppischen Haushalts- und Rechnungssystem: Unterausschuss „Reform des Gemeinderechts", IMK-Beschluss vom 09/10.10.2000)

1.4 Konkrete Veränderungen für Rechnungswesen und Verwaltung am Beispiel des Landes NRW

Auf Grundlage der Beschlüsse der Innenministerkonferenz von 2003 hat der nordrhein-westfälische Landtag mit Wirkung vom 01.01.2005 das Gesetz über ein Neues Kommunales Finanzmanagement (NKF) verabschiedet. Das Neue Kommunale Finanzmanagement wird, wie vorab beschrieben, gemäß Art. 1, § 1, Abs. 1 NKFG NRW (Gesetz über ein Neues Kommunales Finanzmanagement für Gemeinden im Land Nordrhein - Westfalen – Kommunales Finanzmanagementgesetz NRW) in den Kommunen und Städten in NRW flächendeckend bis zum Jahr 2009 eingeführt. Auf der Grundlage erster Erfahrungen von Pilotprojekten in NRW lassen sich folgende Aussagen treffen:

- An die Stelle der bisherigen inputorientierten Haushaltsführung tritt die Outputorientierte Steuerung kommunaler Leistungen. Das heißt: Zukünftig wird die Verwaltungssteuerung von der Leistungsseite her erfolgen und nicht mehr wie bisher durch die Anpassung der Leistungen an die vorhandenen Ressourcen. Der künftige kommunale Etat wird damit zum einen eine strategische Unternehmensplanung ausweisen, d.h. es wird darin ausgewiesen, welche Ziele sich die Kommune im Haushaltsjahr gesetzt hat. Es folgt die Planung strategischer und operativer Maßnahmen, die zur Zielerreichung notwendig sind und durchgeführt werden müssen. Zum anderen wird der Etat eine detaillierte Budgetplanung ausweisen, die sich u.a. mit Umsatz, Kosten und auch dem zu erwartenden Gewinn der Maßnahmen auseinandersetzt. Zuguterletzt wird ein detailliertes Finanzbudget errechnet und ausgewiesen.

- Es erfolgt eine Zusammenführung von Fach- und Ressourcenplanung „aus einer Hand", die durch eine Verantwortungszuweisung auf die dezentrale Ebene gestärkt wird. Dieser Ansatz verlangt eine „unternehmensähnliche dezentrale Führungs- und Organisationsstruktur." (vgl. KGSt 1993b: 15) Den einzelnen Verwaltungseinheiten soll so für einen konkreten „Leistungsauftrag" ein „Ressourcenrahmen zur selbständigen Bewirtschaftung" vorgeben werden (vgl. Pünder 2005: 2)
- Die hierarchische Organisationsstruktur der Kommune wird in politische und fachliche Kompetenzbereiche unterschieden, d.h. Politik ist künftig mehr als zuvor für die strategischen Entscheidungen zuständig, während die Verwaltungseinheiten die Entscheidungsbefugnis über Verfahren und Abläufe erhalten und diese koordinieren. Zur Effektivitätssteigerung der Abläufe wird ein so genanntes „Vollzugscontrolling" zwischen Rat und Verwaltung einerseits und zwischen den Verwaltungseinheiten andererseits implementiert.
- Eine der grundlegendsten Veränderung zum herkömmlichen System ist die vorab beschriebene Umstellung des Rechnungswesens: Durch die Einführung der Doppik wird der Verwaltungshaushalt zum Ergebnishaushalt und weist nach dem betriebswirtschaftlichen Modell die Gewinn- und Verlustrechnung aus. Im Vermögenshaushalt werden Einzahlungen und Auszahlungen sowie Investitionen zu einem Finanzhaushalt zusammengeführt. Beide Haushalte werden am Ende eines Jahres in Jahresendrechnungen abgeschlossen. Weiterhin wird „bilanziert", indem der Bestand des Bruttovermögens, der Schulden und des Nettovermögens ausgewiesen werden (ebd.).
- Das herkömmliche „Verbrauchskonzept über Finanzmittel" wird durch das „Ressourcenverbrauchskonzept" ersetzt, das neben den lediglich kassenwirksamen Ausgaben auch die realen Ausgaben wie Abschreibungen oder Pensionsrückstände in der Zukunft erfasst. Neben diesen, können noch eine ganze Reihe zusätzlicher Veränderungen für die Kommunen aufgezeigt werden. Innerhalb dieses Rahmens muss hier lediglich eine Auswahl der wichtigsten Neuerung getroffen werden.

Die Einführung des Neuen Kommunalen Rechnungswesens mit ihren weitreichenden Veränderungen wird nach ersten Erfahrungen in Nordrhein-Westfalen und anderen Bundesländern, in denen Kommunen auf freiwilliger Basis eine Hauhaltsumstellung vorgenommen haben, aufgrund des hohen Umstellungsaufwandes nicht allerorts durchweg positiv bewertet. Die Fachöffentlichkeit diskutiert in dem Zusammenhang darüber hinaus noch eine andere Frage: Die positiven Auswirkungen der Anwendung der doppelten Buchführung für die Transparenz und die Optimierung der kommunalen Finanzplanung ist unumstritten. Wird durch die betriebswirtschaftliche Ausweisung der kommunalen Leistungen jedoch auch die Wirkung sozialer Leistungen, die den Kommunen per Gesetz zugeschrieben sind, weiterhin ausreichend evaluiert? Oder rückt die Frage des wirtschaftlichen Handelns immer mehr nicht neben, sondern an die Stelle des Wirkungsorientierten kommunalen Handels?

2 Vor- und Nachteile der Reformansätze

2.1 Positive Wirkungen für Verwaltung und Rechnungswesen

Mehr Effektivität und Klarheit durch das Ressourcenverbrauchskonzept

Die Einführung des Ressourcenverbrauchskonzepts in Kombination mit der doppelten Buchführung ermöglicht eine detaillierte Ausweisung sämtlicher Ressourcen. Diese Informationen sind in einem geschlossenen System integriert, denn die Bilanz ist mit der Vermögensdarstellung und der Ergebnisrechnung des jeweiligen Haushaltsjahres verbunden. Diese Übersicht macht es möglich, dass eine Kosten-Nutzen-Analyse auf der Grundlage der vorhandenen Ergebnisse durchgeführt werden kann und so eine gezieltere Einschätzung über die Effektivität und Wirtschaftlichkeit der öffentlichen Leistungen getroffen werden kann (vgl. Hieber 1999: 27). Zudem wird durch das Ressourcenverbrauchskonzept gewährleistet, dass die Aufgaben der Kommunen umfassend erfüllt und Handlungsspielräume besser erkannt und genutzt werden können. Im Ergebnishaushalt liegt zudem das Prinzip der „intergenerativen Gerechtigkeit", wie Pünder es nennt (2005: 3), zu Grunde, da eine realistische Ressourcenplanung vorgenommen wird, die sowohl zeitnah anfallende, als auch langfristige Ausgaben, Einnahmen, aber auch gebundenes Kapital oder periodisch zu kalkulierende Beträge aufeinander bezieht und ausgleicht.

Steigerung der Motivation der Mitarbeiterinnen und Mitarbeiter

Aufgrund der Zusammenlegung der Fach- und Ressourcenplanung wird den Mitarbeiterinnen und Mitarbeiter der Verwaltungseinheiten mehr Verantwortung zuerkannt. Dadurch wird ein selbständigeres Arbeiten jedes Einzelnen erforderlich, was sich positiv auf die Arbeitsmotivation der Mitarbeiter auswirken kann. Die Modernisierung der Verwaltung im Allgemeinen sollte zusätzlich durch partizipative, prozessorientierte Führungs- und Steuerungselemente unterstützt werden, die mittels einer Organisationsberatung und Personalentwicklung vorangetrieben und weiterentwickelt werden (vgl. Bassarak 1999: 157).

Effektiveres Haushalten durch die Zweckbindung der Erträge

Im Gegensatz zur ursprünglichen Regelung der Gesamtdeckung des Haushalts werden die Einnahmen und Ausgaben in den verschiedenen Fachbereichen nun zweckgebunden. Bei Nichtausschöpfung der Einnahmequelle gehen die verbleibenden Mittel damit nicht wie zuvor an den Gesamthaushalt zurück und entfallen dem jeweiligen Fachbereich damit. Sie können durch die Zweckbindung nun im selben Fachbereich z.B. für Mehrausgaben verwendet werden. Hierdurch wird ebenfalls ein Anreiz geschaffen, innerhalb der Fachbereiche auf einzelnen Haushaltsstellen Einsparungen vorzunehmen, um die Mittelüberschüsse fachbereichsintern anderweitig zu verwenden (vgl. KGSt 1995: 9). Durch diese Eigenverantwortung der Fachbereiche über die Finanzmittel kann ein wirtschaftlicherer Umgang mit den finanziellen Ressourcen erreicht werden, als das bisher der Fall war.

Erhöhung der Transparenz der Haushalts- und Finanzplanung

Betriebswirtschaftliche Ziele und Aussagen über Rentabilität und Effizienz öffentlicher Leistungen können nicht durch die herkömmliche Verwaltungskameralistik alleine erreicht werden (vgl. Knöll/Grunert 1997: 115). Um auch betriebswirtschaftliche Informationen, sowohl für einzelne Verwaltungsbetriebe als auch für die gesamte Kommune, gewinnen zu können, hätte die Verwaltungskameralistik um aufwendige Nebenrechnungen und eine Vielzahl von „Nebenhaushalten" ergänzt werden müssen. Mit dem Neuen Kommunalen Rechnungswesen wurde eine gröbere Haushaltsstruktur eingeführt, die das gesamte kommunale Haushaltsvolumen ausweist.

Erhöhung der Handlungssicherheit und Verbindlichkeit durch Leistungs- und Finanzziele

Durch den festgelegten Leistungsauftrag und das zugrundeliegende Kontraktmanagement kann sichergestellt werden, dass Verantwortungsspielräume verbindlich eingehalten werden und rechtskräftig sind. Die Festlegung von Leistungs- und Finanzzielen und das dazugehörende Controlling erhöhen die Handlungssicherheit und gewährleisten eine Ergebnissteuerung, die vorab detailliert festgelegt worden ist und regelmäßig kontrolliert und überwacht wird. Zusätzlich werden die Vereinbarungen durch Kontraktmanagement gesichert. Dieses Steuerungsinstrument soll gewährleisten, dass die Umsetzung von Zielen und Maßnahmen, der dazu benötigte Ressourceneinsatz sowie die Sicherung der Zielerreichung schriftlich fixiert werden und überprüfbar werden.

2.2 Kritikpunkte und mögliche Nachteile

Hoher personeller und zeitlicher Aufwand

Die Umstellung des Haushalts von der kameralen in die betriebswirtschaftliche Form erfordert einen hohen personellen, zeitlichen und finanziellen Aufwand. Die erstmalige Erfassung der Vermögensbestände erfolgt zwar einmalig und muss nicht ständig wiederholt werden, doch auch die regelmäßige Erfassung der Vermögensveränderungen ist nicht zu unterschätzen. Im Zuge der Umstellung muss eine Eröffnungsbilanz erstellt werden, die die Offenlegung und Zuordnung sämtlicher Haushaltspositionen der Kommune gewährleistet. In vielen Fällen müssen sich die zuständigen Mitarbeiterinnen und Mitarbeiter auf neue Verfahrensweisen einstellen und zusätzliche Kenntnisse über betriebswirtschaftliche Systeme erwerben. Zudem müssen die Kommunen neue Softwareprogramme erwerben, für die die Mitarbeiterinnen und Mitarbeiter qualifiziert werden müssen.

Gefahren durch die Zweckbindung der Mittel

Durch die neuen Regelungen entsteht die Gefahr, dass der umfassenden Aufgabenerledigung nicht mehr in vollem Umfang nachgegangen wird. Wo die Auflösung des Grundsatzes der Gesamtdeckung einerseits positive Auswirkungen hinsichtlich des effektiveren Verwaltungshandelns erwarten lässt, verbirgt sich gleichzeitig auch die Gefahr, dass durch die Fach- und Ressourcenverantwortung ein Ungleichgewicht in der Bedarfsdeckung entstehen könnte. Zweckgebundene Haushaltsmittel, die sich in einem Fachbereich ansammeln, können nicht in einen anderen Fachbereich übertragen werden, auch wenn hier akuter Bedarf bestünde. Diese Problematik ließe sich allerdings durch eine gezielte und detailliert berechnete Budgetplanung entschärfen.

Unregelmäßige Zielanpassung

Die Entwicklung von Leistungszielen erfordert besonders in der Umstellungsphase des neuen Rechnungssystems eine regelmäßige Anpassung an den reellen Bedarf und muss regelmäßig überarbeitet und gegebenenfalls modifiziert werden. Diese Planungsschritte und das dazugehörende Controllingsystem nehmen hohe personelle und zeitliche Kapazitäten in Anspruch und sind sehr aufwändig. Es ist zu befürchten, dass Maßnahmen zur Umsetzung von Leistungsziele durch die Verwaltungseinheiten durchgeführt werden, die zwar im Haushaltsplan vorgesehen sind, aber längst einer Anpassung an den reellen Bedarf benötigten. An dieser Stelle ist es wichtig, dass die Fortschreibung der vereinbarten Ziele in einen Regelkreislauf eingebettet ist, dessen Arbeitsschritte sich in regelmäßigen Abständen wiederholen und evaluieren. Gleichzeitig muss das das Controlling unterstützende Berichtswesen eine Gesamtübersicht über alle relevanten Informationen und Daten liefern, damit ebenfalls in regelmäßigen Abständen Soll-Ist-Vergleiche der Bedarfssituation durchgeführt werden können.

3 Auswirkungen des Neuen Kommunalen Rechnungswesens auf die Fachlichkeit und Wirtschaftlichkeit von Kommunen

Zu den Grundbedingungen für effektives und wirtschaftliches Handeln in Kommunalverwaltungen gehört u.a. ein modernes Haushaltswesen, dass sämtliche Haushaltsbewegungen, seien sie kurz- oder langfristig, aufzeichnet und in transparenter Form nach außen trägt. Wichtig ist dabei die Nachvollziehbarkeit der Handlungen auch für Bürgerinnen und Bürger und die Verantwortlichen in Politik und Verwaltung. Das Neue Kommunale Rechnungswesen unterstreicht diese Grundbedingungen in vielfacher Weise, kann aber nicht als die Revolution des öffentlichen Haushaltswesens betrachtet werden, weil sich u.a. durch die Einführung der neuen Normen die großen finanziellen Probleme der meisten Kommunen nicht in direkter Form positiv beeinflussen lassen. Im Gegenteil: Es kann sogar in der einen oder anderen Kommune dazu kommen, dass durch die Offenlegung aller Vermögenswerte ein erhöhter Deckungsbedarf von vorher nicht einkalkulierten Ausgaben und Aufwendungen entstehen kann. Nach den bisherigen Erfahrungen in den Pilotkommunen lässt sich abschätzen, dass der Ressourcenverbrauch, der nun offengelegt wird, um bis zu 15% über dem bisher ersichtlichen Geldverbrauch der Kommunen liegen wird. (vgl. Dr. Körner: 580) Dies kann zu verschärften finanziellen Problemen führen. Als Nachteil muss neben der Aufwändigkeit der Umstellung auch noch der nicht geringe finanzielle Aufwand erwähnt werden, der sich durch die Einführung der neuen Grundsätze ergibt. Hier werden vor allen Dingen weitreichende Qualifizierungen der Mitarbeiterinnen und Mitarbeiter fällig. Zudem müssen neue Softwareprogramme angeschafft und nutzbar gemacht werden.

Als Reform mit positiven Auswirkungen auf den öffentlichen Sektor kann die Einführung und die Umsetzung des neuen Gesetzes aber allemal verstanden werden. Durch die vorgenannten positiven Elemente der Umgestaltung des Rechnungswesens und der dazugehörenden Reformkonzepte innerhalb der Verwaltung kann ein Mehr ein Effektivität und Effizienz für die öffentliche Leistungsfähigkeit erwartet werden. Gleichzeitig ist durch den erhöhten Grad an Transparenz und Übersichtlichkeit des kommunalen Haushalts zukünftig gewährleistet, dass ein über Generationen hinweg berücksichtigter 'ehrlicher' Haushalt erstellt wird, der sämtliche Vermögenswerte einer Kommune ausweist. Im Hinblick auf die Weiterentwicklung der fachlichen Ziele und Leistungen einer Kommune werden zusätzliche Instrumente und Verfahren eingeführt, die sich zum Teil motivationsfördernd auf die Arbeitssituation der Mitarbeiterinnen und Mitarbeiter auswirken können. Dabei dürfen die Evaluation und Fortschreibung Wirkungsorientierter fachlicher Ziele nicht hinter wirtschaftlichen Aspekten anstehen. Die Reform bietet die Chance der direkten Verbesserung der Qualität öffentlicher Leistungen, zum Beispiel dadurch, dass die Übertragung von mehr Verantwortung in die einzelnen Fachbereiche und Abteilungen und der damit einhergehende unmittelbare Kontakt zwischen Finanzierung und fachlicher Umsetzung von Maßnahmen gewährleistet wird. Auch die gezielte Steuerung und Überprüfung von Ziel- und Leistungsvereinbarungen ‚aus einer Hand' lässt positive Effekte im Hinblick auf die Wirksamkeit fachlicher Leistungen, aber auch auf die Wirtschaftlichkeit in Kommunen vermuten. Das Neue Kommunale Rechnungswesen setzt an wichtigen und ganz unterschiedlichen Schnittstellen zum Neuen Steuerungsmodell an. Dadurch werden die bereits vor Jahren begonnenen Reform- und Modernisierungsprozesse weiter vorangetrieben. Das Neue Kommunale Rechnungswesen liefert damit einen weiteren und wichtigen Beitrag zur Neugestaltung, Qualifizierung und Effektivitätssteigerung des öffentlichen Verwaltungshandelns.

4 Literatur

Bassarak, Herbert (1999): Modernisierung der Kommunalverwaltung. In: Dietz et al. (1999): 147-158

Bundesministerium der Justiz (1897): Handelsgesetzbuch HGB, FNA 4100-1, Bundesgesetzblatt Teil III; Stand: Zuletzt geändert durch Art. 1 G. v. 15.12.2004

Dietz / Eißel / Naumann (1999): Handbuch der kommunalen Sozialpolitik. Opladen: Leske und Budrich

Gernert, Wolfgang (1998): Kommunale Sozialverwaltung und Sozialpolitik. 2. neubearb. Auflage, Stuttgart: Boorberg Verlag

Hieber, Fritz (1999): Öffentliche Betriebswirtschaftslehre. 3. Auflage, Sternenfels, Berlin: Verlag Wissenschaft und Praxis

Innenministerium NRW (1999): Neues kommunales Finanzmanagement – Eckpunkte der Reform. Düsseldorf, URL http://www.doppik-nrw.de

Innenministerkonferenz (2000): Eckpunkte für ein kommunales Haushaltsrecht zu einem doppischen Haushalts- und Rechnungssystem: Unterausschuss „Reform des Gemeinderechts", Beschlüsse vom 09/10.10.2000 und vom 21.11.2003, URL: http://www.doppik.de/downloads.htm

KGSt (1993a): Das neue Steuerungsmodell – Begründung, Konturen, Umsetzung. Bericht Nr. 5/1993, Köln: Eigenverlag

KGSt (1993b): Budgetierung – Ein neues Verfahren der Steuerung kommunaler Haushalte. Bericht Nr. 6/1993, Köln: Eigenverlag

KGSt (1995): Vom Geldverbrauchs- zum Ressourcenverbrauchskonzept: Leitlinien für ein neues kommunales Haushalts- und Rechnungsmodell auf doppischer Grundlage. Bericht Nr. 1/1995, Köln: Eigenverlag

Körner, Horst (2004): Reform des kommunalen Rechnungswesens: Die Beschlüsse des IMK. In: Meurer/Stephan (2004): 569 - 573

Knöll, Heinz-Dieter / Grunert, Gerrit (1997): Verwaltungsökonomie – Betriebswirtschaftliche Kostenrechnung in der öffentlichen Verwaltung. Baden-Baden: Nomos Verlagsgesellschaft

Landtag NRW (2004): NKFG NRW (Gesetz über ein Neues Kommunales Finanzmanagement für Gemeinden im Land Nordrhein-Westfalen vom 16.11.2004, Kommunales Finanzmanagementgesetz NRW)
URL.: http://ps02.mummert.de/nkf-netzwerk/dokumente/NKFG.pdf

Meurer/Stephan (2004): Rechnungswesen und Controlling in der öffentlichen Verwaltung. Freiburg i.Br.: Rudolf Haufe Verlag

Oebbecke / Ehlers / Schink / Pünder (2005): Kommunalfinanzen. Stuttgart: Kohlhammer, Deutscher Gemeindeverlag

Pünder, Herrmann (2005): Kommunales Finanzmanagement zwischen Effektivität, Effizienz und Demokratie. In: Oebbecke et al. (2005): 1-12
http://www.uni-muenster.de/Jura.kwi/content/krpg/Finanzmanagement.html

Pracht, Arnold (2002): Betriebswirtschaftslehre für das Sozialwesen. Weinheim und München: Juventa Verlag

Hans-J. Nicolini

Kostenrechnung in der sozialen Arbeit

1. Externes und internes Rechnungswesen
2. Kostenbegriff
   2.1 Fixe und variable Kosten
   2.2 Gesamtkosten
3. Kostenarten
   3.1 Personalkosten
   3.2 Materialkosten
   3.3 Kalkulatorische Kosten
   3.4 Kostenverteilung
4. Deckungsbeitrag
5. Auswertung
   5.1 Kurzfristige Erfolgsrechung
   5.2 Break-even-Analyse
6. Grenzen der Kostenrechnung im sozialen Bereich
7. Fazit
8. Literatur

Solange es gesellschaftlicher Konsens ist, dass allgemeine soziale Dienste, Jugend- und Altenpflege und viele andere Angebote in bestmöglicher Qualität und wenn notwendig in jedem Umfang immer dann und immer dort zur Verfügung stehen sollten, wo sie nach Meinung der Fachpolitik und der Praxis angeboten und eingesetzt werden müssen, solange ist es nur konsequent, diese Leistungen kostenlos anzubieten für diejenigen, die sie nutzen müssen oder wollen. Die entstehenden Kosten müssen dann von den Sozialversicherungssystemen oder den Trägern der Einrichtungen aufgebracht werden, letztlich also von der Gemeinschaft der Versicherten oder den Steuerzahlern.

Es verwundert aber nicht, dass in Zeiten knapper Kassen danach gefragt wird,
- ob die gleichen Leistungen wie bisher mit geringerem Input erbracht werden können, so dass zwar die Kosten sinken, für die Nutzer aber kein Unterschied in der Leistung festzustellen ist,
- ob es einen vertretbaren Rahmen gibt, in dem die Leistungen reduziert werden können, ohne den damit verbundenen gesellschaftlichen Anspruch aufgeben zu müssen,

- ob es vertretbar erscheint, deutlich zu machen, dass es einen Markt mit Angebot und Nachfrage gibt mit der Konsequenz, dass für die erbrachten Leistungen auch ein angemessener Preis verlangt werden kann,
- ob die Leistungen nicht mehr in öffentlicher Verantwortung erbracht werden müssen, sondern privatisiert werden können.

Um bei solchen Fragestellungen zu einer sinnvollen Antwort zu gelangen, ist zwingend notwendig, die Kosten der jeweiligen Leistung festzustellen. Dies ist für viele Entscheidungsträger eine neue Situation, denn weder in der Ausbildung noch in der oft langjährigen Praxis hat die Notwendigkeit bestanden, sich mit der Optimierung der betriebswirtschaftlichen Prozesse zu beschäftigen. Der Wunsch, Menschen in schwierigen Lebensumständen zu helfen, stand im Zentrum allen Handelns und Entscheidens.

Grundkenntnisse der Kostenrechnung werden aber neben den eher traditionellen Fähigkeiten und Fertigkeiten, die selbstverständlich die Kernkompetenz bilden müssen, künftig zu den Qualifikationen gehören, die in Sozialberufen erwartet werden und erwartet werden können. Dabei wird es wesentlich darauf ankommen, diese Notwendigkeit der betriebswirtschaftlichen Kenntnisse in realistischer und praxisrelevanter Relation zu sehen. Sie sollen helfen, unterstützen, Alternativen denkbar machen und fachfremde Einflüsse kompensieren helfen.

1 Externes und internes Rechnungswesen

Die Aufteilung in ein internes und ein externes Rechnungswesen ist begründet in den Zielen, die mit den Informationen verfolgt werden, die durch das Rechnungswesen den Entscheidern einer Organisation zur Verfügung gestellt werden (vgl. Abbildung 51).

Der Teil des Rechnungswesens, der sich an Interessenten richtet, die der Organisation selbst nicht angehören, ist zu deren Schutz besonders geregelt. Diese Zahlen aus dem Rechnungswesen werden für unterschiedlichste Zwecke benötigt und genutzt. Der wichtigste ist wohl die Unterrichtung der Finanzverwaltung, andere Nutzer sind zum Beispiel Verbände, Anteilseigner, Kreditgeber, Lieferanten und Kunden. Sie alle haben ein Interesse daran zu erfahren, wie die Ergebnisse der Rechnungslegung ausgefallen sind.

Trotz der zahlreichen Wahlrechte, die sowohl die Steuergesetze als auch die handelsrechtlichen Vorschriften zulassen, weiß der externe Analyst dadurch, wie ein Abschluss entstanden ist. Da ihm die legalen Gestaltungsmöglichkeiten bekannt sind, ist auch die Beurteilung -wenn auch mit zusätzlichen Informationen und gewisser Unsicherheit- durchaus möglich.

```
            Rechnungswesen
           /              \
       extern            intern
```

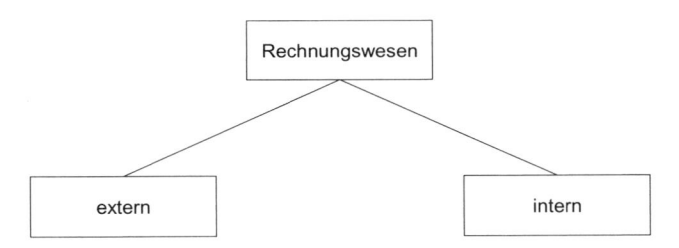

Abbildung 51: Externes und internes Rechnungswesen

Ein solcher gesetzlicher Schutz ist nicht erforderlich, wenn die Adressaten direkten Zugang zu den Zahlen haben. Die interne Informationsgewinnung unterliegt deshalb grundsätzlich keinen bindenden Vorschriften

Da die Kostenrechnung der innerbetrieblichen Information dient, gibt es folglich keine gesetzlichen Regelungen über ihre Einrichtung, den Aufbau oder gar über die Instrumente, die eingesetzt werden sollen. Da schutzwürdige Interessen Dritter nicht beeinträchtigt sein können, wenn ihr keine nach außen gerichtete Funktion beigemessen wird, erscheint das auch konsequent.

Damit kann die Kostenrechnung auch im sozialen Bereich weitgehend unter dem Aspekt der Zweckmäßigkeit gestaltet werden. Wenn es vor allem auf die Zweckmäßigkeit ankommt, sind unterschiedliche zielgerichtete Verfahrensweisen legitim. Der Gestaltungsspielraum kann genutzt werden, um die Interessen der Organisationseinheit zu verfolgen.

2 Kostenbegriff

Weil auch umgangssprachlich von „Kosten" gesprochen wird, soll die betriebswirtschaftliche Definition kurz erläutert werden. Danach sind Kosten der bewertete sachzielbezogene Werteverzehr in einem bestimmten Zeitraum.

Kosten setzen also einen mengenmäßigen Verbrauch von Gütern voraus. In einer Drogenberatungsstelle verursachen der Verbrauch von Papier, Telefongespräche, Miete usw. selbstverständlich Kosten. Im Allgemeinen dürfte es nicht schwierig sein, solche Verbrauchsmengen zu erfassen.

Der Güterverbrauch ist zu bewerten, denn mit reinen Mengengrößen (z.B. m², kg, Stück) lässt sich nicht rechnen. Die Mengeneinheit wird deshalb mit einem Geldbetrag bewertet, der „Preis" heißt.

Zu erfassen ist aber nicht nur der Verbrauch, der unmittelbar der Leistungserbringung dient. Beispielsweise bei einer klassischen Fotogruppe in einer

Jugendeinrichtung könnten das die Filme sein, das Fotopapier, die eingesetzte elektrische Energie für Beleuchtung und Belichtung und auch die Arbeitskraft des Gruppenleiters. Zusätzlich ist aber auch der langfristige Güterverzehr zu berücksichtigen, z.b. der Verschleiß der Kameras oder noch langfristiger die Abnutzung des Gruppenraumes.

Hier ist die Erfassung der Menge, die bei der Kostenrechnung berücksichtigt werden soll, deutlich schwieriger. Es kann keine Aufzeichnung darüber geben, wie lange eine Kamera noch einsatzbereit sein wird. Erforderlich ist also eine Prognose, und die ist notwendigerweise mit Unsicherheit behaftet. Natürlich gibt es Orientierungshilfen, zum Beispiel Erfahrungswerte oder die AfA-Tabellen, nach denen die Finanzverwaltung die gewöhnliche Lebensdauer von Gegenständen bemisst, aber mehr als eine -un- verbindliche- Hilfe ist das nicht.

Damit ist bereits bei der mengenmäßigen Erfassung der Kosten ein Entscheidungsspielraum gegeben, der gestaltend genutzt werden kann. Wenn im obigen Beispiel angenommen wird, dass eine Kamera in einer Jugendgruppe einer extremen Beanspruchung ausgesetzt ist und deshalb nur kurze Zeit genutzt werden kann, so muss sich ein hoher Werteverbrauch ergeben mit der Konsequenz, dass die Durchführung der Fotogruppe teurer wird. Umgekehrt wird man eine möglichst lange Nutzungsdauer unterstellen, wenn dokumentiert werden soll, dass die Fotogruppe eher kostengünstig durchgeführt werden kann. Die Grenzen dieser Gestaltungsmöglichkeiten sind erreicht, wenn die getroffenen Annahmen völlig unrealistisch werden – aber nur, weil damit auch der interne Informationswert dieser Kostenrechnung nicht mehr gegeben ist und nicht etwa, weil es nicht erlaubt wäre, von solchen Überlegungen auszugehen.

Dass Kosten vollständig erfasst werden sollen, erscheint zunächst selbstverständlich, verursacht in der Praxis jedoch Probleme, weil die Erfassung oft schwierig ist. Wenn man beispielsweise annimmt, das Belichtungsgerät sei der Jugendeinrichtung geschenkt worden, so liegt ein Werteverzehr vor, der Kosten darstellt, obwohl das Gerät keine Anschaffungskosten verursacht hatte. Besonders in großen Organisationseinheiten ist zudem nicht selten, dass die erforderlichen Angaben gar nicht vorliegen und auch nicht zugänglich sind. Man hilft sich oft mit Pauschalen, die auf Vergangenheitswerten basieren.

Pauschalierungen, Schätzungen und plausible Annahmen sind nicht ungewöhnlich und geradezu Methoden in der Kostenrechnung, denn die Grenzen einer vollständigen und exakten Kostenerfassung werden erreicht, wenn der zusätzliche Informationsgewinn unter wirtschaftlichen Aspekten nicht mehr vertretbar ist. Das wird auch in Sozialeinrichtungen vielfach sinnvoll sein.

Weiter verlangt die Definition, dass der Verbrauch sachzielbezogen sein soll. Das ist bei dem genannten Güterverbrauch der Fotogruppe sicher der Fall.

Wenn dagegen ein Gruppenmitglied eine Kamera ausleiht, um damit Pressefotos zu machen und zu verkaufen, wird der dadurch entstandene Verbrauch sicher nicht mehr sachzielbezogen sein. Bei der Ermittlung der Kosten für die Fotogruppe darf der Verbrauch der Kamera für diesen Zweck nicht berücksichtigt werden.

2.1 Fixe und variable Kosten

Bei einer Beschäftigungsänderung, also einer Veränderung der Ausbringungsmenge im Rahmen der möglichen Kapazität, können sich die Kosten sehr unterschiedlich entwickeln. Die Veränderung der Leistungsmenge wird sich auf einen Teil der Kosten auswirken, auf einen anderen nicht.

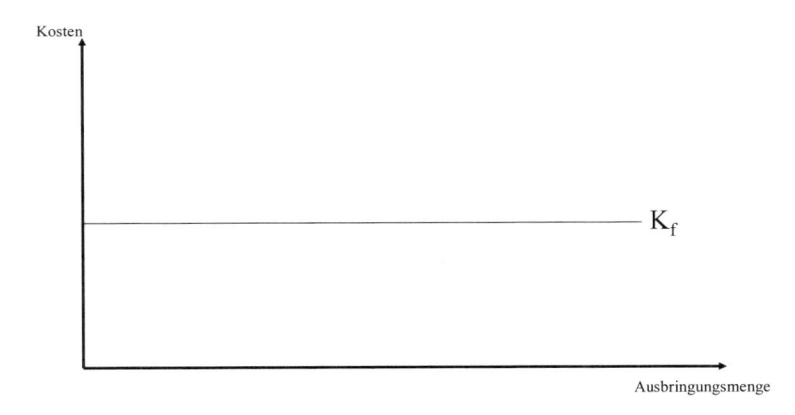

Abbildung 52: Fixe Kosten

Die Kosten, die in immer gleicher Höhe anfallen, weil sie die Betriebsbereitschaft ermöglichen und damit unabhängig sind von der Ausbringungsmenge, werden als fixe Kosten oder als Fixkosten (K_f) bezeichnet (vgl. Abbildung 52). Sie fallen auch dann an, wenn keine Produktion stattfindet. Typische Fixkosten sind Mieten für Büros und Produktionseinrichtungen, Versicherungsprämien, Darlehenszinsen und Gehälter.

Die Skizze verdeutlicht, dass auch bei einer Menge „0" die Fixkosten in voller Höhe anfallen und sich bei verbesserter Kapazitätsausnutzung nicht verändern. In der Praxis sind diesem Zusammenhang jedoch Einschränkungen zu beachten:

Auch Fixkosten sind nur für einen bestimmten Ausbringungsbereich konstant. Wenn man sich nur eine genügend große Veränderung der Leistungen vorstellt, wird deutlich, dass bei Überschreitung bestimmter Grenzen z.B. die Mietkosten steigen werden, die Versicherungsprämien teurer werden und sich auch die Gehaltssumme verändert, wenn zusätzliche Mitarbeiter eingestellt werden oder wenn Mitarbeiter die Organisation verlassen. Die Skizze zeigt die Vorstellung, dass Kosten jeweils für eine bestimmte Ausbringungsmenge fix sind (vgl. Abbildung 53). Sie werden deshalb in diesem Zusammenhang als „intervallfix" (K_{if}) oder „sprungfix" bezeichnet

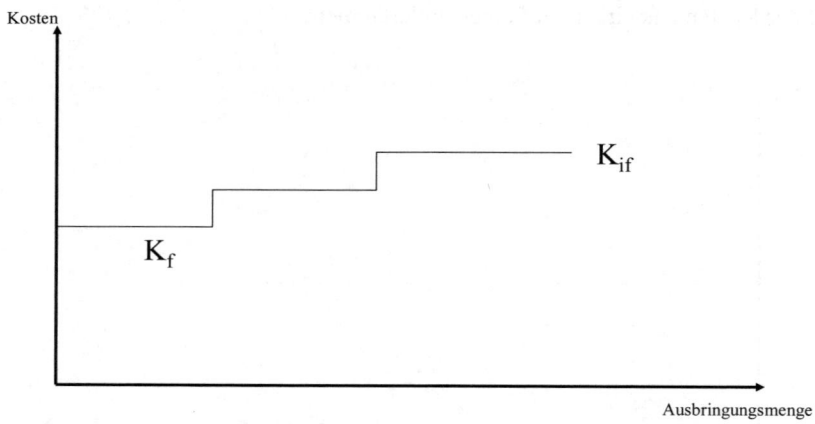

Abbildung 53: Intervallfixe Kosten

Im Gegensatz zu den Fixkosten sind die variablen Kosten (K_v) unmittelbar abhängig von der Produktionsmenge, es sind beschäftigungsabhängige Kosten. Typische variable Kosten sind z.B. Fertigungslöhne, der Verbrauch von Roh-, Hilf- und Betriebsstoffen und Benzinkosten.

Beispiel: Für die Reinigung von Appartements in einem Seniorenheim fallen nur bei Belegung 120 € Reinigungskosten an. Die Kosten entwickeln sich proportional:

Zahl der Appartements	Reinigungskosten
0	0,- €
1	120,- €
2	240,- €
5	600,- €
10	1200,- €

Tabelle 11: Beispiel proportionale variable Kosten

Die Tabelle 11 zeigt einen linearen Kostenverlauf, die Höhe der Reinigungskosten ist ausschließlich abhängig von der Zahl der bewohnten Appartements. Sie nehmen pro Appartement in gleicher Höhe zu. Stehen alle leer, fallen keine Reinigungskosten an.

Variable proportionale Kosten (K_{prop}) lassen sich darstellen mit Hilfe einer Geraden, die im Nullpunkt beginnt und bis zur Kapazitätsgrenze reicht, wobei ihre Steigung abhängig ist von den Kosten jeder zusätzlichen Einheit (vgl. Abbildung 54).

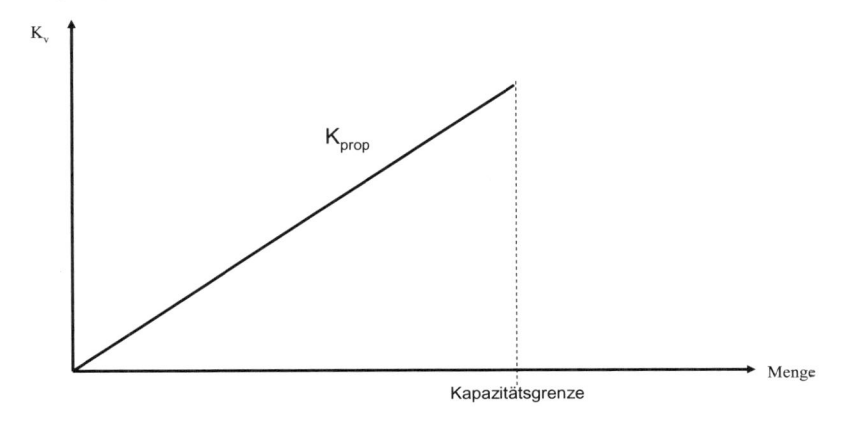

Abbildung 54: Variable Kosten

In vielen Fällen allerdings sind die variablen Kosten aber keineswegs proportional zur Beschäftigung. Je nach Ausbringungsmenge nehmen sie dann pro Stück zu oder ab.

Bei abnehmenden variablen Kosten spricht man von einem degressiven Kostenverlauf (vgl. Abbildung 55):

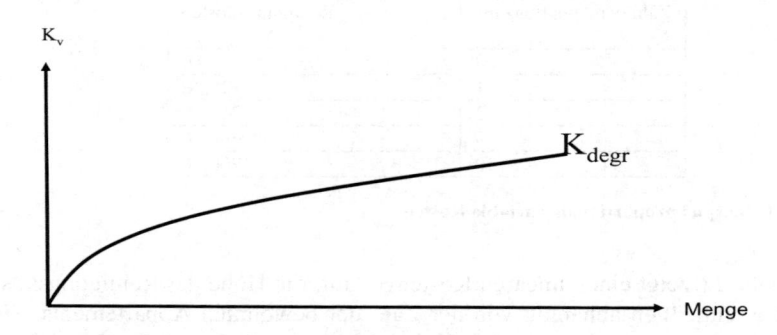

Abbildung 55: Degressiver Verlauf variabler Kosten

Beispiele:
- Bei Autofahrten ist zunächst beim Anfahren der Benzinverbrauch pro Streckeneinheit relativ hoch und nimmt dann bei gleichmäßiger Fahrt ab.
- Ein Lieferant gewährt Mengenrabatt.
- Ein neuer Pkw verliert unmittelbar nach dem Kauf relativ schnell an Wert, später langsamer.

Die variablen Kosten können aber auch mit steigender Menge zunehmen, man spricht dann von einem progressiven Kostenverlauf (vgl. Abbildung 56):

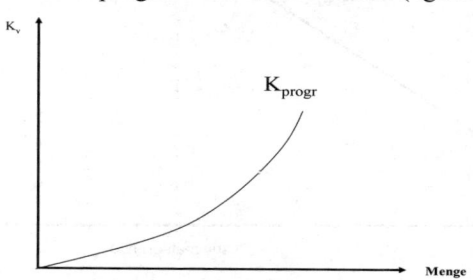

Abbildung 56: Progressiver Verlauf variabler Kosten

Beispiele:
- Je intensiver eine Maschine genutzt wird, desto höher ist ihre Reparaturanfälligkeit.
- Bei den Personalkosten fallen Überstundenzuschläge an.

2.2 Gesamtkosten

Die gesamten Kosten, die bei der Erstellung eines Produktes anfallen, setzen sich aus den jeweiligen Fixkosten und den variablen Kosten zusammen:

$$K_G = K_f + K_v$$

Bei einem proportionalen Verlauf der variablen Kosten lässt sich die Zusammensetzung der Gesamtkosten wie folgt skizzieren (vgl. Abbildung 57):

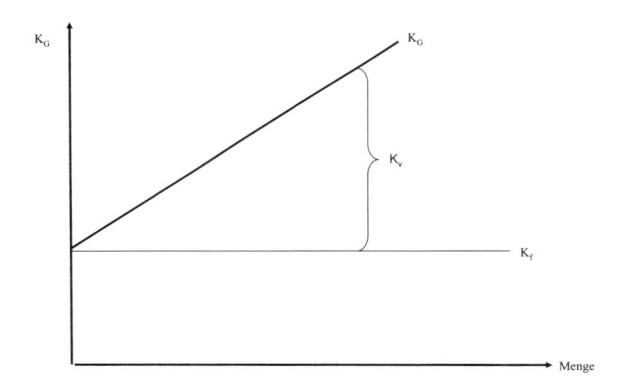

Abbildung 57: Gesamtkosten

Die Gesamtkosten werden bestimmt von den in der Organisation gegebenen Produktionsbedingungen, die sowohl die Höhe der Gesamtkosten als auch das Verhältnis der fixen zu den variablen Kosten bestimmen.

Wenn die Gesamtkosten und die hergestellte Menge bekannt sind, lassen sich die durchschnittlichen Kosten je Produktionseinheit durch einfache Division ermitteln:

$$\text{Durchschnittskosten} = \frac{\text{Gesamtkosten}}{\text{Gesamtstückzahl}}$$

Je größer die produzierte Menge bei konstanten Gesamtkosten ist, desto niedriger sind die durchschnittlichen Kosten je produzierte Mengeneinheit. An einer Küche wird das deutlich (vgl. Tabelle 12):

Gesamtkosten	Anzahl der Essen	durchschnittliche Kosten pro Essen
14.000 €	2.000	7,00 €
14.000 €	2.500	5,60 €
14.000 €	3.500	4,00 €

Tabelle 12: Beispiel für die Kostendegression

Die Kosten, die durch die Herstellung der zuletzt produzierten Einheit verursacht werden, werden "Grenzkosten" genannt. Da die Mehrkosten für das zusätzlich erzeugte Produkt grundsätzlich variable Kosten sind, sind die Grenzkosten in der Regel mit den variablen Kosten pro Stück identisch.

3   Kostenarten

3.1 Personalkosten

Bei den Personalkosten sind zunächst die Löhne und Gehälter zu berücksichtigen. Aber bereits dabei tauchen zwei Probleme auf: Welche Kosten zählen zu den Personalkosten, welche Lohnebenkosten sind zu berücksichtigen? Und wie werden die Löhne und Gehälter erfasst?

Bei den Lohnnebenkosten wird unterschieden zwischen gesetzlichen und tariflichen/betrieblichen Lohnnebenkosten.

Zu den gesetzlichen Lohnnebenkosten zählen:
- Beiträge zur Sozialversicherung. Sie werden von den Sozialversicherungsträgern festgelegt und anteilig vom Arbeitgeber und Arbeitnehmer getragen.
- Bezahlte Feiertage. Das können gesetzliche Feiertage sein (z.B. Neujahr, Karfreitag, Weihnachten) oder solche aufgrund von Brauchtum (z.B. Karneval/Fasching) oder betrieblicher Übung (z.B. Heiliger Abend).
- Lohnfortzahlung bei Krankheit. Arbeitnehmer haben Anspruch darauf, dass ihr Arbeitsentgelt bei Krankheit sechs Wochen lang weiter gezahlt wird.
- Mutterschutz. Darunter werden zahlreiche Schutzvorschriften zusammengefasst. Die wichtigsten sind Kündigungsschutzvorschriften und ein Beschäftigungsverbot sechs Wochen vor und acht Wochen nach der Entbindung.
- Als weitere gesetzliche Lohnnebenkosten gelten Insolvenzgeld, Schwerbehindertenabgabe, gesetzlicher Bildungsurlaub, Aufwendungen gemäß Betriebsverfassungsgesetz, Werksärztlicher Dienst.

Zu den tariflichen/betrieblichen Lohnnebenkosten zählen:

- Urlaub. Arbeitnehmer haben einen gesetzlichen Anspruch auf 24 Werktage bezahlten Urlaub. Tatsächlich ist ihr Anspruch aber meist höher, weil tarifvertragliche, betriebliche oder arbeitsvertragliche Regelungen einen längeren Urlaub vorsehen.
- Urlaubsgeld. Auf Urlaubsgeld besteht kein gesetzlicher Anspruch.
- 13. Gehalt. Diese ist meistens in einem Tarifvertrag geregelt und kann auch höher oder niedriger als ein Monatsgehalt sein.
- Betriebliche Altersversorgung. Dabei handelt es sich um die Vereinbarung einer Betriebsrente, die als freiwillige Zusatzleistung sehr unterschiedlich ausgestaltet sein kann.
- Weitere Lohnnebenkosten können Essens- oder Kantinenzuschüsse, freiwillige Prämien, Fahrtkostenübernahme, Jubiläumszuwendungen, günstige Werkswohnungen, Arbeitgeberdarlehen oder Ähnliches sein.

Die folgende Skizze (Abbildung 58) zeigt die einzelnen Elemente der Lohnnebenkosten in Bezug auf die Höhe des Lohnes bzw. Gehaltes. Die prozentuale Verteilung ändert sich häufig, deshalb wird auf Zahlenangaben verzichtet.

Sozialversicherung
Bezahlte Feiertage
Lohnfortzahlung bei Krankheit
Unfallversicherung, Mutterschutz
Urlaub, Urlaubsgeld
13. Gehalt u.ä.
Betriebliche Altersversorgung
Vermögensbildung
sonstiges

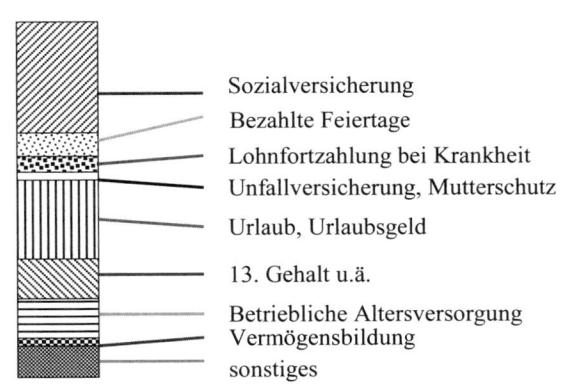

Abbildung 58: Elemente der Lohnnebenkosten

Wenn die gesamten möglichen Lohnnebenkosten berücksichtigt werden, muss von einer Größenordnung ausgegangen werden, die bei 80% des Grundgehaltes liegt.

3.2 Materialkosten

Die Materialkosten umfassen die gesamten Kosten des Materialverbrauchs und die zugehörigen Materialgemeinkosten. Das sind die einem einzelnen Produkt nicht direkt zurechenbaren Kosten wie z.B. Lagerkosten. Ermittelt werden müssen die eingesetzten Mengen und ihr Wert.

Ermittlung der Verbrauchsmengen

Eine einfache Möglichkeit, den mengenmäßigen Materialverbrauch zu ermitteln, ist die Aufzeichnung mit Hilfe von Materialentnahmescheinen (vgl. Tabelle 13). Auf geeignete Weise – das muss nicht unbedingt ein Papier, sondern kann z.b. auch eine elektronische Information sein – werden die Mengen festgestellt, die für die Herstellung der Produkte verbraucht worden sind.

	Abgang 1	laut Materialentnahmeschein
+	Abgang 2	laut Materialentnahmeschein
+	Abgang 3	laut Information über das Eingabeterminal
./.	Rücknahme	nicht benötigtes Material laut Korrekturschein
=	Verbrauchsmenge	

Tabelle 13: Ermittlung des mengenmäßigen Materialverbrauchs mit Aufzeichnungen

Der so ermittelte aktuelle Materialbestand ist ein rechnerisch ermittelter Soll-Bestand, eventuelle Differenzen zum tatsächlichen Bestand müssen durch eine Inventur ermittelt werden.

Bei der Inventurmethode wird zu Beginn und nach Ablauf einer Periode gezählt / gewogen / gemessen und der Anfangs- und Endbestand verglichen. Die Verbrauchsmenge ergibt sich durch die Überlegung (vgl. Tabelle 14):

	Anfangsbestand
+	Zugänge
./.	Endbestand
=	Verbrauchsmenge

Tabelle 14: Inventurmethode zur Ermittlung des Materialverbrauchs

Bei der retrograden (Rückrechnungs-) Methode wird von den produzierten Einheiten ausgegangen und so der Verbrauch errechnet. Das ist möglich, wenn der Materialeinsatz für eine einzelne Einheit bekannt ist.

Bewertung des Materialverbrauchs

Wenn die Mengenermittlung erfolgt ist, stellt die Bewertung des Verbrauchs eine weitere Schwierigkeit dar. Wenn der Preis der beschafften Güter auf Grund der Mengenermittlung direkt einem Produkt zugeordnet werden kann, lässt sie sich leicht lösen. Ein Problem ergibt sich aber, wenn das Material im Laufe der Abrechnungsperiode mehrfach und zu unterschiedlichen Preisen beschafft worden ist.

Um diese Schwierigkeit zu umgehen, sind Verbrauchsfolgeverfahren entwickelt worden, die eine bestimmte Reihenfolge des Verbrauchs unterstellen, also eine eher willkürliche Annahme darstellen. Die möglichen Verfahren werden hier dargestellt ohne Rücksicht auf ihre handels- oder steuerrechtliche Zulässigkeit:

- Durchschnittspreisverfahren. Bei diesem Verfahren wird der gewichtete Durchschnitt gebildet aus den jeweiligen Preisen der beschafften Mengen.
- Fifo, First-in-first-out. Es wird unterstellt, dass die Mengen, die zuerst eingekauft worden sind, auch als erste verbraucht worden sind und die folgenden in der Reihenfolge des Einkaufs.
- Lifo, Last-in-first-out. Dieses Verfahren geht von der Fiktion aus, dass die Entnahme in der umgekehrten Reihenfolge des Einganges erfolgt: Die zuletzt eingegangenen Materialen werden als erste verbraucht.
- Hifo, Highest-in-first-out. Bei diesem Verfahren wird unterstellt, dass sich die Reihenfolge der Materialentnahmen am Preis orientiert. Dadurch wird der rechnerische Wert des Bestandes niedrig gehalten.
- Lofo, Lowest-in-first-out. Diesem Verfahren liegt die Vorstellung zugrunde, dass die am preiswertesten angeschafften Materialien zuerst entnommen werden.

Die folgende tabellarische Übersicht zeigt die möglichen Ergebnisse der verschiedenen Verbrauchsfolgeverfahren (vgl. Tabelle 15):

Liefertermine	1.2.	1.4.	1.6.	1.8.	Verbrauch	Bestand	Wert/ Stück
Menge	60	40	50	80	60	170	
Preis	60.-	100.-	80.-	50.-			
					Bestandswert		
Fifo		4.000.-	4.000.-	4.000.-	12.000.-		70,58
Lifo	3.600.-	4.000.-	4.000.-	1.000.-	12.600.-		74,12
Hifo	3.600.-		2.400.-	4.000.-	10.000.-		58,82
Lofo	3.600.-	4.000.-	4.000.-	1.000.-	12.600.-		74,12
Durchschnittskosten	15.000.- : 230						67,83

Tabelle 15: Ergebnisse der verschiedenen Verbrauchsfolgeverfahren

Es wird angenommen, dass kein Anfangsbestand vorhanden war und während der Berechnungsperiode 60 Mengeneinheiten verbraucht worden sind. Ermittelt wird der Wert pro Stück am Ende der Periode.

Bei allen Verfahren sind die zugehörigen Materialgemeinkosten zu berücksichtigen, die weiter unterteilt werden können. Zu ihnen gehören die Kosten
- des Materialeinkaufs.
- der Materialannahme.
- der Materiallagerung.
- der Buchhaltung und Inventur.

3.3 Kalkulatorische Kosten

Kalkulatorische Kosten sind solche, die keinen betrieblichen Aufwand darstellen oder die zeitlich oder inhaltlich nicht mit dem Aufwand übereinstimmen. Die Zahlen der Kostenrechnung (internes Rechnungswesen) unterscheiden in diesen Fällen von denen der Buchhaltung (externes Rechnungswesen). Ihre Berücksichtigung soll die Genauigkeit und damit die Aussagefähigkeit der Kostenrechnung zu verbessern. Sie treten in zwei Formen auf (vgl. Abbildung 59):

Kostenrechnung

```
                    ┌─────────┐
                    │ Kosten  │
                    └────┬────┘
              ┌──────────┴──────────┐
      ┌───────┴────────┐   ┌────────┴────────┐
      │ kalkulatorische│   │ aufwandsgleiche │
      │    Kosten      │   │     Kosten      │
      └───────┬────────┘   └─────────────────┘
        ┌────┴────┐
┌───────┴─────┐ ┌─┴──────────┐
│ Anderskosten│ │ Zusatzkosten│
└─────────────┘ └─────────────┘
```

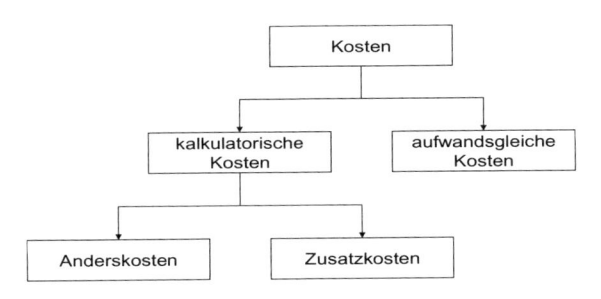

Abbildung 59: Formen der kalkulatorischen Kosten

- Anderskosten: Sowohl die Voraussetzungen für Aufwand als auch für Kosten sind gegeben, allerdings werden sie der Höhe nach in der Finanzbuchhaltung anders erfasst als in der Kostenrechnung. Ein Beispiel ist die unterschiedliche Behandlung von Abschreibungen.
- Zusatzkosten. Bei den Zusatzkosten liegt nicht eine andere Höhe vor als in der Finanzbuchhaltung, sondern sie werden dort gar nicht erfasst. Es liegt kein Aufwand vor, wohl aber ein betrieblicher Input, der kostenrechnerisch zu erfassen ist.

Beispiel: Eine Seniorenresidenz, die in der Rechtsform einer GmbH geführt wird, verfügt über Eigenkapital in Höhe von 25%. In der Finanzbuchhaltung werden dafür keine Aufwandzinsen erfasst. Tatsächlich müssen aber in der Kostenrechnung Zinsen für das gesamte Kapital berücksichtigt werden, das zur Erstellung der Betriebsleistung benötigt wird. Dabei kann die Art der Finanzierung keine Rolle spielen.

Kalkulatorische Abschreibungen

Die Kosten, die für die Abnutzung der Gegenständen angesetzt werden, die nicht zum Verbrauch bestimmt sind, heißen Abschreibungen. Sie erfassen die tatsächliche Wertminderung von Vermögensgegenständen und verteilen sie als Kosten über die Nutzungsdauer.

Die Höhe der Abschreibungen richtet sich -neben dem Wiederbeschaffungspreis- vor allem nach der Zahl der Perioden, über die abgeschrieben werden kann, das ist die für die Kostenrechnung angenommene Lebensdauer des betrachteten Gutes. Die Lebensdauer steht aber in den seltensten Fällen fest, sie muss in aller Regel geschätzt werden. Anhaltspunkte können Erfahrungswerte sein, aber auch Tabellen der Finanzverwaltung, die -allerdings für steuerliche Zwecke- für praktisch jeden denkbaren Anlagegegenstand eine betriebsgewöhnliche Nutzungsdauer angeben. Aber die Überlegungen können im Einzelfall zu ganz anderen Ergebnissen führen, jedenfalls solange sie zu einem nachvollziehbaren voraussichtlich realitätskongruenten Ergebnis führen.

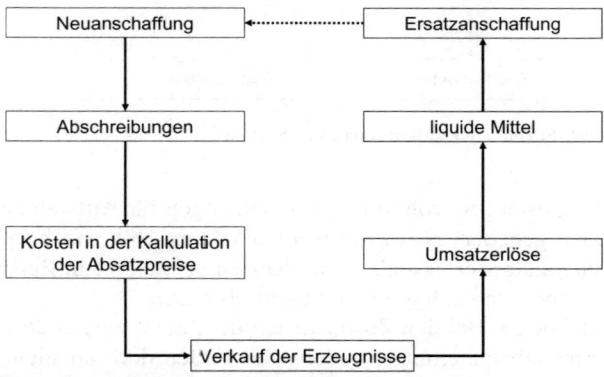

```
   Neuanschaffung  ◄----------  Ersatzanschaffung
         │                              ▲
         ▼                              │
    Abschreibungen              liquide Mittel
         │                              ▲
         ▼                              │
 Kosten in der Kalkulation        Umsatzerlöse
    der Absatzpreise                    ▲
         │                              │
         └──────► Verkauf der Erzeugnisse ──────┘
```

Abbildung 60: Die Finanzierungsfunktion von Abschreibungen

Wenn die Anzahl der Abschreibungsperioden ermittelt ist, muss festgelegt werden, wie die gesamten Abschreibungen auf die einzelnen Perioden verteilt werden können. Die Wertminderung eines Vermögensgegenstandes kann, muss aber nicht gleichmäßig über die Nutzungszeit verteilt sein. Ziel der Kostenrechnung muss aber sein, eine möglichst genaue, jedenfalls aber plausible und nachvollziehbare Verteilung der Abschreibungen zu erreichen (vgl. Abbildung 60).

Zum Beispiel werden Dienst-Pkw zu Beginn ihrer Nutzung allein schon dadurch an Wert verlieren, dass sie fortan als Gebrauchtwagen gelten. Es wird also richtig sein, eine Methode der Abschreibung zu wählen, bei der die Abschreibungsbeträge im Laufe des Betrachtungszeitraums sinken, weil dies den tatsächlichen Werteverzehr abbildet. Selbstverständlich kann auch die entgegengesetzte Überlegung greifen. Bei der progressiven Abschreibungs- methode sind die Beträge zunächst niedrig und steigen dann an.

Die Höhe der Abschreibungen soll die Substanzerhaltung sichern, es ist deshalb notwendig, trotz der großen Unsicherheiten grundsätzlich die Wiederbeschaffungskosten zum Ersatzzeitpunkt als Bemessungsgrundlage zu nutzen. Die Skizze zeigt den Zusammenhang:

Bei der linearen Abschreibung wird von einem gleichmäßigen Werteverzehr über die gesamte Nutzungsdauer ausgegangen.

Die Skizze verdeutlicht das Prinzip (vgl. Abbildung 61):

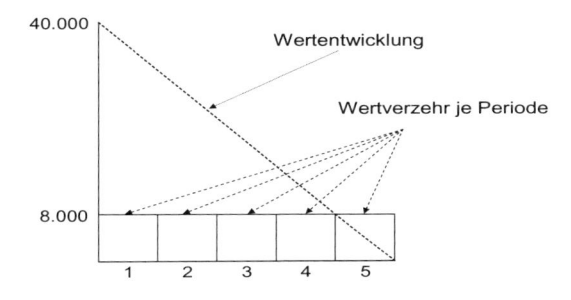

Abbildung 61: Lineare Abschreibung

Bei bestimmten Vermögensgegenständen kommt aber die Fiktion, der Wertverlust sei in den ersten Perioden höher als in späteren, der tatsächlichen Entwicklung näher. – Beispiel: Wird für einen Sportverein ein Kleinbus angeschafft, so ist der Wertverlust in der Regel zu Beginn der Nutzungszeit besonders hoch, nach einigen Jahren nimmt der zusätzliche Wertverlust je Periode ab. Diese Methode der so genannten degressiven Abschreibung kann so dargestellt werden (vgl. Abbildung 62):

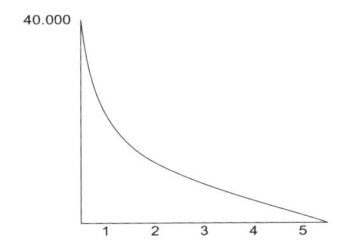

Abbildung 62: Degressive Abschreibung

Der umgekehrte Fall, nämlich dass der Wertverzehr zunächst gering ist, später aber zunehmend größer wird, ist für andere Fälle plausibel (vgl. Abbildung 63). – Beispiel: In einem Jugendzentrum wird ein Computer angeschafft. Der Wertverlust pro Zeiteinheit wird aufgrund der technischen Entwicklung kontinuierlich zunehmen, das Gerät veraltet.

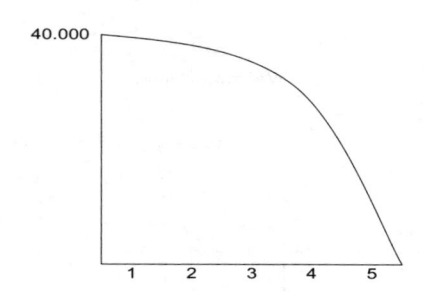

Abbildung 63: Progressive Abschreibung

Kalkulatorische Zinsen

Der Zins ist der Preis, der für die befristete- Überlassung von Geld gezahlt wird. Er wird als Prozentsatz der geliehenen Geldsumme pro Zeiteinheit berechnet.

Im Rahmen der Finanzbuchhaltung werden ausschließlich Zinszahlungen für Fremdkapital, das von Externen zur Verfügung gestellt wird, erfasst. Für die Kostenrechnung reicht das aber nicht aus, weil auch das Eigenkapital verzinst werden muss. Der Markt muss über den Erlös auch das Eigenkapital vergüten. Probleme liegen in der Ermittlung dieses kalkulatorischen Zinses. Diskutiert werden müssen die Berechnungsbasis und die Zinshöhe.

Kalkulatorischer Unternehmerlohn

Um eine Vergleichbarkeit zwischen Personengesellschaften (z.B. KG, OHG) und Kapitalgesellschaften (z.B. GmbH, AG) zu ermöglichen, muss der Unternehmerlohn berücksichtigt werden (vgl. Abbildung 64).

Bei Kapitalgesellschaften sind die Vorstandsmitglieder bzw. Geschäftsführer angestellt, ihr Gehalt wird bei den Personalkosten berücksichtigt. Das ist bei Einzelunternehmen und Personengesellschaften anders, hier muss eine angemessene Entlohnung für die Unternehmertätigkeit ermittelt und als Kostenbestandteil berücksichtigt werden. Andernfalls wären unterschiedliche Rechtsformen nicht vergleichbar.

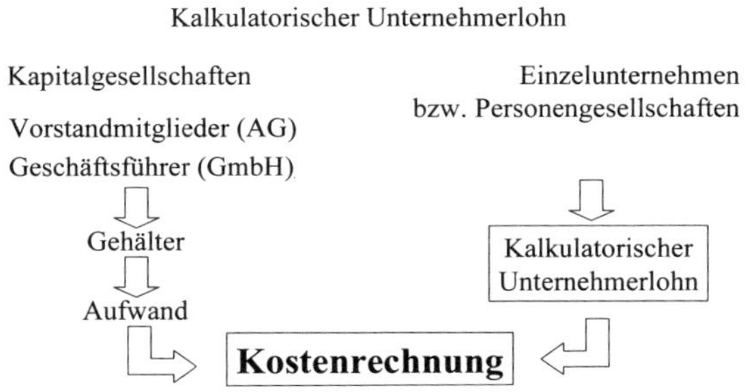

```
                        Kalkulatorischer Unternehmerlohn
   Kapitalgesellschaften              Einzelunternehmen
   Vorstandmitglieder (AG)        bzw. Personengesellschaften
   Geschäftsführer (GmbH)
            ⇩                               ⇩
         Gehälter                     Kalkulatorischer
            ⇩                         Unternehmerlohn
         Aufwand
            ⤷      Kostenrechnung   ⇐⤴
```

Abbildung 64: Kalkulatorischer Unternehmerlohn

Der Unternehmerlohn ist also fiktiv, er führt zu keiner Ausgabe oder Auszahlung. Seine Ermittlung dient allein der Berücksichtigung der Kosten für die Leitung des Unternehmens.

Kalkulatorische Miete

Eine kalkulatorische Miete ist anzusetzen, wenn Räumlichkeiten genutzt werden, für die keine oder keine angemessene Miete gezahlt wird. Das ist insbesondere der Fall, wenn eigene Räumlichkeiten zur Verfügung gestellt werden.

Die Grundüberlegung ist wieder, dass eine Vergleichbarkeit hergestellt werden soll und dass eine mögliche alternative Vermietung berücksichtigt werden muss. Würden fremde Räume genutzt, müsste dafür Miete gezahlt erden, würden die betreffenden Räume Fremden überlassen, wären Mieteinnahmen zu erzielen. Deshalb sind für die betrieblich genutzten privaten Räume kalkulatorische Mietkosten zu berücksichtigen.

Kalkulatorische Wagnisse

Jede unternehmerische Tätigkeit ist mit einem Risiko verbunden. Allgemeine Risiken wie die Frage, ob ein Gewinn erzielt werden kann, das Risiko der konjunkturellen Entwicklung u.ä. sollen durch den Gewinn abgedeckt sein und bedürfen keiner besonderen Behandlung.

Dagegen gibt es spezielle Wagnisse, die unregelmäßig, zufällig und in der Höhe nicht bestimmbar anfallen. Sie wirken sich nicht unmittelbar auf die Gesamtentwicklung aus, ihre Häufigkeit und ihre Größenordnung ergeben sich aus Erfahrungswerten oder aus versicherungsmathematischen Berechnungen.

Die wichtigsten Wagnisse, die als kalkulatorische Kosten Berücksichtigung finden, sind:
- das Anlagenwagnis. Hier werden Schadenfälle und Betriebsstörungen berücksichtigt.
- das Beständewagnis. Realistisch muss mit einem gewissen Schwund beispielsweise bei den Vorräten, aber auch bei anderen Vermögensgegenständen gerechnet werden. Durch Diebstahl und Verderb steht ein Teil tatsächlich für den vorgesehenen Zweck nicht zur Verfügung.
- das Gewährleistungswagnis. Garantieleistungen und vergleichbare Leistungen wie Kulanz, Preisminderungen und Rückrufaktionen können extrem unregelmäßig anfallen.
- das Fertigungswagnis. Hier werden Konstruktions- und Materialfehler, auch Bearbeitungsfehler und andere Mehrkosten erfasst.
- das Entwicklungswagnis. Ob Forschung und Entwicklung zu neuen Produkten führen, die von den Nachfragern auch angenommen werden, ist oft schwer vorhersehbar.
- das Vertriebswagnis. Mögliche Forderungsausfälle sollen in der Kostenrechnung berücksichtigt werden.
- das Währungswagnis. Bei internationalen Geschäftsbeziehungen kann es zu unvorhersehbaren Veränderungen der Umtauschkurse kommen.

Wenn die speziellen Wagnisse als kalkulatorische Kosten berücksichtigt werden, ein Schadensereignis aber nicht eintritt, wirken sie sich gewinnerhöhend aus. In der Praxis wird ein Teil der kalkulatorischen Risiken durch Versicherungen abgedeckt.

3.4 Kostenverteilung

Im sozialen Bereich dürfte die Verteilung der Kosten die interessantesten Gestaltungsmöglichkeiten eröffnen. Dabei geht es darum, die festgestellten Kosten definierten Produkten sinnvoll zuzuordnen. Produkte in diesem Bereich können Jugendfreizeiten, Drogenberatung, Altenbetreuung, Übermittags- betreuung und Ähnliches sein.

Bei allen Maßnahmen wird es Kosten geben, die ausschließlich durch diese Aktivität entstehen, deshalb direkt zuzuordnen sind und keine Auswirkungen auf andere Produkte der Organisation haben. Eine Verteilung ist also nicht erforderlich, die Zuordnung dieser Kosten ist sehr einfach. Ohne Änderung, Bearbeitung oder Verteilung werden sie direkt bei dem jeweiligen Produkt berücksichtigt.

Viel problematischer ist die Zuordnung der Kosten, die mehrere Produkte betreffen. Sie werden Gemeinkosten genannt, manchmal auch Overheadkosten. Die Fragen, die dabei entstehen, lauten z.B.: Welchen Anteil an den Kosten der

Geschäftsführung muss jede Gruppe in einem Jugendzentrum rechnerisch übernehmen, wenn der Raum von mehreren Gruppen genutzt wird? Soll die Nutzungszeit ein Kriterium sein oder die Zahl der Jugendlichen oder führt doch eine Pauschale zu einem sachgerechten Ergebnis?

Es gilt also, Verteilungsschlüssel zu finden. Bei zahlreichen Kostenarten wird sich leicht eine akzeptable Lösung finden lassen. Für die Reinigung könnten dies die gereinigten Flächen sein, für die Heizung der umbaute Raum oder die Zahl und die Größe der Heizkörper, für den Stromverbrauch die Leistungsaufnahme der elektrischen Geräte.

Bei anderen Kostenarten sind die Verteilungsschlüssel oft nicht leicht zu finden. Was aber zunächst als Schwierigkeit erscheinen mag, kann auch eine Chance sein, die Verteilung im Interesse der Einrichtung zu regeln.

Die Betriebswirtschaftslehre schlägt dazu den BAB vor, den Betriebsabrechnungsbogen. Er ist grundsätzlich eine Kosten- verrechnungstabelle, also ein Instrument der Kostenstellenrechnung. Die verschiedenen Gemeinkostenarten werden durch ein -jeweils für die betrachtete Organisation speziell zu entwickelndes- System den Kostenstellen zugeordnet. Dadurch wird -einen sachgerechten Verteilungsschlüssel vorausgesetzt- jede Kostenstelle mit dem Bruchteil der jeweiligen Kostenart belastet, der von ihr verbraucht worden ist.

Der BAB ist zeilenweise nach Kostenarten und spaltenweise nach Kostenstellen gruppiert. Zunächst werden alle Kostenarten aufgelistet und nach Kostenstellen aufgeteilt und eingetragen. Der allgemeine Bereich enthält die Kosten, die für alle Kostenträger notwendig und damit nicht direkt zurechenbar sind. In mehreren Schritten werden die Kosten der allgemeinen Bereiche den Hauptkostenstellen zugeordnet.

Die Transparenz ist dabei davon abhängig, wie geschickt -bezogen auf die Organisationseinheit- die Reihenfolge der Kostenstellen gewählt wird. Die Kostenstellen, die abschließend belastet werden sollen, auf denen also die Kosten für die Produkte letztlich ermittelt werden sollen, ordnet man sinnvollerweise möglichst weit rechts ein, während die Kostenstellen, deren Inhalt noch weiter verteilt werden muss, möglichst weit links stehen sollten. Dadurch wird eine einfache innerbetriebliche Leistungsverrechnung möglich.

Das Prinzip lässt sich an einem Beispiel verdeutlichen (vgl. Tabelle 16):

Kostenverteilungsplan

Kostenart	Betrag	Allgemeine Kosten		Hauptstellen		Hilfsstellen	
		Fuhrpark	Heizung	Haus II	Haus II	Küche	Verwaltung
Gehälter	39.500	3.000	3.000	5.500	5.500	9.000	6.000
Sozialaufwand	9.340	600	600	1.100	1.100	1.800	1.200
Material	5.000	100	200	1.000	1.000	700	2.000
Abschreibungen	10.900	600	1.200	4.500	5.500	1.000	800
Zinsen	3.800	200		600	600		2.400
Sonstige GK	6.000						
	65.800	4.500	5.600	14.200	15.200	13.100	13.200
		200		2.000	2.000	400	1.000
		4.700					
				1.800	2.200		700
							14.900
				5.000	5.800	4.100	
						17.600	
				8.500	9.100		
				31.500	34.300		

Tabelle 16: Kostenverteilungsplan

Dieses Verfahren ist besonders hilfreich, wenn die Kosten vorab bekannt sein müssen, wenn also eine Kalkulation gemacht werden muss. Die Einzelkosten lassen sich in der Regel leicht feststellen. Mit Hilfe des BAB lassen sich die Gemeinkosten im Verhältnis zu den Einzelkosten ermitteln, durch Anwendung dieses Zuschlagsatzes sind die Gesamtkosten nach einer einfachen Multiplikation bekannt.

Dabei wird bewusst in Kauf genommen, dass der Zuschlagsatz mit Zahlen aus der Vergangenheit errechnet worden war. Solange dieses Problem bekannt ist und solange sich die Gemeinkosten nicht in einem anderen Verhältnis ändern als die Einzelkosten, steht einer Anwendung dieses praktischen Instruments aber nichts entgegen.

Wenn die Anforderungen nicht zu weit getrieben werden, liegt mit dem BAB ein einfaches und übersichtliches Informationsinstrument vor, das den Bedürfnissen der jeweiligen Organisationseinheit leicht angepasst werden kann. Es ist für Non-profit-Unternehmen genauso einsetzbar wie für Teilbereiche großer Verwaltungen und kann deshalb in Arbeitsbereichen, wie sie typischerweise im sozialen Bereich zu finden sind, ein Hilfs- und Unterstützungsinstrument sein.

4 Deckungsbeitrag

Bei der bisher unterstellten Vollkostenrechnung werden alle entstandenen Kosten, die in einer Periode anfallen, auf die Kostenträger, also die Produkte, verteilt. Sie eignet sich damit vor allem für die Erfolgsrechnung und die Kalkulation. Für die Berücksichtigung aller Kostenbestandteile spricht, dass letztlich sämtliche Kosten von den Erlösen gedeckt sein müssen, sonst wäre die Existenz der betrachteten Organisationseinheit auf Dauer gefährdet.

Für produktbezogene Entscheidungen ist aber von grundlegender Bedeutung, ob und in welchem Ausmaß ein Beitrag geleistet werden kann zur Deckung des Fixkostenblockes. Dazu dient die Deckungsbeitragsrechnung. Sie ist – auch in Organisationseinheiten, die keine Gewinnerzielungsabsicht haben – eine wichtige Hilfe, wenn entschieden werden muss, ob eine Maßnahme auch dann durchgeführt werden soll, wenn nicht alle Kosten gedeckt sind.

Zunächst erscheint die Vermutung einsichtig, dass es nicht sinnvoll sein könne, einen Auftrag anzunehmen, wenn die ermittelten und veranschlagten Kosten höher sind als die erwarteten Einnahmen. Die Orientierung an dieser simplen Überlegung muss jedoch nicht zu dem bestmöglichen Ergebnis führen.

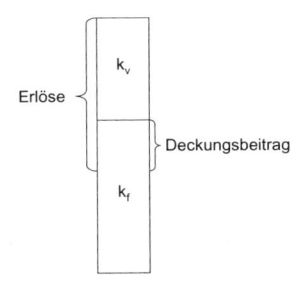

Abbildung 65: Ermittlung des Deckungsbeitrages

Zur Anwendung der Deckungsbeitragsrechnung werden die Kosten zunächst aufgeteilt in fixe und variable Kosten. Der Deckungsbeitrag ist dann definiert als Differenz zwischen Erlösen und variablen Kosten (vgl. Abbildung 65). Die möglichst genaue Kostenaufteilung ist also Voraussetzung für den Erfolg der Deckungsbeitragsrechnung.

Der Deckungsbeitrag wird für jeden Kostenträger festgestellt und zeigt folglich, welchen Beitrag dieser Kostenträger zur Deckung der Fixkosten leistet. Wenn der Deckungsbeitrag positiv ist, also

$$\text{Erlöse} - \text{variable Kosten} > 0,$$

leistet er einen Beitrag zur Deckung der fixen Kosten, die insgesamt anfallen. Auch eine Leistungserbringung, die bei einer Vollkostenrechnung zu einem Verlust führt, kann dann einen Beitrag zur Deckung der fixen Kosten liefern, die auch bei Einstellung der Produktion nicht verhindert werden könnten.

Beispiel: Die Küche in einer Seniorenresidenz erhält den Auftrag, ein Geburtstagsessen für 50 Personen außer Haus zu liefern. Die Kapazität dafür ist vorhanden. Der Auftraggeber ist bereit, 30 € je Essen, also insgesamt 1.500 €, zu bezahlen.

Die Kalkulation ergibt, dass 28 € variable Kosten pro Essen anfallen, die also nur durch diesen Auftrag entstehen (z.B. Lebensmitteleinsatz, Energie, Auslieferung). Die Fixkosten, die auch ohne diesen Auftrag anfallen (z.B. Personalkosten, Küchenausstattung), sind also in den 28 € nicht enthalten und würden bei Vollkostenrechnung zusätzlich 10 € pro Essen ausmachen.

Die Deckungsbeitragsrechnung hilft, zu entscheiden, ob dieser Auftrag angenommen werden sollte: Bei einer Vollkostenrechnung mit Berücksichtigung der variablen und der anteiligen fixen Kosten muss der Auftrag abgelehnt werden, weil die Kosten in Höhe von 38 € (28 € + 10 €) durch den maximalen Preis von 30 € nicht gedeckt sind. Allerdings führt die Annahme des Auftrages zu einem Deckungsbeitrag von 100 € (30 € Erlöse - 28 € variable Kosten) x 50 Essen). Der Auftrag sollte angenommen werden, denn er trägt dazu bei, die Fixkosten der Küche zu decken. Sind die schon durch andere Aufträge gedeckt, so sind die 2 € pro Essen Gewinn für die Einrichtung.

Mit Hilfe der Vollkostenrechnung, die verlangt, dass auch die Fixkosten gedeckt sein müssen, würde man hier zu einer betriebswirtschaftlich falschen Entscheidung kommen. Natürlich muss aber grundsätzlich die Summe aller Deckungsbeiträge die Höhe der Fixkosten mindestens erreichen.

Eine Deckungsbeitragsrechnung kann als Teilkostenrechnung die Vollkostenrechnung nicht ersetzen. In bestimmten Fällen aber, besonders wenn in einer bestehenden Organisationseinheit die Aufnahme von zusätzlichen Aktivitäten geprüft wird, kann sie eine sinnvolle Entscheidungshilfe sein, ja führt oft zu dem betriebswirtschaftlich einzig sinnvollen Ergebnis.

Allerdings soll nochmals auf eine – selbstverständliche – Bedingung hingewiesen werden: Bei allen Entscheidungen, die auf Ergebnissen von Deckungsbeitragsrechnungen beruhen, ist die Kostenstruktur der Gesamtorganisation zu beachten. Sonst könnten trotz positiver Deckungsbeiträge der verschiedenen Aktivitäten ihre Summe die gesamten Fixkosten nicht gedeckt sein und damit insgesamt keine Kostendeckung erreicht werden. Langfristig müssen aber die Gesamtkosten durch die Erlöse gedeckt sein. Das Absatzvolumen, bei dem die Summe der erzielten Deckungsbeiträge genau so hoch ist wie der Fixkostenblock, bei dem also gerade Kostendeckung erreicht wird, kann durch eine einfache Berechnung ermittelt werden:

$$\text{Zur Kostendeckung erforderliche Menge} = \frac{\text{Fixkosten}}{\text{Deckungsbeitrag}}$$

5 Auswertung

Da die Kostenrechnung ein Kontroll-, Entscheidungs- und Steuerungsinstrument sein soll, muss es Regeln geben, nach denen die erfassten Daten ausgewertet und bewertet werden.

5.1 Kurzfristige Erfolgsrechung

Eine der wesentlichen Aufgaben der Kostenrechnung ist die Ermittlung des betriebszweckbezogenen Ergebnisses. Das ist grundsätzlich die Differenz zwischen Kosten und Leistung:

	Leistung
./.	Kosten
=	Betriebsergebnis

Während in der Finanzbuchhaltung das Ergebnis in der Regel für ein Jahr festgestellt wird, muss das kostenrechnerische Ergebnis auch kurzfristiger zur Verfügung stehen, wenn die Kostenrechnung ihrer Aufgabe gerecht werden soll, für Auswertungs- und Entscheidungszwecke zu dienen. Um kurzfristig zu Steuerungszwecken nutzbar zu sein, wird die Erfolgsrechnung im Rahmen der Kosten- und Leistungsrechnung mindestens monatlich, aber auch bei besonderem Bedarf durchgeführt.

5.2 Break-even-Analyse

Das zentrale Interesse der Auswertung der Kostenrechnung gilt aber der Frage, welche Ausbringungsmenge erforderlich ist, um Gewinn zu erzielen. Der Gewinn eines Unternehmens ist in der Marktwirtschaft der wichtigste Maßstab für den Erfolg. Die Break-even-Analyse erleichtert, die operativen und strategischen Entscheidungen schnell und zielbezogen vorzubereiten und zu treffen. Das Verfahren ist einfach und flexibel nutzbar, so dass man damit auch ohne allzu intensive kostenrechnerische Vorbildung Entscheidungssituationen durchspielen kann (vgl. Abbildung 66). Es geht um die Untersuchung, bei welchen Parameterwerten ein Vorhaben in der Gewinnzone ist und wo die Grenzwerte liegen, wann also Kostendeckung erreicht wird.

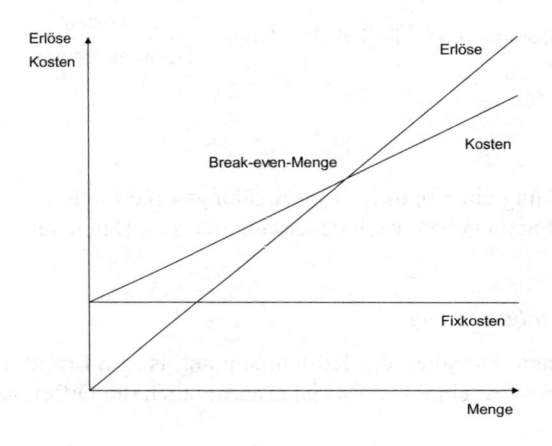

Abbildung 66: Break-Even-Analyse

Am Break-even-Point werden die Fixkosten von den beim Verkauf erzielten Deckungsbeiträgen vollständig abgedeckt. Man erreicht die Gewinnschwelle. Der Break-even-Point lässt sich also ermitteln als:

$$break-even-point = \frac{Fixkosten}{Deckungsbeitrag}$$

Die Break-even-Analyse ist ein wichtiges Instrument für die Unternehmensplanung. Sie hilft, den Einfluss von Änderungen der Kostenstruktur zu analysieren und die Anforderungen an die Absatzmenge festzustellen. Aus der Formel sind im Zusammenhang mit der Skizze folgende Zusammenhänge zu erkennen: Steigen die Fixkosten oder die variablen Kosten je Stück, steigt der Break-even-Point. In diesem Falle ist eine höhere Stückzahl zu produzieren und abzusetzen, um keine Verluste zu erwirtschaften. Steigt jedoch der Preis, so sinkt der Break-even-Point.

Mit der Break-even-Analyse lassen sich die Auswirkungen auf den Gewinn bei Umsatz- und Kostenänderungen feststellen. Beispielsweise können Fragen nach den Auswirkungen zusätzlicher Werbung oder notwendiger Preissenkungen auf den Gewinn beantwortet werden.

Wenn ein neues Produkt geplant ist, die künftige Absatzmenge aber nicht genau vorhersehbar ist, gibt der Break-even-Point an, wie hoch die Absatzmenge mindesten sein muss, um eine Kostendeckung zu erreichen.

6 Grenzen der Kostenrechnung im sozialen Bereich

Wenn die Leistungsmessung so schwierig ist, taucht ein neues Problem auf, das nicht verschwiegen werden kann, wenn seriös argumentiert wird und wenn keine Scheinlösungen geboten werden sollen.

In vielen Fällen ergibt sich nämlich die zunächst naheliegende, tatsächlich aber in eine Falle führende Situation, dass rechnerisch besonders große Organisationseinheiten zu besonders kostengünstigen Ergebnissen führen. Dass bei einer Jugendfreizeit die Kosten pro Teilnehmer umso niedriger sind, je mehr Jugendliche teilnehmen, ist evident. Die einrichtungs- und die maßnahmebezogenen Fixkosten verteilen sich auf eine größere Zahl von Teilnehmern und könne deshalb pro Person niedriger sein.

Ähnlich sieht es z.B. auch bei einer Schuldenberatung aus. Je mehr Beratungen in einem bestimmten Zeitraum stattfinden, desto niedriger sind die Kosten für Personal, Miete, Telefonanlage, Reinigung und andere Fixkosten, die pro Beratung zu berücksichtigen sind. Damit wird rechnerisch jede Beratung um so billiger, je mehr Beratungen durchgeführt werden. Dieses unter kostenrechnerischen Aspekten richtige Ergebnis wird aber obsolet, wenn man sozialpolitisch wünschenswerte Ergebnisse dagegen hält. Es bedarf keiner Erläuterung, dass es eben nicht Ziel sein kann und darf, möglichst viele Fälle von Schuldnerberatung zu haben.

Geradezu absurd werden die Ergebnisse einer korrekten Kostenrechnung, wenn sie sich auf Einrichtungen mit festliegender Kapazität beziehen, bei denen aber gesellschaftspolitisch wünschenswert wäre, jeden einzelnen Fall zu vermeiden. Das gilt z.B. für Justizvollzugsanstalten, wird aber am Beispiel eines Kinderheimes überdeutlich. Die Kostenrechnung würde feststellen, dass die Tagessätze dann niedrig kalkuliert werden können, wenn eine möglichst hohe Auslastung erreicht wird. Wer also eine möglichst kostengünstige Heimunterbringung anstrebt, würde zu dem Ergebnis kommen, dass möglichst viele Kinder und Jugendliche in diesem Heim untergebracht werden müssten. Das aber kann nicht ernsthaft gewollt sein.

Die Beispiele verdeutlichen, dass die Kostenrechnungsinstrumente, die von der Betriebswirtschaftslehre bereitgestellt werden, im Hinblick auf ihre Ergebnisse kritisch geprüft werden müssen. Im sozialen Bereich muss das angestrebte Ziel im Vordergrund stehen, und um dieses kostengünstig zu erreichen, kann dann die Kostenrechnung unterstützend herangezogen werden. Auch in dem Kinderheim ist eine Kostenrechnung sinnvoll, z.b. um die kostengünstigsten Arbeitsabläufe zu finden oder um die Entscheidung für eine Erweiterung vorzubereiten. Sogar der kostendeckende Tagessatz kann ermittelt werden, er muss sich aber an Fakten und Erfahrungen orientieren. Wenn dagegen eine von den sozialen Zielen unabhängige Kostenoptimierung angestrebt würde, wären die Ergebnisse wahrscheinlich politisch und gesellschaftlich nicht konsensfähig.

7 Fazit

Die Kostenrechnung kann – trotz der angedeuteten Probleme – bei der sozialen Arbeit vor Ort eine wertvolle Hilfe und ein wirksames Instrument sein, eigene Interessen und diejenigen der Klientel besser durchzusetzen. Gerade weil sie typischerweise in einen organisatorischen Apparat eingebunden sind, gilt es, die Methoden, die die Betriebswirtschaftslehre bereitstellt, zu kennen, um sie möglichst kritisch und gezielt anwenden zu können.

Der Einsatz einer zielgerichtete gestalteten Kostenrechnung eröffnet für viele Bereiche der sozialen Arbeit, die von ihrem Selbstverständnis her nicht primär ökonomisch orientiert war und deren Verantwortliche lange Zeit die betriebswirtschaftlichen Elemente ihrer Arbeit eher als Randaspekt gesehen haben, eine neue solide und ökonomisch begründete Basis.

Dann kann auch die einfache, aber wichtige Frage beantworten, wie teuer die soziale Arbeit ist bzw. die Arbeitsergebnisse sind. Diese selbstverständliche Information, die doch oft so schwer zu bekommen ist, kann im innerbetrieblichen Konflikt um knappe Budgets eine entscheidende Rolle spielen. Und sie macht eben auch deutlich, dass auch Leistungen im sozialen Bereich, dass auch die Arbeit mit Menschen, die Unterstützung benötigen, ihren Preis haben muss. Der Vorstellung, dass solche Arbeiten lediglich guten Willen erfordern, kann eine substanziell begründete Absage erteilt werden.

Dabei wird es wiederum eine große Hilfe sein, dass die Kostenrechnung bei der gleichen Problemstellung zu mehreren „richtigen" Lösungen kommen kann. Wer die vorhandenen Instrumente zielgerichtet und interessenbezogen einsetzen kann, wird sich leichter gegen Eingriffe von außen oder „von oben" zur Wehr setzen können.

Die Kostenrechnung wird zu einem Steuerungsinstrument reifen, das auch Sozialeinrichtungen jeder Art in die Lage versetzen wird, sich an den - teilweise noch in der Entwicklung befindlichen- Märkten zu positionieren und dem Wettbewerb zu stellen. Ihre grundsätzliche Beherrschung muss und kann zukünftig von ihren Führungskräften erwartet werden. Das wird einerseits innerbetrieblich die Auseinandersetzungen um knappe Ressourcen vereinfachen und andererseits nach außen die ökonomisch notwendigen Bedingungen dokumentieren.

8 Literatur

Haberstock, Lothar und Breithecker, Volker (2004): Kostenrechnung I, 12. Aufl., Berlin: Erich Schmidt Verlag

Josse, Germann (1998): Basiswissen Kostenrechnung, 3. Aufl., München: Beck-dtv

Nicolini, Hans J. (2005): Kostenrechnung für Sozialberufe. Wiesbaden: VS Verlag für Sozialwissenschaften

Weber, Rainer (1999): Kostenmanagement für Dienstleister und Non-Profit-Unternehmen. Renningen: ExpertVerlag

Wöhe, Günter (2002): Einführung in die allgemeine Betriebswirtschaftslehre. 21. Aufl., München: Vahlen

Abstracts

Klaus Hofemann: Handlungsspielräume des Neuen Steuerungsmodells (NSM)
Während der Bedarf an sozialen Dienstleistungen steigt, unterliegt das Finanzierungspotenzial der öffentlichen Hände seit Jahren erheblichen restriktiven Beschränkungen. Das Neue Steuerungsmodell hat eine doppelte Zielsetzung: Ökonomisierung von Dienstleistungen durch mehr Effektivität und Effizienz und Herstellen von mehr Bürgernähe und Transparenz bei den angebotenen Dienstleistungen. In Bezug auf die soziale Arbeit sind zwei Optionen relevant: Werden wichtige Ziele wie Leitbildorientierung, Bürgernähe, höhere Effektivität und bessere Qualität erreicht oder engen die eingesetzten Steuerungsinstrumente die sozialen und pädagogischen Handlungsspielräume in der sozialen Arbeit zu Lasten der Klienten ein? Fraglich ist auch generell, ob die besonderen Merkmale personenbezogener sozialer Dienste die Etablierung einer „als-ob-Marktsituation" erlauben. Der Beitrag stellt darauf ab, die Implikationen marktlicher Steuerung herauszuarbeiten und ihre Anwendung auf den sozialen Sektor zu überprüfen. Er kommt zu dem Ergebnis: Fachliche Standards der sozialen Arbeit sind nach wie vor die zentralen Orientierungsgrößen, wenn das Angebot an hochwertiger sozialer Arbeit sichergestellt werden soll.

Brigitte Dorst: Sozialmanagement aus der Frauen- und Geschlechterperspektive
In diesem Beitrag geht es um das Problem des Ungleichgewichts zwischen Männern und Frauen im Führungsbereich. Hindernisse und Schwierigkeiten für Frauen, in einflussreiche Positionen zu gelangen, werden benannt. Diese wirken sich nicht nur nachteilig auf die Karrierechancen für Frauen aus, sondern sind ebenso von Nachteil für die Nutzung des Führungspotenzials in Betrieben und Organisationen, für effektives Qualitätsmanagement. Diskutiert werden Fragen des so genannten weiblichen Führungsstils. Im Anschluss werden spezifische Maßnahmen zur Förderung von Frauen sowie zur Verwirklichung von mehr Geschlechterdemokratie in Organisationen vorgestellt.

Herbert Schubert: Zur Logik des modernen Managementbegriffs
Die Koordination von planenden, organisierenden und kontrollierenden Tätigkeiten kann nur zielführend sein, wenn sie auf der Fähigkeit der Beteiligten aufbaut, sich selbst zu führen. Für das Sozialmanagement folgt daraus eine inkre-

mentalistische Perspektive: Im Mittelpunkt steht nicht mehr die zentrale Steuerung durch obere Instanzen (im Sinn eines institutionellen Managements), sondern die funktionale Steuerungskaskade über alle Instanzen. Der Beitrag zeigt auf, dass der Managementprozess drei Ebenen umfassen muss: Auf der Ebene des normativen Managements geht es um Fragen der Zielorientierung. Auf der zweiten Ebene des strategischen Managements steht die Führungsaufgabe, die Zielsetzungen der Dienstleistungsproduktion zu konkretisieren und mit der operativen Ebene zu kontraktieren. Dabei kommt es darauf an, dass die Ziele der Organisation in der Selbstkontrolle der Mitarbeiter/innen verankert sind. Auf der dritten Ebene des operativen Managements sind die Arbeitsabläufe an den strategischen Zielbestimmungen sowie an der fachlich angestrebten Dienstleistungsqualität der Organisation auszurichten. Hier liegt auch die Produktverantwortlichkeit.

Conrad von Fürstenberg: Qualitätsmanagement
Nicht erst seit den Zeiten knapper Kassen werden an die Qualität sozialer Dienstleistungen steigende Anforderungen gestellt. Oft reichte es aber aus, Engagement unter Beweis zustellen, die Fähigkeit zu besitzen, auf Menschen zugehen zu können, Problemlagen zu erkennen. Dies hat sich im vergangenen Jahrzehnt erheblich verändert: Ins Zentrum ist die Effektivität der Dienstleistung gerückt, der Nutzen eingesetzter Mittel. In diesem Bereich tätige Organisationen – egal ob privatwirtschaftlich oder öffentlich verfasst – müssen die im Ergebnis geforderte Qualität durch geeignete Vorgehensweisen organisieren, wollen sie mittelfristig in der Lage sein, die gestellten Anforderungen zu erfüllen. Für sie heißt dies, Ergebnisqualität durch Verfahrensqualität sicherzustellen. Immer deutlicher wird dabei der Bedarf an standardisierten Prozessen, deren Definition zwar zunächst einigen Aufwand bedeutet, nach kurzer Zeit jedoch schon ihre positive Wirkung in Form von verlässlichen Verfahrensweisen zeigt. Für die innerorganisatorische Umsetzung ist sowohl die Orientierung auf die Erfahrungen und das Know-how der Mitarbeiter als auch die eindeutige Ausrichtung aller Prozesse an den Anforderungen der Kunden unbedingte Voraussetzung. Fast alle Organisationen bedienen sich dabei eines übergreifenden Qualitätsmanagement-Modells, das auf den eigenen Bedarf zugeschnitten wird. Der Beitrag gibt einen Überblick über diese Elemente des Qualitätsmanagements, zeigt ihre Wechselwirkung auf und stellt sie in Bezug zu Einstellungen, die nicht nur im Bereich sozialer Dienstleistung kritische Distanz signalisieren. Er bietet einerseits eine Grundlage für die weiterführende Auseinandersetzung mit dem Thema, andererseits versetzt er in die Lage, mit den Instrumenten des Qualitätsmanagements vertraut zu werden und umgehen zu können.

Peter Vermeulen: Ausgliederung sozialer Aufgaben

Der Beitrag beleuchtet verschiedene Aspekte eines Ausgliederungsprojektes sozialer Aufgaben und Einrichtungen und beschreibt ein bewährtes Vorgehen in verschiedenen Schritten. Der Autor ist Unternehmensberater, der sich auf die Besonderheiten des Sozialbereichs spezialisiert hat. So ist sein Blickwinkel nicht ausschließlich durch Wirtschaftlichkeitsdenken getrübt, aber eben auch nicht durch Fachlichkeit überprägt. Bisher wurden Fragen der Ausgliederung vorrangig im Bereich der Ermessensaufgaben diskutiert. Die Übertragung auf den Sozialbereich setzt allerdings ein tiefes Verständnis für Aufgaben und Inhalte voraus. Beispielsweise stellt die Jugendpflege und -hilfe überwiegend hoheitliche, die Unterhaltung eines Jugendzentrums aber auch gemeinwirtschaftliche und der Betrieb eines Cafés im Jugendzentrum vielleicht erwerbswirtschaftliche Aufgaben dar. Im sozialen Bereich mischen sich oft hoheitliche und freiwillige Aufgaben. Die Grenze für Ausgliederungsüberlegungen ist primär eine politische und zumeist weniger eine rechtliche Frage. Doch mit der Frage der Ausgliederung gehen oftmals Fragen der Neuausrichtung von Nonprofit-Organisationen einher. Je aktiver eine Einrichtung ist, desto höher werden betriebliche Risiken. Von einer Ausgliederung versprechen sich die Verantwortlichen höhere Flexibilität. Andererseits fordern Einrichtungs- oder Angebotsträger Budgetentlastung. Das Spannungsfeld zwischen Zuschussreduktion und Wirksamkeitssteigerung wird beschrieben. In dem Beitrag werden Zusammenhänge zwischen Verwaltungsreform und Ausgliederung beleuchtet und Erfolgspfade zur Ausgliederung dargestellt.

Michael Urselmann: Sozial-Marketing

Das Verhältnis zwischen (Sozial-) Marketing und sozialer Arbeit war zunächst ein sehr schwieriges – und ist es zum Teil noch heute. Die Ursachen liegen schon im Begrifflichen. Was genau unter dem schillernden Anglizismus zu verstehen ist, war lange Zeit ziemlich unklar. Noch heute wird Marketing gerne auf Werbung reduziert, die wiederum im Verdacht der Manipulationsabsicht steht. So wird Marketing – obwohl von zentraler Bedeutung für das Management – im sozialen Bereich mit gemischten Gefühlen betrachtet. Dieser Beitrag möchte die Ursachen einer immer noch anzutreffenden Marketing-Skepsis in der sozialen Arbeit beleuchten und für eine unvoreingenommene Auseinandersetzung mit dem für das (Sozial-) Management so wichtigen Leitkonzept werben. Im beiderseitigen, wie im Interesse der Klienten, tun die soziale Arbeit wie auch das Marketing gut daran, ideologischen Ballast der Vergangenheit abzuwerfen und sich vorurteilsfrei und undogmatisch für einander zu öffnen. Einerseits sollte soziale

Arbeit Marketing als eine zunächst wertneutrale Sozialtechnik begreifen, die – richtig verstanden und wertebasiert eingesetzt – ein nützliches Vehikel für die eigene Arbeit darstellen kann. Dem Marketing muss es andererseits gelingen, durch einfühlsame Adaption seines Instrumentariums auf die speziellen Erfordernisse in der sozialen Arbeit, dieser erkennbare, überzeugende Vorteile zu liefern. Nur so kann Marketing Akzeptanz und Vertrauen erlangen. Der Lernprozess war und ist also ein beidseitiger.

Herbert Schubert: Kontraktmanagement
In dem Beitrag wird das Kontraktmanagement als zentrales Instrument der Ergebnissteuerung nach dem Neuen Steuerungsmodell beschrieben. Es werden die Anforderungen an Kontrakte verdeutlicht, bei der Produktion von sozialen Dienstleistungen in besonderer Weise der Schnittstelle zwischen dezentraler Fach- und Ressourcenverantwortung Genüge zu leisten. Die Ausgestaltung von Kontrakten muss sowohl an der Erreichung fachlicher Ziele orientiert als auch mit Ressourcenzielen verknüpft werden. Als pragmatische Weiterentwicklung wird in dem Beitrag vorgeschlagen, das Kontraktmanagement für sozialwirtschaftliche Dienstleistungskontexte in kleineren territorialen Gebietszuschnitten nach einer Netzwerklogik zu organisieren. Territorial abgegrenzte Verantwortlichkeiten sind einerseits überschaubar und andererseits in ihren Interdependenzen bei der Festlegung der übergeordneten Gesamtziele sowie bei der Abstimmung mit untergeordneten Handlungszielen organisatorisch zu bewältigen. Diese Logik liegt auch dem Begriff der „Sozialraumorientierung" zu Grunde. Sie eröffnet durch eine differenzierte fachliche und ressourcenbezogene Zielsteuerung die Chancen für eine Kundenorientierung, für eine prozessorientierte Koordination von Dienstleistungsnetzwerken und für Lernschleifen, an denen alle Organisationen sowie Mitarbeiterinnen und Mitarbeiter partizipieren. Das Fazit lautet: In den Handlungsfeldern der sozialen Arbeit sollen die Kommunen das Kontraktmanagement zukünftig in eine nach Sozialräumen strukturierte Netzwerksteuerung einbetten.

Sandra Nüß: Projektmanagement in der sozialen Arbeit
Veränderte Anforderungen, komplexere Aufgaben, eine schärfere Marktsituation, veränderte Kundeninteressen , aber auch knappe Finanzmittel und die damit verbundene Forderung zum wirtschaftlichen Arbeiten erfordern Innovationen und ein Umdenken im Bereich der sozialen Dienstleistungen. Über Projektarbeit können Lern- und Veränderungsprozesse initiiert werden, die zu fachlichen und organisationalen Weiterentwicklungen und zur Professionalisierung der sozialen Arbeit führen. Die Sozialwirtschaft kann hier auf die bereits in der Erwerbswirt-

schaft und im technischen Bereich erfolgreich angewandte Methode des Projektmanagements zurückgreifen. Diese Methode besitzt ein hohes Maß an Allgemeingültigkeit, so dass sie – gegebenenfalls in modifizierter Form – auch in Projekten der sozialen Arbeit Anwendung finden kann. In der sozialen Arbeit bietet das Projektmanagement ein professionelles, qualitätsorientiertes Handlungsschema für grundlegende Strukturveränderungen und dient insbesondere der Kostenersparnis sowie einer Erhöhung der Effektivität. Gleichzeitig leistet eine qualifizierte Projektarbeit durch die professionelle Planung und die zielorientierte Steuerung einen Beitrag zur fachlichen Weiterentwicklung und fördert das Erzielen wirksamer Ergebnisse. Der Beitrag beschreibt die Anwendung der Projektmanagementmethode für den Bereich sozialer Dienstleitungen und stellt dar, wie das Projektmanagement als wirksames Instrument erfolgreicher Projektarbeit und der Organisationsentwicklung genutzt werden kann.

Herbert Schubert: Netzwerkmanagement
Netzwerke repräsentieren eine neue flexible Organisations- und Steuerungsform zwischen Markt und Hierarchie, um die Kooperationskultur zwischen öffentlichen, sozialwirtschaftlichen und zivilgesellschaftlichen Akteuren zu verbessern und nicht-staatliche Interessen wirkungsvoll einzubinden. Damit die Kooperation der öffentlichen Einrichtungen und freien Träger innerhalb eines Sozialraums oder eines fachlichen Handlungsfeldes organisiert und koordiniert werden kann, sind besondere Fach- und Methodenkompetenzen zu erwerben, die in dem Beitrag unter dem Leitbegriff des „Netzwerkmanagements" zusammengefasst werden. Vorgestellt werden die folgenden Instrumente: Bestandsaufnahme des sozialräumlichen Akteursfeldes mit einer Stakeholderanalyse, differenzierte Aufbauorganisation im Sinn einer ‚Netzwerkarchitektur' und Prozess- / Projektmanagement zur Entwicklung des Netzwerks sowie zur Förderung einer nachhaltigen Netzwerkkultur. Die Grundaufgaben des Netzwerkmanagements bestehen darin, die lokalen Schlüsselpersonen zu ermitteln, ihre Interessen zu identifizieren, die bestehenden Vorvernetzungen zu analysieren und den Einfluss der Akteure zu bewerten. Bei der Gestaltung des Vernetzungsprozesses ist der Einsatz weiterer Managementinstrumente erforderlich.

Herbert Schubert: Controlling als Assistenz im Steuerungsprozess

Das Controlling soll ein Dilemma lösen, dem sich viele Entscheider/innen bei öffentlichen und freien Trägern gegenüber sehen. Sie verfügen einerseits nur über unvollkommene Informationen in einem dynamischen Umfeld und andererseits nur über begrenzte Kapazitäten für die Verarbeitung der Informationen. In der Abgrenzung vom allgemeinen Management (der Steuerung) leistet das Controlling eine Führung unterstützende „Sekundärkoordination", weil es – im Sinne einer ‚Assistenz' – Informationen bereitstellt, die eine verbesserte Koordination der Teilsysteme durch die Entscheidungsträger ermöglicht. In dem Beitrag wird das Controlling als ‚Instrumentenkoffer' vorgestellt, mit dessen Inhalt die Rationalität in Entscheidungsprozessen der Sozialwirtschaft gesichert werden kann.

Sandra Biewers: Schnittstellen von Sozialplanung und Controlling

Da Umfang und Struktur der sozialen Dienste und Leistungen sich zwar nach dem Bedarf richten sollen, letztlich aber von öffentlichen Finanzmitteln abhängen, ist die Bestimmung der sozialen Infrastruktur Ergebnis originär politischer Entscheidungen. Grundlagen für diese zum einen sozialpolitischen und zum anderen finanzpolitischen Entscheidungen liefern Sozialplanung und Controlling. Durch die Erhebung und Analyse zuverlässiger empirischer Daten und Informationen über Problemlagen und Maßnahmenwirkungen bereitet die Sozialplanung fachliche Entscheidungen der Politik vor. Das Controlling bewertet als vorrangig betriebswirtschaftliches Instrument die Effizienz kommunaler Leistungen und definiert in der Folge Aussagen über den Grad der Erreichung finanzpolitischer Ziele. Der Beitrag erläutert die fachspezifischen Abläufe und zeigt die Schnittstellen der beiden Instrumente Sozialplanung und Controlling auf. Dazu werden die vier Phasen: fachliche und finanzielle Planung, Maßnahmenumsetzung, Soll-Ist-Vergleich und Information der Gremien abgebildet, so wie sie idealerweise innerhalb eines Regelkreislaufs von Sozialplanung und Controlling in der Praxis umgesetzt werden.

Klaus-Dieter Pruss: Stärkung der pädagogischen Arbeit durch Controlling

In einer Anwendungsperspektive verdeutlicht der Beitrag, welches Potenzial in dem Konzept steckt und welche Hilfestellungen das Controlling für die Zielerreichung der Organisation gibt. Voraussetzung für die Stärkung der pädagogischen Arbeit ist ein maßgeschneidertes Controllingkonzept. In Verbindung mit fachlichen Zielen ist es wünschenswert, zu jedem Zeitpunkt mit Informationen versorgt zu sein, die das Erreichen der Ziele begünstigen. Es geht nicht darum, ob das Controlling für die soziale Arbeit überhaupt brauchbar ist, sondern wie es beschaffen sein muss, um fachlichen Anforderungen der sozialen Arbeit zu dienen.

Holger Spieckermann: Evaluation
Der Beitrag stellt zentrale Konzepte und Begriffe der Evaluation dar und erläutert Instrumente zur Durchführung von Evaluationen wie das Projektzyklusmanagement und Logical Framework. Es wird ein Evaluationsverständnis vorgestellt, das sich auf zwei Annahmen basiert: Auch wenn ein methodisches Standardrepertoire zur Verfügung steht, gibt es erstens keine vorgefertigten Standardverfahren: Die Evaluationsmethodik muss immer in Bezug auf das jeweilige Evaluationsobjekt und dessen Kontext entwickelt werden. Zweitens ist es ein Ziel von Evaluationen, Bewertungen vorzunehmen, die auf Verbesserung hinwirken. Dies kann nur unter Mitwirkung der Beteiligten im Rahmen eines partizipativen Evaluationsprozesses geschehen: Evaluation wird deshalb als ein gemeinsamer Prozess von Evaluatoren und allen Beteiligten präsentiert, der einen gegenseitigen Lernprozess ermöglicht.

Gerd Sadowski: Finanzierung in der sozialen Arbeit
Es wird zwischen der einzelwirtschaftlichen Perspektive verschiedener sozialer Einrichtungen und dem Gesamtfinanzierungssystem der sozialen Arbeit unterschieden. Traditionell erfolgte die Finanzierung sozialer Dienste auf dem politisch administrativen Weg; d.h. im Rahmen von politisch institutionalisierten Finanzierungsmodellen. Mit der zunehmenden Ökonomisierung des Alltags erfolgt aber eine stärkere Kopplung der Finanzierung an das Wirtschaftssystem, indem die tatsächlich erbrachte Leistung marktwirtschaftlich bewertet und entlohnt wird. Für die sozialen Dienste folgt daraus, dass nur noch die nachgewiesenen Dienstleistungen finanziert werden. Deshalb werden sich die Professionssysteme bezüglich der Finanzierung sozialer Dienstleistungen in Zukunft veränderten Rahmenbedingungen stellen müssen. Neben der Entwicklung fachlicher Qualitätsinstrumente sind vor allem Kriterien zur Kosten-Nutzen-Analyse zu definieren und einzubeziehen. Gefordert wird, dass die Berufsrollenträger für die Einnahmen mitverantwortlich werden, aus denen sie ihr Leistungsentgelt erhalten.

Sandra Biewers: Neues Kommunales Rechnungswesen
Mit der Reformierung der öffentlichen Haushaltsführung und der Einführung der so genannten Doppik ist ein Meilenstein auf dem Weg in eine moderne Kommune gesetzt worden. Die nordrhein-westfälische Landesregierung hat im Jahr 2005 das Gesetz über ein Neues Kommunales Finanzmanagement (NKF) eingeführt. In anderen Bundesländern steht eine ähnliche Gesetzgebung bevor. Das

Gesetz setzt betriebswirtschaftliche Grundsätze an die Stelle der bisherigen kameralen Haushaltsführung und will damit eine zielgenauere, transparentere und vor allem leistungsbewusstere Finanz- und Fachplanung öffentlicher Leistungen erreichen. Inwieweit die Einführung dieser neuen Standards in die kommunale Verwaltung seine Zwecke tatsächlich erfüllt und wo Hemm- und Förderfaktoren in diesem Prozess festzustellen sind, wird in dem Beitrag beleuchtet. Die herkömmlichen kameralen Grundsätze werden den neuen betriebswirtschaftlichen Instrumenten gegenübergestellt, und es werden Umsetzungsempfehlungen für den Einsatz der neuen Standards formuliert.

Hans J. Nicolini: Kostenrechnung in der sozialen Arbeit
Wie andere Teile des Rechnungswesens erlangt die Kostenrechnung für Einrichtungen, die primär keine Gewinnmaximierung anstreben, eine zunehmende Bedeutung. Der Beitrag grenzt sie ab gegen das externe Rechnungswesen. Er geht dann auf die Reagibilität der Kosten ein, um die Schwierigkeiten bei der Festlegung der fixen und variablen Kosten zu verdeutlichen. Die Darstellung der Kostenarten, die im sozialen Bereich eine zentrale Rolle spielen, bildet den Kern der Darstellung. Dabei wird ausführlich auf die kalkulatorischen Kosten eingegangen, die keine unmittelbaren Ausgaben verursachen, daher leicht übersehen werden können und doch den Erfolg in erheblichem Umfang bestimmen. Für die Ermittlung der Kosten eines Produktes stellt die Verteilung der Gemeinkosten, die nicht direkt zurechenbar sind, immer ein schwieriges Problem dar. Zugleich ist die Kostenverteilung aber ein wichtiges Gestaltungselement, eine Leistung teuer oder billig zu rechnen. An einem Betriebsabrechnungsbogen wird gezeigt, welche Bedeutung die Verteilungsschlüssel haben. Schließlich wird darauf aufmerksam gemacht, dass für bestimmte Fragestellungen die Vollkostenrechnung zu unerwünschten Ergebnissen führen kann. Die Deckungsbeitragsrechnung kann dazu beitragen, ökonomische Fehlentscheidungen zu vermeiden. Vor einer unkritischen und undifferenzierten Übernahme von betriebswirtschaftlichen Überlegungen in den sozialen Bereich wird gewarnt mit Hinweisen auf die Schwierigkeiten bei der Leistungsmessung und auf die Priorität von Organisationszielen, die allein mit kostenrechnerischen Methoden nicht zu erreichen sind.

Autorinnen und Autoren

Sandra Biewers, geb. 1973, Dipl. Sozialpädagogin, Ausbildung zur Verwaltungsfachangestellten in der Stadt- und Verbandsgemeindeverwaltung Konz, Studium der Sozialpädagogik an der Fachhochschule Köln, Masterstudium des Sozialmanagements an der Universität Bonn. Berufliche Tätigkeiten: Fachberatung Jugendhilfeplanung beim Landesjugendamt Rheinland, wissenschaftliche Mitarbeit beim AWO-Bundesverband in Bonn, seit 2002 wissenschaftliche Mitarbeiterin im Forschungsschwerpunkt „Sozial • Raum • Management" an der Fachhochschule Köln (www.sozial-raum-management.de). Veröffentlichungen v. a. zu den Themen: Jugendhilfeplanung, Aufbau sozialer Frühwarnsysteme, sozialräumliche Steuerung von Mikroprojekten des Bundesprogramms LOS (Lokales Kapital für soziale Zwecke). Kontakt: sandra.biewers@dvz.fh-koeln.de

Brigitte Dorst, geb. 1947, Dr. phil. Dipl.-Psych., Appr. Psychotherapeutin, Psychoanalytikerin, Trainerin für Gruppendynamik und Supervisorin, Professorin mit dem Lehrgebiet Sozialpsychologie an der Fakultät für Angewandte Sozialwissenschaften der Fachhochschule Köln, Direktorin des Instituts für Geschlechterstudien, Mitherausgeberin der Zeitschrift „Gruppendynamik und Organisationsberatung", Veröffentlichungen u.a. zu den Themen: frauengemäße Beratung und Therapie, angewandte Gruppendynamik, Frauen in Gruppen, weibliche Identität, Analytische Psychologie. Kontakt: brigitte.dorst@fh-koeln.de

Conrad von Fürstenberg, geb.1950, M.A., Erziehungs- und Sozialwissenschaftler, Lehrtätigkeit in der Erwachsenenweiterbildung zu den Themen Personalentwicklung und Qualitätsmanagement, Lehrauftrag an der Fachhochschule Köln. Beteiligt am Aufbau des Qualitätsmanagements eines überregional tätigen Trägers der Bildungs- und Sozialarbeit. Freier Trainer und Berater im Bereich Qualitätsmanagement und Zertifizierung, Auditor nach ISO 19011, Assessor nach EFQM. Veröffentlichungen v.a. zum Thema: Qualitätsmanagement in der Weiterbildung. Kontakt: Conrad@fuerstenbergconsult.de

Klaus Hofemann, geb. 1946, Dr. rer. pol., Professor für Sozialpolitik an der Fakultät für Angewandte Sozialwissenschaften der Fachhochschule Köln. Themen- und Veröffentlichungsschwerpunkte: Allgemeine Sozialpolitik, europäische Sozialpolitik, Sozialpolitik und Ökonomie, Einzelfelder der Sozialpolitik wie Sozialhilfe, Arbeitslosigkeit, Gesundheitspolitik und soziale Dienste. Mitverfasser des Lehrbuches „Sozialpolitik und soziale Lage in Deutschland" (www.sozialpolitik-aktuell.de) und von online-Rezensionen (www.socialnet.de). Kontakt: klaus.hofemann@fh-koeln.de

Hans J. Nicolini, geb. 1948, Dipl.-Kfm., Dr. rer.pol., freier Dozent, Autor, Prüfer und Berater. Leitende Positionen in der öffentlichen und privaten Weiterbildung, Lehrbeauftragter an der Fachhochschule Köln, Dozent für Volks- und Betriebswirtschaftslehre und Unternehmens- und Mitarbeiterführung. Veröffentlichungen zu den Themen: Kostenrechnung, Controlling, Internationale Rechnungslegung, Volkswirtschaftslehre, Prüfungen der Fort- und Weiterbildung. Kontakt: dr.nicolini@koeln.de

Sandra Nüß, geb. 1973, Diplom-Sozialpädagogin, wissenschaftliche Mitarbeiterin im Forschungsschwerpunkt „Sozial • Raum • Management" (www.sozialraum-management.de) und Lehrbeauftragte an der Fakultät für Angewandte Sozialwissenschaften der Fachhochschule Köln im Bereich der Methodenlehre. Veröffentlichungen zu den Themen: Projektmanagement, Prozessbegleitung und Organisationsentwicklung in Projekten der sozialen Arbeit, Moderation, Jugendhilfeplanung, Sozialraumanalyse, Stadtteilentwicklung. Kontakt: sandra.nuess@dvz.fh-koeln.de

Klaus-Dieter Pruss, geb. 1961, Dipl.-Volkswirt, freiberuflicher Unternehmensberater in Kaarst (Unternehmensberatung & Management) in den Feldern INterimsmanagement, Controlling und Coaching für Führungskräfte. Berufliche Tätigkeiten davor: Kaufmännischer Leiter des Jugendhilfezentrums St. Ansgar in Hennef, Leitung der Abteilung Controlling in der Caritas-Jugendhilfe gGmbH in Köln. Veröffentlichungen u. a. zu den Themen:Controlling, Qualitätssicherung in der Kinder- und Jugendhilfe, Insolvenzprophylaxe. Kontakt: pruss@pruss-unternehmensberatung.de

Gerd Sadowski, geb. 1957, Dr. phil., Dipl. Soz. Arb., Soziologe, langjähriger Geschäftsführer in der Freien Wohlfahrtspflege, Professor für Wissenschaft der Sozialen Arbeit an der Fakultät für Angewandte Sozialwissenschaften der Fachhochschule Köln. Veröffentlichungen zu den Themen: Hilfe für Langzeitarbeitslose, Evaluation Sozialer Dienste insbesondere NPO, Wissenschaft der sozialen Arbeit. Kontakt: Gerd.Sadowski@dvz.fh-koeln.de

Herbert Schubert, geb. 1951, Dr. phil. Dr. rer. hort. habil., Sozial- und Raumwissenschaftler, Professor für Soziologie und Sozialmanagement an der Fakultät für Angewandte Sozialwissenschaften der Fachhochschule Köln, Direktor des Instituts für angewandtes Management und Organisation in der Sozialen Arbeit (IMOS) und Leitung des Forschungsschwerpunkts „Sozial • Raum • Management" (www.sozial-raum-management.de), Apl. Prof. an der Fakultät Architektur und Landschaft der Universität Hannover. Berufliche Tätigkeiten: in den 90er Jahren Leitung der Koordinationsstelle Sozialplanung der Stadt Hannover und von Forschungsbereichen im Institut für Entwicklungsplanung und Strukturforschung in Hannover. Veröffentlichungen im Bereich der Steuerung sozialer Dienste u.a. zu den Themen: Sozialmanagement, Netzwerkmanagement, Kontraktmanagement, Sozialplanung; Veröffentlichungen im Bereich der räumlichen Steuerung u.a. zu den Themen: Quartier- und Stadtteilmanagement, nachhaltige Stadt(teil)entwicklung, städtebauliche Kriminalprävention, Methoden der Sozialraumanalyse und Architektursoziologie; Kontakt: herbert.schubert@dvz.fh-koeln.de

Holger Spieckermann, geb. 1964, M.A., Studium der Soziologie und Germanistik in Hannover, 1995 bis 2000 Tätigkeit in verschiedenen Forschungs- und Beratungseinrichtungen im Bereich Stadt- und Regionalentwicklung, seit 2000 wissenschaftlicher Mitarbeiter im Forschungsschwerpunkt „Sozial • Raum • Management" an der Fachhochschule Köln (www.sozial-raum-management.de). Veröffentlichungen u. a. zu den Themen: Stadt- und Regionalentwicklung, Quartiermanagement, Netzwerkforschung, Methoden der empirischen Sozialforschung, Evaluation. Kontakt: holger.spieckermann@fh-koeln.de

Michael Urselmann, geb. 1966, Dr. rer. oec., Diplom-Kaufmann, seit 2004 Professor für Sozialmanagement mit dem Schwerpunkt Fundraising an der Fachhochschule Darmstadt. Von 1997 bis 2004 Leitung der Agentur GFS Fundraising & Marketing in Bad Honnef, Berlin und Hamburg, seit 2000 als Geschäftsführer. Seine Dissertation zum Thema „Erfolgsfaktoren im Fundraising von Nonprofit-Organisationen" wurde mit dem Lorenz-Werthmann-Preis des Deutschen Caritasverbandes ausgezeichnet. Sein Buch „Fundraising – Erfolgreiche Strategien führender Nonprofit-Organisationen" ist in 3. Auflage erschienen. Weitere Veröffentlichungen zu den Themen: Sozialmanagement, Sozialmarketing und Fundraising. Kontakt: michael@urselmann.de

Peter Vermeulen, geb. 1958, Diplom-Kaufmann, Honorarprofessor für Kultur- und Sozialmanagement an der Hochschule Merseburg, Mitglied der Geschäftsleitung der ICG Infora Consulting Group in Graz, Vorstandsvorsitzender der ICG Consulting Group Deutschland AG und Geschäftsführer der culturplan Unternehmensberatung GmbH in Krefeld. Veröffentlichungen im Bereich der Kulturpolitik, Jugend- und Sozialarbeit, insbesondere zum Management von Sozialeinrichtungen, Jugendzentren, Bildungsstätten; Kontakt: peter.vermeulen@ICG.eu.com

Tabellen- und Abbildungsverzeichnis

Tabelle 1: „Doppelkompetenzen" in der sozialen Arbeit in der Verbindung von Fachlichkeit und Management. (S. 14)
Tabelle 2: Kommunale Einnahmen und Ausgaben 2003 – 2005 in Mrd. Euro. (S. 32)
Tabelle 3: Vereinbarungen über Leistungsangebote, Entgelte und Qualitätsentwicklung im SGB VIII / KJHG. (S. 35)
Tabelle 4: Formen der Privatisierung. (S. 38)
Tabelle 5: Ausgewählte Anlässe, Zielgruppen und Handlungstypen sozialer Hilfs- und Unterstützungsleistungen. (S. 41)
Tabelle 6: Private, öffentliche und meritorische Güter. (S. 41)
Tabelle 7: Taylorristische und integrative Personalstrategie. (S. 73)
Tabelle 8: Organisationsstrukturen. (S. 77)
Tabelle 9: Vergleich New Public Management und Ausgliederung nach sieben Eckpunkten. (S. 116)
Tabelle 10: Maßnahmen- und Wirkungsziele. (S. 267)
Tabelle 11: Beispiel proportionale variable Kosten. (S. 317)
Tabelle 12: Beispiel für die Kostendegression. (S. 320)
Tabelle 13: Ermittlung des mengenmäßigen Materialverbrauchs mit Aufzeichnungen. (S. 322)
Tabelle 14: Inventurmethode zur Ermittlung des Materialverbrauchs. (S. 322)
Tabelle 15: Ergebnisse der verschiedenen Verbrauchsfolgeverfahren. (S. 324)
Tabelle 16: Kostenverteilungsplan. (S. 332)

Abbildung 1: Fernöstliche Weisheit „Immer nachdenken, immer neue Wege suchen". (S. 7)
Abbildung 2: Perspektiven der vorliegenden Publikation. (S. 17)
Abbildung 3: Kernelemente des Neuen Steuerungsmodells. (S. 34)
Abbildung 4: Verminderung der Steuerungsprobleme durch Elemente des Neuen Steuerungsmodells. (S. 39)
Abbildung 5: Subsysteme einer Organisation. (S. 75)
Abbildung 6: Neues Managementmodell. (S. 80)
Abbildung 7: Instrumente des Sozialmanagements zur integrierten Koordination fachlicher und wirtschaftlicher Belange der sozialen Arbeit. (S. 83)
Abbildung 8: Kennzeichen eines Prozesses. (S. 92)
Abbildung 9: Aufbau eines Projektes zur Implementierung eines Qualitätsmanagements. (S. 97)
Abbildung 10: Vorgaben und Kriterien des QM-Modells für Analysebereiche. (S. 98)
Abbildung 11: Der Deming-Kreislauf. (S. 100)
Abbildung 12: EFQM-Modell. (S. 101)
Abbildung 13: QM-Prozess nach DIN EN ISO 9001:2000. (S. 103)

Abbildung 14: Die fünf Phasen des Münchener Modells. (S. 105)
Abbildung 15: Aufgaben der öffentlichen Verwaltung. (S. 109)
Abbildung 16: Prozessorientierte Geschäftsmodelldarstellung. (S. 110)
Abbildung 17: Neugestaltung des Leistungsprogramms. (S. 112)
Abbildung 18: Unterschiedliche Interessenslagen im Ausgliederungsprozess. (S. 113)
Abbildung 19: Ausgliederung im engeren und weiteren Sinn. (S. 115)
Abbildung 20: Strategiefestlegung. (S. 120)
Abbildung 21: Auswahl und Bewertung von Organisations- und Rechtsformvarianten. (S. 121)
Abbildung 22: Betriebsaufnahme des ausgegliederten Rechtsträgers. (S. 123)
Abbildung 23: Projektorganisation von Ausgliederungsvorhaben. (S. 126)
Abbildung 24: Weiterentwicklung des Marketing auf drei Ebenen. (S. 134)
Abbildung 25: Einbettung des Marketing-Management in einen dreistufigen Planungsprozess. (S. 139)
Abbildung 26: Die vier Teilbereiche des Marketing-Mix. (S. 143)
Abbildung 27: Systemischer Managementzyklus für eine Steuerung über Ziele. (S. 147)
Abbildung 28: Mehrebenensystem des Kontraktmanagements. (S. 149)
Abbildung 29: Strukturmerkmale eines Musterkontrakts. (S. 152)
Abbildung 30: Realisierungsgrad von Elementen des neuen Steuerungsmodells in 97 deutschen Städten im Jahr 2002. (S. 155)
Abbildung 31: Zielgrößen des Projektmanagements. (S. 170)
Abbildung 32: Projektstrukturplan. (S. 177)
Abbildung 33: Regelkreis des Projektmanagements. (S. 179)
Abbildung 34: Stakeholdergruppen eines Bildungsnetzwerkes. (S. 198)
Abbildung 35: Stakeholdermatrix nach Einfluss und Interesse. (S. 200)
Abbildung 36: Architektur tertiärer Netzwerke. (S. 202)
Abbildung 37: Aufbauorganisation eines sozialräumlichen Netzwerkmanagements. (S. 203)
Abbildung 38: Struktur der strategischen Situationsanalyse. (S. 221)
Abbildung 39: Exemplarische Portofolioanalyse eines Altenhilfeträgers. (S. 223)
Abbildung 40: Exemplarische Kette monetärer und nicht-monetärer Steuerungsperspektiven. (S. 225)
Abbildung 41: Wertschöpfung mit dem Strategieplan. (S. 227)
Abbildung 42: Exemplarische Ausrichtung der Strategie eines freien Trägers der Sozialwirtschaft. (S. 228)
Abbildung 43: Wertgenerierung in öffentlichen und Nonprofit-Organisationen. (S. 230)
Abbildung 44: Strategieumsetzung. (S. 232)
Abbildung 45: Balanced Scorecard. (S. 233)
Abbildung 46: Regelkreislauf der Planung. (S. 239)
Abbildung 47: Vier-Phasen-Modell für die Zusammenarbeit von Sozialplanung und Controlling. (S. 242)
Abbildung 48: Vier-Phasen-Modell im Regelkreislauf der Sozialplanung. (S. 244)
Abbildung 49: Das Modell des Projektzyklusmanagements. (S. 269)

Abbildung 50: Logical Framework Matrix. (S. 272)
Abbildung 51: Externes und internes Rechnungswesen. (S. 313)
Abbildung 52: Fixe Kosten. (S. 315)
Abbildung 53: Intervallfixe Kosten. (S. 316)
Abbildung 54: Variable Kosten. (S. 317)
Abbildung 55: Degressiver Verlauf variabler Kosten. (S. 318)
Abbildung 56: Progressiver Verlauf variabler Kosten. (S. 318)
Abbildung 57: Gesamtkosten. (S. 319)
Abbildung 58: Elemente der Lohnnebenkosten. (S. 321)
Abbildung 59: Formen der kalkulatorischen Kosten. (S. 325)
Abbildung 60: Die Finanzierungsfunktion von Abschreibungen. (S. 326)
Abbildung 61: Lineare Abschreibung. (S. 327)
Abbildung 62: Degressive Abschreibung. (S. 327)
Abbildung 63: Progressive Abschreibung. (S. 328)
Abbildung 64: Kalkulatorischer Unternehmerlohn. (S. 329)
Abbildung 65: Ermittlung des Deckungsbeitrages. (S. 333)
Abbildung 66: Break-Even-Analyse. (S. 336)